Positive Entwicklung

Jochen Brandtstädter

Positive Entwicklung

Zur Psychologie gelingender Lebensführung

Weitere Informationen zum Buch finden Sie unter www.spektrum-verlag.de/978-3-8274-2841-7

Wichtiger Hinweis für den Benutzer
Der Verlag und der Autor haben alle Sorgfalt walten lassen, um vollständige und akkurate Informationen in diesem Buch zu publizieren. Der Verlag übernimmt weder Garantie noch die juristische Verantwortung oder irgendeine Haftung für die Nutzung dieser Informationen, für deren Wirtschaftlichkeit oder fehlerfreie Funktion für einen bestimmten Zweck. Der Verlag übernimmt keine Gewähr dafür, dass die beschriebenen Verfahren, Programme usw. frei von Schutzrechten Dritter sind. Die Wiedergabe von Gebrauchsnamen, Handelsnamen, Warenbezeichnungen usw. in diesem Buch berechtigt auch ohne besondere Kennzeichnung nicht zu der Annahme, dass solche Namen im Sinne der Warenzeichen- und Markenschutz-Gesetzgebung als frei zu betrachten wären und daher von jedermann benutzt werden dürften.

Bibliografische Information der Deutschen Nationalbibliothek
Die Deutsche Nationalbibliothek verzeichnet diese Publikation in der Deutschen Nationalbibliografie; detaillierte bibliografische Daten sind im Internet über http://dnb.d-nb.de abrufbar.

Springer ist ein Unternehmen von Springer Science+Business Media
springer.de

© Spektrum Akademischer Verlag Heidelberg 2011
Spektrum Akademischer Verlag ist ein Imprint von Springer

11 12 13 14 15   5 4 3 2 1

Das Werk einschließlich aller seiner Teile ist urheberrechtlich geschützt. Jede Verwertung außerhalb der engen Grenzen des Urheberrechtsgesetzes ist ohne Zustimmung des Verlages unzulässig und strafbar. Das gilt insbesondere für Vervielfältigungen, Übersetzungen, Mikroverfilmungen und die Einspeicherung und Verarbeitung in elektronischen Systemen.

Planung und Lektorat: Katharina Neuser-von Oettingen, Stefanie Adam
Herstellung und Satz: Crest Premedia Solutions (P) Ltd, Pune, Maharashtra, India
Umschlaggestaltung: wsp design Werbeagentur GmbH, Heidelberg
Titelfotografie: Staatliche Antikensammlungen und Glyptothek, München

ISBN 978-3-8274-2841-7

Vorwort

Jeder strebt nach glücklich gelingendem Leben – worauf aber kann oder soll sich dieses Streben richten? Je konkreter und verbindlicher Antworten auf diese Frage werden, umso weniger können sie allgemeine Geltung beanspruchen; dies nicht zuletzt, weil individuelles Glück zu einem Teil auch davon abhängt, was der Einzelne selbst darunter versteht. Wenn das „gute Leben" überhaupt ein Strebensziel im engeren Sinne sein kann, so ist dieses Ziel jedenfalls schwer zu fixieren: Soziale Repräsentationen des „guten Lebens" und damit verbundene Begriffe wie Glück, Gesundheit, Tugendhaftigkeit unterliegen im historischen Verlauf inhaltlichen Abwandlungen, und auch individuelle Vorstellungen gelingender Entwicklung können sich im Laufe der persönlichen Entwicklung entscheidend verändern – sei es in der Auseinandersetzung mit altersspezifischen Entwicklungsaufgaben und sozialen Rollenerwartungen, sei es infolge von belastenden Lebensereignissen, veränderten Handlungsmöglichkeiten und Anspruchsanpassungen. Implizite Konzepte positiver Entwicklung aktualisieren sich in Erziehung und Sozialisation, zugleich auch in Prozessen der Selbstregulation und der individuellen Lebensplanung; sie sind insofern sowohl Entwicklungsbedingungen wie auch Resultate persönlicher Entwicklung. Fragt man schließlich, ob und wann jemand gute Gründe hat, mit sich, seiner Entwicklung und seinem Leben insgesamt zufrieden zu sein, so werden damit neben theoretischen auch normative und ethisch-moralische Aspekte berührt.

Damit klingen einige der Themen an, die in den 15 Kapiteln dieses Buches behandelt werden. Für ihre Bearbeitung erscheint mir eine lebensspannenumfassende Perspektive grundlegend, zugleich aber auch ein Entwicklungsverständnis, das den Eigenbeitrag der Person in der Gestaltung ihrer Lebensgeschichte betont. Angesichts einer beschleunigten Veränderung von Lebensumständen gewinnen Aspekte planvoll-reflektierten Lebensmanagements an Gewicht. Solches schließt allerdings nicht nur die hartnäckige Verfolgung persönlicher Ziele, sondern auch die Bereitschaft und Fähigkeit ein, seine Ziele und Ambitionen auf gegebene Handlungsmöglichkeiten und deren Veränderung im historischen und ontogenetischen Verlauf abzustimmen. Die zunehmende Pluralität von Entwicklungsoptionen verstärkt den

Auswahl- und Entscheidungsdruck in der persönlichen Lebensplanung; die damit verbundene Frage, welche Ziele es wert sind, verfolgt zu werden, tritt im höheren Alter und bei schwindenden lebenszeitlichen Ressourcen noch einmal verschärft ins Bewusstsein. Hieraus ergeben sich unter anderem Beziehungen zur Weisheitsthematik und zum Problem der Balance zwischen Sehnsucht und Gelassenheit – Begriffe, die im Zoo psychologietheoretischer Konstrukte etwas im Abseits stehen.

Fragen gelingenden Lebens beschäftigen die Psychologie nicht erst seit heute; bei dem Versuch, diese Problematik aus verschiedenen, zum Teil auch neuen Perspektiven zu beleuchten, knüpfe ich gelegentlich an eigene Forschungsergebnisse an. In diesem Zusammenhang gilt mein Dank den Institutionen, die diese Arbeiten über viele Jahre hinweg gefördert haben; hier ist in erster Linie die Deutsche Forschungsgemeinschaft zu nennen. Dank schulde ich auch früheren und jetzigen Mitarbeitern meiner Forschungsgruppe, die zur Ausarbeitung des in Kapitel 6 dargestellten theoretischen Modells und zur Analyse seiner Implikationen für Aspekte positiver Entwicklung wesentlich beigetragen haben. Für die sorgfältige Gestaltung des Buchmanuskripts habe ich einmal mehr Frau Brigitte Goerigk-Seitz zu danken.

Trier, im Mai 2011   Jochen Brandtstädter

Inhaltsverzeichnis

Vorwort V

1 Einleitung und Überblick 1
   1.1 Menschliche Entwicklung: Spielräume und Grenzen 5
   1.2 Entwicklung als Natur- und Kulturprozess 6

2 Positive Entwicklung: Methoden- und Kriterienfragen 15
   2.1 Zufriedenheit und Wohlbefinden im subjektiven Urteil 16
   2.2 Positive Entwicklung als Verlaufsgestalt 19

3 Bedingungen und Korrelate des Wohlbefindens: Zur Befundlage ... 27
   3.1 Korrelate des Wohlbefindens: Soziodemographische Merkmale 29
   3.2 Persönlichkeit und Wohlbefinden 36
   3.3 Heirat und Partnerschaft 42
   3.4 Wohlbefinden und Alter 46

4 Resilienz, Ressourcen, eudämonische Kompetenzen 53
   4.1 Resilienz und Ressourcen 56
   4.2 *Life Skills* und *Developmental Assets* 60
   4.3 Entwicklungsressourcen im Lebenslauf 62
   4.4 Eudämonische Kompetenzen 66

**5 Intentionale Selbstentwicklung: Grundprozesse
und Entwicklungsaspekte** 75
   5.1 Prozessuale Aspekte intentionaler Selbstentwicklung 80
      5.1.1 Selbstbeobachtung 80
      5.1.2 Selbstbewertungsprozesse 83
      5.1.3 Von Selbstbeobachtungen und Selbstbewertungen
           zum Handeln 86
   5.2 Intentionale Selbstentwicklung: Entwicklungsaspekte 88
      5.2.1 Zur Ontogenese intentionalen Handelns 88
      5.2.2 Das konzeptuelle Selbst: Anmerkungen zur Genese 91
      5.2.3 Selbstregulatorische Funktionen und Kompetenzen 95
      5.2.4 Selbstaktualisierung und Selbstkontinuität:
           Aufbau- und Erhaltungsziele 97

6 Positive Entwicklung zwischen hartnäckiger Zielverfolgung und flexibler Zielanpassung: Ein Zwei-Prozess-Modell 101

- 6.1 Assimilative und akkommodative Prozesse: Formen und Funktionen 104
  - 6.1.1 Assimilative Aktivitäten 106
  - 6.1.2 Akkommodative Prozesse 109
  - 6.1.3 Kognitive Funktionslagen im assimilativen und im akkommodativen Modus 112
  - 6.1.4 Situative und personspezifische Bedingungen 114
- 6.2 Forschungsbefunde und theoretische Erweiterungen 119
  - 6.2.1 Akkommodative Flexibilität als Bewältigungsressource im Alter 119
  - 6.2.2 Depressive Störungen 120
  - 6.2.3 Ruminierendes Denken 122
  - 6.2.4 Selbstwirksamkeit und Kontrolle 123
  - 6.2.5 Aufwärts- und Abwärtsvergleiche 124

7 Kompensation als Mittel der Steigerung von Leistung und Lebensqualität 127

- 7.1 Kompensatorische Aktivitäten und Prozesse 128
- 7.2 Grenzen der Kompensation 134

8 Lebensplanung und adaptives Lebensmanagement 139

- 8.1 Zielsetzungen und Funktionen von Lebensplanung 140
- 8.2 Planungskompetenzen 143
- 8.3 Lebensplanung in Entwicklungsumwelten der Moderne 148
- 8.4 Planung und Zeit 151

9 Sinn und Sinnfindung 155

- 9.1 Zum Sinn von „Sinn" 156
- 9.2 Subjektive und überindividuelle („objektive") Sinnperspektiven ... 158
- 9.3 Abgeleitete und intrinsische Sinnperspektiven 159
- 9.4 Sinnkonstruktion als Bedürfnis 162
- 9.5 Sisyphus, die Vergeblichkeit und der Sinn – mit Anmerkungen zur Monotonie 164
- 9.6 Sinnfindung als Ressource und Kompetenz 166
- 9.7 Quellen von Sinn im Lebenslauf 168

10 Emotionen: Emotionsregulation und Selbstregulation 171

- 10.1 Adaptive Funktionen von Emotionen 172
- 10.2 Emotionen, Kognitionen und Handlungsbereitschaften 175
- 10.3 Selbstregulation und Emotionsregulation 178
  - 10.3.1 Selbstregulation 178
  - 10.3.2 Emotionsregulation 182
- 10.4 Emotionsregulation, Selbstkultivierung und *second order volitions* 186

11 Bedauern und Reue ... 189

11.1 Reue zwischen Handeln und Widerfahrnis ... 191
11.2 Reuegefühle: Funktionen und dysfunktionale Aspekte ... 193
11.3 Reuegefühle nach Handlungen und Unterlassungen bzw. Versäumnissen ... 196
11.4 Entwicklungs- und Zeitdynamiken; Reue im Lebensrückblick ... 198
11.5 Reuebewältigung und akkommodative Flexibilität ... 201

12 Sehnsucht: Theoretische Annäherungen an ein komplexes Gefühl ... 203

12.1 Handlungstheoretische Zugänge: Sehnsucht im Kontext der Handlungsregulation ... 205
12.2 Entwicklungspsychologische Aspekte ... 209
12.3 Sehnsucht zwischen Zielbindung und Ablösung: Individuelle Unterschiede ... 212
12.4 Ambivalenzen: Positive Entwicklung zwischen Sehnsucht und Gelassenheit ... 216

13 Gelassenheit ... 219

13.1 Gelassenheit als Zustand und Disposition ... 219
13.2 Gelassenheitsressourcen ... 221
13.3 Abschließende Überlegungen ... 226

14 Soziomoralische Aspekte guten Lebens: Tugenden und Charakterstärken ... 229

14.1 Tugendethische Aspekte ... 231
14.2 Moralisches Urteilen: Entwicklungs- und Kompetenzaspekte ... 233
  14.2.1 Moralische Entwicklung sensu Piaget ... 234
  14.2.2 Moralische Entwicklung sensu Kohlberg ... 235
14.3 Differentielle Aspekte: Persönlichkeitsmerkmale und Charakterstärken ... 238
14.4 Ansätze zur differentialpsychologischen Klassifikation von „Charakterstärken" ... 241

15 Mortalität, Moralität und Weisheit: Prozesse finaler Dezentrierung ... 245

15.1 Lebenszeitreserven, Sinnperspektiven und Ziele ... 246
15.2 Weisheitsförderliche Mortalitätshinweise ... 251
15.3 Weisheit und Endlichkeit ... 253
15.4 Finale Dezentrierung ... 259

Literatur ... 265

Autorenregister ... 301

Sachregister ... 311

1
Einleitung und Überblick

Warum handelt dieses Buch von „positiver Entwicklung" – statt von geläufigeren Konzepten wie Glück, Wohlbefinden, Zufriedenheit, die doch offenbar mit unserem Thema viel zu tun haben? In der Tat: Einen Lebens- und Entwicklungsverlauf, in dem das betroffene Individuum nicht ein gewisses Quantum an Glück und Zufriedenheit erlebt, wird man kaum als positiv oder gelungen bezeichnen. Daher wird auch von solchen Lebens- und Gefühlsqualitäten – und den methodischen Problemen ihrer Erfassung – die Rede sein. Allerdings sind Zustände des Glücks und Wohlbefindens eben nur *Zustände*, und selbst wenn man das Glück hätte, in einem Dauerzustand von Glück und Zufriedenheit zu leben, wäre darin nicht ohne weiteres einen Modellfall von gelingendem Leben zu sehen. Denn zum Ersten spielen auch zeitliche Verläufe des Befindens eine Rolle, und vielleicht sogar eine noch wichtigere Rolle als das reine Quantum von Zuständen mit positiver Erlebnisqualität: Ereignisverläufe – oder auch ganze Lebensgeschichten – werden eher positiv bewertet, wenn eine Entwicklung zum Besseren vorliegt, als im umgekehrten Falle. Zum Zweiten sind Bedingungen, die uns momentan Gefühle von Glück und Zufriedenheit vermitteln, nicht unbedingt diejenigen, welche die Weichen in eine positive Zukunft stellen – wie es beispielsweise für Drogenkonsum oder Glücksspiel, aber auch für andere, zu Überwertigkeit, Sucht und zwanghafter Fixierung tendierende Wünsche und Motive gilt. Persönliche wie auch sozial vorherrschende Vorstellungen glücklichen Lebens und seiner Bedingungen können bekanntermaßen schon die Wurzel späteren Unglücks sein; auch insofern mag man Kant (1785, S. 46) zustimmen, wenn er es als „Unglück" betrachtet, dass Glück „ein so unbestimmter Begriff" sei.

Gegen eine schlichte Gleichsetzung von positiver Entwicklung mit Begriffen von Glück und Wohlbefinden spricht noch ein Weiteres: In jeder Lebensgeschichte mischen sich Handlungsergebnisse und Widerfahrnisse, und in beiden Ereignistypen wiederum erwünschte und unerwünschte Elemente. Positive Entwicklung hat deshalb auch wesentlich damit zu tun, aversive Lebenszustände zu überwinden und ihnen eventuell positiven Sinn zu geben. „Negative" Emotionen wie Sorge, Ärger, Reue sind schon deshalb nicht unverträglich mit Begriffen positiver Entwicklung, weil sie bestehende, entstandene oder möglicherweise zu erwartende „Ist-Soll-Diskrepanzen" anzeigen und Motive zur Änderung gegebener Lebensumstände und Verhaltensmuster aktivieren können; wesentlich zu diesem Zweck sind sie im Evolutionsprozess entstanden. In den angesprochenen Zusammenhängen kommen also Entwicklungsaspekte wesentlich ins Spiel, und man darf vielleicht sogar behaupten, dass Konzepte von Glück, Wohlbefinden und psychischer Gesundheit fragwürdig bleiben, solange sie nicht in eine breitere, die gesamte Lebensspanne umfassende Entwicklungsperspektive eingebettet sind.

Mit „gutem Leben", „positiver Entwicklung", auch „gelingendem Altern" meinen wir allgemeinste Strebensziele und Lebensorientierungen, die – in der individuellen Ontogenese und wohl auch in der stammesgeschichtlichen Entwicklung des Menschen – zusammen mit der Fähigkeit auftreten, über die eigene Person und das eigene Leben nachzudenken und sich mögliche alternative Lebens- und Entwicklungsoptionen vorzustellen. Im Unterschied zu anderen Zielen scheint es jedoch kaum möglich, ein Gelingen des Lebens *nicht* anstreben zu wollen; dies wäre schon Ausdruck einer Vorstellung gelingenden Lebens und daher in sich widersprüchlich. Wenn das Ideal gelingender Entwicklung das Leben als Ganzes bzw. seine Verlaufsgestalt und nicht einzelne Entwicklungs- oder Lebensphasen meint, entsteht zudem die Frage, ob dieses Ideal überhaupt je zu einem einzelnen Zeitpunkt oder Zeitabschnitt eines Lebens realisiert sein kann. Andererseits verlieren entsprechende Bewertungen oder Feststellungen weitgehend ihren Sinn, wenn sie erst am Ende oder gar nach Ablauf eines Lebens getroffen werden können.

Problematisch erscheint auch die Vorstellung, es gebe Mittel und Wege, die mit Begriffen wie „Glück", „Wohlbefinden", „Zufriedenheit" ungenau bezeichneten Strebensziele sicher zu erreichen; diese Annahme selbst kann bereits dem Vorhaben im Wege stehen. Schon im Glücksbegriff – noch deutlicher in der Unterscheidung von *happiness* und *luck* – klingt an, dass man zum Glücklichsein auch Glück haben muss; wobei auch der sprichwörtliche Glückspilz unglücklich werden kann. Auch deshalb ist im Folgenden von *Konzepten*, weniger von *Rezepten* positiver Entwicklung die Rede. Je konkreter Antworten auf die Frage nach den Bedingungen und Erscheinungsformen positiver Entwicklung werden, umso weniger können sie allgemeine Geltung beanspruchen – dies auch, weil individuelles Wohlbefinden zu einem nicht geringen Teil davon abhängt, was die Person selbst darunter versteht. Theoretisch gestützte Konzepte positiver Entwicklung müssen daher von vornherein eine gewisse Offenheit für individuelle Antworten und Lösungen besitzen; zugleich jedoch müssen sie hinreichend kritisches Potential besitzen, um falsche oder problematische Antworten bzw. Lösungsversuche mit Fragezeichen oder Warnhinweisen zu versehen.

Vielleicht wäre es weniger missverständlich, gelingendes Leben als eine übergeordnete Aufgabe oder vielleicht auch als eine Sequenz von Aufgaben im Lebenszyklus zu betrachten – von Aufgaben, die mit gewissen Anforderungen verbunden sind, insbesondere auch mit der Anforderung, sich selbst und die eigene Entwicklung als chronische, lebenslange Aufgabe zu verstehen; so haben dies auch Protagonisten des Lebensspannenansatzes in der Entwicklungspsychologie wie etwa Charlotte Bühler (1933) oder auch Erikson (1966) und Havighurst (1953) gesehen. Der Einzelne bildet Vorstellungen positiver Entwicklung aufgrund eigener Erfahrungen, Überzeugungen und Motivationen aus, zugleich aber auch vor dem Hintergrund der Wertorientierungen, Sinnangebote und normativen Erwartungen, denen er auf den verschiedenen Ebenen seiner Entwicklungsumwelt – zunächst in den Nahumwelten von Familie und Schule – begegnet. Sozial geteilte Repräsentationen von Formen und Bedingungen „guten Lebens" aktualisieren sich in der Erziehungs- und Sozialisationspraxis und werden in ihr implizit und explizit vermittelt; in der weiteren Entwicklung finden sie ihren Ausdruck in Aktivitäten, in denen die Person sich selbst, ihr Handeln und ihre Entwicklung zum Gegenstand des Handelns macht. Prozesse der Selbstregulation und intentionalen Selbstentwicklung sind Teil eines umfassenderen Prozessgeschehens der „Autopoiese" (Luhmann, 1984; Maturana & Varela, 1980), durch das kulturelle Systeme sich erhalten und erneuern; zugleich sind sie mit autopoietischen Mechanismen des Selbstsystems verbunden, die zur Aktualisierung von Selbstentwürfen und zur Kontinuität und adaptiven Flexibilität des individuellen Selbst beitragen (s. auch Brandtstädter & Greve, 1992). Individuelle und sozial geteilte Vorstellungen gelingender Entwicklung sind zugleich Bedingungen wie Ergebnisse von Entwicklungsprozessen: Zum einen unterliegen die Werte und Wissensbestände, auf denen sie beruhen, wie auch die mit ihnen verbundenen Vorstellungen von Glück, Gesundheit und Tugendhaftigkeit sozialem und historischem Wandel. Zum anderen formen sich persönliche Vorstellungen gelingender Entwicklung in Abhängigkeit von Motivlagen und individuellen Handlungsressourcen, im Zuge der Konfrontation mit wechselnden Rollenerwartungen und Entwicklungsaufgaben im Lebenszyklus, wie auch infolge lebenspraktischer Einsichten oder Erfahrungen unterschiedlich aus. Sofern wir also „gutes Leben" und „gelingende Entwicklung" als Ziele ansehen – oder als Strebensziele, die Maßstäbe zur Beurteilung anderer Ziele liefern –, so sind diese auch insofern leicht zu verfehlen, als sie sich weigern, stillzustehen.

Vielleicht drücken Vorstellungen positiver Entwicklung und gelingenden Lebens wesentlich „eine bestimmte Weise aus, über ein Leben als Ganzes positiv zu denken, es als Ganzes irgendwie richtig zu finden" (Spaemann, 1989, S. 28) – wobei ein solches Urteil irgendwie auch vernünftige oder richtige Maßstäbe voraussetzt. „Richtig" verweist hier sowohl auf ethische wie auf wissenschaftlich-theoretische Gültigkeitsaspekte; die Meinung, vom Leben richtige Vorstellungen zu besitzen, ist wohl unter beiden Aspekten zu prüfen.

Im Folgenden geht es gewissermaßen um eine Sichtung dessen, was von Seiten psychologischer Forschung und Theorienbildung zur Erläuterung von Begriffen positiver Entwicklung und gelingenden Lebens beigetragen werden kann. Dabei stellt sich zunächst die Frage nach den Kriterien, unter denen sich Entwicklungs- und Lebensabläufe beurteilen bzw. „evaluieren" lassen. Wie Evaluationen im Allgemeinen, so können auch die hier angesprochenen Bewertungen sich sowohl auf Entwicklungsergebnisse wie auch auf Entwicklungsbedingungen und -prozesse selbst richten, also „formativen" oder „summativen" Charakter haben; auch können sie – um andere evaluationsmethodische Unterscheidungen aufzugreifen – „extern" oder „intern", d.h. durch unbeteiligte „Experten" oder die Betroffenen selbst erfolgen. Selbstauskünfte zur Zufriedenheit und Lebensqualität bilden dabei eine letztlich kaum zu übergehende empirische Grundlage – zumal man jemandem, der sich als glücklich und zufrieden betrachtet, zwar eventuell vorhalten kann, dass er lüge oder nicht wisse, was diese Begriffe bedeuten, aber nicht ohne weiteres, dass er sich irre; in diesem Punkt unterscheiden sich Selbstberichte über Gefühle und Befindlichkeiten von Beobachtungsaussagen. Gleichwohl besteht ein methodisches Minimalziel darin, Selbstauskünfte zur subjektiven Lebensqualität wie auch die ihnen zugrundeliegenden Urteilsprozesse auf mögliche verzerrende und validitätsmindernde Einflüsse zu untersuchen; dies ist auch eine prominente Forschungslinie der sogenannten *hedonic psychology* (Kahneman, Diener & Schwarz, 1999).

Bei der Erörterung psychologischer Konzepte positiver Entwicklung und gelingenden Lebens kommen sehr bald auch bedürfnis-, ziel- und emotionstheoretische Ansätze, damit zugleich auch handlungstheoretische Perspektiven ins Spiel: Persönliche und soziale Glücksvorstellungen verbinden sich wesentlich mit Aspekten der Befriedigung von Bedürfnissen, der erfolgreichen Verwirklichung persönlicher Ziele, dem Erleben von Sinn und mit den unterschiedlichen emotionalen Befindlichkeiten, die sich je nach Ausmaß und Möglichkeiten der Erfüllung dieser grundlegenden Strebungen einstellen. Damit werden auch persönliche und in der Entwicklungsumwelt vorhandene Ressourcen bzw. *developmental assets* (s. etwa Lerner & Benson, 2003) zum Thema, die zur Aktualisierung und Förderung individueller Entwicklungspotentiale wie auch zur Bewältigung von Belastungen beitragen. Individuelles Wohlbefinden und subjektive Lebensqualität hängen zugleich wesentlich davon ab, inwieweit persönliche Ziele und Ambitionen auf gegebene Handlungs- und Entwicklungsmöglichkeiten abgestimmt werden; Ziele geben dem Handeln und Leben Sinn und Struktur, werden jedoch zu Quellen von Frustration und Depression, wenn sie unerfüllbar sind bzw. außer Reichweite geraten. Die hier bereits angesprochenen Dynamiken der Zielbindung und der Ablösung bzw. Revision von Zielen und Lebensplänen sind von zentraler Bedeutung für die Bewahrung einer positiven Selbst- und Lebensperspektive im Lebensablauf; dies gilt vor allem auch für späte Lebensabschnitte, die durch Ressourcenverluste in verschiedenen Bereichen, insbesondere auch durch das Schwinden lebenszeitlicher Reserven gekennzeichnet sind (s. auch Brandtstädter, 2007b). Themen der Bedürfniserfüllung und Verwirklichung persönlicher Ziele berühren sich schließlich mit der Frage, inwieweit verfolgte Ziele und Lebenseinstellungen mit dem übergeordneten Anliegen gelingenden Lebens verträglich sind. Die Besinnung hierauf erscheint selbst bereits als ein zentraler Aspekt positiver Entwicklung und kluger Lebensplanung. Im Rückblick auf die vergangene Lebensgeschichte mag eine solche kritische Besinnung Gefühle von Bedauern und Reue auslösen; gleichzeitig erscheint sie kennzeichnend für lebenspraktische Einstellungen und Kompetenzen, wie sie in Begriffen von Selbstkultivierung, Lebenskunst oder gar Weisheit angesprochen sind.

Es scheint nützlich, der Behandlung dieser Themen eine Betrachtung allgemeiner Grundmerkmale menschlicher Entwicklung voranzustellen, die in der Frage nach positiver Entwicklung zum Teil schon vorausgesetzt sind.

1.1 Menschliche Entwicklung: Spielräume und Grenzen

Die Frage nach den Bedingungen positiver Entwicklung setzt zum einen entsprechende Modifizierbarkeits- und Wahlspielräume voraus, zum anderen auch die Annahme eines reflexiven Selbst, das im ontogenetischen Verlauf die Interessen und Kompetenzen erwirbt, sich selbst und die eigene Entwicklung zum Handlungsgegenstand zu machen und im Sinne einer Verbesserung, Kultivierung und „Optimierung" gezielt zu beeinflussen. Schon der Renaissancephilosoph *Pico della Mirandola* beschreibt im 15. Jahrhundert den Menschen als ein „Geschöpf von unbestimmter Gestalt", das sich selbst als „schöpferischer Bildhauer" gestalten könne und müsse (s. Buck, 1990, S. 715) – eine Sichtweise, an die im 18. Jahrhundert auch Johann Nicolaus Tetens' „Philosophische Versuche über die menschliche Natur und ihre Entwicklung" anknüpfen. Tetens verbindet die „Perfektibilität und Entwickelung des Menschen" im Wesentlichen mit zwei natürlichen Eigenarten: zum einen mit der „vorzüglichen Modifikabilität" menschlicher Entwicklung, zum anderen auch mit der „inneren Selbstthätigkeit" des Menschen, dem „Seelenvermögen" zu bewusster Reflexion:

> „Der Mensch ist unter allen empfindenden Mitgeschöpfen der Erde das meist perfektible Wesen, dasjenige, was bey seiner Geburt am wenigsten von dem ist, was es werden kann (…). Es ist das vielseitigste, das beugsamste Wesen, das am mannigfaltigsten modificiret werden kann, seinem ausgedehnten Wirkungskrais, zu dem es bestimmt ist, gemäß. Am schwächsten zu einer Form allein bestimmt kann es die mehresten annehmen (…). Sprachfähigkeit, Überlegungskraft, Vernunft, Freyheit sind ihm eigen vor allen. Und er kann lachen und weinen (…)" (1777, S. 740 f.).

Schon hier klingt an, dass menschliche Entwicklung gleichzeitig ein Natur- und Kulturprozess ist, der einerseits nicht losgelöst von den in der natürlichen bzw. biologischen Konstitution verankerten Entwicklungs- und Handlungspotentialen des Menschen betrachtet werden kann, andererseits erst unter den gestaltenden Einflüssen der umgebenden Kultur und des Handlungssubjektes bestimmte Formen und Perspektiven annimmt. Die kulturellen Entwicklungsumwelten und die in ihnen verfügbaren Wissensbestände und Techniken bieten auch ein Angebot kompensatorischer Hilfen, welche die Handlungs- und Entwicklungsmöglichkeiten des Menschen erweitern (s. auch Bruner, 1990b). Schon der Kulturbegriff selbst verweist auf die partielle Offenheit und „Bildbarkeit" menschlichen Handelns und menschlicher Entwicklung, insofern hierunter das Streben nach Vervollkommnung und „Kultivierung" eines der Verbesserung fähigen Gegenstandes – insbesondere der menschlichen Entwicklung selbst – verstanden wird. Hier wird deutlich, dass die Begriffe von Kultur, Entwicklung, Handeln und biologischer Konstitution in einem engen Verweisungszusammenhang stehen, der auch bei der Behandlung von Themen positiver Entwicklung im Blick behalten werden muss.

1.2 Entwicklung als Natur- und Kulturprozess

Vor diesem Hintergrund werden Grundbedingungen der Humanontogenese sichtbar, die für die weitere Behandlung von Themen positiver Entwicklung bedeutsam erscheinen. Dies sind zunächst die schon angesprochenen Merkmale der Offenheit und „Plastizität" menschlicher Entwicklung und, damit verbunden, die Aspekte der personalen und sozialen Steuerung von Entwicklungsprozessen. Allerdings sind menschliche Bemühungen und die ihnen zugrundeliegenden Vorstellungen fehlbar, und die Möglichkeiten der Vorausschau und Selbsteinsicht sind begrenzt. Lebensgeschichten, so wie sie vom Subjekt selbst erlebt werden, sind daher stets ein Gemisch von vorhergesehen und unvorhergesehenen, intendierten und nichtintendierten, erwünschten und unerwünschten Abläufen und Veränderungen, und individuelle Bemühungen um gelingendes Leben und positive Entwicklung bestehen wesentlich auch in dem Versuch, diese Bilanz günstig zu gestalten. Zu beachten sind daher auch heteronome und quasizufällige Einflüsse, die Elemente von Unsicherheit und Kontingenz in jede Lebensgeschichte hineinbringen; nicht zuletzt gehören auch die Begrenzung und Endlichkeit menschlichen Handelns und menschlicher Entwicklung zu den wesentlichen Rahmenbedingungen persönlicher Lebensgestaltung.

Offenheit und Plastizität der Humanontogenese: Der Mensch ist in geringerem Maße als andere Spezies mit präformierten Anpassungsmechanismen ausgestattet und auf spezifische Lebensumwelten beschränkt; hierauf – wie auch auf die Schwierigkeit, den Menschen in seinen Handlungs- und Entwicklungsmöglichkeiten definitiv zu bestimmen – beziehen sich auch Konzepte der philosophischen Anthropologie wie etwa die These der „Weltoffenheit" des Menschen (Scheler, 1928), seiner „exzentrischen Position" (Plessner, 1928) oder die Formel vom Menschen als dem „nicht festgestellten Tier" bei Nietzsche (1886). Die konstitutionellen Merkmale der Plastizität bzw. Formbarkeit, Offenheit und die damit zugleich gegebene flexible Programmierbarkeit der Ontogenese bringen neben adaptiven Potentialen aber auch Gefährdungen mit sich; diese konstitutionellen Merkmale haben sich im Evolutionsprozess zusammen mit Mechanismen herausgebildet, welche diese Risiken ausgleichen (s. auch Buss, 2004; Lerner, 1984; Tooby & Cosmides, 1992). Dazu gehören u.a. die Fähigkeit zur Abstraktion bzw. Begriffsbildung und die dadurch gesteigerte Fähigkeit, in Ereignisabläufen Strukturen und Regelhaftigkeiten zu erkennen, damit verbunden die gesteigerten Fähigkeiten der Problemanalyse, Prognose und Beeinflussung von Ereignisabläufen; desgleichen die für internes Probehandeln und planvolles Handeln grundlegende Fähigkeit, interne Modelle der Umwelt und des eigenen Selbst auszubilden. Diese adaptiven Potentiale werden weiter potenziert durch das Vermögen sprachlich-symbolischer Kommunikation. Sprache ermöglicht es, individuelles Denken, Urteilen und Bewerten in den sozialen Raum zu übertragen und Problemlösungen über Raum und Zeit zu transportieren. Diesen Merkmalen entspricht das beim Menschen im Vergleich zu anderen Säugetieren (auch Hominiden) ausgeprägte Wachstum telenzephaler Anteile des Gehirns, die Verzögerung der zentralnervösen Funktionsreifung und, damit verbunden, die Verlängerung der Phase einer hilfsbedürftigen, unselbständigen Kindheit. Zusammen mit der Ausbildung von Familien- und Gruppenstrukturen bilden diese Bedingungen einen Komplex von koevolutionär gekoppelten Faktoren.

In diesen konstitutionellen Eigenarten liegt die Fähigkeit der Menschen, aber auch die Notwendigkeit begründet, die eigene Entwicklung „auf die gesellschaftliche Landkarte zu projizieren" (Berger, Berger & Kellner, 1987, S. 65) und sich selbst, das eigene Handeln und schließlich auch das eigene

Leben zur Aufgabe und zum Gegenstand planenden Handelns zu machen. Wie Gehlen (1971) es in seinem anthropologischen System formuliert hat, ist der Mensch „von Natur auf Kultur" angewiesen; Kultur und Selbstkultivierung sind ihm gleichsam zur „zweiten Natur" bzw. zu einem exosomatischen Anpassungsmittel geworden, das einen Mangel an präformierten Anpassungsautomatismen ausgleicht oder kompensiert. Geertz (1973, S. 44) formuliert die gleiche These mit anderen Worten: „We are, in sum, unfinished animals who complete or finish ourselves through culture."

Auch wenn man – schon wegen der Notwendigkeit, zwischen geringer Spezialisierung und „Unangepasstheit" zu unterscheiden – der Gehlenschen Formel vom Menschen als „Mängelwesen" nur eingeschränkt zustimmen kann, beeindruckt doch die konstitutionell ermöglichte und kulturell gesteigerte Kompetenz zum kompensatorischen Ausgleich von Mängeln, die für die menschliche Spezies nicht nur lebens- und überlebensnotwendig ist, sondern zugleich eine wesentliche Ressource der Selbstkultivierung und Steigerung der Lebensqualität darstellt („*homo compensator*"; Marquard, 1985).

Entwicklungsspielräume und ihre Begrenzungen: Mit der Betonung der „Offenheit" und „Plastizität", der Spielräume und Potentialitäten menschlicher Entwicklung dürfen allerdings Grenzen und Beschränkungen nicht aus dem Blick geraten. Hier ist nicht nur an genetische Bedingungen zu denken; diese bilden ohnehin keine starren Beschränkungen, sondern bestimmen vielmehr Beziehungen zwischen Umwelteinflüssen und Entwicklungsergebnissen: „Genes (…) code for a range of forms under an array of environmental conditions" (Gould, 1981, S. 56; s. z. B. auch Asendorpf, 2007). Die durch die Wechselwirkung zwischen genetischen Bedingungen und exogenen Einflüssen erzeugten empirischen Entwicklungsmuster und -abläufe sind somit bereits eine Selektion aus einem umfassenderen Spielraum von Möglichkeiten. Dieser unterliegt zunächst logischen wie auch naturgesetzlichen Beschränkungen, die bestimmte Zustandskombinationen oder Abläufe notwendig ausschließen. Weitere Restriktionen ergeben sich aus den begrifflichen Voraussetzungen, unter denen wir Entwicklungsverläufe beschreiben: Wenn beispielsweise Emotionen wie etwa ein Schuldgefühl oder ein Gefühl der Reue begrifflich spezifische Kognitionen einschließen – im betrachteten Beispiel etwa die Überzeugung, eine Norm übertreten oder falsch gehandelt zu haben – so ist damit ausgeschlossen, dass solche Gefühlsphänomene in der individuellen Entwicklung bereits vor den entsprechenden kognitiven Kompetenzen auftreten; die Analyse solcher „strukturellen Implikationen" bietet daher einen wichtigen Zugang zum genaueren Verständnis von Entwicklungsuniversalien (eingehender hierzu Brandtstädter & Sturm, 2004).

Jeder Entwicklungsverlauf ist veränderbar, soweit – bzw. jedoch nur soweit – in einer gegebenen Entwicklungsumwelt die entsprechenden Handlungsmöglichkeiten und Interessen bestehen. Plastizität und Modifizierbarkeit sind mit anderen Worten kontextrelative Merkmale, welche auf die in einem kulturellen und historischen Umfeld gegebenen Handlungs- und Interventionspotentiale zu beziehen sind. Viele Entwicklungsabläufe, die früher als unabänderlich und gleichsam naturgesetzlich angesehen wurden, haben sich im Zuge erweiterten Bedingungswissens als änderbar erwiesen. Man denke hier nur an die durch medizinische, pharmakologische und gentechnologische Entwicklungen vielfältig gesteigerten Möglichkeiten zur Prävention, Diagnose und Therapie von Krankheiten. Die kulturgeschichtlich entstandenen, auf menschliche Entwicklung bezogenen wissenschaftlich-technischen Kenntnisse und Handlungspotentiale bilden eine weitere Gruppe von Bedingungen, die Modifikations- und Variationsspielräume menschlicher Entwicklung teils erweitern, teils begrenzen. Das Ausloten der Veränderungsspielräume bestimmter Funktions- und Leistungsbereiche ist auch ein wesentliches Anliegen entwicklungs- und alternspsychologischer Forschung; exemplarisch sind hier etwa Interventionsstudien zur Steigerung der Gedächtnisleistung bei älteren Menschen (Kliegl & Baltes, 1987). Die Resultate eines solchen *„testing the limits"* verweisen freilich nicht nur auf individuelle Leistungs- und Entwicklungsreserven, sondern zugleich auf Möglichkeiten und Beschränkungen aktuellen Interventionswissens.

Da nicht alles, was mit verfügbaren theoretischen und praktischen Mitteln realisierbar wäre, auch erwünscht, erlaubt oder wünschenswert ist, kommen schließlich auch Normen und Werte ins Spiel – damit zugleich auch sozial geteilte Vorstellungen von wünschenswerter Entwicklung und gutem Leben. Hierbei gilt im Allgemeinen, dass das Gewünschte oder Geforderte sich im Raum des Möglichen hält – jedoch werden Wünsche nicht nur den Möglichkeiten angepasst, sondern in gewissen Grenzen gilt auch das Umgekehrte: Die über die Zone des aktuell Erreichbaren hinausreichenden Wünsche und Interessen motivieren auf sozialer wie individueller Ebene auch Anstrengungen zur Erweiterung der Handlungsspielräume. Das Bestreben, „Unmögliches möglich zu machen", verbindet sich allerdings mit der Aussicht, unerfüllt zu bleiben – die entsprechende ambivalente Gefühlslage wird auch als „Sehnsucht" bezeichnet (s. Kap. 12). Das Streben nach Perfektion, maximaler Leistung und Vervollkommnung bringt in Kunst, Technik, Wissenschaft und anderen kulturellen Bereichen Höchstleistungen hervor, zugleich ist es kennzeichnend für persönliche Ideale von Könnerschaft, Vortrefflichkeit und Selbstkultivierung. Bekanntlich aber gilt nicht jede Steigerung unbestritten als Fortschritt; Optimierungs- und Maximierungsziele können leicht mit Kriterien von Gerechtigkeit, Fairness und gutem Leben in Konflikt geraten. In einem „Plädoyer gegen die Perfektion" diskutiert Sandel (2008) diese Problematik: Der Einsatz von Wachstumshormonen bei Kindern, um ihnen eine spätere Karriere als Basketball-Profi zu ermöglichen, der kommerzielle Handel mit Keimzellen von Personen mit attraktiven geistigen und körperlichen Merkmalen, aber auch immer raffinierter werdende Dopingtechniken können als markante Beispiele betrachtet werden.

Personale und soziale Steuerung der Ontogenese: Mit der Betrachtung der Modifikationsspielräume menschlicher Entwicklung geraten zugleich Prozesse der sozialen Steuerung der Ontogenese in den Blick, die den Zugang zu bestimmten Positionen, Rollen und Lebenspfaden mit dem Erreichen bestimmter Entwicklungs- und Bildungsergebnisse verknüpfen. Prozesse der „Institutionalisierung" des Lebensablaufes sind mit zeitlich strukturierten Systemen von Entwicklungsangeboten und -beschränkungen, von Anreizen und Barrieren verbunden, welche die Auftrittswahrscheinlichkeit bestimmter Entwicklungsergebnisse in bestimmten Lebensabschnitten in Richtung auf normative Erwartungen zu beeinflussen suchen: Der Einzelne soll nicht nur zu kompetenter Teilnahme an gesellschaftlichen Prozessen befähigt und motiviert werden, sondern zugleich auch dazu, seine Entwicklung – nach Ablauf einer Erziehungs- und Sozialisationsphase, in der das Element heteronomer Steuerung noch im Vordergrund steht – in die eigene Hand zu nehmen und eigenverantwortlich zu gestalten.

Im Hinblick auf die gesellschaftliche Steuerung von Entwicklungsprozessen ist man vielleicht geneigt, Bruner zuzustimmen, wenn er sagt: „It is culture, not biology, that shapes human life and human mind" (Bruner, 1990a, S. 21). Die These setzt allerdings einen einseitigen Akzent: Anstelle der Gegenüberstellung von „Kultur" und „Biologie" erscheint die Betrachtung der Wechselbeziehung beider Einflussebenen angemessener. Auch ist das Entwicklungssubjekt selbst nicht einfach durch kulturelle oder biologische Einflüsse geformt, sondern an der Gestaltung des eigenen Lebenslaufes selbst beteiligt – wenn nicht als „Produzent der eigenen Entwicklung", so doch zumindest als ihr Koproduzent: Die kulturelle Steuerung von Entwicklungsprozessen schließt wesentlich auch vermittelnde Prozesse personalen Handelns und intentionaler Selbstgestaltung ein. Die Person bildet Vorstellungen ihrer persönlichen Entwicklung und Konzepte eines möglichen, gewünschten oder auch gesollten Selbst aus, an denen sie ihr Handeln und ihre Lebensführung mehr oder weniger erfolgreich orientiert. Bei genauerer Betrachtung erkennen wir in der menschlichen Ontogenese über die gesamte Lebensspanne hinweg eine wechselseitige Durchdringung von biologischen, institutionellen und personalen Einflüssen: Die zeitliche Abfolge von „Entwicklungsaufgaben" im Lebenslauf ist wesentlich an die Altersvariable bzw. an alterskorrelierte Reifungs- und Lernprozesse gebunden; in ihrem Zusammenwirken konstituieren diese Faktoren ein „kulturelles Skript" des Lebenslaufes (vgl. Hagestad, 1991; Settersten & Mayer, 1997). Dieses Lebenslauf-Skript wiederum wirkt nicht nur in der Sozialisationspraxis, sondern auch in Prozessen intentionaler Selbstentwicklung als verhaltensregulatives, kognitiv-motivationales Schema; hierdurch werden seine formativen Wirkungen in der Ontogenese zum Teil erst verständlich.

Individuelle Lebenslaufmuster sind gleichsam die Resultate dieser formativen Kräfte. Diese haben zugleich wesentlichen Einfluss darauf, welche Vorstellungen der Einzelne sich von positiver Entwicklung und gelingendem Leben bildet, und wie er diese im Rahmen der ihm gegebenen Möglichkeiten umzusetzen sucht. Eingeschlossen sind hierbei allerdings Erfahrungen der Vergeblichkeit, des Misserfolges und der nur begrenzten Planbarkeit der eigenen Lebensgeschichte.

Kontingenz und Unsicherheit als existentielle Grundmerkmale: Das Überraschende und Ungeplante bzw. „Kontingente", das uns widerfährt, verweist auf Beschränkungen intentionalen Handelns: Zum einen sind die Kontexte, in denen wir unser Leben organisieren, zum Teil intransparent, zum anderen sind sie für den Handelnden nicht disponibel bzw. setzen seinen Bemühungen Grenzen.

Wir handeln und entscheiden unter Bedingungen einer begrenzten Rationalität („*bounded rationality*", Simon, 1983): Die sozialen, institutionellen, symbolischen und kausalen Strukturen und Bedingungen, die den Erfolg bzw. die Aus- und Nebenwirkungen unseres Handelns mitbestimmen, sind für uns nicht vollständig überschaubar. Ein Teil unserer Lebensaktivität und psychischen Bewältigungsleistungen besteht darin, mit unvorhergesehenen Wechselfällen und „kritischen Lebensereignissen" fertigzuwerden, wobei solche Widerfahrnisse mitunter auch unvorhergesehene Folgen eigener Handlungen und Entscheidungen sind.

Aber auch der „innere Handlungskontext", d.h. die eigenen Wünsche und Überzeugungen sind für den Handelnden selbst teilweise undurchsichtig; insbesondere sind wir nur begrenzt in der Lage, Veränderungen unserer Präferenzen und Überzeugungen langfristig vorauszusehen. So kann es dazu kommen, dass wir frühere Handlungen und Entscheidungen im Rückblick nicht mehr nachvollziehen können; auf diese Weise entstehen Gefühle des Bedauerns und der Reue. Insofern ergeben sich Beschränkungen planvoll-vorausschauenden Handelns schon aus der Entwicklungsoffenheit und begrenzten Stabilität unseres Meinens und Wollens selbst. Die Rationalität individuellen Handelns erscheint allerdings noch in anderer Weise beschränkt: Zwar handeln und entscheiden wir auf der Grundlage unserer aktuellen Meinungen, Erwartungen und Wünsche, es liegt jedoch nicht in unserer freien Entscheidung, welche dieser intentionalen Einstellungen und Zustände uns in einer gegebenen Situation und unter gegebenen Lebensumständen verfügbar sind (vgl. auch Bargh & Chartrand, 1999; Brandtstädter, 2001). Dies schließt zwar nicht aus, dass wir auch zu unseren Wünschen und Meinungen eine reflektierte und kritische Haltung einnehmen und uns beispielsweise wünschen können, bestimmte Wünsche nicht zu haben. Prozesse der Selbstkultivierung und intentionalen Selbstentwicklung setzen voraus, das wir unseren primären Handlungstendenzen nicht ausgeliefert sind, sondern sie – etwa im Hinblick auf Kriterien von Vernunft und Moral – bewerten und wirksam beeinflussen können. Dennoch bilden wir unsere Wünsche, Überzeugungen und Intentionen nicht durch einen unmittelbar voraufgehenden intentionalen Akt. Insofern werden an diesem Punkt auch subpersonale und subintentionale Aspekte des Handelns sichtbar (s. auch Brandtstädter & Greve, 1999).

Heteronome Elemente kommen an anderen Stellen noch deutlicher ins Spiel: Zwar nehmen wir durch selektive und konstruktive Aktivitäten Einfluss auf unsere Entwicklungsumwelten – sofern wir dazu frei und in der Lage sind, versuchen wir diese entsprechend unseren Neigungen und Kompetenzen zu gestalten. In gewisser Hinsicht werden unsere Lebensumstände und biographischen Geschichten hierdurch Ausdruck unserer Persönlichkeit oder – in Begriffen der Entwicklungsgenetik – zu einem „extendierten Phänotyp", in dem auch genotypische Eigenschaften zur Expression kommen. Jedoch sind diese und andere Randbedingungen für uns nicht oder nur begrenzt beeinflussbar: Wir werden mit einem bestimmten Genom geboren und wachsen in einer bestimmten Epoche, Kultur, Familie auf; hierdurch ist bereits eine Vorselektion möglicher Entwicklungsoptionen gegeben. Im Zuge von Wachstums- und Abbauprozessen, historischen Veränderungen und Rollenübergängen im Lebenszyklus wandeln sich nicht nur Bedürfnisse und Ziele, sondern auch Entwicklungs- und Handlungsoptionen. Diese sind zugleich auch von Umständen abhängig, die sich als intendierte oder nichtintendierte Folgen aus unseren früheren Handlungen und Entscheidungen ergeben.

Unsere Vergangenheit können wir nicht ändern, gleichwohl ist sie – wie auch das Bild, das wir uns von ihr machen – in unserem Handeln wirksam und beeinflusst unsere subjektive Lebensqualität. Das Letztere gilt auch für unsere Zukunft bzw. die Vorstellungen, die wir uns von unserem möglichen zukünftigen Selbst machen, wobei die Endlichkeit des Lebens jedem Entwicklungs- und Handlungsablauf eine ultimative Grenze setzt. Diese Grenzerfahrung des näherrückenden Lebensendes aktiviert Bereitschaften zu einer „summativen Evaluation" bzw. zum bilanzierenden Rückblick, zugleich aber auch Fragen nach dem „Sinn des Lebens" (vgl. auch Erikson, 1966). Solche Reflexionen können zu Einsichten und existentiellen Einstellungen beitragen, die für die „Pragmatik" der Lebensgestaltung bedeutsam sind (Baltes, Lindenberger & Staudinger, 2006) – auch wenn solche lebenspraktischen Einsichten kaum noch selbst genutzt, sondern nur an Ratsuchende und Beratungsbedürftige weitergegeben werden können.

Menschliche Entwicklung, so können wir zusammenfassend feststellen, vollzieht sich in einem weiten Spielraum von Möglichkeiten, von denen der Einzelne aufgrund von teils heteronom gesetzten, teils auch aus eigenen Handlungen und Entscheidungen resultierenden Bedingungen nur einen geringen Teil realisiert. Die dadurch eröffneten Wahl- und Entscheidungshorizonte, verbunden mit konstitutionell gegebenen und kulturell verstärkten Möglichkeiten der Steuerung von Entwicklungsverläufen und der planvollen Selektion unter verschiedenen Optionen, bilden den Hintergrund für die Frage nach einer guten, womöglich bestmöglichen Auswahl unter gegebenen Optionen. Zugleich verdeutlichen sie die grundsätzliche Schwierigkeit, eine solche Wahl zu treffen; planvolle Lebensgestaltung erscheint uns daher als Prototyp eines Handelns unter Unsicherheit und Komplexität, das die Möglichkeit von Enttäuschung, Misserfolg und Reue von vornherein einschließt. Letzteres gilt umso mehr, als innere und äußere Handlungskontexte – eingeschlossen die Überzeugungen und Werte des Handlungssubjektes – für dieses selbst nicht nur teilweise intransparent, sondern zudem auf historischen und individuell-lebensgeschichtlichen Zeitebenen veränderlich sind, wobei diese Veränderungen selbst nur in Grenzen absehbar sind. Dies sind Umstände, die bei der Behandlung von Themen positiver Entwicklung zu bedenken und theoretisch einzubeziehen sind. Sie machen deutlich, dass Glück, Wohlbefinden und gelingendes Leben – wie auch sonst immer definiert – nicht nur mit Bedürfniserfüllung und erfolgreicher Zielverwirklichung zu tun haben, sondern auch mit der Einstellung zu Grenzen und Beschränkungen. In der Fähigkeit, Irreversibles und „Unabänderliches" gelassen hinzunehmen, wird oft ein Merkmal von Weisheit gesehen – vor allem, wenn sie sich mit der sprichwörtlichen Fähigkeit verbindet, sinnvolle Unterscheidungen zu treffen zwischen dem, was zu ändern ist, und dem, was nicht geändert werden kann.

2
Positive Entwicklung: Methoden- und Kriterienfragen

Welche Lebensumstände und Entwicklungsverläufe sind wünschenswert? Was bedeuten Lebensglück und gelingende Entwicklung, und welche Bedingungen sind diesen allgemeinsten Zielen förderlich? Konsens in diesen Fragen lässt sich umso leichter herstellen, je allgemeiner und weniger konkret die Antworten sind: Erfüllung von Bedürfnissen, Leistungsvermögen, sinnvolle Tätigkeit, emotionale Stabilität, innere Harmonie, Einbettung in befriedigende Sozialbeziehungen, Sicherheit, Optimismus, Gesundheit sind häufig genannte kriteriale Bestimmungen (s. etwa Becker, 1992; Ryff & Singer, 1998). „Glück", „Wohlbefinden", „Zufriedenheit" werden gemeinhin als Resultat oder Inbegriff solcher günstigen Bedingungen betrachtet, die sich allerdings in individuellen Lebensgeschichten kaum je dauerhaft verwirklicht finden. Zudem ist das, was wir mit „Glück" – oder noch allgemeiner und umfassender: mit „Lebensglück" – vage bezeichnen, auch von Umständen abhängig, über die wir nur begrenzt verfügen können; hiervon war schon die Rede. Auch Werthaltungen und grundsätzliche Lebenseinstellungen bilden einen Bedingungshintergrund, der einerseits unser Handeln bestimmt, seinerseits jedoch nur in Grenzen durch eigenes Handeln änderbar ist; ob und in welchem Maße man über „glücksförderliche" Einstellungen und Handlungsbereitschaften verfügt, ist zum Teil schon eine Frage des Glücks – hier verstanden im Sinne von Zufallsglück (Fortuna). Unsere Lebensgeschichte, so könnte man mit Schopenhauer (1874) sagen, ist ein Gemisch von Handlungsergebnissen und Widerfahrnissen, wobei das, was uns ungewollt und unerwartet widerfährt, positiv wie auch negativ zu unserer Glücksbilanz beitragen kann.

Schon aus diesen Gründen ist gelingende Entwicklung nicht gleichzusetzen mit ununterbrochenem Wohlbefinden. Dies nicht zuletzt auch deshalb, weil Gefühle von Glück oder Zufriedenheit sich vor allem bei positiv bewerteten Veränderungen unserer Lebensumstände einstellen und dazu tendieren, wieder abzuklingen, sobald das Neue zum gewohnten Bestand geworden ist – dessen Wert oft erst dann wieder lebhaft bewusst wird, wenn das Erreichte gefährdet ist. Wie Forschungsergebnisse zeigen, orientieren sich auch individuelle Bewertungen der Qualität des eigenen Lebens weniger an der zeitlichen Erstreckung positiver oder negativer Gefühle als an Höhen, Tiefen und Verlaufsaspekten (Fredrickson & Kahneman, 1993). Gelingende Entwicklung hat wesentlich auch damit zu tun, widrige Lebensumstände zu überwinden oder, wo dies unmöglich ist, sie eventuell anzunehmen und mit positivem Sinn zu füllen. Nicht zuletzt ist Glück – jedenfalls im vordergründigen Sinne aktuellen hedonischen Wohlbefindens – nicht ohne weiteres als oberste Zielsetzung unserer Lebensaktivität anzusehen. Vorstellungen „guten Lebens" haben auch mit der Bereitschaft oder Fähigkeit zu tun, auf Genuss und Lustgewinn gerichtete Ziele zumindest im Konfliktfalle überindividuellen Werten wie etwa Altruismus, Gerechtigkeit oder Wahrhaftigkeit nachzuordnen. Sobald wir fragen, ob und wann jemand gute Gründe hat, mit sich und seinem Leben zufrieden zu sein, kommen Gesichtspunkte von Ethik und Moral wesentlich ins Spiel.

2.1 Zufriedenheit und Wohlbefinden im subjektiven Urteil

In empirischen Untersuchungen zu Wohlbefinden und Lebenszufriedenheit spielen Selbstberichte eine zentrale Rolle. Dies gilt unbeschadet möglicher Bedenken, die wir hinsichtlich der Gültigkeit individueller Vorstellungen gelingenden Lebens haben mögen. Die Selbstzuschreibung von Zufriedenheit und Wohlbefinden wird wesentlich beeinflusst von gesellschaftlichen Symbolen guten Lebens sowie von sozial geteilten Vorstellungen, was man von seinem Leben vernünftigerweise wünschen oder erwarten kann. Vor dem Hintergrund solcher Vorstellungen werden die aktuellen Lebensumstände daraufhin analysiert, inwieweit sie Merkmale aufweisen, die diesen Vorstellungen entsprechen. Eine methodische Mindestforderung besteht nun darin, mögliche Verzerrungen von Selbstberichten zu prüfen. In empirischen Erhebungen werden die Teilnehmer typischerweise gebeten, auf einer Skala anzukreuzen, wie zufrieden sie insgesamt mit ihrem Leben oder auch mit bestimmten Lebensbereichen (z. B. Beruf, Ehe) sind. Die jeweiligen Auskünfte können allerdings kaum auf einer umfassenden Analyse persönlicher Lebensumstände basieren; dies würde schon den Zeitrahmen für die Beantwortung überschreiten. Vielmehr werden sie durch Erinnerungen und Erwartungen beeinflusst, die in der aktuellen Situation kognitiv verfügbar sind. Besonders leicht erinnerlich sind Höhe- und Endpunkte eines lebensgeschichtlichen Abschnittes; auch die Ausrichtung der Aufmerksamkeit auf bestimmte Themen hat Einfluss auf die Urteilsbildung. Werden der Frage nach der allgemeinen Lebenszufriedenheit etwa Fragen zur Ehezufriedenheit vorangestellt, so ist der korrelative Zusammenhang zwischen bereichsspezifischem und allgemeinem Urteil höher als bei umgekehrter Reihenfolge der Fragen (Schwarz, Strack & Mai, 1991). Die Verfügbarkeit positiver und negativer Inhalte hängt nicht zuletzt – im Sinne eines *mood congruency*-Effektes (Bower, 1981) – auch von der momentanen Stimmungslage ab, wobei schon relativ banale Bedingungen wie etwa das Wetter oder ein freundlich eingerichtetes Untersuchungszimmer einen Unterschied machen können. Bemerkenswert ist auch, dass solche situativen Faktoren auf summarische Urteile einen stärkeren Einfluss haben als auf bereichsspezifische Einschätzungen, vermutlich weil bei Letzteren der Urteilsbereich überschaubarer ist (s. auch Schwarz & Strack, 1999).

Zum Einfluss von Erinnerungen und Erwartungen auf das aktuelle Wohlbefinden: Gegenwärtiges Wohlbefinden wird nicht zuletzt durch den Vergleich mit früheren wie auch erwarteten zukünftigen Lebensumständen beeinflusst. Der Rückblick auf die vergangene Lebensgeschichte mag Stolz, Zufriedenheit, Dankbarkeit wie auch Empfindungen von Scham, Reue oder Ärger aktivieren. Zukünftigen Entwicklungen und Erwartungen mag man mit Hoffnung und Vorfreude oder auch mit Sorge oder Verzweiflung entgegensehen. Solche zeitlich gerichteten, auf den Verlauf der persönlichen Entwicklung bezogenen Emotionen fließen nicht nur in das pauschale Zufriedenheitsurteil ein, sondern bestimmen auch das gegenwärtige subjektive Wohlbefinden – wobei die Projektion möglicher zukünftiger Verläufe wesentlich von Kontrollüberzeugungen mitbestimmt wird, d.h. von der Erwartung, auf den eigenen Entwicklungsverlauf gestaltend Einfluss nehmen zu können. Mögliche zukünftige Verluste und Einschränkungen beeinträchtigen das aktuelle Wohlbefinden in geringerem Maße, wenn sie abwendbar erscheinen. Auch aus diesem Grund sind positive Kontrollüberzeugungen eine wesentliche Ressource positiver Entwicklung (s. auch Brandtstädter & Baltes-Götz, 1990; Krampen, 2000; Peterson, 1999) – zumindest soweit sie sich nicht mit der Tendenz verbinden, auch an aussichtslos gewordenen Projekten und Zielen hartnäckig festzuhalten. Inwieweit sich antizipierte positive oder negative Ereignisse auf die subjektive Lebensqualität auswirken, ist auch davon abhängig, ob diese in einer näheren oder ferneren Zukunft lokalisiert werden; mit wachsender zeitlicher Nähe nimmt dieser Effekt zu. Der Einfluss des Zeitfaktors erscheint bei negativen Ereignissen besonders ausgeprägt; grundsätzlich scheint ein *prevention focus* – d.h. die Vermeidung von Verlusten – in der Handlungsregulation Vorrang zu haben gegenüber einem auf Verbesserungen der aktuellen Lage gerichteten *promotion focus* (Higgins, 1997). Da sie in stärkerem Maße auf positive Aspekte fokussieren, gehen Handlungen des letzteren Typs eher mit aktuellem Wohlbefinden einher (s. auch Brunstein, Maier & Dargel, 2007). Allerdings sind Vorsätze und Handlungsprioritäten nicht zeitstabil: Entscheidungen im Hinblick auf zeitlich naheliegende Vorhaben werden stärker von den mit der Realisierung eventuell verbundenen Schwierigkeiten und Kosten als von den positiven Valenzen des imaginierten Zielzustandes bestimmt. Für zeitlich entfernte Vorhaben verhält es sich tendenziell umgekehrt, was auch zu Planungsfehlern wie etwa zur Unterschätzung der Erledigungsdauer zeitlich entfernter Vorhaben führen kann (vgl. Kahneman & Tversky, 1979; Liberman & Trope, 1998).

Kontrast- und „endowment"-Effekte: Erinnerungen vergangener und Vorstellungen möglicher zukünftiger Lebensverläufe liefern einen Vergleichsanker für die Bewertung aktueller Lebensumstände: Im Kontrast zu einer weniger glücklichen Vergangenheit mag die Gegenwart in besonders positivem Licht erscheinen, und umgekehrt kann früheres Glück die Zufriedenheit mit der aktuellen Situation mindern. Wie etwa Befunde der um 1930 in Kalifornien begonnen *Oakland Growth Study* zeigen, haben sich bei vielen Teilnehmern dieser mehrere Jahrzehnte umfassenden Längsschnitterhebung Einschränkungen und Belastungen, die sie während der damaligen Weltwirtschaftskrise erlebt haben, keineswegs negativ auf die spätere Lebenszufriedenheit ausgewirkt – wobei allerdings der Versuch, gegen irreversible Verluste anzukämpfen, eher zu Einbußen an Lebensqualität führte (s. etwa Elder, 1974; Elder & Caspi, 1990). Kontrasteffekte früherer Erlebnisse sind insbesondere dann zu erwarten, wenn der zurückliegende Lebensabschnitt als abgeschlossen betrachtet wird. Werden frühere lebensgeschichtliche Episoden dagegen mit der gegenwärtigen Situation verbunden und lebhaft erinnert, so beeinflussen sie die aktuelle Zufriedenheit eher entsprechend ihrer hedonischen Qualität; hier spricht man von einem *endowment-* oder Assimilationseffekt (vgl. Beike & Niedenthal, 1998; Strack, Schwarz & Gschneidinger, 1985). In der Vergangenheit erlebte Niederlagen oder Verluste können z. B. in Gefühlen von Reue oder Ärger nachwirken, wohingegen die Bereitschaft, negative Episoden als abgeschlossen zu betrachten, zu gegenwärtigem Wohlbefinden offenbar ebenso beiträgt wie die Vergegenwärtigung einer positiven Vergangenheit. Allerdings sind nicht alle Menschen gleichermaßen bereit oder begabt, Vergangenes einfach „abzuhaken". Bedeutsam erscheint in diesem Zusammenhang insbesondere die Disposition, sich von blockierten Zielen und nicht realisierten Lebensoptionen leicht lösen zu können. Entsprechend disponierte Personen neigen z. B. in geringerem Maße dazu, über vergangene Fehler oder Versäumnisse mit persistierenden Gefühlen von Reue oder Ärger nachzugrübeln (s. Kap. 6).

Momentbasierte Verfahren: Ein Ansatz zur Bestimmung von „objective happiness"? Einschätzungen der hedonischen Qualität zukünftiger oder vergangener Ereignisse sind wesentlich von schematischen Vorstellungen beeinflusst. Wenn wir beispielsweise gebeten werden, den Befriedigungswert bevorstehender Urlaubstage zu beurteilen, so wird dieser im Vergleich zur aktuellen Erlebnisqualität tendenziell überschätzt. Dies hat einerseits mit Gewöhnungsprozessen zu tun, zum anderen aber auch damit, dass im antizipierenden Urteil zunächst allgemeine Überzeugungen aktiviert und typische Merkmale des Ereignisses fokussiert werden – mit Ferien assoziiert man Entspannung, Abwechslung usf. Diese *focusing illusion* (Schkade & Kahneman, 1997) beeinflusst auch globale Einschätzungen der Lebenszufriedenheit.

Urteilsverzerrungen der genannten Art lassen sich nach einem Verfahrensvorschlag von Kahneman (1999) durch einen „momentbasierten" Ansatz vermeiden. Dabei werden momentane Befindlichkeitswerte *in situ* auf einer Gut-Schlecht-Dimension erfragt, wobei die jeweiligen Urteile im Tagesverlauf etwa über ein zeitgesteuertes Signal abgerufen werden; durch Aggregierung der Werte über eine längere Zeitstrecke – z. B. durch Bestimmung der Höhenlage des durch die Momentanwerte gewonnenen Befindlichkeitsprofils – kann, so die Annahme, ein methodisch überlegenes Maß der *objective happiness* gewonnen werden (s. auch Wirtz, Kruger, Scollon & Diener, 2003). In Verbindung mit Zeitstichprobentechniken lassen sich auf diese Weise z. B. auch die hedonischen Qualitäten von alltäglichen Aktivitäten bestimmen. Vergleichbare Ergebnisse können mit weniger Aufwand auch durch retrospektive Berichte zum Tagesablauf gewonnen werden (*Day Reconstruction Method*; Kahneman, Krueger, Schkade, Schwarz & Stone, 2006). Nach einschlägigen Erhebungen findet sich z. B. für Fernsehen, Treffen mit Freunden oder Aktivitäten am Arbeitsplatz eine positivere Affektbilanz als für häusliche Tätigkeiten oder die Betreuung von Kindern. Vergleicht man auf diese Weise die Erlebnisqualitäten von Autofahrern, die in Automobilen der gehobenen Klasse oder in vergleichsweise bescheideneren Vehikeln unterwegs sind, so erweisen sich – anders als bei globalen Einschätzungen – die Unterschiede in episodischen Erlebnisqualitäten als vernachlässigbar gering. Allgemein haben Merkmale wie Einkommen, Familienstatus und Bildung für momentbasierte Maße wie etwa den Zeitanteil positiver Gestimmtheit einen noch geringeren Vorhersagewert als für globale Zufriedenheitsmaße (s. etwa Schwarz, Kahneman & Xu, 2009). Dies ist aufschlussreich, wirft jedoch die Frage eines Validitätsankers auf. Momentbasierte Maße werden gelegentlich als Goldstandard für die Erfassung subjektiver Lebensqualität angesehen. Hinter diesen weitgehenden Anspruch darf man allerdings Fragezeichen setzen – zumindest was den Beitrag dieses Ansatzes für die kriteriale Bestimmung von positiver Entwicklung angeht.

2.2 Positive Entwicklung als Verlaufsgestalt

Wenn unterschiedliche Lebensbedingungen sich nur geringfügig auf das hedonische Erleben im alltäglichen Verlauf abbilden, so kann daraus kaum auf die Gleichwertigkeit dieser Lebensumstände hinsichtlich ihres Beitrags zu gelingendem Leben geschlossen werden. Indikatoren, die sich primär auf hedonische Qualitäten momentanen Befindens richten, können kaum als Kriterien guten Lebens in einem anspruchsvolleren Sinne gelten, wie dies im Übrigen auch Kahneman (1999) selbst einräumt. Man kann aus guten Gründen mit seinen Lebensumständen zufrieden sein oder sich gar als glücklich bezeichnen, ohne sich in einem Dauerzustand von Hochstimmung zu befinden. Der Versuch, das eigene Wohlbefinden durch Erhöhung des täglichen Zeitanteils angenehmer gegenüber weniger angenehmen Aktivitäten zu steigern, wäre schon insofern kaum zielführend, als Erstere oft nur im Kontrast zu Letzteren ihr Befriedigungspotential gewinnen. Überdies sind momentan beschwerliche bzw. weniger genussreiche Beschäftigungen wie etwa die Anfahrt zur Arbeit zum Teil auch als Investition zugunsten der Möglichkeiten späteren Wohlbefindens zu betrachten. Positive Episoden implizieren oft auch Elemente geringerer hedonischer Valenz, die jedoch im Sinne eines *package deals* (Bratman, 1987) in Kauf genommen werden – eine Kreuzfahrt in die Karibik bringt Kosten mit sich, die man ohne die Aussicht auf hedonischen Gewinn kaum tragen würde; ähnlich verhält es sich auch mit Projekten in einem umfassenderen lebensgeschichtlichen Rahmen. Gefühle von Glück oder Wohlbefinden werden fragwürdig, wenn sie mit späterem Unglück erkauft werden, und die Sicherung zukünftigen Wohlbefindens erfordert bekanntlich vielfach Einschränkungen in der Gegenwart – Zustände geringeren Wohlbefindens, deren Erlebnisqualität freilich gehoben wird, wenn ihnen ein Nutzen im Hinblick auf die zukünftige Entwicklung zugeordnet werden kann. Wie oben schon angedeutet, verbinden sich Begriffe von Erfolg und gelingender Entwicklung mit einer bestimmten Verlaufsgestalt oder „narrativen Struktur" (Vellemann, 1991) von Lebensgeschichten. Wir ziehen eine Entwicklung vom Schlechteren zum Besseren dem umgekehrten Verlauf selbst dann vor, wenn die Summe hedonisch positiver Momente in beiden Fällen gleich ist. Dies verweist auch darauf, dass Momente des Wohlbefindens nicht additiv sind – auch für lebensgeschichtliche Verlaufgestalten gilt das bekannte gestaltpsychologische Prinzip, wonach das Ganze mehr bzw. etwas anderes ist als die Summe seiner Teile. Man mag in diesem Zusammenhang mit Fredrickson und Kahneman (1993) von *duration neglect* sprechen. Es erscheint jedoch problematisch, hierin einen Urteilsfehler zu sehen; denn zum einen ist die Wahrscheinlichkeit einer günstigen Fortsetzung bei einem positiv gerichteten Entwicklungsverlauf oft größer als im gegenläufigen Falle, zum anderen geht oft auch die Erinnerung an überwundene Schwierigkeiten und die damit eventuell auch verbundenen Bewältigungsgewinne mit positivem Gewicht in die persönliche Erfolgs- und Glücksbilanz ein, selbst wenn dies im momentanen Empfinden nicht durchwegs präsent sein mag.

Normative Aspekte: Nicht zuletzt gibt es unterschiedliche Formen von Wohlbefinden. Der Genuss eines guten Essens ist schon im individuellen Erleben, insbesondere aber auch hinsichtlich seines entwicklungsförderlichen Potentials nicht gleichzusetzen mit den Arten von Wohlbefinden, die wir etwa empfinden, wenn wir ein gutes Buch lesen, bei einer schwierigen Aufgabe vorankommen oder Anderen helfen (s. auch Kubovy, 1999). Bei einem Verständnis von „gutem Leben", das diese Unterschiede vernachlässigt, bleiben letztlich auch moralisch-ethische Dimensionen ausgeklammert. Gebote von Fairness, Gerechtigkeit und Hilfsbereitschaft schließen bestimmte Wege, sich hedonischen Nutzen und persönlichen Vorteil zu verschaffen, aus. Wenn dem entgegengehalten wird, dass auch ein an solchen Werten oder Tugenden orientiertes Handeln – zumindest bei Personen mit entsprechenden Einstellungen – sich mit positiven Gefühlen verbinden kann, so zeigt sich darin wohl allenfalls, dass sich Begriffe von Wohlbefinden und Lebensglück nicht problemlos auf den rein hedonischen Aspekt reduzieren lassen. Kant hat dies – auch zur Erläuterung des kategorischen Imperativs – an Beispielen wie dem folgenden verdeutlicht:

Jemand „findet in sich ein Talent, welches vermittelst einiger Kultur ihn zu einem in allerlei Absicht brauchbaren Menschen machen könnte. Er sieht sich aber in bequemen Umständen, und zieht es vor, dem Vergnügen nachzuhängen, als sich mit Erweiterung und Verbesserung seiner glücklichen Naturanlagen zu bemühen (…) allein er kann unmöglich wollen, daß dies ein allgemeines Naturgesetz werde (…). Denn als ein vernünftiges Wesen will er notwendig, daß alle Vermögen in ihm entwickelt werden, weil sie ihm doch zu allerlei möglichen Absichten dienlich sind" (Kant, 1785, S. 55f.).

Wie schon erwähnt kommen bei der Behandlung von Kriterien positiver Entwicklung neben theoretischen Erfordernissen notwendigerweise auch Wertungen ins Spiel. Schon bei der Beurteilung von Zufriedenheits- und Glücksgefühlen fragen wir, worauf sich solche Gefühle gründen, und unterscheiden zwischen schlechteren und besseren Gründen. Dies muss nicht notwendig auf eine dogmatische Abgrenzung von „wahren" gegen „falsche" Bedürfnisse hinauslaufen, die sich leicht mit Tendenzen der Bevormundung verbindet und – zumindest soweit sie über allgemeine Vitalbedürfnisse hinausgeht – die Vielfalt und Variabilität individueller Motive und Interessen unterschätzt. Quellen von Wohlbefinden und Zufriedenheit ändern sich im Lebensablauf; hierzu tragen sowohl Entwicklungs- und Rollenübergänge wie auch Veränderungen persönlicher Ambitionen und Kompetenzen bei. Beim jüngeren Erwachsenen werden Lebenszufriedenheit und Wohlbefinden in stärkerem Maße von Zukunftsentwürfen und Projektionen eines möglichen zukünftigen Selbst bestimmt, während mit abnehmender Restlebenszeit Sinn und Befriedigung sich in zunehmendem Maße mit der zurückliegenden

Lebensgeschichte und der Sicherung des Erreichten verbinden (vgl. auch Dittmann-Kohli, 1995). Glücksvorstellungen sind zugleich soziale und kulturelle Konstrukte: In westlichen, stärker „individualistischen" Kulturen gehen Aspekte wie etwa persönlicher Erfolg und persönliches Wohlbefinden mit höherem Gewicht in das Zufriedenheitsurteil ein als in eher „kollektivistischen" asiatischen Kulturen, deren Vorstellungen guten Lebens in stärkerem Maße das Wohlergehen der Gemeinschaft betonen (s. etwa Markus & Kitayama, 1991; Suh, Diener, Oishi & Triandis, 1998).

Der Versuch, einen allgemeinen, für jeden und für alle Zeiten gültigen Katalog von vermeintlich „wahren" Bedürfnissen aufzustellen, birgt daher von vornherein die Gefahr, das Leitziel positiver Entwicklung zu verfehlen. Dagegen wird man die Bereitschaft oder Fähigkeit, für sich selbst zu bedenken, inwieweit eigene Ziele und Wünsche mit ethisch reflektierten Vorstellungen guten Lebens und gelingender Entwicklung im Einklang stehen, im Sinne eines „offenen" Modells positiver Entwicklung (Brandtstädter, 1980) durchaus als entwicklungsförderlich betrachten. Die Fähigkeit zu solchen Reflexionen wird gelegentlich auch mit Begriffen von praktischer Klugheit in Verbindung gebracht. Obwohl Lebensverläufe sich angesichts der schon genannten, kontingenten Bedingungen einer ins Detail gehenden Vorausplanung entziehen, kann letztlich wohl nur ein bewusst geführtes Leben als „gelungen" betrachtet werden (s. auch Spaemann, 1989) – was anscheinend auch einschließt, dass man sich vernünftige Vorstellungen darüber bildet, was gelingendes Leben bedeuten kann.

Inwieweit kann nun wissenschaftliche Forschung zur Konstruktion und Kritik von individuellen und sozialen Vorstellungen positiver Entwicklung beitragen? Einem traditionellen Verständnis zufolge sind Sachaussagen von normativen Sätzen kategorial verschieden. Der Versuch, aus empirischen Erkenntnissen oder theoretischen Annahmen Wertungen oder Vorschriften abzuleiten, läuft aus dieser Sicht auf einen Fehlschluss hinaus; Moore (1903) sprach von einer *naturalistic fallacy*. Ohne auf diese einigermaßen komplexe Problematik hier näher einzugehen (siehe z. B. auch Putnam, 1993), kann doch festgestellt werden, dass die Annahme des Dualismus von Werten und Fakten zur Vernachlässigung von Themen positiver Entwicklung in der psychologischen Forschung und Theorienbildung beigetragen hat. Gegenüber einseitigen Interpretationen einer dualistischen Position ist allerdings darauf hinzuweisen, dass theoretisches und empirisches Wissen im Entstehungs- und Begründungszusammenhang von Normen und Wertungen eine wesentliche Rolle spielt – etwa wenn es darum geht, gesellschaftliche Normen oder auch persönliche Ziele auf ihre Realisierbarkeit, auf mögliche Nebenwirkungen oder ihre Vereinbarkeit mit anderen Zielen zu beurteilen. Urteilskompetenzen dieser Art sind auch für eine gelingende Lebensplanung bedeutsam.

Nicht nur technische Aspekte effizienter Zielerreichung, sondern auch die übergeordnete Frage, welche Ziele es überhaupt wert sind, angestrebt zu werden, kann so zum Gegenstand theoretisch informierter Erörterung werden (s. auch Brandtstädter & Montada, 1980). Ohnehin können Kriterien positiver Entwicklung nur vor dem Hintergrund schon gegebener Werteinstellungen Überzeugungskraft und Plausibilität entfalten; spätestens hier kommt es zu einer Fusion von Einsichten und Wertungen.

Metakriterien positiver Entwicklung: Die folgenden Kapitel werden sich eingehender mit psychologietheoretischen Zugängen zum Thema gelingenden Lebens befassen. Einige erste, grundlegende Intuitionen mögen die späteren Erörterungen vorbereiten. Sie beziehen sich auf Merkmale, die wir insofern als „Metakriterien" bezeichnen können, als sie nicht spezifische Entwicklungswege präskriptiv fixieren, sondern in unterschiedlichen Lebensumständen und Entwicklungsumwelten die Wahrscheinlichkeit der Erreichung anderer kriterialer Güter wie Erfolg, Zufriedenheit, Freundschaft und Lebensglück erhöhen und zur Realisierung einer positiven Bilanz von Gewinnen und Verlusten im Lebensablauf beitragen.

Zu den Grundvoraussetzungen vernünftiger Lebensplanung gehört zunächst die Bereitschaft und Fähigkeit, eigenes Verhalten im Hinblick auf mögliche Folgen und jeweils verfolgte Ziele im Hinblick auf ihre Verträglichkeit mit anderen – eigenen und fremden – Bedürfnissen und Interessen zu analysieren sowie eventuelle negative Ereignisse einer Bedingungsanalyse zu unterziehen, um sie ggf. in Zukunft zu vermeiden. Die erfolgreiche Verfolgung langfristiger Ziele setzt neben den genannten Reflexivitätserfordernissen selbstregulatorische Kompetenzen der Handlungs- und Emotionskontrolle voraus, wie etwa die Fähigkeit, Gratifikationsaufschub zu ertragen und auf kurzfristigen hedonischen Gewinn im Interesse späterer Nutzens zu verzichten. Diese Grundhaltungen entsprechen einem allgemeinen „Klugheitsprinzip" (Korsgaard, 1997), das nicht nur auf Handlungseffizienz, sondern zugleich auf eine Einheit des Wollens und die Minimierung von intra- und interpersonellen Konflikten gerichtet ist.

Zugleich setzt vernünftiges und erfolgreiches Lebensmanagement eine hinreichende Flexibilität in der Anpassung von Zielen und Projekten an veränderte Handlungsmöglichkeiten und Lebensumstände voraus: Neben der Entwicklung bzw. Aneignung von Handlungsmitteln und Kompetenzen zur Verfolgung gesetzter Ziele gehört auch die Bereitschaft zur Revision eigener Ziele und Projekte zu den Voraussetzungen gelingender Entwicklung. In den heutigen Entwicklungsumwelten, wo persönliche Entwicklung zunehmend zu einem „reflexiven" Projekt (Giddens, 1991) wird und das Moment eigenverantwortlicher Lebensplanung verstärkt in den Vordergrund tritt, gewinnen diese Bedingungen besonderes Gewicht.

Lebensgeschichten schließen im Allgemeinen auch aversive Widerfahrnisse ein; insofern gehören zu den Grundbedingungen positiver Entwicklung – zumal mit Blick auf das Erwachsenenalter – auch Ressourcen und Entwicklungsbedingungen, die zur Bewältigung solcher kritischen Ereignisse beitragen. Damit sind individuelle Handlungskompetenzen und entsprechende Selbstwirksamkeitsüberzeugungen wie auch kontextspezifische Ressourcen und soziale Stützsysteme angesprochen; im Weiteren ist hier aber an auch Grundeinstellungen wie etwa Freundlichkeit, Hilfsbereitschaft, Bildungs- und Wissensinteressen zu denken, die zur Entwicklung individueller und sozialer Ressourcen beitragen und insofern als „Metaressourcen" anzusehen sind. Da erlebte Einschränkungen und Verluste nicht in jedem Falle beeinflussbar und reversibel sind, gehört auch die Fähigkeit, solchen Gegebenheiten positiven Sinn zu verleihen und mit negativen Aspekten der eigenen Lebensgeschichte seinen „Frieden" zu schließen, zu den zentralen Voraussetzungen zur Bewahrung einer positiven Selbst- und Lebensperspektive – und schließlich vielleicht auch zur Erreichung einer Haltung der Gelassenheit, die nicht zu Apathie und Gleichgültigkeit degeneriert.

Auch hedonisch weniger befriedigende Aktivitäten gewinnen positive Valenz und Befriedigungsqualitäten, wenn sie in einen positiven Sinnzusammenhang eingeordnet werden können. Autonomie des Handelns, Identifikation mit jeweils verfolgten Zielen und Engagement für Projekte, die dem eigenen Leben Wert und Sinn jenseits rein hedonischen Nutzens verleihen, sind in diesem Zusammenhang wesentliche Voraussetzungen. Handlungsfreiheit und Handlungskompetenz sind Voraussetzungen, um überhaupt Ziele verfolgen zu können; Tätigkeiten, die dem Aufbau, der Erweiterung und dem Erhalt individueller Handlungspotentiale und -spielräume dienen, sind daher in besonderer Weise „glücksförderlich". Gleiches gilt für die Möglichkeit, in den eigenen Tätigkeiten persönliche Kompetenzen zu entwickeln und zur Geltung zu bringen. Schon Aristoteles sah hierin eine Grundbedingung der Eudämonie bzw. des gelingenden Lebens, weshalb man hier mit John Rawls auch von einem „aristotelischen Prinzip" der Selbstentwicklung sprechen kann: „Other things being equal, human beings enjoy the exercise of their realized capacities (their innate and trained capabilities), and this enjoyment increases the more the capacity is realized, or the greater its complexity" (Rawls, 1971, S. 426). Die „Passung" zwischen persönlichen Entwicklungs- und Handlungspotentialen und den jeweiligen Lebens- und Arbeitsumwelten – aber auch die Fähigkeit, Passungsprobleme durch selektive und konstruktive Aktivität zu überwinden –, erweist sich hier als weitere Grundvoraussetzung gelingender Entwicklung. Aus der Veränderung von Motivstrukturen und Leistungsmöglichkeiten im Lebenslauf ergibt sich permanent das Erfordernis, Zonen „optimaler Passung" zu finden; beispielhaft mögen hier – mit

Blick auf späte Lebensphasen – auch Bemühungen zur Gestaltung „altersgerechter" Umwelten betrachtet werden.

Als vielleicht allgemeinste Metakriterien positiver Entwicklung und erfolgreichen Lebensmanagements erweisen sich vor diesem Hintergrund adaptive Potentiale, die das Individuum einerseits zur planvollen Gestaltung der eigenen Entwicklung und zur aktiven Überwindung und Kompensation von Verlusten befähigen, die zugleich aber auch zur permanenten Abstimmung von Zielen auf gegebene Handlungsmöglichkeiten und eventuell zur Lösung von nicht verwirklichten oder nicht erreichbaren Zielen und Lebensentwürfen beitragen (vgl. Brandtstädter, 2001; Greve, 2001). Dies schließt auch die Koordination und Abstimmung persönlicher Ziele innerhalb von Familien- und Partnerbeziehungen und im weiteren Kontext einer sozialen Gemeinschaft ein. Solche adaptiven Potentiale sind zugleich Voraussetzungen wie Ergebnisse von Entwicklungsprozessen. Insofern können auch Entwicklungsumwelten daraufhin analysiert und bewertet werden, inwieweit sie in den verschiedenen Entwicklungsphasen und Lebensabschnitten zur Entfaltung und Erhaltung adaptiver Kompetenzen beitragen und einen Wert- und Hoffnungshorizont bieten, der die Person motiviert, für sich selbst und die eigene Entwicklung Sorge zu tragen und in dieser Aktivität Sinn zu finden. Prozesse erfolgreichen Lebensmanagements, die wir gelegentlich auch mit dem anspruchsvollen Begriff der „Lebenskunst" bezeichnen, sind wesentlich an diese Voraussetzungen gebunden.

3
Bedingungen und Korrelate des Wohlbefindens: Zur Befundlage

Die Frage nach den Bedingungen guten und glücklichen Lebens gehört sowohl geschichtlich wie auch nach ihrem grundlegenden Anspruch zu den ersten Fragen der Philosophie; Antworten sind uns in Form von Klugheitsregeln, normativ-ethischen Maximen und umfassenderen Weisheits- und Glückskonzepten von den Philosophen der Antike überliefert. Für Sokrates, Platon, Aristoteles wie auch für die Philosophenschulen etwa der Stoa, der Hedoniker oder Kyniker war „Eudämonie" der Leitbegriff philosophischer Reflexion – ein Begriff, der gern mit „Glück" oder „Wohlbefinden" übersetzt wird, jedoch wohl genauer als glücklich gelingende (von einem guten Dämon geleitete) Lebensführung, also durchaus im umfassenderen Sinne positiver Entwicklung zu verstehen ist. Bedingungen und Bedeutungen von Eudämonie waren jedoch vielfach Gegenstand philosophischen Schulenstreites: Ob etwa Eudämonie nur als durch Tugend verdientes Glück verstanden werden dürfe, ob die Erfüllung von Bedürfnissen oder vielmehr äußerste Bedürfnislosigkeit der Schlüssel zu Wohlbefinden sei, ob eigenes Schicksal eher als hinzunehmendes oder aktiv zu gestaltendes anzusehen sei, welche Bedeutung in diesem Zusammenhang der Entwicklung und Entfaltung persönlicher Fähigkeiten und Talente zukomme, inwieweit das Streben nach Glück ein oberstes Ziel oder anderen Zielen nachgeordnet sei, ob Wohlbefinden überhaupt direkt anstrebbar sei oder sich eher als Nebenprodukt sinnerfüllten Handelns einstelle – Fragen dieser Art bilden seit jeher einen unerschöpflichen Gegenstand philosophisch-ethischer Debatten (eingehender hierzu z. B. Irwin, 1986; Spaemann, 1989; Telfer, 1980).

Lebenspraktische Empfehlungen und Klugheitsregeln nehmen gern die Form von Maximen an wie etwa: „Gut lebt, wer ...", „Wahre Lebenskunst besteht darin ..." und dergleichen. Solche apodiktischen Formeln sind von reinen Definitionen kaum zu unterscheiden; jedenfalls gewinnen sie an Substanz, wenn sie nicht nur durch persönliche Intuitionen oder Erfahrungen gestützt, sondern durch empirische und theoretische Arbeit fundiert sind. Psychologische Forschung hat hierzu bis in die jüngere Vergangenheit nur einen begrenzten Beitrag geleistet. Dies hat unter anderem auch mit einer traditionellen Konzentration auf pathologische Aspekte menschlichen Erlebens und Verhaltens zu tun. Menschliches Unglück erscheint in seinen Bedingungen und Manifestationen fassbarer als Wohlbefinden; wir können uns sehr leicht Umstände vorstellen, die jeden unglücklich machen würden – schwieriger erscheint dies im umgekehrten, positiven Falle. Nicht zuletzt wird man auch in praktischer Hinsicht der Beseitigung offenkundigen Leidens Vorrang geben: Der realistische Interventionspraktiker, wie er z. B. auch von Popper (1945) und ihm nahestehenden Planungstheoretikern (z. B. Lindblom, 1965) gezeichnet wurde, orientiert sich im Sinne eines *piecemeal engineering* eher an konkreten Zielen der Beseitigung manifester Probleme als an visionären Entwürfen wünschenswerten Lebens. Gelingendes Leben ist aber nicht einfach als Abwesenheit von Fehlentwicklung und Krankheit zu verstehen; diese keineswegs neue Einsicht hat in der jüngeren Vergangenheit zu Erweiterungen der psychologischen Forschungsperspektive geführt, wie sie z. B. auch in dem Programm einer „Positiven Psychologie" (Seligman & Csikszentmihalyi, 2000) ihren Niederschlag gefunden hat.

Angesichts des Mangels an einschlägiger Forschung konnte Wilson (1967) in einer Übersicht über den damaligen Forschungsstand noch mit einer gewissen Berechtigung sagen, dass psychologische Konzepte gelingenden Lebens kaum über die Philosophie der Antike hinausgelangt sind (treffender ist vielleicht die Feststellung, dass in psychologischen Konzepten psychischer Gesundheit gelegentlich Einsichten der antiken Philosophie wiederkehren; s. auch Becker, 1982). Allerdings sind in den letzten Jahrzehnten erhebliche Forschungsmittel aufgewandt worden, um Korrelate und Prädiktoren subjektiver Lebensqualität zu bestimmen und so gleichsam zu einer Epidemiologie des Glücks zu gelangen (z. B. Campbell, Converse & Rodgers, 1976; Inglehart, 1990; Veenhoven et al., 1994). In diesen zum Teil auch nationen- und kulturübergreifenden Studien wurden auf der Kriterienseite typischerweise Maße der Lebenszufriedenheit sowie Indikatoren positiver und negativer Affektivität eingesetzt, die mit einer Vielfalt von soziodemographischen Variablen und Persönlichkeitsmerkmalen korreliert wurden. Hinsichtlich des Erkenntnisbeitrags dieser empirischen Bemühungen mag man ein skeptisches oder auch – wie etwa Diener, Suh, Lucas und Smith (1999) – eher positiv gestimmtes Resümee ziehen: Immerhin haben die vielfach schwachen, zum Teil auch erwartungsdiskrepanten statistischen Zusammenhänge Erklärungsbedarf erzeugt und die Notwendigkeit verstärkter theoretischer Bemühungen in den Blick gerückt.

Persönlichkeits- und Temperamentsmerkmale leisten einen mäßigen, nur selten starken Beitrag zur Vorhersage subjektiven Wohlbefindens; hierauf ist weiter unten zurückzukommen. Noch geringer erscheint die prognostische Bedeutung soziodemographischer Variablen; konsistente Unterschiede in Zufriedenheitswerten zeigen sich lediglich im Vergleich von Verheirateten gegenüber ledigen oder geschiedenen Personen. Entgegen verbreiteter Erwartungen unterscheiden sich auch Altersgruppen kaum hinsichtlich ihrer subjektiven Lebensqualität. Entsprechend groß ist der Anteil von Fällen, bei denen trotz vermeintlich ungünstiger äußerer Umstände ein hohes Maß an Zufriedenheit erreicht wird, oder bei denen umgekehrt günstige äußere bzw. materielle Lebensbedingungen mit geringem Wohlbefinden einhergehen; dies hat man auch als „Zufriedenheitsparadox" bezeichnet (z. B. Schwarz & Strack, 1991). Einiges Aufsehen haben seinerzeit Studien von Brickman, Coates und Janoff-Bulman (1978) erregt, wonach Unfallopfer, Behinderte oder Schwerkranke sich – zumindest nach einer gewissen Zeit der Anpassung an die veränderte Situation – in ihrer Zufriedenheit kaum bedeutsam von Vergleichsgruppen ohne derartige Belastungen unterscheiden. Aber auch glückliche Ereignisse wie etwa ein Lotteriegewinn bleiben oft ohne dauerhaften Einfluss auf das berichtete Wohlbefinden (s. auch Argyle, 1999). Ähnlich erwartungsdiskrepante Befunde sind u.a. auch aus Lebensverlaufsstudien bekannt; vielfach gelten gerade solche Lebensläufe als Paradigmen gelingender Entwicklung, bei denen scheinbar ungünstige soziale und familiäre Entwicklungsbedingungen im späteren Leben nicht die erwarteten nachteiligen Folgen zeigten (s. etwa Glantz & Johnson, 1999).

Anspruchsvollere theoretische Arbeit beginnt mit dem Versuch der Auflösung scheinbarer Paradoxien und dem Bemühen, die den statistischen Mustern zugrundeliegenden Prozesse genauer zu analysieren. Eine methodische Vorstufe hierzu besteht darin, nach vermittelnden und moderierenden Bedingungen zu fragen, die zur Verschärfung von Prognosen beitragen und deren Kenntnis eventuell eine Annäherung an kausalanalytisch verbindlichere Modelle ermöglicht.

3.1 Korrelate des Wohlbefindens: Soziodemographische Merkmale

Merkmale wie Einkommen, Schulbildung und beruflicher Status erweitern individuelle Glücks- und Zufriedenheitsoptionen und zugleich auch die Möglichkeiten, negative Entwicklungen aktiv kompensieren. Jedoch ist der Einfluss dieser Merkmale auf die subjektive Lebensqualität von komplexeren Bedingungskonstellationen abhängig: Zwar bestehen tendenziell positive Beziehungen zu Maßen des Wohlbefindens und der subjektiven Lebensqualität; jedoch fallen die Zusammenhänge – wie bereits angedeutet – in den meisten Studien nur schwach aus. Nach einschlägigen Übersichten bewegen sich die typischen Korrelationsbefunde zwischen .10 und .20 (vgl. etwa Argyle, 1999; Veenhofen et al., 1994; Yang, 2008).

Bei der genaueren Analyse solcher Zusammenhänge sind die korrelativen Beziehungen zu berücksichtigen, die soziodemographische Merkmale untereinander wie auch mit anderen, befindlichkeitsrelevanten Variablen aufweisen. Schulische Bildung z. B. ist wenn nicht schon Ursache, so doch ein Prädiktor für beruflichen Erfolg, der sich wiederum als vermittelnde Variable auf das Einkommen abbildet. Werden solche Konfundierungen bzw. Mediationseffekte durch entsprechende Analysetechniken (Kovarianzanalysen, Partialkorrelationen, hierarchische multiple Korrelationen oder Pfadanalysen) kontrolliert, so reduzieren sich zumeist die Effektstärken für die einzelnen Prädiktoren. Zudem werden Zusammenhänge zwischen soziodemographischen Indikatoren und Maßen des Wohlbefindens vielfach durch andere Merkmale moderiert, d.h. die Prädiktor-Kriteriums-Beziehungen fallen je nach Ausprägung bestimmter dritter Variablen unterschiedlich, teilweise sogar gegenläufig aus; so etwa nehmen mit steigender beruflicher Verantwortung und steigendem Einkommen auch Belastungen und Konflikte zu, was sich auch in neurophysiologischen Stressparametern zeigt (s. etwa Brandtstädter, Baltes-Götz, Kirschbaum & Hellhammer, 1991). Vielfach steigen auch Ansprüche und Erwartungen, damit zugleich das Enttäuschungsrisiko.

Schulische Bildung, Berufstätigkeit: Schulische Bildung ist eine multivalente Ressource, die Optionen für die weitere Entwicklung eröffnet. Dies gilt zumal im Hinblick auf spätere berufliche Chancen – die Antizipation auf zukünftige Vorteile motiviert entsprechende Leistungsbereitschaften und Anstrengungen in der Gegenwart, zumindest bei planvoll-vorausschauender Einstellung (*planful competence*; Clausen, 1991). Menschen mit unterschiedlichem Bildungshintergrund unterscheiden sich oft auch in ihren Glückserwartungen und hinsichtlich der Lebensumstände, unter denen sie sich als glücklich und zufrieden erleben (s. auch Scheuch, 1971). Gleichwohl sind die Unterschiede in berichtetem Wohlbefinden eher gering: Korrelationsbefunde übersteigen selten einen Wert von .20, d.h. mehr als 90 Prozent der Varianz des Kriteriums bleiben unaufgeklärt. Werden die mit Bildungsmerkmalen kovariierenden Variablen wie insbesondere Einkommen und beruflicher Status statistisch kontrolliert, so schwächen sich die Effekte bis auf residuale positive Effekte ab. In wirtschaftlich schwächeren Nationen werden zum Teil deutlichere Zusammenhänge gefunden, vermutlich weil dort Unterschiede der beruflichen Situation enger mit dem Selbstwertempfinden und sozialen Merkmalszuschreibungen verbunden sind (s. z. B. Argyle, 1999).

Auch die berufliche Tätigkeit ist ein Feld potentiellen Lebensglücks, jedenfalls soweit sie – im Sinne des aristotelischen Prinzips (s.o.) – mit individuellen Interessen und Fähigkeiten harmoniert und sich auf Ziele richtet, die als sinn- und wertvoll erlebt werden. Wohlbefindensunterschiede zwischen verschiedenen Berufsgruppen sind indessen gleichfalls gering und verschwinden weitgehend bei Kontrolle anderer konfundierter Merkmale. Eine größere Rolle spielt, ob die Person überhaupt beruflich tätig ist: Arbeitslosigkeit ist als Risikofaktor für vielfältige soziale und klinische Probleme bekannt (s. etwa Inglehart, 1990). Auch der Übergang vom Arbeitsleben in den Ruhestand wird oft – wenngleich deutlich seltener – als Belastung erlebt, soweit er nicht hinlänglich vorbereitet wird und mit entsprechenden Zielanpassungen einhergeht (Lapierre, Bouffard & Bastin, 1997).

Einkommen: Obwohl Einkommenszuwächse kurzfristig zur Hebung des Wohlbefindens beitragen können, führen Veränderungen der Einkommenssituation als solche kaum zu nachhaltigen Veränderungen des Wohlbefindens. Dies zeigt sich besonders deutlich im historischen Vergleich: Während z. B. in den USA sich das persönlich verfügbare Durchschnittseinkommen inflationsbereinigt und nach Steuern in den letzten fünf Jahrzehnten etwa verdreifacht hat, zeigt sich in gleichzeitig erhobenen Maßen subjektiven Wohlbefindens keine Veränderung. Im internationalen Vergleich fallen die Effekte etwas prägnanter aus; in Staaten mit geringerer Wirtschaftskraft finden sich nach neueren Erhebungen auch geringere durchschnittliche Zufriedenheitswerte, jedoch tragen dort Einkommensunterschiede im Allgemeinen mehr zur berichteten Zufriedenheit bei (vgl. etwa Diener, Diener & Diener, 1995; Veenhoven et al., 1994). Allerdings sind Wohlstandsindikatoren mit politischen Rahmenbedingungen konfundiert. Demokratisch verfasste Gesellschaften scheinen – insbesondere im Vergleich zu totalitären Systemen – hinsichtlich der berichteten subjektiven Lebensqualität auch dann besser abzuschneiden, wenn Einkommensunterschiede statistisch kontrolliert bzw. auspartialisiert werden (Diener et al., 1999).

Auch auf individueller Ebene haben Unterschiede und Veränderungen der Einkommenssituation nur begrenzten Einfluss auf das berichtete Wohlbefinden; die korrelativen Beziehungen sind zumeist schwach bis mäßig, erscheinen allerdings in unteren Bereichen der Einkommensverteilung stärker ausgeprägt. Dieses kurvilineare Muster erscheint insofern plausibel, als bei geringem Einkommen die Sicherung bzw. Gefährdung vitaler Bedürfnisse im Vordergrund steht, während gleiche Veränderungen sich bei höherem Wohlstand in geringerem Maße auf die persönlichen Lebensumstände auswirken (z. B. Diener, Sandvik, Seidlitz & Diener, 1993). Die Form der statistischen Beziehung zwischen finanzieller Situation und Wohlbefinden erinnert an die aus der Psychophysik bekannten Gesetzmäßigkeiten (z. B. Fechnersches Gesetz), wonach – vereinfacht gesprochen – der Zuwachs an Reizintensität, der zur Erzeugung eines eben merklichen Unterschiedes gegenüber einem Ausgangsreiz erforderlich ist, mit der Stärke des Letzteren zunimmt. Zwar haben finanzielle Gewinne oder Verluste zumindest kurzfristig durchaus einen positiven bzw. negativen Einfluss auf die momentane Affektbilanz. Dieser ist umso deutlicher, je größer die relative Veränderung im Vergleich zur Ausgangssituation ist; wobei sich Verluste allgemein stärker auf die Befindlichkeit auswirken. Allerdings sind die Effekte – zumindest soweit sie nicht durch dauerhafte und tiefgreifende Änderungen in anderen Lebensbereichen verstärkt werden – in der Regel nicht nachhaltig. Die erlebte Veränderung hat zumeist einen größeren hedonischen Effekt als der durch sie erreichte neue Zustand: Entsprechend dem Bild der „hedonischen Tretmühle" (Brickman & Campbell, 1971) und den damit angesprochenen Prozessen der Gewöhnung und Anspruchsregulation kehren die Befindlichkeitswerte nach einer gewissen Zeit auf das frühere Niveau zurück.

Zufriedenheit mit der persönlichen Situation: Deutlicher als diese soziodemographischen Variablen selbst wirkt sich auf das Wohlbefinden aus, inwieweit die Person mit ihrer schulischen Bildung, ihrer beruflichen Tätigkeit oder ihrem Einkommen zufrieden ist (s. auch Argyle, 1999). Dies erscheint kaum überraschend, ist aber insofern nicht ganz trivial, als hier grundlegendere Bedingungen subjektiver Lebensqualität in den Blickpunkt rücken – wie etwa soziale Vergleiche, das Ausmaß der „Passung" zwischen Persönlichkeits- und Situationsmerkmalen oder erlebte Diskrepanzen zwischen Ansprüchen und Erreichtem. Diese Faktoren hängen ihrerseits von personspezifischen Merkmalen ab und bilden die Grundlage für die vielfach beobachteten Person-Situations-Interaktionen, d.h. für den Umstand, dass vergleichbare situative Bedingungen sich in Abhängigkeit von Personmerkmalen unterschiedlich auf das subjektive Wohlbefinden auswirken. Berufliche Zufriedenheit z. B. ist im Allgemeinen bei demjenigen größer, der eine seinem Bildungs- und Ausbildungsstand, seinen Interessen und Kompetenzen entsprechende Tätigkeit gefunden hat; mit seinem Einkommen wird weniger zufrieden sein, wer sich innerhalb seiner Berufsgruppe als unterbezahlt und insofern im Sinne von relativer Deprivation (Walker & Smith, 2002) als benachteiligt erlebt. Unterschiede in beruflicher Tätigkeit und Einkommen verbinden sich bekanntlich besonders leicht mit dem Themen von Fairness und sozialer Gerechtigkeit; auch in der Sensibilität für erlebte Ungerechtigkeit und in entsprechenden emotionalen Reaktionsbereitschaften (Ärger, Empörung, Neid) zeigen sich Persönlichkeitsunterschiede (z. B. Mohiyeddini, 1998; Schmitt, Neumann & Montada, 1995).

Offenbar hängt Zufriedenheit wesentlich vom Verhältnis zweier Größen ab, die ihrerseits von personspezifischen Dispositionen abhängen: einerseits vom Grad der Erfüllung von Ansprüchen, andererseits vom jeweiligen Anspruchsniveau. Dieser Grundgedanke war schon den Philosophen der Stoa geläufig und ist seitdem vielfach formuliert bzw. neu entdeckt worden (vgl. etwa Hofstätter, 1986; James, 1890). Wie z. B. auch Michalos (1985) in seiner *multiple discrepancy theory of satisfaction* postuliert hat, sind Schlüsselbedingungen individueller Zufriedenheitsurteile vor allem erlebte Diskrepanzen zwischen der faktischen Situation und den Standards, die man sich aufgrund von sozialen Vergleichen, persönlichen Idealvorstellungen und damit verbundenen Ansprüchen bildet. So einfach sie ist, hat die genannte Zufriedenheitsformel doch theoretisch interessante Implikationen: Eine erste Folgerung ist, dass Ziel- und Anspruchsdiskrepanzen und damit verbundene Gefühle von Unzufriedenheit auf zwei grundlegend unterschiedliche Weisen neutralisiert werden können, nämlich einerseits durch effektivere Ziel- und Anspruchserfüllung, andererseits durch Senkung der Ansprüche; hier knüpft auch die Unterscheidung zwischen „offensiven" und „defensiven" Glückskonzeptionen (Tatarkiewicz, 1976) an. Zugleich ist impliziert, dass ein durch Erfolge eventuell erreichter Zufriedenheitsgewinn durch die Steigerung von Ansprüchen wieder neutralisiert werden kann. Jedoch beeinträchtigt nicht jede Diskrepanz zwischen aktueller und gewünschter Situation das Wohlbefinden: Wenn man sich etwa für seine zukünftige Entwicklung bestimmte Ziele setzt, so wirken die damit gesetzten Ist-Soll-Diskrepanzen vielfach sinngebend und positiv motivierend – zumindest solange die Ziele erreichbar erscheinen. Negative Emotionen wie Ärger und Unzufriedenheit entstehen vor allem dann, wenn die Annäherung an erwünschte Zustände erschwert oder behindert ist; Unzufriedenheit kann chronisch werden und sich zu Gefühlen von Hoffnungslosigkeit und Depression auswachsen, wenn die Einschränkung als dauerhaft wahrgenommen wird. Die Vermeidung oder Überwindung solcher aversiven Befindlichkeiten hängt dann wesentlich davon ab, inwieweit die Person in der Lage ist, sich von Ambitionen und Zielen zu lösen, die außer Reichweite geraten sind.

In späteren Abschnitten (s. Kap. 6) wird ein theoretischer Ansatz vorgestellt, der diese verschiedenen Aspekte integriert. Dabei wird auch die Frage zu behandeln sein, unter welchen Bedingungen sich „bereichsspezifische" Unzufriedenheit (Beruf, Einkommen, Ehe usf.) in besonderem Maße auf das allgemeine Wohlbefinden auswirkt; auch hier gibt es individuelle Unterschiede.

Geschlechtsunterschiede: Wie viele Untersuchungen zeigen, weisen Frauen in allen Altersgruppen ein im Vergleich zu Männern etwa doppelt hohes Depressionsrisiko auf. Frauen scheinen aber zugleich auch in oberen Bereichen des Wohlbefindensspektrums häufiger vertreten zu sein, die in klinischen Zusammenhängen weniger beachtet werden; sofern sich in globalen Zufriedenheitsmaßen überhaupt geschlechtsgebundene Effekte finden, fallen sie häufiger zugunsten des weiblichen Geschlechts aus (vgl. Fujita, Diener & Sandvik, 1991; Nolen-Hoeksema & Rusting, 1999; Seeman, 1995). Als Erklärung für diese insgesamt inkonsistent erscheinende Befundlage kommt eine bei Frauen höhere Affektamplitude in Betracht; bei getrennter Erfassung positiver und negativer Affekte finden sich extremere Ausprägungen häufiger bei Frauen. Dies wiederum mag mit geschlechtsspezifischen sozialen und normativen Erwartungen hinsichtlich des Ausdrucks und der Regulation von Emotionen zusammenhängen. Auch stärker ausgeprägte soziale und familiäre Bindungen wie auch eine höhere Empathiefähigkeit können zu stärkeren Affektintensitäten und entsprechend zu einem höherem Glücks- wie auch Frustrationspotential beitragen. In experimentellen Studien von Zahn-Waxler, Robinson und Emde (1992) zeigten z. B. Mädchen bereits im Alter von zwei Jahren stärkere Betroffenheit und Hilfsbereitschaft als Jungen, wenn die Mutter oder der Versuchsleiter eine schmerzhafte Verletzung vortäuschten; bei älteren Kindern traten diese Unterschiede noch deutlicher zutage (s. auch Saarni, Mumme & Campos, 1998). In Verbindung mit den angesprochenen Faktoren werden auch biologische (genetische, hormonale) und persönlichkeitstheoretische Bedingungen diskutiert; hier zeichnen sich bislang allerdings keine einheitlichen, hinlänglich gesicherten Positionen ab (s. auch Nolen-Hoeksema & Rusting, 1999).

Religion und Religiosität: Mit der „Entzauberung religiös-metaphysischer Weltbilder in modernen Gesellschaften" (Habermas, 1981, S. 262) haben Religionen als Orientierungsrahmen persönlicher Lebensführung an Einfluss verloren. Die zunehmende Betonung individualistischer und materialistischer Lebensorientierungen gegenüber traditionellen gemeinschaftlichen, auch religiösen Werten wird gelegentlich auch mit epidemiologischen Befunden in Verbindung gebracht, die auf eine zunehmende Häufigkeit von depressiven und suizidalen Tendenzen in jüngeren Altersgruppen hinweisen (Seligman, 1990). Hoffnungslosigkeit ist – als Erscheinungsform gelernter Hilflosigkeit – bekanntermaßen ein zentraler Risikofaktor in der Ätiologie von Depressionen (s. etwa Abramson, Alloy & Metalsky, 1990). Sofern sie dem Einzelnen zugänglich sind, können Sinn- und Tröstungsangebote der Religionen vor Hoffnungslosigkeit und Sinnverlust schützen; entsprechende Überzeugungen mögen als Formen „sekundärer Kontrolle" (Rothbaum, Weisz & Snyder, 1982) auch eigene Kontrollverluste kompensieren. Leider – vielleicht auch glücklicherweise – kann man sich Überzeugungen nicht einfach aufgrund von Zweckmäßigkeitserwägungen aneignen (s. hierzu auch Brandtstädter, 2000). Das berühmte Kalkül Pascals (1670), in dem er Konsequenzen des Glaubens bzw. Nichtglaubens unter Bedingungen der Existenz oder Nichtexistenz Gottes vergleicht und zum Ergebnis kommt, dass die erste Alternative über beide Eventualitäten betrachtet ein sehr viel günstigeres Nutzen-Kosten-Verhältnis aufweise und man sich daher vernünftigerweise zum Glauben entscheiden sollte, kann daher schon aus psychologischen Gründen kaum funktionieren (und noch weniger wohl die Strategie, zur Sicherheit an möglichst viele verschiedene Götter zu glauben). Immerhin aber kann man den Entschluss fassen, sich Argumenten und Erfahrungen auszusetzen, die möglicherweise bestimmte Überzeugungen und Glaubensbereitschaften fördern – dieser Entschluss fällt womöglich leichter, wenn er sich mit der Hoffnung auf Bewältigung von Belastungen und gesteigertes Wohlbefinden verbindet.

Religionszugehörigkeit als solche hat – zumindest unter den gesellschaftlichen und historischen Rahmenbedingungen heutiger Erhebungen – in der Vorhersage von Merkmalen des Wohlbefindens kaum Gewicht. Anders verhält es sich, wenn Religion im Sinne einer ethischen und spirituellen Haltung und eines aktiven Engagements in einer Glaubensgemeinschaft verstanden wird. Personen mit religiöser Bindung, denen sich Sinnressourcen wie auch soziale Ressourcen erschließen, die sich mit aktiver Teilnahme in einer religiösen Gemeinschaft verbinden, berichten im Allgemeinen über eine höhere subjektive Lebensqualität. Hierzu mögen als vermittelnde Variablen auch positive soziale Einstellungen oder Tugenden wie Dankbarkeit, die Bereitschaft zu verzeihen, Mitgefühl und philanthropisches Engagement beitragen, die sich nicht notwendigerweise, aber empirisch häufig mit religiösen Einstellungen verbinden und auch unabhängig von diesen mit Lebenszufriedenheit und erhöhtem Wohlbefinden einhergehen (s. z. B. Post, 2005). Auch in der Bewältigung von Verlust und Trauma erweisen sich religiöse Einstellungen als Bewältigungsressource (Smith, McCullough & Poll, 2003). Nach Befunden von Diener und Seligman (2002) gehört Religiosität zusammen mit Persönlichkeitsmerkmalen wie Extraversion und emotionaler Stabilität bzw. geringem Neurotizismus zu den Merkmalen, die diskriminanzanalytisch zwischen „sehr glücklichen" und „sehr unglücklichen" Personen trennen. Diese Befunde wurden bei jüngeren Erwachsenen (Collegestudenten) gewonnen; im höheren Alter scheint Religion bzw. Spiritualität als Quelle von Sinn und Zufriedenheit weiter an Bedeutung zu gewinnen. Man mag hier zunächst an Generations- bzw. Kohorteneffekte denken; andererseits scheinen aber auch altersgebundene Merkmale wie die Häufung irreversibler Verluste in verschiedenen Funktions- und Lebensbereichen und ein verstärktes Bewusstsein der Endlichkeit des Lebens dazu beizutragen, wert- und glaubensbezogene Einstellungen zu befördern und ihre Bedeutung für individuelles Wohlbefinden zu erhöhen (vgl. Brandtstädter, Meiniger & Gräser, 2003; Brandtstädter, Rothermund, Kranz & Kühn, 2010). Im höheren Alter tritt auch die Frage verstärkt in den Vordergrund, wie die nach dem Ausscheiden aus dem Berufsleben gewonnene „freie" Zeit – aber auch die noch verbleibende, knapper werdende Lebenszeit – sinnvoll zu verwenden sei; auch hier kommen existentielle Einstellungen ins Spiel. So z. B. wird die Übernahme ehrenamtlicher Tätigkeiten und die Mitwirkung in philanthropischen Projekten und Organisationen, die häufig auch von ethischen und religiösen Idealen getragen ist, gerade in späteren Lebensabschnitten zu einer wesentlichen Quelle von Zufriedenheit und Wohlbefinden (s. auch Lynn & Smith, 1991; Tews, 1996).

Freilich können religiöse Einstellungen auch zu inter- und intrapersonalen Konflikten führen und den Belastungsgrad bestimmter Ereignisse wie z. B. Ehescheidungen steigern. Gefühle wie Schuld und Reue setzen begrifflich wie auch in der individuellen Entwicklung die Anerkennung sozialer und moralischer Normen voraus; solche moralischen Emotionen können durch religiöse Bindungen verschärft werden. Soweit sie nicht chronisch werden oder sich zu – gelegentlich so genannten – „ekklesiogenen Neurosen" steigern, sind sie allerdings kaum als Ausdruck misslingender Entwicklung anzusehen. Vielmehr wirken selbstbezogene moralische Emotionen als selbstkorrektive Regulationen, die Verhaltensänderungen motivieren und in denen sich insofern individuelle und sozial geteilte Vorstellungen positiver Entwicklung zur Geltung bringen.

Untersuchungen zum Zusammenhang zwischen Religion und Lebensqualität zentrieren in der Regel auf christliche Religionen; inwieweit die Befunde auf andere Glaubensgemeinschaften übertragbar sind, ist eine offene Frage. Zwar ist allen Religionen das sinnstiftende Potential gemeinsam; jedoch sind für Christentum, Judentum, Hinduismus, Buddhismus, Taoismus, Islam und andere Religionen unterschiedliche Weltbilder und Heilsvorstellungen konstitutiv, die z. B. nach Aspekten wie Weltbejahung vs. Weltverneinung, Weltbeherrschung vs. Weltflucht, Betonung aktiv-asketischer oder passiv-mystischer Haltungen differenziert werden können (Habermas, 1981). Mit diesen Unterschieden verbinden sich auch unterschiedliche Vorstellungen guten und glücklichen Lebens. In einem Punkt allerdings kann von Unterschieden vielleicht abgesehen werden: Wer starke Gründe für den Glauben hat, ein gutes Leben zu führen, ist auch eher bereit, mit sich und seinem Leben zufrieden zu sein.

Hier verlassen wir den engeren Bereich soziodemographischer Variablen. Religiöse und spirituelle Einstellungen stehen bereits in größerer Nähe zu Persönlichkeitsmerkmalen, deren Beziehung zu Aspekten subjektiven Wohlbefindens im Folgenden näher betrachtet wird.

3.2 Persönlichkeit und Wohlbefinden

Persönlichkeitsmerkmale im Sinne der differentiellen Psychologie verweisen auf situations- und kontextübergreifende Handlungs- und Reaktionsbereitschaften, aber auch auf Unterschiede der habituellen Gemütslage und Affektregulation. Schon in der Temperamentslehre des Hippokrates werden solche dispositionellen Differenzen mit den Typen des Sanguinikers, Cholerikers, Melancholikers und Phlegmatikers beschrieben. Diese Persönlichkeitstypen lassen sich auch zwanglos in neuere faktorenanalytische Modelle einordnen, im Ansatz Eysencks (1967) z. B. als Konfigurationen der dimensional gefassten Merkmale Extraversion und Neurotizismus bzw. emotionale Labilität: Hohe Extraversion in Verbindung mit hoher bzw. geringer emotionaler Stabilität kennzeichnet demnach das sanguinische bzw. cholerische Temperament; bei hoher Introversion trennt hohe bzw. niedrige emotionale Stabilität entsprechend zwischen phlegmatischem und melancholischem Typus. Im Rahmen des *Big Five*-Modells (Costa & McCrae, 1992) werden Extraversion, Verträglichkeit (*agreeableness*), Gewissenhaftigkeit (*conscientiousness*), Neurotizismus bzw. emotionale Labilität (*neuroticism*) und Offenheit für Erfahrung (*openness to experience*) als grundlegende, voneinander weitgehend unabhängige Persönlichkeitsdimensionen unterschieden. Von diesen weisen insbesondere die Dimensionen Extraversion und – mit negativem Vorzeichen – Neurotizismus deutliche und konsistente Zusammenhänge mit Maßen des subjektiven Wohlbefindens auf.

Extraversion: Der Extraversionsfaktor umfasst Aspekte wie Geselligkeit, Aktivität und Tatendrang, Begeisterungsfähigkeit, Aufgeschlossenheit, Selbstvertrauen – Eigenschaften, die auch den Aufbau von Freundschaftsbeziehungen und die Erschließung sozialer Ressourcen erleichtern. Darüber hinaus finden sich Beziehungen zu Merkmalen wie Optimismus und Selbstvertrauen, was sowohl in einer zuversichtlich-hoffnungsfrohen Einstellung zur persönlichen Zukunft und höheren Risikobereitschaft wie in einer positiven Einstellung zur vergangenen Lebensgeschichte zum Ausdruck kommt; zugleich besteht eine geringere Neigung, negativen Aspekten ruminierend nachzuhängen (s. auch Becker, 2006). Dies konvergiert mit experimentellen Befunden, wonach Extravertierte eine stärkere Zuwendung der Aufmerksamkeit zu positiven Stimuli zeigen (Derryberry & Reed, 1994). Für die positive Affektbilanz Extravertierter werden auch neurophysiologische Erklärungen diskutiert: Nach der von Gray (1981) vorgeschlagenen Unterscheidung zwischen verhaltenshemmenden und verhaltensaktivierenden neuronalen Strukturen (*Behavioral Inhibition System*, BIS – *Behavioral Activation System*, BAS) dominiert bei hoher Extraversion das aktivierende gegenüber dem hemmenden System. Bedeutsam erscheinen auch Beziehungen des Extraversionsfaktors zu Funktionslagen des dopaminergen Systems: Der Neurotransmitter Dopamin ist in das Erleben von Belohnung und die Erwartung positiver Handlungseffekte involviert; ein reduzierter Dopaminpegel geht mit Aktivitätsverminderung und depressiver Stimmung einher (eingehender z. B. Wacker, 2005).

Damit ist freilich nicht ausgeschlossen, dass bestimmte, mit Extraversion verbundene Verhaltensaspekte – etwa eine geringere Neigung zur Orientierung an langfristigen Zielen oder eine erhöhte Bereitschaft, sich über soziale Normen und Konventionen hinwegzusetzen – keinen dauerhaften, unter Umständen auch negativen Beitrag zu Wohlbefinden und positiver Entwicklung leisten (hier schlägt gewissermaßen die Stunde der Introvertierten).

Neurotizismus bzw. emotionale Labilität: Für den Neurotizismusfaktor finden sich dagegen durchgängig negative Beziehungen zu Wohlbefindensmaßen, was angesichts der Nähe zu Merkmalen wie Ängstlichkeit, Feindseligkeit, Selbstunsicherheit und emotionale Labilität schon aus begrifflichen Gründen kaum überrascht. Während sich bei Extravertierten positive, verhaltensaktivierende Affekte leichter induzieren lassen, verbindet sich Neurotizismus offenbar mit einer leichteren Erregbarkeit negativer, hemmender Affekte (Watson & Clark, 1984, 1997). Als vermittelnder Faktor kommt hinzu, dass Personen mit hohen Neurotizismuswerten häufiger in soziale (berufliche, eheliche) Konflikte und entsprechende kritische Lebensereignisse verwickelt sind (s. etwa Magnus, Diener, Fujita & Pavot, 1993; Schmitz, Rothermund & Brandtstädter, 1999).

Weniger deutlich und konsistent fallen die Zusammenhänge für die übrigen *Big Five*-Faktoren aus. Verträglichkeit und Offenheit für Erfahrungen, die in manchen Analysen Überlagerungen zum Extraversionsfaktor aufweisen (s. auch Becker, 2006), zeigen tendenziell positive Zusammenhänge zu Wohlbefindensmaßen. Konsistent positive Zusammenhänge werden vor allem für den Faktor Gewissenhaftigkeit berichtet, der Aspekte wie Besonnenheit, Pflichtgefühl und Leistungsorientierung einschließt; diese Beziehungen sind allerdings schwächer ausgeprägt und werden möglicherweise durch die Nähe des Konzeptes zu Merkmalen wie Perfektionismus und Zwanghaftigkeit gedämpft.

Personale Kontrolle: Die Konstruktwelt der differentiellen Psychologie ist nicht auf die Taxonomie der *Big Five* beschränkt. Persönlichkeitspsychologische Konstrukte wie etwa Optimismus (s. etwa Carver & Scheier, 1990) oder Selbstwertschätzung weisen eine besonders enge Beziehung zu Wohlbefindensmaßen auf; angesichts deutlicher begrifflicher Überlagerungen grenzen diese Befunde allerdings ans Tautologische. Hervorzuheben sind dagegen Persönlichkeitsmerkmale, die individuelle Unterschiede im Ausmaß erlebter Kontrolle über die persönliche Entwicklung bezeichnen; die generelle Bedeutung von Kontrollverlusten für das Entstehen depressiver Störungen ist empirisch vielfach belegt. Personen mit ausgeprägten Selbstwirksamkeitsüberzeugungen (Bandura, 1977, 1995) oder starker „internaler Kontrolle" (Krampen, 2000; Rotter, 1966), die sich als Gestalter der eigenen Entwicklung erleben und davon überzeugt sind, dass das Erreichen persönlich bedeutsamer Ziele mehr von eigenem Zutun als von Zufallseinflüssen oder anderen Personen abhängt, sehen mit positiveren Gefühlen (Hoffnung,

Zuversicht) auf ihre persönliche Zukunft und haben positivere Einstellungen (Dankbarkeit, Stolz) zu ihrer vergangenen Lebensgeschichte. Positive Kontrollüberzeugungen fördern nicht zuletzt auch die Bereitschaft, Funktionsverlusten im höheren Alter aktiv entgegenzuwirken. Vor diesem Hintergrund erscheint plausibel, dass Selbstwirksamkeits- und Kontrollüberzeugungen zu den Persönlichkeitsmerkmalen gehören, die am engsten mit Maßen des Wohlbefindens zusammenhängen (s. auch Brandtstädter, Krampen & Greve, 1987; Peterson, 1999).

Nicht selten finden sich allerdings auch Abweichungen von diesem allgemeinen Befundmuster; zumindest sind diese zu häufig, um theoretisch vernachlässigt zu werden (s. auch Coyne, 1992). Generalisierte Kontroll- und Selbstwirksamkeitsüberzeugungen sind in der Bewältigung belastender Lebensereignisse oft vorteilhaft, da sie nicht so leicht durch Misserfolge erschüttert werden und so zu größerer Persistenz von problemfokussierten Anstrengungen beitragen. Andererseits kann eine hohe internale Kontrollorientierung dazu beitragen, sich für eingetretene negative Ereignisse verantwortlich zu fühlen; auch kann erhöhtes Kontrollstreben sich mit besonderen Entscheidungslasten und Anstrengungen verbinden. Nicht zuletzt kann größere Hartnäckigkeit in einen adaptiven Nachteil umschlagen, da sie sich leicht mit einer Tendenz verbindet, zu lange an aussichtslos gewordenen Projekten festzuhalten (s. Kap. 6). In diese Richtung weisen auch Befunde einer erhöhten Suizidneigung bei Personen, die ein ausgeprägtes Kontrollmotiv zeigen, zugleich aber mit aversiven Situationen konfrontiert werden, die sich der persönlichen Kontrolle entziehen (s. etwa Burger, 1984). Aktive Bewältigungsbemühungen können nicht nur zu früh, sondern auch zu spät aufgegeben werden; „erfolgreiche" Bewältigung von kritischen Lebenssituationen und damit auch persönliches Wohlbefinden hängen wesentlich davon ab, inwieweit die jeweiligen Bewältigungsformen den gegebenen Handlungsspielräumen entsprechen (vgl. Rothermund, Dillmann & Brandtstädter, 1994; Vitaliano, deWolfe, Maiuro, Russo & Katon, 1990).

Intelligenz: Zu den Persönlichkeitsmerkmalen im weiteren Sinne gehört auch das Merkmal – besser vielleicht: der Merkmalsbereich – Intelligenz; dieser ist hier auch insofern von Interesse, als kognitive Kompetenzen zum Bedingungshintergrund soziodemographischer Unterschiede in Schulbildung, Beruf und Einkommen gehören. Allerdings ist auch die Befundlage zum Zusammenhang von Intelligenz und Wohlbefinden inkonsistent (Diener et al., 1999); zumindest ist festzustellen, dass der Intelligenzquotient kein starker Prädiktor und für sich genommen weder eine notwendige noch hinreichende Bedingung für Zufriedenheit und Glück ist. Die ohnehin schwachen Zusammenhänge scheinen ganz zu verschwinden, wenn Unterschiede in soziodemographischen Merkmalen kontrolliert werden. Intellektuelle Kompetenzen werden vor allem dann wohlbefindensrelevant, wenn sie dazu beitragen, eine Lebensorganisation bzw. eine Arbeitsumwelt zu finden, die individuellen Potentialen entspricht – was nicht nur von Eigeninitiative, sondern auch von den unter gesellschaftlichen und sozialpolitischen Rahmenbedingungen jeweils gegebenen Handlungs- und Mobilitätsspielräumen abhängt.

Zumindest konzeptuell größere Nähe zu affektpsychologischen Aspekten weist das Konstrukt „emotionale Intelligenz" auf, das nach der Konzeption von Mayer und Salovey (1993) Persönlichkeitsunterschiede im Erkennen und Verstehen eigener und fremder Emotionen wie auch im Umgang mit Gefühlen bezeichnet. Wenngleich die damit angesprochenen interpersonellen Kompetenzen und Fähigkeiten effizienter Emotionsregulation eine für psychische Gesundheit und Wohlbefinden bedeutsame Ressource darstellen, ist die Forschung zu diesem – konzeptuell heterogenen und nach wie vor umstrittenen – Konstrukt noch unabgeschlossen (vgl. Davies, Stankov & Roberts, 1998; Grewal & Salovey, 2006; Schulze & Roberts, 2005).

Zufriedenheit und Glück als Persönlichkeitsmerkmale? Persönlichkeitsmerkmale im Sinne der differentiellen Psychologie bezeichnen habituelle, situationsübergreifende Handlungs- und Reaktionsbereitschaften. Auch individuelle Unterschiede in Lebenszufriedenheit bzw. *happiness* weisen trotz situativer Schwankungen ein hohes Maß an langfristiger Stabilität auf; insofern könnte man auch hier von einer Persönlichkeitsdisposition sprechen. Eineiige Zwillinge sind sich – selbst wenn sie getrennt aufgewachsen sind – in Maßen subjektiven Wohlbefindens ähnlicher als zweieiige Zwillinge, die zusammen aufgewachsen sind: Nach Schätzungen von Lykken und Tellegen (1996) ist deutlich mehr als die Hälfte der Varianz in Wohlbefindensmaßen genetisch bedingt, insbesondere wenn die Befindlichkeit über längere Zeiträume erfasst wird. Allerdings können diese Effekte zu einem erheblichen Teil auch durch Unterschiede in Persönlichkeitsmerkmalen erklärt werden, die ihrerseits genetisch mitbedingt sind; hierbei stehen wiederum Extraversion, Neurotizismus und Gewissenhaftigkeit im Vordergrund (s. auch Weiss, Bates & Luciano, 2008). Der sozial aufgeschlossene, schwer aus der Fassung zu bringende Sanguiniker scheint in besonderer Weise zu Zufriedenheit und Lebensglück disponiert, insbesondere sofern ein hinreichendes Quantum an Pflichtbewusstsein und planvoller Kompetenz hinzukommt. Auch dies sind keine tiefgehenden neuartigen Erkenntnisse – abgesehen vielleicht von dem Befund, dass Glückschancen schon in der genetischen Lotterie nicht gleich verteilt werden.

Entgegen einem verbreiteten Missverständnis kann von hohen Erblichkeitskoeffizienten allerdings nicht ohne weiteres auf eine entsprechend geringe Bedeutung von Umwelteinflüssen geschlossen werden. Genetische Faktoren wirken sich über die gesamte Lebensspanne hinweg auch auf die individuelle Selektion und Verarbeitung von Umweltbedingungen aus; Individuen nehmen innerhalb gewisser Grenzen selbst Einfluss auf die Gestaltung ihrer Lebens- und Entwicklungsumwelten. Diese selektiven und konstruktiven Aktivitäten hängen einerseits von genetisch mitbedingten, phänotypischen Dispositionen wie z. B. Persönlichkeits- und Interessenunterschieden ab; dies zeigt sich unter anderem in Zusammenhängen der Berufswahl, wo z. B. extravertierte Personen Tätigkeiten präferieren, die Abwechslung und Möglichkeiten zu sozialen Kontakten bieten. Andererseits setzen wir uns aufgrund persönlicher Präferenzen, Kompetenzen und Gewohnheiten spezifischen Einflüssen aus, deren Wirkung und Verarbeitung wiederum von genomspezifischen Faktoren beeinflusst wird. Durch diese Dynamiken kommt es zugleich zu systematischen Kovariationsbeziehungen zwischen genotypischen Dispositionen und Umweltbedingungen. Solche „Genotyp-Umwelt-Kovariationen" (z. B. Scarr & McCartney, 1983) sind teils durch intentionale Aktivitäten und die ihnen zugrundeliegenden personspezifischen Motivationen vermittelt (und insofern auch grundlegend für Prozesse intentionaler Selbstgestaltung; s. Kap. 5), teils sind sie auch nichtintendierte Nebeneffekte individueller Handlungsgewohnheiten und Lebensstile. Auf diese Weise bilden sich Persönlichkeitsmerkmale wie Ängstlichkeit, Aggressivität, Dominanzstreben, Neurotizismus oder soziale Extraversion auf Unterschiede in der individuellen Lebensorganisation ab, damit zugleich auch auf das Risiko, von bestimmten kritischen Lebensereignissen betroffen zu werden (vgl. etwa Saudino, Pedersen, Lichtenstein, McClearn & Plomin, 1997; Schmitz et al., 1999).

Die angesprochenen Zusammenhänge zwischen Persönlichkeitsmerkmalen und Maßen des Wohlbefindens sind zu einem nicht geringen Teil durch die angesprochenen Prozesse der Individuums-Umwelt-Koordination vermittelt. Damit rückt erneut das Thema der „Passung" zwischen individuellen Persönlichkeitsmerkmalen und gegebenen Lebens- und Entwicklungsumwelten und dessen Bedeutung für Wohlbefinden und positive Entwicklung in den Blickpunkt (s. auch Kap. 4). Auch der prognostische Wert etwa von positiven Selbstwirksamkeitsüberzeugungen oder sozialer Extraversion für das individuelle Wohlbefinden hängt wesentlich davon ab, inwieweit die Person in ihrer jeweiligen Umwelt Bedingungen vorfindet (oder solche aufzusuchen oder herzustellen in der Lage ist), die ihren Präferenz- und Kompetenzstrukturen entsprechen. Wie etwa Untersuchungen bei Gefängnisinsassen zeigen, verschwindet der Zusammenhang zwischen Wohlbefinden und Extraversion in einer Umgebung, die dem Streben nach Abwechslung und sozialer Nähe Grenzen setzt (z. B. Kette, 1991). Ein anderes Beispiel liefert eine frühere Studie, die Wolk (1976) in Altenheimen durchführte: Während positive (internale) Kontrollüberzeugungen zumeist mit höherem Wohlbefinden bzw. geringerer Depressivität einhergehen, findet sich in Heimumwelten, die persönlicher Initiative wenig Spielraum lassen, ein eher gegenläufiger Zusammenhang. Freilich setzen auch „normale" Entwicklungsumwelten individuellen Wahl- und Handlungsspielräumen Grenzen; neben der Fähigkeit, solche Beschränkungen durch eigene Aktivität zu überwinden, scheint auch die Bereitschaft, seine Präferenzen gegebenen Beschränkungen anzupassen, zur Bewahrung individuellen Wohlbefindens beizutragen. Dies gilt durchaus nicht nur – aber interessanterweise auch (s. etwa Greve & Enzmann, 2003) – für das Leben in Haftanstalten.

Zusammenfassend ist festzuhalten, dass viele der Bedingungen, die zu Zufriedenheit und subjektiver Lebensqualität beitragen, selbst den Charakter stabiler Dispositionen haben, deren Einfluss auf die Lebensorganisation sich über die gesamte Lebensspanne erstreckt. Dies verleiht Wohlbefindensmaßen eine gewisse dispositionelle Stabilität. Zugleich erklärt sich hieraus auch der Umstand, dass Maße positiver Emotionalität nicht nur als abhängige Variablen bzw. als Konsequenzen von positiven Lebensumständen wie beruflichem Erfolg, befriedigenden Freundschaftsbeziehungen oder Partnerschaftsqualität betrachtet werden können, sondern – wie Ergebnisse von Längsschnittstudien zeigen – auch zur Vorhersage solcher positiven Entwicklungsergebnisse in der Zukunft beitragen (Lyubomirsky, King & Diener, 2005).

Eingehender soll im Folgenden die Befundlage im Hinblick auf die Merkmale Familienstand und Alter diskutiert werden: Wie eingangs erwähnt zeigen Verheiratete konsistent höhere Werte in Maßen subjektiver Lebensqualität, und schon insofern bietet es sich an, Bedingungen der Ehequalität und -stabilität eingehender zu betrachten. Hinsichtlich der Altersvariable wiederum liegt eine genauere Betrachtung insofern nahe, als hier „Zufriedenheitsparadoxien" besonders deutlich zutage treten: Trotz alterstypischer Einschränkungen und Verluste in vielen Lebens- und Funktionsbereichen finden sich kaum konsistente Hinweise auf geringere Zufriedenheits- und Wohlbefindenswerte im höheren Lebensalter. Die Frage nach den adaptiven Prozessen, die zur Erhaltung einer positiven Selbst- und Lebensperspektive im höheren Alter beitragen, hat vor diesem Hintergrund zunehmend hohe Priorität auf der Agenda entwicklungs- und alternspsychologischer Forschung gewonnen.

3.3 Heirat und Partnerschaft

Langfristige eheliche Partnerschaften sind Entwicklungskontexte, die Erweiterungen wie auch Einschränkungen persönlicher Entwicklungsoptionen mit sich bringen. Offenbar wird diese Bilanz – zumindest solange die Partnerschaft stabil ist – überwiegend positiv erlebt: Verheiratete berichten konsistent größere Zufriedenheitswerte als Unverheiratete (Alleinlebende,

Geschiedene, Verwitwete); dies gilt für Männer und Frauen gleichermaßen. Partnerschaftsqualität ist einer der stärksten Prädiktoren für subjektive Lebensqualität; auch das gesundheitliche Wohlbefinden ist im Durchschnitt höher bei Personen, die in einer Partnerschaft leben (s. etwa Felser, 2007; Myers, 1999). Je bedeutsamer ein Lebensbereich für die persönliche Entwicklung ist, umso höher ist im Allgemeinen auch die Belastung, die von Problemen in diesem Bereich ausgeht. Trennung, Scheidung und Partnerverlust gehören zu den Lebensereignissen, welche die subjektive Lebensqualität besonders stark und nachhaltig beeinträchtigen können. So z. B. weisen geschiedene Personen – auch im Vergleich zu ledigen oder verwitweten Personen – eine geringere Zufriedenheit, ein höheres Risiko für depressive Störungen und ein erhöhtes Krankheitsrisiko auf, auch wenn die Belastungen einer Trennung in der Mehrzahl der Fälle nach wenigen Jahren überwunden sind (s. etwa Raschke, 1987).

Die Frage nach Bedingungen der Qualität und Stabilität von Partnerschaften stellt sich nicht zuletzt auch im Hinblick auf mögliche Folgen, die Trennung und Scheidung für die Kinder der Partner haben. Probleme im Sozialverhalten und depressive Störungen sind hier häufige Folgen. Zwar sind diese Probleme vor allem in der ersten Zeit nach der Trennung virulent, aber auch das spätere Scheidungsrisiko ist bei Kindern aus geschiedenen Ehen erhöht (s. auch Karney & Bradbury, 1995). Allerdings wird man diese langfristigen Effekte nicht ausschließlich Sozialisationseinflüssen zuschreiben können, zumal Persönlichkeitsmerkmale wie etwa Neurotizismus oder Aggressionsbereitschaft, die sich ungünstig auf den Zusammenhalt einer Partnerschaft auswirken können, auch einen genetischen Bedingungshintergrund zeigen.

Als nicht sehr ergiebig hat sich auch hier die Suche nach demographischen Korrelaten und Prädiktoren erwiesen; Variablen wie Geschlecht, Bildung und Einkommen leisten in der Mehrzahl der Studien nur einen marginalen Beitrag zur Vorhersage der Partnerschaftsqualität und -stabilität. Generalisierbare Aussagen werden auch durch Merkmalskonfundierungen und die Komplexität von Effekten erschwert: So etwa wird ein geringes Familieneinkommen oft mit einer höheren Trennungswahrscheinlichkeit assoziiert; andererseits kann dieser Faktor zusammen mit anderen Variablen wie z. B. der Kinderzahl die mit einer Trennung verbundenen finanziellen Risiken erhöhen und so als „Trennungsbarriere" wirken (vgl. etwa Brandtstädter & Felser, 2003; White, 1990). Im historischen Vergleich sind Scheidungshindernisse allerdings eher gering: Frauen sind heute finanziell weniger abhängig, legale wie auch soziale und religiöse Einschränkungen sind gelockert, Elternschaft fällt als Hinderungsgrund schon aufgrund sinkender Geburtenraten weniger ins Gewicht, Lebensmodelle ohne eheliche Bindung finden zunehmende Akzeptanz. Unter diesen Rahmenbedingungen genügt oft bereits ein geringeres Unzufriedenheitsquantum, um Trennungsbereitschaften zu aktivieren. Die naheliegende Erwartung, dass dies – bzw. die damit zusammenhängende Zunahme von Scheidungsquoten – einen positiven Einfluss auf die Qualität aktuell bestehender Partnerschaften hätte, wird durch vergleichende Studien nicht bestätigt; eher zeigt sich ein entgegengesetzter Effekt (z. B. Myers, 1999). Offenbar können Faktoren, die partnerschaftliches *commitment* im Sinne einer als endgültig erlebten Bindung begünstigen, nicht nur zur Stabilität, sondern zugleich auch zur erlebten Qualität partnerschaftlicher Beziehungen beitragen. Wie wir auch aus experimentellen Studien wissen, nimmt die Bereitschaft, auch zunächst unangenehmen Umständen positive Seiten abzugewinnen, in dem Maße zu, wie diese als unabänderlich erscheinen; an diesem Punkt kommen Dispositionen und Prozesse der Zielanpassung ins Spiel, wie sie z. B. im Modell assimilativer und akkommodativer Prozesse beschrieben werden (Brandtstädter, 2007b; s. Kap. 6).

Hier ist allerdings anzumerken, dass die Aspekte von Partnerschaftsqualität und Partnerschaftsstabilität zwar deutlich korreliert, aber nicht deckungsgleich sind: Keineswegs selten sind Konstellationen, bei denen hohe Stabilität trotz geringer Partnerzufriedenheit oder ein umgekehrter Zusammenhang beobachtet wird. Insbesondere mit dem Lebensalter der Partner bzw. zunehmender Ehedauer schwächt sich die korrelative Beziehung zwischen beiden Aspekten ab. Ohnehin korreliert die Dauer des Zusammenlebens in längsschnittlichen Erhebungen tendenziell eher negativ mit Merkmalen der Partnerschaftszufriedenheit. Zwar schwächt sich dieser negative Zusammenhang in höheren Altersgruppen ab; da diese durchschnittlich länger verheiratet sind, sind hier allerdings auch positive Selektionseffekte zu beachten (s. auch Gräser, Brandtstädter & Felser, 2001). Äußere wie auch „innere" Trennungsbarrieren wie etwa einstellungsmäßige Vorbehalte gegen die Auflösung einer Ehe (z. B. religiöse Überzeugungen) können zur Stabilisierung von Partnerschaften beitragen, ohne in gleichem Maße die Partnerschaftszufriedenheit zu fördern. Externe, z. B. finanzielle Hindernisse gegen die Auflösung einer Ehe scheinen vor allem dann stärker ins Bewusstsein zu treten, wenn bereits Auflösungstendenzen bestehen; dagegen scheinen „innere" Barrieren den partnerschaftlichen Zusammenhalt in einer Weise zu fördern, die als weniger einengend erlebt wird (s. auch Brandtstädter & Felser, 2003).

Wie hier deutlich wird, resultiert Partnerschaftsstabilität aus einem komplexen Zusammenspiel von Bedingungen: Persönlichkeits- und Temperamentsmerkmale, Werthaltungen, subjektive Vorstellungen gelingender Partnerschaft und deren Kompatibilität innerhalb der Beziehung schaffen – in Wechselwirkung mit sozialen und situativen Kontextbedingungen wie auch mit individuellen Bewältigungskompetenzen – ein Kräftefeld stabilisierender oder auch destabilisierender Einflüsse, das zudem lebensgeschichtlichen wie auch historischen Veränderungen unterliegt. Gleichwohl tragen bereits einzelne Persönlichkeitsmerkmale zur Vorhersage der Partnerschaftsqualität und ihres langfristigen Verlaufs bei. Merkmale wie Verträglichkeit, Gewissenhaftigkeit und emotionale Stabilität sind aus naheliegenden Gründen als positive Prädiktoren anzusehen, zumal sie auch zur Bewältigung von Belastungssituationen beitragen. Gleichermaßen zur Partnerschaftsqualität tragen sozialkognitive Kompetenzen bei, die wechselseitiges Verstehen und Empathie fördern. Als Risikomerkmale stehen Neurotizismus und negative Emotionalität im Vordergrund, aber auch extraversionsnahe Merkmale wie Impulsivität oder *sensation seeking* scheinen eher zur Destabilisierung des Partnersystems beizutragen (s. etwa Karney & Bradbury, 1995; Kurdek, 1993). Persönlichkeitsdispositionen scheinen für die Vorhersage der Beziehungsqualität vor allem bei Personen bedeutsam zu werden, die schon mehrfach geschieden sind bzw. als *divorce prone* gelten können (Counts & Sacks, 1986).

Noch enger hängt die Beziehungsqualität mit Merkmalen zusammen, die auf Formen partnerschaftlicher Interaktion und Koorientierung direkt Bezug nehmen. Zufriedenheit, Konsens und Zusammenhalt sind wesentlich davon abhängig, inwieweit die Partner in Temperaments- und Begabungsmerkmalen und in ihren Lebenszielen insgesamt übereinstimmen (z. B. Fletcher & Fincham, 1991; Grau & Bierhoff, 1998); im Sinne von Homogamieeffekten spielt dies schon bei der Partnerwahl eine Rolle. Seit langem ist bekannt, dass Empathie, Sympathie und Identifikationsbereitschaft durch wahrgenommene Ähnlichkeit gefördert werden. Wie sozialpsychologische Experimente zum *name letter effect* zeigen, können solche Sympathiegefühle zwischen Personen bereits aktiviert werden, wenn ihre Familiennamen mit dem gleichen Buchstaben beginnen (s. etwa Hodson & Olson, 2005). Wahrgenommene Ähnlichkeit wird aber umgekehrt auch durch Sympathie gefördert; glückliche Partner sind sich nicht nur objektiv ähnlicher, sondern neigen auch dazu, ihre Ähnlichkeit zu überschätzen. Wichtiger als Ähnlichkeit ist freilich Kompatibilität; Übereinstimmung in Einstellungen, Zielen und Persönlichkeitsmerkmalen kann je nach betrachtetem Bereich sowohl förderlich wie abträglich für die partnerschaftliche Beziehung sein. Individualistische Erfolgs- und Karriereziele z. B. scheinen das Trennungsrisiko insbesondere dann zu erhöhen, wenn sie von beiden Partnern verfolgt werden; hier können ähnliche Ziele z. B. zu Konflikten in praktischen Fragen des Zusammenlebens wie etwa der Aufteilung von Rechten und Pflichten führen (vgl. auch Felser, Schmitz & Brandtstädter, 1998). Das Ausmaß, in dem die Partner ihre wechselseitigen Aufwendungen und Beiträge in fairem und angemessenem Verhältnis zueinander sehen, ist gleichermaßen bedeutsam für die Qualität und Stabilität einer Partnerschaft; allerdings lassen sich positive Beiträge der Partner wie

z. B. Opferbereitschaft und liebevolle Fürsorge in einer rein austauschtheoretischen Perspektive kaum fassen.

Kompatibilität und Koorientierung in einer Partnerschaft sind nicht nur Bedingungen, sondern auch Resultate partnerschaftlicher Interaktionen. Das Empfinden, vom Partner in eigenen Zielen unterstützt zu werden, ist einer der stärksten Prädiktoren der Partnerschaftszufriedenheit. Bedeutsam ist in diesem Zusammenhang auch die – individuell unterschiedlich ausgeprägte – Bereitschaft, eigene Ziele auf die partnerschaftlichen Belange abzustimmen. Personen mit einer Disposition zu flexibler Zielanpassung weisen allerdings nicht nur höhere Werte in Merkmalen der Beziehungsqualität auf; vielmehr wirken sich bei ihnen auch eventuelle Beziehungsprobleme in geringerem Maße negativ auf die allgemeine Lebensqualität aus (s. Brandtstädter & Felser, 2003).

Partnerschaftsqualität ist, wie nahezu alle einschlägigen Befunde zeigen, eine wesentliche Bedingung bzw. ein zentraler Aspekt subjektiven Wohlbefindens. Gleichwohl sind die Bedingungen, die zu allgemeiner Lebenszufriedenheit beitragen, nicht völlig deckungsgleich mit denen, die der Stabilität und Qualität von Beziehungen förderlich sind. Insbesondere zeigt sich hier eine Ambivalenz individualistischer, autonomieorientierter Einstellungen. Wie strukturanalytische Befunde zeigen (Brandtstädter & Felser, 2003), hat die Betonung von Gemeinsamkeitsaspekten einen direkten, signifikant positiven Effekt auf die Partnerschaftsqualität und leistet – dadurch vermittelt – einen indirekten positiven Beitrag zur Lebenszufriedenheit im Allgemeinen; dagegen ist der direkte Effekt auf die Lebenszufriedenheit negativ. Ein zum Teil gegenläufiges Muster zeigt sich für individualistische, auf persönliche Autonomie gerichtete Einstellungen zur Partnerschaft; diese zeigen einen signifikant positiven, direkten Effekt auf die Lebenszufriedenheit, scheinen jedoch keinen bedeutsamen Beitrag zur Partnerschaftsqualität zu leisten. Wenngleich Partnerschaftsqualität eine zentrale Facette der subjektiven Lebensqualität ist, deutet dies darauf hin, dass zwischen den Bedingungsstrukturen beider Bereiche eine potenziell konflikthafte Beziehung besteht, wobei wiederum anzunehmen ist, dass Personen mit einer Disposition zu flexibler Zielanpassung solche Konfliktspannungen besser bewältigen (vgl. Brandtstädter & Felser, 2003).

3.4 Wohlbefinden und Alter

Subjektive Lebensqualität ist zu einem wesentlichen Teil von verfügbaren Handlungsressourcen bestimmt: Finanzielle, gesundheitliche, soziale Ressourcen tragen – wenngleich in unterschiedlichem Maße – positiv zum Wohlbefinden bei. Im höheren Lebensalter stellen sich Einschränkungen und Verluste in diesen wohlbefindensrelevanten Bereichen ein. Der ältere Mensch leidet vielfach an mehreren Behinderungen und Krankheiten gleichzeitig.

Zu altersgebundenen Verlusten kommt es auch in kognitiven Leistungen. Betroffen sind neben sensorischen Funktionen vor allem Leistungen, die mit Schnelligkeit, Genauigkeit und flexibler Koordination von Prozessen der Informationsverarbeitung zu tun haben. Diese Veränderungen betreffen vor allem die „Mechanik" kognitiver Leistungen, in der sich die Effizienz des neuronalen Netzes spiegelt (Lindenberger & Baltes, 1994); sie machen es z. B. schwerer, aufgabenirrelevante Reize auszublenden oder auf neue Aufgaben umzuschalten (s. auch Zacks, Hasher & Li, 2000). Geringere Einbußen zeigen sich dagegen in der Nutzung erworbenen Wissens und lebenspraktischer Expertise. Solche „pragmatischen" Kompetenzen können Verluste im Bereich der „Mechanik" der Intelligenz teilweise kompensieren; allerdings ist die flexible Übertragung erworbenen Wissens auf neue Probleme eingeschränkt.

Neben – und zum Teil auch aufgrund von – Leistungs- und Funktionsverlusten kommt es im höheren Alter zu sozialen Einschränkungen. Mit dem Tod nahestehender Personen, insbesondere auch des Ehepartners, reduzieren sich soziale Beziehungen und Stützsysteme; aufgrund einer etwa um sieben Jahre höheren durchschnittlichen Lebenserwartung sind Frauen hiervon häufiger betroffen als Männer. Auch das Ausscheiden aus dem Berufsleben ist oft mit dem Verlust von freundschaftlichen Kontakten und Sinnperspektiven verbunden, die für Wohlbefinden und Lebenszufriedenheit von zentraler Bedeutung sind. Diese Einschränkungen und Verluste können durch den Aufbau neuer Beziehungen zumeist nur in Grenzen ausgeglichen werden; durch Mobilitätsprobleme ergeben sich zusätzliche Hindernisse. Auch angesichts des Tempos gesellschaftlicher Veränderungen wird es für ältere Menschen zunehmend schwieriger, Kommunikations- und Interaktionspartner zu finden, die über einen ähnlichen lebensgeschichtlichen Erfahrungshintergrund verfügen. Zwar ist die Befundlage zur Bedeutung von Einsamkeit und sozialer Vereinzelung für die Entstehung psychischer Probleme nicht konsistent (s. etwa Häfner, 1992). Gleichwohl werden Rollenverluste, die Abdrängung in marginale soziale Positionen und die Reduzierung sozialer Stützsysteme überwiegend als negative und belastende Aspekte des Alters erlebt, und auch die Konfrontation mit Negativstereotypen des Alterns kann zu diesen Belastungen beitragen (s. auch Rothermund & Mayer, 2009).

Altern ist zwangsläufig auch mit dem Verlust zeitlicher Ressourcen verbunden. Einerseits benötigen wir Zeit, um Ziele zu realisieren und nachteilige Ereignisse zu überwinden; eventuelle Zielkonflikte lassen sich entschärfen, indem man Ziele, die sich nicht gleichzeitig verwirklichen lassen, zeitlich rangiert. Bei schwindenden Lebenszeitreserven jedoch muss man sich eventuell von bestimmten Zielen trennen, um andere noch realisieren zu können. Sinn und Bedeutung wiederum schöpfen wir gerade aus Projekten und Zielen, die sich auf die Zukunft richten; der Verlust lebenszeitlicher Ressourcen bringt insofern auch Sinnverluste mit sich (vgl. Reker, Peacock & Wong, 1987; van Selm & Dittmann-Kohli, 1998). Hierdurch verschärfen sich die adaptiven Belastungen im höheren Alter: Nicht nur kumulieren Verluste in verschiedenen Lebens- und Funktionsbereichen, vielmehr steht auch zunehmend weniger Zeit zur Verfügung, um diese Verluste zu bewältigen und eventuell zu kompensieren; insofern kann man von einem „adaptiven Dilemma" des Alterns sprechen (s. auch Lindenberger, 2002).

Den Einbußen im höheren Alter stehen allerdings auch Gewinne gegenüber; „gains in old age emerge to compensate for losses" (Uttal & Perlmutter, 1989, S. 202). Zwar dürften wesentliche Vorteile des Alters heute kaum noch in einer „nachlassenden Sinnenfreude" gesehen werden, die Cicero in seinem Traktat über das Altern (Faltner, 1988) im Hinblick auf Schlaf und Verdauung als gesundheitsförderlich preist. In der Gegenrechnung von Gewinnen und Verlusten werden zumeist andere Faktoren ins Spiel gebracht: Häufig erwähnt wird in Interviewstudien etwa die Entlastung von beruflichem und familiärem Stress, die Möglichkeit, das Erarbeitete zu genießen, der Gewinn an lebenspraktischer Expertise und die Möglichkeit, Lebenserfahrungen weiterzugeben, eine größere Gelassenheit gegenüber Widrigkeiten des Alltags (s. etwa Schmitz, 1998). Die Annäherung an das Lebensende mag auch eine größere Authentizität und innere Unabhängigkeit, im glücklichen Fall sogar „Weisheit" mit sich bringen. Analysiert man subjektive Gewinn-Verlust-Bilanzen, so scheinen sich diese mit zunehmendem Alter gleichwohl zu verschlechtern, und zwar sowohl retrospektiv wie auch in der Vorausschau auf die weitere Entwicklung (vgl. Greve & Brandtstädter, 1994). Unerwünschte Ereignisse verweisen auf Kontrolldefizite; hätte man sie ohne weiteres vermeiden können, wären sie kaum eingetreten. Daher überrascht es nicht, dass auch Verluste im höheren Alter vorwiegend als unkontrollierbare Widerfahrnisse erlebt werden (Heckhausen & Baltes, 1991). Die Erwartung von aversiven Ereignissen und Verlusten ist nun aber eine wesentliche Bedingung für das Entstehen von Unzufriedenheit und Depression, vor allem wenn sie sich mit dem Gefühl mangelnder Kontrollmöglichkeiten verbindet.

Vor diesem Hintergrund liegt die Vermutung nahe, dass es im höheren Alter zu deutlichen Einbußen der subjektiven Lebensqualität, zu Verlusten perzipierter Kontrolle und damit verbunden auch zu einer erhöhten Inzidenz depressiver Störungen kommt – eine Vermutung, die lange Zeit eine leitende Hypothese der Alternsforschung war. Diese Vermutung hat jedoch in neueren Studien keine Bestätigung gefunden. Weder in Maßen der Lebenszufriedenheit oder Affektbilanz noch in der Inzidenz von depressiven Störungen zeigen sich konsistente Veränderungen; wenn überhaupt, so sprechen die Ergebnisse eher für eine Zunahme positiver Befindlichkeit. Dies gilt zumindest bis in terminale Lebensphasen, die oft von gravierenden gesundheitlichen Problemen und Verlusterfahrungen überschattet sind.

Lebenszufriedenheit und Alter: Wenngleich einzelne Studien – vor allem ältere Arbeiten – über negative Korrelationen zwischen der Altersvariable und Maßen der subjektiven Lebensqualität berichten, so steht dem eine kaum geringere Zahl entgegengesetzter Befunde gegenüber (s. Übersichten bei Stock, Okun, Haring & Witter, 1983). Dieses Bild ändert sich auch nicht wesentlich, wenn statt globaler Zufriedenheitsmaße die Häufigkeit positiver und negativer Affekte betrachtet wird. Allerdings ist in diesem Punkt die Befundlage einigermaßen inkonsistent: Manche Befunde verweisen auf eine Abnahme positiver Affekte, mit oder auch ohne begleitende Zunahme negativer Affekte (Diener & Suh, 1998; Ferring & Filipp, 1995; Smith & Baltes, 1993), andere wiederum auf eine zunehmende Häufigkeit positiver Affekte bei gleichzeitiger Abnahme negativer Affekte (z. B. Carstensen, Pasupathi, Mayr & Nesselroade, 2000). Das letztere Muster finden auch Mroczek und Kolarz (1998), allerdings zeigen sich in dieser Studie auch geschlechts- und persönlichkeitsspezifische Verläufe: Bei weiblichen Teilnehmern fand sich eine (positiv beschleunigte) Zunahme positiver Affekte, während sich in negativen Affekten keine altersgebundene Veränderung zeigte. Bei Männern ergaben sich spezifischere Interaktionen mit Persönlichkeitsmerkmalen: Während Extravertierte allgemein eine höhere Häufigkeit positiver Affekte berichten, erscheint bei höheren Extraversionsniveaus die altersgebundene Zunahme positiver Affekte weniger ausgeprägt – was sich zum Teil als Folge einer Reduzierung spezifischer Befriedigungsquellen (Abwechslung, soziale Kontakte) erklären lässt. Bei verheirateten Männern wiederum zeigte sich eine besonders deutliche Abnahme negativer Affekte mit zunehmendem Alter.

Im Gesamtbild finden sich insofern kaum Hinweise auf eine Verschlechterung der Affektbilanz im höheren Alter, eher zeigt sich eine entgegengesetzte Tendenz. Einzelne Befunde deuten auch auf eine geringere Intensität emotionaler Reaktionen bzw. eine geringere Affektamplitude hin (hierzu etwa Turk-Charles & Carstensen, 1999), was auch als Anzeichen höherer Gelassenheit und emotionaler Stabilität gedeutet werden kann. Hier kommt als mögliche Erklärung auch eine Veränderung in Bewältigungsstilen, insbesondere eine Zunahme von Prozessen der Zielanpassung gegenüber aktiv-offensiven Strategien in Frage (s. auch Kap. 6).

Mögliche Vorbehalte betreffen den Umstand, dass altersvergleichende Untersuchungen in diesem Bereich sich überwiegend auf querschnittliche Erhebungen stützen, bei denen unterschiedliche Altersgruppen zum gleichen Zeitpunkt erfasst werden; hier besteht grundsätzlich die Gefahr einer Überlagerung bzw. Konfundierung von Alterseffekten mit Generationseffekten. Im gegebenen Zusammenhang könnten diese z. B. im Sinne von Kontrasteffekten wirken, wobei die Bewertung der aktuellen Lebensqualität durch den Vergleich mit früheren Lebensumständen beeinflusst wird (s.o., Kap. 2). Jedoch sprechen auch längsschnittliche Erhebungen, die mit Messwiederholungen über längere Zeitintervalle arbeiten, für eine hohe Stabilität von Wohlbefindensmerkmalen im höheren Alter (s. etwa Brandtstädter & Rothermund, 2002a; Yang, 2008).

Depression: Ein ähnliches Bild zeigt sich hinsichtlich der Häufigkeit und Auftrittswahrscheinlichkeit depressiver Störungen im höheren Alter. Obgleich es im höheren Alter zu einem deutlichen Anstieg degenerativer Hirnveränderungen und damit zusammenhängender psychischer Probleme kommt, gibt es kaum Hinweise auf eine Zunahme depressiver Störungen. Berichtete Prävalenzraten bewegen sich – abhängig auch von der Strenge der diagnostischen Kriterien – zwischen 5 und 20 Prozent, sind jedoch kaum höher, nach einigen epidemiologischen Befunden sogar niedriger als in jüngeren Altersgruppen (vgl. Blazer, 1989; Henderson et al., 1998; Myers et al., 1984). Auch suizidale Tendenzen werden von jüngeren Personen häufiger berichtet; der Entschluss zu suizidalem Handeln ist im höheren Alter seltener, wenngleich vielleicht ernsthafter (s. auch Häfner, 1992). Die Phase relativer Stabilität reicht bis in späte Lebensabschnitte; allenfalls jenseits des neunten Lebensjahrzehnts findet sich ein – im Durchschnitt allerdings mäßiger – Anstieg depressiver Tendenzen (s. auch Rothermund & Brandtstädter, 2003b). Hier ist allerdings wieder zu berücksichtigen, dass Teilnehmer im hohen Alter mit größerer Wahrscheinlichkeit von Krankheiten oder dem Verlust nahestehender Personen betroffen sind oder solchen Problemen entgegensehen. Dies kann im Sinne eines *terminal drop*-Effektes auf die durchschnittlichen Wohlbefindenswerte durchschlagen; nach retrospektiven Studien zeigen sich deutlichere Einbußen vor allem in den letzten Lebensmonaten. Verlustereignisse dieser Art wären auch für Jüngere belastend – dies sogar insofern in besonderem Maße, als sie *off time*, d.h. außerhalb des lebenszeitlichen Erwartungsschemas eintreten; von einer erhöhten Vulnerabilität älterer Menschen für depressive Störungen kann daher kaum die Rede sein. An diesem grundsätzlichen Bild ändert sich auch nichts, wenn mögliche Selektions- und Verzerrungseffekte wie etwa eine geringere Bereitschaft depressiver Personen zur Teilnahme an Untersuchungen in Rechnung gestellt werden. Auch der Hinweis auf mögliche Schwierigkeiten der Diagnostik „larvierter" Depressionen oder auf Probleme der Abgrenzung zu Erschöpfungssymptomen (Newmann, Engel & Jensen, 1991) kann die zum Teil erwartungsdiskrepanten Befunde nicht wegerklären, zumal einige für das höhere Alter entwickelte Depressionsskalen zur Vermeidung differentialdiagnostischer Schwierigkeiten auf die Einbeziehung von Fragen zu somatischen Problemen verzichten.

Das in mancher Hinsicht überraschende Bild rundet sich, wenn in die Betrachtung Merkmale einbezogen werden, die zur Bewältigung belastender Situationen beitragen. Die Vermutung einer steigenden Inzidenz depressiver Störungen verband sich wesentlich mit der Annahme, dass altersgebundene Einschränkungen in materiellen, sozialen und lebenszeitlichen Ressourcen, die Kumulierung irreversibler Verluste sowie die Konfrontation mit negativen Altersstereotypen auch individuelle Selbstwirksamkeits- und Kontrollüberzeugungen untergraben (s. etwa Seligman, 1975). Diese Annahme hat kaum empirische Stützung erfahren, vielmehr erscheint auch hier die Befundlage inkonsistent: Während einzelne Untersuchungen auf altersgebundene Verluste erlebter Kontrolle und Selbstwirksamkeit hindeuten, finden andere keine signifikanten altersgebundenen Unterschiede oder sogar gegenläufige Effekte (s. etwa Brandtstädter & Baltes-Götz, 1990; s. auch Befundübersichten bei Fung, Abeles & Carstensen, 1999; Krampen, 1987). Allenfalls in bereichsspezifischen Analysen treten Alterseffekte deutlicher in Erscheinung; vor allem im gesundheitlichen Bereich wird externalen, unkontrollierbaren Faktoren ein stärkerer Einfluss zugeschrieben (s. etwa Nurmi, Pulliainen & Salmela-Aro, 1992). Bemerkenswert bleibt indessen, dass altersgebundene Kontrollverluste in einzelnen Lebens- und Funktionsbereichen sich kaum gravierend auf das generelle Selbstwirksamkeitserleben auswirken.

Welche Faktoren tragen dazu bei, trotz vielfacher Verluste und Einschränkungen eine positive Selbst- und Lebensperspektive aufrechtzuerhalten? Auf der Suche nach Erklärungen denkt man zunächst an kompensatorische Bemühungen: Diese können einerseits darin bestehen, verfügbare Handlungsreserven besser auszuschöpfen oder durch Aneignung neuer Fertigkeiten zu erweitern. Gegebenenfalls können auch externe Hilfsmittel und Helfer einbezogen werden, um gewünschte Ziele zu erreichen (*proxy control*; Bandura, 2000). Auch die Schaffung „alternsfreundlicher" Arbeits- und Wohnumwelten kann dazu beitragen, Leistungseinschränkungen zu kompensieren und Lebensqualität zu bewahren (vgl. etwa Baltes & Baltes, 1990; Freund, 2007).

Auch Prozesse der Emotionsregulation können einen Beitrag zur Stabilisierung und Steigerung des Wohlbefindens leisten: Wie etwa Carstensen (1992) in ihrer *Socio-emotional Selectivity Theory* postuliert, tritt im höheren Alter das Streben nach emotionaler Nähe und Sicherheit gegenüber zukunftsbezogenen, auf die Aneignung und Erweiterung von Kompetenzen gerichteten Zielen in den Vordergrund, was sich unter anderem in der Auswahl bevorzugter Interaktionspartner zeigt. Zudem gibt es Hinweise darauf, dass sich die Informationsverarbeitung im höheren Alter verstärkt auf positive Inhalte richtet; wie schon im Alltag zu beobachten ist, zeigen ältere Menschen vielfach eine Tendenz zur Abwendung von belastenden Informationen, was sich z. B. auch in ihren Medien- und Lektürepräferenzen zeigt. Nach experimentellen Befunden zeigt sich dieser „Positivitätseffekt" sowohl in der Aufmerksamkeitsregulation als auch in der Informationssuche in Entscheidungssituationen oder bei autobiographischen Erinnerungen (s. etwa Carstensen & Lang, 2007; Carstensen & Mikels, 2005; Mather & Carstensen, 2003). Allerdings ist die Befundlage hierzu nicht konsolidiert (s. z. B. Grühn, Smith & Baltes, 2005); auch scheint nicht hinreichend geklärt, inwieweit der postulierte Positivitätseffekt auf eine selektive Bevorzugung positiv valenter Stimuli oder auf die selektive Vermeidung negativer Stimuli bzw. auf beides zurückgeht, und welche Rolle in diesem Zusammenhang automatische Prozesse gegenüber intentionalen Verhaltensstrategien spielen.

Ein umfassender Erklärungsansatz muss nicht zuletzt auch Prozesse der Anpassung von Zielen und Sinnperspektiven an die Veränderung von Handlungs- und Leistungsmöglichkeiten im Lebenslauf berücksichtigen. Solche adaptiven Prozesse können offenbar nicht nur das Selbstbild älterer Menschen, sondern auch persönliche Kontrollüberzeugungen gegen die Erfahrung von Verlusten und Einschränkungen schützen – etwa durch die Abwertung von Zielen und Ambitionen, die außer Reichweite geraten sind (s. auch Brandtstädter & Greve, 1992; Brandtstädter & Rothermund, 1994).

Insofern ist Diener et al. (1999, S. 277) beizupflichten, wenn sie ihren Überblick über die „Glücksforschung" der letzten Jahrzehnte mit der Feststellung beschließen: „Finally, more sophisticated research is needed on adaptation to understand this powerful force; when it does and does not occur, its limits, and the processes underlying it (...) What researchers need to understand is the processes that underlie adaptation and when these processes occur." In Kapitel 6 soll ein theoretischer Ansatz vorgestellt werden, der Antworten auf diese Fragen bietet.

4
Resilienz, Ressourcen, eudämonische Kompetenzen

Seit langem sind individuelle Unterschiede in der Anfälligkeit gegenüber pathogenen Risiken oder Belastungen bekannt; das Konzept der Vulnerabilität (Verletzlichkeit) bezieht sich wesentlich auf diesen Aspekt (vgl. Garmezy & Masten, 1986; Masten, 2007). Resilienz als Gegenbegriff meint demgegenüber nicht nur Widerstandsfähigkeit gegenüber Stressoren und ungünstigen Entwicklungsbedingungen, sondern im genaueren Sinne die Fähigkeit, nach Belastungen wieder zu einer ausgeglichen-positiven Funktionslage zurückzufinden, also eine gewisse adaptive Elastizität oder Flexibilität. Biographische Studien und Längsschnitterhebungen haben vielfach über Entwicklungsverläufe berichtet, bei denen trotz ungünstiger Ausgangsbedingungen durchaus positive biographische Ergebnisse beobachtet wurden; die Liste prominenter Beispiele ist lang (s. auch Hauser, 1999; Lösel & Bender, 2008; Masten, 2001). Auch traumatisierende Ereignisse werden individuell sehr unterschiedlich verarbeitet, und eine posttraumatische Störungssymptomatik entwickelt sich keineswegs in allen Fällen: „Resilience in the face of loss or potential trauma is more common than is often believed" (Bonanno, 2004, S. 20). Nicht zuletzt hat auch der Befund, dass es im höheren Alter trotz irreversibler Einschränkungen und Verluste in verschiedenen Lebens- und Funktionsbereichen nicht zu deutlichen Einbrüchen in Wohlbefinden und Lebenszufriedenheit kommt, das Resilienzthema in den Mittelpunkt entwicklungs- und alternspsychologischer Forschung gerückt (vgl. Brandtstädter, Wentura & Greve, 1993; Staudinger, Marsiske & Baltes, 1995).

Zur genaueren Analyse solcher erwartungsdiskrepanten Verläufe sucht man typischerweise nach Merkmalen auf Seiten der Person oder ihrer Umwelt, welche die potentiell problematischen Wirkungen spezifischer Einflüsse auf die weitere Entwicklung im Sinne eines statistischen Interaktionseffektes verstärken bzw. dämpfen. Es liegt nahe, individuelle Resilienz in Analogie zu klassischen Diathese-Stress-Modellen durch das Verhältnis von Risikofaktoren (Vulnerabilitäten, Stressoren) zu protektiven Faktoren (Kompetenzen, förderlichen Umweltbedingungen) zu bestimmen (Kumpfer, 1999). Risikoebenso wie Schutzfaktoren können auf allen Ebenen der individuellen Entwicklungsökologie liegen – in der sozialen Nahumwelt, den institutionellen und gesellschaftlichen Rahmenbedingungen, insbesondere auch in der Konstitution und Persönlichkeit des Individuums selbst, deren Entwicklung freilich wiederum durch genetische Faktoren und Umwelteinflüsse bzw. deren Wechselwirkung beeinflusst wird.

Insofern erscheint eine starre Abgrenzung zwischen externen und personspezifischen Risiko- bzw. Schutzfaktoren zumal aus entwicklungspsychologischer Sicht problematisch; schon Interaktionseffekte der genannten Art verweisen auf das Zusammenwirken von Persönlichkeitsdispositionen und Umweltbedingungen. So etwa findet sich bei Kindern aus Familien mit niedrigem sozioökonomischem Status, häufigen Beziehungskonflikten, elterlicher Kriminalität, psychischen Störungen der Mutter ein erhöhtes Risiko für das spätere Auftreten unterschiedlicher Entwicklungsprobleme (Lernschwierigkeiten, sozioemotionale Probleme, Delinquenz u.a.m.). Treffen mehrere solcher Risikofaktoren zusammen, potenzieren sie sich oft in ihren Wirkungen. Andererseits können negative Effekte einer *chronic family adversity* durch Kompetenzen und Persönlichkeitsmerkmale des Kindes wie etwa Intelligenz, emotionale Stabilität oder positive Leistungsmotivation abgeschwächt oder kompensiert werden (s. auch Cicchetti & Toth, 2006; Rutter & Quinton, 1987).

Umwelteinflüsse stehen zudem nicht nur mit phänotypischen Personmerkmalen, sondern auch mit genetischen Dispositionen in Wechselwirkung. So etwa weisen Befunde von O'Connor, Caspi, deFries und Plomin (2003) darauf hin, dass ein genetisches Risiko für Anpassungsstörungen durch Belastungen in der familiären Umwelt akzentuiert wird. Grundsätzlich ist davon auszugehen, dass Genom-Umwelt-Interaktionen und genetische Transmissionseffekte sich auch in Zusammenhangsmustern manifestieren, wie sie in Risiko- und Resilienzanalysen gefunden werden (s. auch Kim-Cohen & Gold, 2009). Üblicherweise denkt man zunächst an negative Lern- und Erziehungseinflüsse, wenn Kinder und Jugendliche in ihrer späteren Entwicklung Probleme zeigen, wie sie schon bei den Eltern auftraten. Dass solche korrelativen Beziehungen zumindest teilweise auch genetisch vermittelt sein können, findet zumeist weniger Beachtung (s. auch Plomin & Caspi, 1999).

Der Effekt äußerer Entwicklungsbedingungen variiert überdies nicht nur inter-, sondern auch intraindividuell: Bekanntlich gibt es in der individuellen Entwicklung Phasen erhöhter Sensibilität für spezifische Lern- und Umwelteinflüsse; empirisch belegt sind solche „sensiblen Phasen" z. B. für die Entwicklung sprachlicher Kompetenzen wie auch für Bereiche der sozioemotionalen Entwicklung (eingehender hierzu Bailey, Bruer, Symons & Lichtman, 2001; Bornstein, 1989). Auch scheint sich die Belastungswirkung erlebter Verluste und Zieldefizite mit abnehmender Restlebenszeit zu verschärfen; dieser Effekt tritt allerdings weniger deutlich zutage bei Personen, denen es leichter fällt, sich von blockierten Zielen zu lösen und neue Zielorientierungen aufzubauen (Rothermund & Brandtstädter, 1998; s. auch Kap. 6).

Auch Konzepte des *person-environment fit* (Caplan, 1987; Kahana, 1982) basieren wesentlich auf der Annahme von Interaktionen bzw. unterschiedlichen Graden der „Passung" zwischen Personmerkmalen und Umweltbedingungen. Passungskonzepte werden überall dort relevant, wo es um Fragen der Optimierung von Entwicklungs-, Lern- und Arbeitsprozessen geht. Im pädagogischen Bereich begegnen sie uns in Programmen der Individualisierung, Differenzierung oder „adaptiven" Gestaltung von Instruktionsprozessen unter Beachtung der Wechselwirkungen von Schülermerkmalen und Lernmethoden (s. z. B. Bönsch, 1995), mit anderem Vorzeichen auch in der Stressforschung, etwa wenn von einem Ungleichgewicht zwischen situativen Anforderungen und subjektiven Bewältigungsmöglichkeiten die Rede ist. In adaptationstheoretischen Ansätzen verbindet sich der Passungsbegriff oft mit der Annahme von Prozessen der Individuums-Umwelt-Koordinierung (Caspi, 1998); persönliches Wohlbefinden setzt auch voraus, dass die Person eine ihren Interessen und Potentialen entsprechende „Entwicklungsnische" findet.

In diesem Zusammenhang ist wiederum ein Punkt zu beachten, der für eine „aktionale" Entwicklungsperspektive zentral ist: Wir finden unsere Umwelt nicht schlicht vor, sondern nehmen auf sie innerhalb gegebener Spielräume selektiv und gestaltend Einfluss, womit sich Chancen und Risiken verbinden. Probleme im gesundheitlichen, beruflichen oder familiären Bereich sind nicht selten – teils unvorhergesehene, gelegentlich auch bewusst in Kauf genommene – Folgen von Handlungen, Gewohnheiten oder Eigenarten des persönlichen Lebensstiles; hier setzt professionelle Beratungs- und Aufklärungsarbeit an. Andererseits kann die Person Risiken, soweit sie ihr bekannt sind, auch aktiv vermeiden; sie kann sich selbst, ihr Leben und ihre Entwicklung zum Gegenstand präventiver und optimierender Bemühungen machen (s. auch Luszcynska & Schwarzer, 2005; Masten, 1999). Auch diese Form der „Selbstsorge" (Foucault, 1986) kann in größerem oder geringerem Maße durch Lern- und Informationsangebote der Umwelt unterstützt werden; hier kommen Begriffe von intentionaler Selbstentwicklung, aber auch von Selbstkultivierung und Lebenskunst ins Spiel (s. Brandtstädter, 1999; Schmid, 2000; s. auch Kap. 5).

Allgemein hängt die Bereitschaft, bestimmte Entwicklungsergebnisse oder -verläufe herbeizuführen oder zu verhindern, von deren Bewertung und zugleich von jeweils gegebenen Handlungs- und Interventionsmöglichkeiten im jeweiligen sozialen und gesellschaftlichen Kontext ab. In Entwicklungsbereichen, die aktiver Beeinflussung zugänglich sind, sollten deshalb Übergänge von sozial negativ bewerteten zu sozial erwünschten Entwicklungszuständen häufiger auftreten als entgegengesetzte Verläufe; in diese Richtung weisen z. B. Befunde, wonach die Wahrscheinlichkeit, dass verhaltensauffällige Kinder später als Erwachsene unauffällig sind, höher ist als die Wahrscheinlichkeit für den umgekehrten Verlauf (s. etwa Kohlberg, LaCrosse & Ricks, 1972). Auch ist die retrospektiv erfasste bedingte Wahrscheinlichkeit, dass delinquente Erwachsene bereits als Jugendliche auffällig waren, im Allgemeinen größer als die entsprechende prospektive Wahrscheinlichkeit; Verhaltensmuster, die kulturellen Normen entsprechen, sind zumeist stabiler als deviante Muster (vgl. Kagan & Moss, 1962; Rutter, 1984).

All dies spricht dafür, dass Risiko- und Resilienzkonzepte weniger durch die Fokussierung auf Einzelvariablen als vielmehr durch die Analyse spezifischer Konstellationen person- und umweltseitiger Merkmale und deren Veränderung über die Lebensspanne theoretisch zu fassen sind; dabei interessieren vor allem auch die vermittelnden Prozesse, die Phänomenen resilienter Entwicklung zugrundeliegen.

4.1 Resilienz und Ressourcen

Resilienz wird vielfach im Sinne einer personspezifischen Disposition verstanden, jedoch können auch soziale Systeme wie z. B. Partnerschaften und Familien daraufhin analysiert werden, inwieweit sie sich unter Belastungen und Konflikten als widerstandsfähig bzw. resilient erweisen; hier gewinnen Prozesse gemeinsamer Bewältigung wie z. B. die Koordinierung individueller Ziele an Gewicht (vgl. Brandtstädter & Felser, 2003; Pinquart & Silbereisen, 2007; Schneewind & Schmidt, 1999). Forschungsmethodische Ansätze modellieren Resilienzphänomene zumeist als Wechselwirkungsgefüge von Belastungsfaktoren (psychologische, soziale, biologische Stressoren; Belastungen im Zuge von Entwicklungs- und Rollenübergängen) und Ressourcen, wobei üblicherweise zwischen nichtpsychologischen Ressourcen (biologisch-genetische, physiologische, soziale Bedingungen) und psychologischen Ressourcen (Persönlichkeitsmerkmale, kognitive Kompetenzen, soziale Einstellungen, Fähigkeiten und Fertigkeiten) unterschieden wird. Entwicklungsaspekte werden hier auch insofern relevant, als die Komponenten eines solchen Systems im Lebensverlauf Änderungen unterliegen (vgl. etwa Greve & Staudinger, 2006; Kumpfer, 1999).

Der Ressourcenbegriff bezeichnet im allgemeinsten Sinne Grundgüter oder Hilfsmittel, auf die man wiederholt und auch zu unterschiedlichen Zwecken zurückgreifen kann; eine Ressource ist gleichsam eine Quelle, aus der mehrfach geschöpft werden kann. Ressourcen stellen zentrale Zweckbereiche mit breitgefächerter instrumenteller Valenz dar; Geld, Zeit, Gesundheit, soziales Ansehen, Freundschaftsbeziehungen sind naheliegende Beispiele. Im weiteren Sinne gehören hierzu auch Bedingungen, die zur Erschließung, Sicherung und Erhaltung anderer Ressourcen beitragen. Solche „Metaressourcen" leisten über die Lebensspanne hinweg den nachhaltigsten Beitrag zu gelingender Entwicklung.

Durch kritische Lebensereignisse und Entwicklungsdynamiken können Ressourcen sowohl mobilisiert und gestärkt als auch beeinträchtigt werden. Zugleich können zwischen Ressourcen kompensatorische Beziehungen bestehen: Verluste und Defizite in einzelnen Funktions- und Leistungsbereichen können eventuell durch externe Hilfsmittel ausgeglichen werden; der Verlust spezifischer Sinnressourcen und daraus resultierende Belastungen können eventuell durch die Zuwendung zu neuen Zielen und Sinnquellen kompensiert werden. In diesem Zusammenhang werden auch Persönlichkeitsmerkmale relevant, wie sie in Konzepten der „Selbstkomplexität" oder „akkommodativen Flexibilität" angesprochen werden (s. Kap. 6).

Als Ressourcen in einem engeren, bewältigungs- oder stresstheoretischen Verständnis gelten Merkmale oder Prozesse, die das individuelle oder generelle Entstehungsrisiko von psychischen bzw. psychosomatischen Belastungen und eventuellen pathogenen Folgen vermindern; hierauf fokussieren vor allem Bereiche der Klinischen Psychologie und Entwicklungspsychopathologie (s. etwa Cicchetti & Cohen, 2006; Oerter, v. Hagen, Röper & Noam, 1999). Abwesenheit von Störungen und Belastungen ist allerdings nicht schon gleichbedeutend mit psychischer Gesundheit oder positiver Entwicklung. In einem umfassenderen Sinne umfasst das Ressourcenkonzept Bedingungen, die unter verschiedensten Lebensumständen nachhaltig förderliche Wirkungen in der individuellen Entwicklung und Lebensgestaltung zeigen. Insofern ist das Ressourcenkonzept bis zu einem gewissen Grade neutral gegenüber normativ-präskriptiven Konzepten positiver Entwicklung und gelingenden Lebens. Im Sinne „offener" Modelle positiver Entwicklung sind vor allem Bedingungen als Ressourcen zu betrachten, die dazu beitragen, dass Menschen ihre je eigenen Lebensziele und Glücksvorstellungen erfolgreich verwirklichen können (s. auch Brandtstädter, 1980).

Grundsätzlich ist der Ressourcenbegriff als mehrstelliges Prädikat zu verstehen: Ein Merkmal M ist eine Ressource für eine Person P in einem Entwicklungsumfeld U im Hinblick auf ein Kriterium K. Erst unter bestimmten Voraussetzungen werden Merkmale zu Ressourcen, was zugleich bedeutet, dass sie diese Funktion unter gewissen Bedingungen auch verlieren können. So etwa kann ein positives Selbstbild zu einer Quelle der Frustration werden, wenn man sich von seiner Umgebung verkannt fühlt; ein hohes berufliches Engagement kann zu einer erlebten „Gratifikationskrise" und gesundheitlichen Folgeproblemen führen, wenn Aufwand und Ertrag in keinem subjektiv angemessenen Verhältnis stehen (z. B. Siegrist, 2002). Ein gesteigertes Selbstwertgefühl findet sich oft auch bei Personen, die zu antisozialem Verhalten und Aggressivität neigen (s. etwa Baumeister, Smart & Boden, 1996). Positive Kontrollüberzeugungen – im Allgemeinen eine in Entwicklungs- und Bewältigungszusammenhängen bedeutsame psychologische Ressource – können z. B. bei Misserfolgen zu verstärkten Schuldgefühlen und in der Konfrontation mit faktisch unlösbaren Problemen zu unproduktiver Persistenz führen (z. B. Burger, 1989; s. auch Kap. 6). Auch kann sich der adaptive Nutzen bestimmter Merkmale und Prozesse im lebenszeitlichen wie auch historischen Verlauf ändern: So etwa ist die Fähigkeit zum Belohnungsaufschub zwar im Allgemeinen ein wesentlicher Aspekt planvollen Lebensmanagements; sobald jedoch die persönliche Zukunft unsicher wird, kann die Bereitschaft, auf kurzfristige Vorteile im Interesse größerer, in fernerer Zukunft liegender Gewinne zu verzichten, ihren Wert als Entwicklungsressource verlieren (s. Kap. 8). Allgemein tragen Ressourcen vor allem dann zur Lebensqualität bei, wenn sie zu persönlich bedeutsamen Zielen und Zwecken genutzt werden können (vgl. Diener & Fujita, 1995).

Ungeachtet solcher Relativierungen gibt es Entwicklungs- und Persönlichkeitsbedingungen, die zur Bewältigung einer Vielzahl unterschiedlicher Lebens- und Entwicklungsprobleme nützlich sind. Je nach theoretischer Perspektive geraten unterschiedliche Bedingungen auf unterschiedlichen Ebenen in den Blick. Unter allgemeine Konzepte wie Resilienz, adaptive Kompetenz oder „Ich-Stärke" (*ego-resiliency*; Block & Block, 1980) kann eine Vielfalt von persönlichkeitspsychologischen, kognitions- und motivationspsychologischen, handlungstheoretischen und biologisch-physiologischen Merkmalen subsumiert werden; emotionale Stabilität, Optimismus, Selbstwertgefühl, körperliche Fitness, Humor, positive Kontrollüberzeugungen, Bindungssicherheit, Vertrauen, Spiritualität werden in diesem Zusammenhang am häufigsten genannt (s. auch Filipp & Aymanns, 2009). In Interviews mit Personen, die trotz ungünstiger familiärer und sozialer Ausgangsbedingungen zu Glück und Lebenserfolg gelangten, imponiert als zentrale Quelle „seelischer Robustheit" die Fähigkeit und die Zuversicht, die eigene Entwicklung aktiv gestalten zu können. Wie Hauser und Allen (2003) feststellen, manifestieren sich diese adaptiven Stärken in charakteristischen Qualitäten der Selbstbild-Konstruktion wie Selbstreflexion, Selbstwirksamkeit, Selbstkomplexität, Persistenz und Ambitioniertheit, aber auch in einer kohärenten Repräsentation der eigenen Lebensgeschichte: „Changes, and connections to the past, were often the very first things that a resilient individual talked about each year when he or she met with the interviewer" (Hauser & Allen, 2003, S. 572).

Da der Ressourcenbegriff auf den Aspekt der Erfüllung von Bedürfnissen, Interessen und persönlichen Zielen verweist, kann man sich bei dem Versuch einer begrifflichen Ordnung auch an bedürfnistheoretischen Konzepten orientieren. Hinsichtlich grundlegender physiologischer Defizitmotive ist klar, dass Menschen zur Sicherung ihres Lebens und Überlebens gewisser lebenswichtiger – essbarer, trinkbarer, atembarer etc. – Vitalstoffe bedürfen. Soziale und institutionelle Strukturen, die auf dieser Ebene über die Lebensspanne hinweg Schutz und hinreichende Versorgungssicherheit gewährleisten, gehören zu basalen strukturellen Ressourcen. Es ist dem Menschen allerdings eigentümlich, dass er nicht nur leben, sondern gut leben möchte. Voraussetzung hierzu ist die möglichst dauerhafte Erfüllung von Sicherheits-, Zugehörigkeits- und Selbstwertbedürfnissen; hier kommen Themen ins Spiel wie Ordnung, Sicherheit, Bindung, Liebe, Freundschaft, soziale Anerkennung oder auch das Gefühl, (noch) gebraucht zu werden. Das gute Leben sollte schließlich auch eine positive Verlaufsgestalt aufweisen: Selbstaktualisierungs- bzw. Wachstumsmotive richten sich auf die Entfaltung und Steigerung eigener Kompetenzen und die Möglichkeit, diese auch in Tätigkeiten und Arbeitsumwelten zur Geltung bringen zu können, die als sinnvoll erlebt werden; „was ein Mensch sein *kann, muss* er sein" (Maslow, 1981, S. 74). Als Ressourcen können aus einer bedürfnistheoretischen Sicht mithin sämtliche person- und umweltseitigen Faktoren angesehen werden, die zur nachhaltigen Erfüllung von Defizit- wie auch Wachstumsmotiven beitragen (s. auch Becker, 2006); diese lassen sich im Falle individueller Wachstums- und Selbstaktualisierungsmotive allerdings weniger konkret und allgemeingültig bestimmen als die Erfüllungsbedingungen vitaler Grundbedürfnisse.

Wie gesagt haben insbesondere solche Ressourcen einen hohen eudämonischen Nutzen, die zur erfolgreichen Bewältigung von Entwicklungsaufgaben und damit zur Erschließung weiterer Ressourcen beitragen können. Auf personaler Ebene gehören hierzu z. B. Kommunikations- und praktische Problemlösefertigkeiten, Selbstvertrauen, planende Weitsicht, prosoziale Einstellungen; auf der Ebene familiärer Beziehungen positive Eltern-Kind-Beziehungen, Sensibilität der Eltern für die Entwicklungspotentiale des Kindes sowie Faktoren, die zu Bindungssicherheit und zum Aufbau eines positiven Selbstkonzeptes eigener Kompetenzen beitragen und positiven Lebenssinn vermitteln (vgl. Luthar, 2006; Werner, 2008). Lerner, Roeser und Phelps (2008, S. 6) sprechen von „*Five Cs*", die über die Lebensspanne hinweg zu positiver Entwicklung beitragen: „character, competence, confidence, connection, and caring (or compassion)."

Der Versuch einer umfassenden Auflistung von Entwicklungs- und Bewältigungsressourcen läuft freilich leicht auf die Utopie einer „idealen" Persönlichkeit hinaus; die reale Person weist in den genannten Bereichen zumeist charakteristische Stärken und Schwächen auf, woraus sich zugleich ein individuelles Profil von Belastbarkeiten und Vulnerabilitäten ergibt. Dieses genauer auszuleuchten ist sinnvoller Gegenstand von Entwicklungsdiagnostik und Entwicklungsberatung (s. auch Gräser, 2007).

4.2 *Life Skills* und *Developmental Assets*

Positive Entwicklung hat wie gesagt nicht nur mit der Bewältigung konkreter Belastungen und Krisen zu tun, sondern auch damit, eine Lebensorganisation zu finden, die den persönlichen Entwicklungspotentialen und Interessen entspricht. Hierzu bedarf es spezifischer Kompetenzen und auch entsprechender Lernangebote, die zur Entwicklung lebenspraktischer Fertigkeiten im Umgang mit sich selbst und anderen beitragen und diesbezügliche individuelle Fehlentwicklungen – gegebenenfalls auch damit verbundene Defizite in Familien, Schulen und im weiteren sozialen und institutionellen Umfeld – auszugleichen suchen. Dies kann zum einen mit Blick auf bestimmte Verhaltens- und Entwicklungsprobleme geschehen; hier stehen zumeist remediale und präventive Aspekte im Vordergrund. Anspruchsvoller und vergleichsweise seltener sind Ansätze, die auch Lern- und Erziehungsumwelten im Hinblick auf ihre Entwicklungsressourcen bzw. *developmental assets* evaluieren (s. auch Selman & Dray, 2006).

Präventive und korrektive Interventionen richten sich typischerweise auf Verhaltensschwierigkeiten wie z. B. Suchtmittelmissbrauch, Delinquenz und Gewaltbereitschaft, Lern- und Leistungsstörungen, Suizidalität – Probleme, die ihrerseits auf zugrundeliegende Entwicklungsprobleme verweisen. Entsprechende Programme liegen in großer Zahl vor; sie richten sich vorwiegend an jugendliche Zielgruppen und zielen z. B. auf die Förderung allgemeiner Problemlösungs- und Kommunikationskompetenzen, auf Fähigkeiten zur Affektregulation und Selbstkontrolle oder den Aufbau prosozialer Orientierungen (zum Überblick s. etwa Kumpfer, 1999; Oerter et al., 1999; Röper, v. Hagen & Noam, 2001). Metaanalysen zur Wirksamkeit solcher Programme ergeben ein gemischtes Bild (s. etwa Silbereisen & Schmitt-Rodermund, 1999; Weissberg & Greenberg, 1998). Dies ist kaum überraschend: Gleichartige Verhaltens- und Entwicklungsprobleme haben zum Teil unterschiedliche Ätiologien; so etwa können Verhaltensschwierigkeiten wie Drogengebrauch oder delinquentes Verhalten von Jugendlichen aus Motiven der Selbstbestätigung, aus Orientierungs- und Sinngebungsproblemen, aus dem Bedürfnis nach Identifikation mit einer Bezugsgruppe oder auch – wie z. B. anomietheoretische Ansätze annehmen (z. B. Merton, 1968) – aus der Diskrepanz zwischen sozialen Glücksprojektionen und individuellen Möglichkeiten resultieren, diese auf sozial gebilligte Weise zu realisieren. Je nach zugrundeliegender Motiv- und Bedingungsstruktur ergeben sich daraus unterschiedliche

Möglichkeiten zur Substitution des Problemverhaltens durch weniger problematische „funktionelle Äquivalenzen" (s. auch Brandtstädter, 1985). Zumal bei größeren Zielgruppen gestaltet sich die flexible Abstimmung von Interventionsmaßnahmen auf individuelle Defizite und Stärken oft schwierig; zumeist bedarf es auch eines hohen zeitlichen Aufwandes, um habitualisierte Verhaltensmuster zu durchbrechen und neue Gewohnheiten aufzubauen.

Ein höherer Wirkungsgrad wird im Allgemeinen von Programmen erreicht, die verschiedene Ansatzpunkte und Strategien kombinieren und längere Zeiträume umfassen. Als exemplarisch kann das *Life-Skills Training* betrachtet werden (Botvin, 1996). Dieser schulbasierte Ansatz zielt auf die Vermittlung von Einstellungen, Kenntnissen und Fertigkeiten, welche die Bereitschaft zum Gebrauch von Suchtmitteln (Drogen, Alkohol, Zigaretten) reduzieren und die Resistenz gegen entsprechende soziale Einflüsse erhöhen. Das Programm wird in einer Reihe von Unterrichtseinheiten implementiert; Lehr- und Lernziele richten sich auf die Aufklärung über Wirkungen und schädliche Folgen des Drogenkonsums, die Förderung von sozialen und kommunikativen Fähigkeiten sowie auf den Aufbau von selbstregulatorischen Fertigkeiten im Umgang mit Frustrationen und Konflikten.

Einen zum Teil ähnlichen Ansatz haben Danish und D'Augelli (1983) mit dem Trainingsprogramm der *Life Development Skills* vorgelegt, das zugleich als Orientierungshilfe für die Qualifikation von Laienhelfern konzipiert wurde. Allgemeine Zielsetzung des Programms ist es, Menschen in kritischen Lebenssituationen bei der Klärung individueller Lebensziele sowie bei der Analyse und Beseitigung von Hindernissen zu helfen, die der Zielerreichung im Wege stehen (Hilfen beim Erwerb relevanten Wissens und beim Aufbau sozialer Unterstützungen, bei der Analyse problemrelevanter Risiken und Handlungsoptionen, bei der Planung von Strategien der Problemlösung; s. auch Gräser, 2007; Hodge & Danish, 1999).

Es liegt in der Logik präventiven und korrektiven Handelns, ungünstige Entwicklungsprognosen zu „falsifizieren"; hohe Prävalenz- und Inzidenzraten devianter und pathologischer Entwicklungsverläufe verweisen insofern auf Defizite in der Verfügbarkeit und Zugänglichkeit von präventionsrelevanten Kenntnissen, Fertigkeiten und Entwicklungsangeboten im engeren und weiteren Erziehungs- und Entwicklungskontext. In der Analyse und Diagnostik solcher Ressourcen liegt ein Ansatzpunkt, um Vorstellungen gelingender Entwicklung auf individuellen, sozialen und institutionellen Ebenen im Sinne eines umfasseren *empowerment* zu integrieren (Rappaport, 1981).

Erste Schritte in diese Richtung gehen Projekte zur Erschließung von *developmental assets* (Benson & Leffert, 2001; Lerner & Benson, 2003). Ausgehend von einem kontextualistischen Entwicklungsverständnis richtet sich der Anspruch dieser Ansätze auf den Auf- und Ausbau von Entwicklungsressourcen bzw. *assets*, die auf Seiten des Individuums, seiner familiären und schulischen Entwicklungsumwelt wie auch auf kommunaler Ebene zur Aktualisierung persönlicher Leistungspotentiale, zu sozialem Engagement und zu gesunder Lebensführung im weiten Sinne beitragen. Mit Blick auf die Entwicklung im Jugendalter sind dies z. B. Leistungs- und Hilfsbereitschaft, positive Identität, Soziabilität, Selbstwirksamkeit, kognitive Kompetenzen, planvolles Verhalten; im familiären Umfeld Merkmale wie elterliche Fürsorge, Erkennen und Fördern individueller Stärken, positive Rollenvorbilder, entwicklungsangemessene bzw. dosierte Anspruchssetzungen, Vermittlung normativer Grenzen; auf kommunaler Ebene Bildungs-, Lern- und Beratungsangebote zur Förderung und Mobilisierung individueller und familiärer Ressourcen sowie institutionalisierte Angebote der Beratung und Prävention (vgl. Benson, Scales, Hamilton & Sesma, 2006). Wie Erhebungen in verschiedenen Gemeinden in den USA gezeigt haben, sinkt die Inzidenzrate von Verhaltens- und Entwicklungsproblemen wie etwa Drogenkonsum, Gewaltbereitschaft oder Kriminalität mit dem Grad der Verfügbarkeit von *developmental assets* auf personaler, familiärer und kommunaler Ebene (Leffert et al., 1998).

In ihrer grundlegenden Zielsetzung orientieren sich gemeindepsychologisch orientierte Programme zur Förderung von *developmental assets* an Vorstellungen vernünftigen Lebens und Zusammenlebens; in diesem Punkt berühren sie sich mit Tugendbegriffen. Von soziomoralischen Aspekten des „guten Lebens" wird in Kapitel 14 noch einmal die Rede sein.

4.3 Entwicklungsressourcen im Lebenslauf

Ressourcen sind Entwicklungsbedingungen und zugleich Entwicklungsergebnisse; im Zusammenwirken von ontogenetischen und lebenszyklischen, historischen und nonnormativen bzw. akzidentellen Veränderungen werden Entwicklungsressourcen teils erschlossen und gesteigert, teils auch reduziert oder vernichtet. Aufgrund des multivalenten Nutzens von Ressourcen zieht deren Verlust oft weitere Verluste nach sich; oft wird der Wert einer Ressource erst bei deren Verknappung bewusst. Ziele, die sich im Falle einer Gefährdung von Ressourcen auf deren Sicherung richten, haben daher in der Handlungsregulation Vorrang (s. auch Schank & Abelson, 1977). Wer gesundheitliche, zeitliche, soziale oder materielle Ressourcen verliert, muss sich oft von anderen, persönlich bedeutsamen Zielen und Lebensoptionen trennen; Ressourcenverlust kann daher „Verlustspiralen" in Gang setzen (Hobfoll, Freedy, Green & Solomon, 1996). Umgekehrt bringt die Erschließung oder der Zugewinn von Ressourcen weitere Entwicklungsgewinne mit sich; hier kann dementsprechend von „Gewinnspiralen" gesprochen werden.

In frühen formativen Lebensphasen bis hin zum Jugend- und frühen Erwachsenenalter stehen Aufbau und Ausweitung von Ressourcen im Vordergrund des Entwicklungsgeschehens. Ontogenetische Reifungsprozesse tragen im Zusammenwirken mit Lern- und Sozialisationsprozessen zur Entwicklung von kognitiven und selbstregulatorischen Kompetenzen bei, im günstigen Falle auch zum Erwerb von Kenntnissen und *life skills*, die planvolles und selbstständiges Lebensmanagement, die Erschließung weiterer Ressourcen und die Bewältigung späterer Entwicklungsaufgaben und Lebensprobleme unterstützen. Orientierungsprobleme sind kennzeichnend für die Entwicklungsphase der Adoleszenz. Probleme der Identitätsfindung, aber auch unklare berufliche Zukunftsperspektiven führen zu Verunsicherung. Planungskompetenz und Selbstsicherheit sowie Aktivitäten und Beratungsangebote, die zur Konkretisierung der individuellen Zukunftsplanung beitragen, werden hier zu wesentlichen *developmental assets*.

Das Erwachsenenalter ist durch die weitere Expansion von Anforderungen und Aufgaben im Berufs- und Familienzyklus gekennzeichnet. Rollenübergänge und Belastungen in diesen Bereichen bringen neue Herausforderungen mit sich, deren Bewältigung einerseits die Bereitschaft zur flexiblen Anpassung eigener Ziele, andererseits auch hartnäckige Zielverfolgung voraussetzt (eingehendere theoretische Erörterungen hierzu finden sich in Kapitel 6). Während Zielflexibilität den Übergang in den Ruhestand und die Orientierung auf neue, befriedigende Sinnquellen jenseits des Arbeitslebens erleichtert (Lapierre et al., 1997), kann Zielpersistenz z. B. nach dem Verlust des Arbeitsplatzes die Chancen auf berufliche Wiedereinstellung erhöhen (Niessen, Heinrichs & Dorr, 2009).

Unter Bedingungen beschleunigten gesellschaftlichen Wandels und der Globalisierung von Kommunikations- und Produktionsprozessen rücken Fragen der Steigerung und optimalen Nutzung von physischen, psychischen und zeitlichen Ressourcen wie auch der Kompensation von Ressourcendefiziten verstärkt in den Mittelpunkt des individuellen Lebensmanagements; die ausgewogene Aufteilung knapper Handlungs- und Zeitressourcen auf die Lebensbereiche von Familie und Beruf ist zu einem zentralen Aspekt effizienter Lebensplanung geworden (s. auch Kap. 8). Die Fähigkeit, hier zu einer ausgewogenen und flexiblen Balance zu finden, wird damit ihrerseits zu einer eudämonisch bedeutsamen Ressource; entsprechende Beratungs- und Trainingsangebote haben Konjunktur (s. auch Buchwald, Schwarzer & Hobfoll, 2004; Storch & Krause, 2005).

Sind die frühen Lebensjahrzehnte wesentlich durch eine progressive „Expansion" der Lebensorganisation und durch Prozesse der Aneignung und Erweiterung von Ressourcen gekennzeichnet, so werden im Übergang zum höheren Alter Probleme der Erhaltung von Leistungsreserven und der Prävention bzw. Kompensation von Entwicklungsverlusten zu einem zentralen Lebensthema. Mit schwindenden Lebenszeitreserven gewinnt das Bedürfnis nach emotionaler Sicherheit und Nähe und die Erhaltung entsprechender sozioemotionaler Ressourcen an Gewicht, was sich unter anderem in sozialen Interaktionspräferenzen zeigt. Zunehmend wird auch die persönliche Vergangenheit als Sinnressource bedeutsam (s. auch Carstensen & Lang, 2007; Freund & Ebner, 2005).

Trotz der erheblichen Variationsbreite von Alternsverläufen ist die progressive Einschränkung von Ressourcen ein universelles Charakteristikum des Alterns; zu physischen Funktionsverlusten kommt das Schwinden lebenszeitlicher Reserven hinzu. Abnehmende Funktionsreserven des Organismus manifestieren sich zum Teil schon im mittleren Erwachsenenalter. Zum Teil auch aufgrund der kumulativen Wirkung schädigender Einflüsse steigt die Prävalenz chronisch-degenerativer Erkrankungen mit dem Alter (zu biomedizinischen Aspekten des Alterns siehe z. B. Birren & Schaie, 2006; Wahl & Heyl, 2007). Auch wenn medizinische Fortschritte zu einer deutlich erhöhten mittleren Lebenserwartung und zur Verlagerung lebensbedrohlicher Erkrankungen in spätere Lebensphasen geführt haben, ist der Verlust gesundheitlicher Ressourcen ein Grundphänomen normalen Alterns. Freilich gibt es Spielraum für Interventionen; gesundheitlichen Einschränkungen und Behinderungen kann durch Maßnahmen wie körperliches Training, gesundheitsbewusste Ernährung, Vorsorgeuntersuchungen, aber auch durch die altersgerechte Gestaltung von Wohn- und Arbeitsumwelten in gewissen Grenzen begegnet werden. Die Bereitschaft und Kompetenz, durch kompensatorisches Handeln zur Erhaltung sozial und personal gewünschter Funktionsniveaus und Kapazitäten beizutragen, kann selbst als eine der Schlüsselressourcen gelingenden Alterns betrachtet werden (Baltes & Baltes 1990; Freund, 2007). Mit zunehmendem Alter gerät allerdings auch die Wirksamkeit kompensatorischer Bemühungen an Grenzen, was sich unter anderem in einer progressiven Zunahme von Veränderungen manifestiert, die als irreversible Entwicklungsverluste erlebt werden (s. etwa Brandtstädter et al., 1993; Heckhausen, Dixon & Baltes, 1989). Adaptive Ressourcen anderer Art sind erforderlich, um auch unter diesen Bedingungen eine positive Selbst- und Lebensperspektive zu bewahren; von vorrangiger Bedeutung ist hierbei die Abstimmung persönlicher Ziele und Ambitionen auf die Veränderungen individueller Handlungs- und Entwicklungspotentiale im Lebenslauf (s. auch Kap. 7).

Im anspruchsvollsten Sinne umfasst das Resilienzkonzept Bedingungen und adaptive Kompetenzen, die über die gesamte Lebensspanne hinweg einen hohen eudämonischen Gesamtnutzen besitzen. Zu den Merkmalen, die sich unter verschiedenen Lebensumständen als Prädiktoren gelingenden

Lebensmanagements bewährt haben, gehören z. B. kognitive Kompetenzen und Handlungskompetenzen (Intelligenz, Kreativität, lebenspraktische Expertise, Problemlösefähigkeit, Planungskompetenz); selbstregulatorische Fähigkeiten (z. B. Selbstkontrolle, positive Selbstwirksamkeitsüberzeugungen), soziale und sozioemotionale Kompetenzen (z. B. Kommunikationsfähigkeiten, Empathie, Kompromissbereitschaft), kompensatorische Ressourcen (Fähigkeit und Bereitschaft zur Erhaltung oder Steigerung von Leistungspotentialen) wie auch Sinnressourcen (Vertrauen, Bindung an Normen und Ideale). Zu diesem Katalog von „Metaressourcen" gehören nicht zuletzt auch Einstellungen wie etwa moralische Urteilsfähigkeit und prosoziales Engagement – existentielle Haltungen also, die sich an Begriffen eines überpersönlichen, gemeinsamen Guten orientieren und die zugleich wesentliche Quellen von Sinn und Befriedigung sind (vgl. auch Sternberg, 1998). Die Förderung solcher Lebenseinstellungen und Kompetenzen gehört zu den zentralen Anliegen einer Sozialisationspraxis, die sich programmatisch an Zielen eines *empowerment* orientiert.

Es liegt nahe, theoretische Einsichten und Befunde der Resilienzforschung in lebenspraktische Ratschläge umzusetzen. Exemplarisch ist ein Empfehlungskatalog der *American Psychological Association (APA*, 2010), der *„10 Ways to Build Resilience"* benennt: (1) Positive soziale Beziehungen zu Familienmitgliedern und Freunden aufbauen und erhalten, Hilfe geben und annehmen; (2) Belastende Situationen und Krisen nicht als unüberwindbar ansehen; (3) Situationen, die nicht verändert werden können, akzeptieren und sich erreichbaren Zielen zuwenden; (4) Sich realistische Ziele setzen und konkrete Schritte zu ihrer Realisierung unternehmen; (5) Entschiedene Maßnahmen zur Überwindung aktueller Schwierigkeiten einleiten, statt zu warten, dass sich die Dinge von selbst bessern; (6) Die Chancen für Selbsterkenntnis und positive Entwicklung wahrnehmen, die in der Auseinandersetzung mit belastenden und traumatischen Situationen liegen können; (7) Selbstvertrauen und ein positives Selbstbild entwickeln, eigenen Gefühlen und Intuitionen vertrauen; (8) Belastende Ereignisse nicht überbewerten, sondern sie aus einer umfassenderen, zukunftsgerichteten Perspektive beurteilen; (9) Sich eine Perspektive der Hoffnung bewahren und eher auf positive Wünsche als auf Befürchtungen fokussieren; (10) Für sich selbst und das eigene Befinden Sorge tragen, gesundheitsbewusst leben, Gelegenheiten zu Freude und Entspannung nutzen (der Katalog wird durch allgemeine Empfehlungen zu „Balance" und „Flexibilität" der Lebensführung ergänzt).

Diese Resilienzgebote lassen sich leicht zu Konzepten in Beziehung setzen, wie sie im Vorigen genannt wurden. Ein paradoxales Moment liegt freilich darin, dass der Einfluss solcher Verhaltensempfehlungen gerade dort geringer ist, wo sie am ehesten angebracht erscheinen: So z. B. hängen Einschätzungen der Überwindbarkeit von Schwierigkeiten, aber auch Prozesse des Akzeptierens von irreversiblen Verlusten zum Teil von individuellen Dispositionen ab, welche die Handlungsregulation schon auf subintentionaler Ebene beeinflussen; eingehendere theoretische Ausführungen hierzu finden sich in späteren Kapiteln (s. insbesondere Kap. 6).

Unsere Überlegungen treffen sich hier zum Teil mit Einsichten, wie sie Charlotte Bühler (1933, S. 176) aus der Analyse zahlreicher prominenter Lebensläufe gewonnen hat:

> „Jeder hat irgendeine mehr oder weniger deutliche Vorstellung von dem ‚Glück', der ‚Ruhe', der ‚Zufriedenheit', zu der er gelangen will. In die Richtung einer solchen, inhaltlich stets sehr unklaren, nur formal bestimmten Konzeption sucht sich nun jeder mehr oder weniger aktiv zu dirigieren. Hierbei hat er mit zwei Faktoren zu rechnen und mit ihrer Zuordnung zu tun (…). Die Faktoren sind einerseits (…) seine Bedürfnisse und Aufgabensetzungen, andererseits (…) alle Gelegenheiten, die er vorfindet. Hierzu gehören natürlich auch Gegebenheiten im eigenen psychophysischen System (…), die gelegentlich mit den eigenen Forderungen und Wünschen nicht konform gehen. Ansprüche des Individuums einerseits (…) andererseits alle Gegebenheiten, mit denen das Individuum in sich und um sich zu rechnen hat, und schließlich die richtige Zuordnung beider zueinander entscheiden also über die Möglichkeit der Steuerung in der Richtung auf das als Gelingen konzipierte Ereignis."

4.4 Eudämonische Kompetenzen

Resilienz gegenüber Belastungen und nachhaltiges Wohlbefinden sind Voraussetzungen, zum Teil aber auch Ergebnisse gelingenden Lebensmanagements. Zwar gibt es stabile Persönlichkeitsmerkmale, die einem positiven Entwicklungsverlauf förderlich oder abträglich sind. Zugleich aber gibt es Spielraum für die Ausbildung von Einstellungen und Gewohnheiten, die auch bei geringerer „Glücksbegabung" dazu beitragen können, persönliche Entwicklung über die Lebensspanne – wie es oben im Zitat heißt – in Richtung auf das als Gelingen konzipierte Ergebnis zu steuern. Entsprechende Navigationshilfen werden zunehmend lebhaft nachgefragt; oft beschränken sie sich auf Ratschläge zur Aufbesserung der individuellen Affektbilanz. Unter dem Leitgesichtspunkt positiver Entwicklung greift diese Zielsetzung zu kurz, da sie sich leicht mit einer Tendenz verbindet, die adaptiven Funktionen auch negativer Emotionen zu übersehen. Zudem können auch solche Aktivitäten einen Lustgewinn bringen, durch die man sich selbst und anderen unmittelbar oder auf längere Sicht schadet. Den größten eudämonischen Mehrwert haben offenbar Aktivitäten und Gewohnheiten, in denen sich das hedonisch

Angenehme mit dem lebenspraktisch Nützlichen und eventuell auch mit dem moralisch Guten verbindet. Im Folgenden werden einige solcher „eudämonischen Kompetenzen" angesprochen, die insofern zentral bedeutsam erscheinen, als sie sich wechselseitig fördern und gleichsam in positiver Rückkopplung stehen. Wir knüpfen hier zum Teil an bereits angesprochene Befunde an; einige der im Folgenden thesenartig zusammengefassten Argumente sollen in späteren Kapiteln aufgenommen und vertieft werden.

Gesundheit als Aufgabe: Minimalvoraussetzungen gelingender Entwicklung liegen darin, „toxische", selbstschädigende Verhaltensweisen aufzugeben bzw. zu vermeiden. Hier geraten zunächst Aspekte des Gesundheitsverhaltens in den Blick: Die Schärfung der Sensibilität für Risiken und für die Möglichkeiten eines präventiven Eigenbeitrags sind erste Schritte, aus denen sich die Motivation für gesundheitsförderliches Handeln ergibt. Damit sind Aufgaben von Erziehung und Aufklärungsarbeit, aber – insbesondere wenn Änderungen des eigenen Lebensstiles notwendig werden – auch selbstregulatorische Bemühungen angesprochen (s. z. B. Luszczynska & Schwarzer, 2005). Sportliche Aktivität und regelmäßiges körperliches Training haben insofern einen hohen eudämonischen Nutzen, als sie neben der physischen auch die mentale Leistungsfähigkeit positiv beeinflussen können (s. etwa Colcombe & Kramer, 2003; Kruse, 2007). Selbst wenn sie nicht bis zur Ausschüttung endogener Opiate („*runner's high*") getrieben werden, können sie zu gehobener Stimmung beitragen und – dem Stimmungskongruenzeffekt entsprechend – die Gedanken auf positive Inhalte lenken. „Salutogen" im weiteren Sinne sind auch Verhaltensweisen und Gewohnheiten, aus denen sich konstruktive Effekte für die persönliche Entwicklung und das soziale Zusammenleben verbinden: Körperliche Gesundheit, positiver Affekt und Sinnerleben stehen in Wechselbeziehungen, die auch in positiven empirischen Korrelationen zum Ausdruck kommen (s. etwa Oxman, Freeman & Manheimer, 1995).

Intrinsisch befriedigende Aktivitäten und Ziele: Status, Macht oder materielle Güter sind zwar soziale Symbole des Lebenserfolges, doch nur in begrenztem Maße Quellen von Sinn oder Lebensglück (s.o., Kap. 3). Auch konsumistische Freuden, wie sie sich z. B. mit der Anschaffung eines neuen Autos oder Fernsehers verbinden können, unterliegen den Abnutzungseffekten hedonischer Anpassung (s. z. B. Frederick & Loewenstein, 1999). Nachhaltiger hedonischer Gewinn verbindet sich eher mit intrinsisch befriedigenden Aktivitäten, die ihren Wert gleichsam in sich tragen und über längere Zeiträume wiederholt ausgeführt werden können. Worin man Freude und Befriedigung findet, ist auch eine Frage von Persönlichkeit und Charakter; das Spektrum reicht von elementaren Sinnesfreuden bis hin zu „*pleasures of the mind*" (Kubovy, 1999), die sich aus der Beschäftigung mit Kunst, Literatur, Musik, Wissenschaft oder der Steigerung eigener Kompetenzen in persönlich bedeutsamen

Lebensbereichen ergeben. Intrinsisch befriedigende Ziele und Aktivitäten, die mit eigenen Interessen und Leistungsmöglichkeiten im Einklang stehen und persönliches Wachstum fördern, vermitteln am ehesten *Flow*-Erlebnisse, in denen sich „der Mensch im Tun vergisst" und „Weg und Ziel eins werden" (Aebli im Vorwort zu Csikszentmihalyi, 1987). Auch Hobbys wie Fotografieren, Musizieren oder Schachspielen können *Flow* im kleineren Format vermitteln; solche *Micro-Flow*-Erlebnisse können gelegentlich auch Befriedigungsdefizite in beruflichen Arbeitsbereichen kompensieren. Nicht zuletzt kann es Freude bereiten, anderen Freude zu bereiten. Es ist eine interessante Beobachtung, dass die Ausrichtung auf intrinsische Ziele durch das Bewusstsein der Endlichkeit des Lebens gesteigert wird (mehr hierzu in Kap. 15).

Prosoziale Aktivitäten, Hilfe geben und anerkennen: Lust und momentanes Wohlbefinden können sich wie gesagt auch mit Aktivitäten verbinden, durch die man sich und anderen schadet, und umgekehrt können z. B. Gefühle von Sorge oder Mitleid prosoziales Engagement anregen, das Sinn und Befriedigung vermittelt. Schon aus diesem Grunde sind hedonische und eudämonische Aspekte von Glück bzw. Freude nicht deckungsgleich; in der Schnittmenge beider Begriffssphären liegen prosoziale Haltungen wie Dankbarkeit und Hilfsbereitschaft. Beides sind Lebenseinstellungen, in denen sich glückliche von weniger glücklichen Menschen unterscheiden. Dies hat nicht nur damit zu tun, dass jene vielleicht ohnehin mehr Gründe zur Dankbarkeit haben, sondern liegt wohl auch daran, dass sie solche leichter finden und selbst häufiger Dankbarkeit erfahren. Entsprechende Gefühle und Handlungsbereitschaften können aber auch durch Selbstreflexion und Übung gefördert werden: So z. B. kann man sich gezielt vergegenwärtigen und von Zeit zu Zeit aufschreiben, wofür oder wem man aktuell oder im Rückblick auf sein bisheriges Leben dankbar sein sollte, und dies eventuell in konkretem Handeln – etwa in persönlichen Briefen oder Besuchen – zum Ausdruck bringen. Wie experimentelle Studien zeigen, haben solche „Dankbarkeitsübungen" nachhaltige Wohlbefindenseffekte, die sich zum einen aus ihrer intrinsischen hedonischen Qualität, andererseits auch aus ihrem Beitrag zur Stärkung sozialer Beziehungen und zu einem positiven Selbstwertgefühl ergeben (s. etwa Emmons, 2005; McCullough, Tsang & Emmons, 2004). Gleiches gilt für altruistisches Handeln und die Teilnahme an karitativen Unternehmungen; im höheren Alter bzw. nach dem Ausscheiden aus dem Berufsleben kann z. B. ehrenamtliches Engagement zu einer wesentlichen Quelle von Sinn und Befriedigung werden (s. hierzu auch Kap. 14).

Sinnressourcen erschließen: Handlungen beziehen ihren Sinn wesentlich aus Zielen und Werten, mit denen man sich identifiziert. Die Möglichkeit und Fähigkeit, das eigene Tun in solche Sinn- und Wertzusammenhänge einzuordnen, verleiht diesem selbst bereits intrinsische Befriedigungsqualitäten. Das

Erleben von Sinn trägt insofern zur Optimierung der hedonischen Bilanz bei; umgekehrt scheint die Erzeugung positiver Stimmungslagen auch die kognitive Verfügbarkeit positiver Sinngehalte zu fördern (King, Hicks, Krull & Del Gaiso, 2006). Quellen von Sinn ändern sich zum Teil im Lebenslauf, jedoch kann im besonderen Falle auch das gesamte Leben einem tragenden Sinngehalt gewidmet werden. Solche „Dedikationen" (Bühler, 1933) können z. B. das Format wissenschaftlicher, künstlerischer oder auch altruistischer Lebensprojekte haben. Aber auch in einem weniger anspruchsvollen Rahmen kann das fürsorgliche Engagement für Personen, Ideen und Dinge, die einem am Herzen liegen, dem Leben Sinn und Erfüllung geben („*caring*"; Frankfurt, 1988). Ins reflexive Bewusstsein geraten Fragen nach dem Sinn des eigenen Tuns und Lebens oft erst durch Lebensereignisse und Verlusterfahrungen, die gewohnte Sinnzusammenhänge in Frage stellen, zugleich aber können kritische Ereignisse ihrerseits neue Sinnperspektiven eröffnen, die z. B. als posttraumatischer Gewinn erlebt werden. Dies gilt nicht zuletzt auch für religiöse und spirituelle Haltungen, die Bewältigungsprozesse erleichtern und durch traumatische Erfahrungen verstärkt werden können (s. auch Filipp & Aymanns, 2009; Pargament, 1997). Personen unterscheiden sich hinsichtlich der Fähigkeit, eventuell auch negativen Lebensereignissen positiven Sinn abzugewinnen; ein solches *benefit finding* kann gezielt unterstützt werden, indem man schriftlich oder im Gespräch seine Gedanken und Gefühle im Hinblick auf das kritische Ereignis zum Ausdruck bringt (z. B. Pennebaker & Seagal, 1999). Grundsätzlich scheint die positive Umdeutung von aversiven Ereignissen eher zu gelingen, wenn diese als irreversibles Faktum der eigenen Lebensgeschichte gesehen und akzeptiert werden (eingehender hierzu Kap. 9 und Kap. 6).

Chronische Strebensziele und offene Handlungspfade: Erfolgreiches Handeln wird mit der Erreichung eines gewünschten Zielzustandes abgeschlossen. Erfolgshoffnung ermöglicht die Antizipation von Befriedigungsqualitäten; da diese allerdings tendenziell eher überschätzt werden, wird der hedonische Gewinn der Vorfreude gelegentlich durch nachherige Enttäuschung gemindert (Gilbert & Wilson, 2000). Bei Zielen bzw. Handlungen, die heteronom gesetzt sind und mit denen man sich nicht identifizieren kann, entfallen Hoffnung auf Erfolg und Vorfreude als Motivationsquellen; ähnliches gilt für Ziele, die unerreichbar geworden sind. Von solchen Einschränkungen weitgehend ausgenommen sind intrinsisch befriedigende Aktivitäten wie auch „chronische" Strebensziele, die den Charakter zeitübergreifender lebensthematischer Orientierungen haben und nicht auf einen konkreten, in einer Abfolge von Handlungsschritten erreichbaren Endzustand gerichtet sind. Hierzu gehören z. B. Identitätsziele wie Fairness, Hilfsbereitschaft, Ehrlichkeit, die eher als Handlungsmaximen denn als Ergebnisse von Handlungen anzusehen sind.

Die Integration konkreter Ziele und Tätigkeiten in solche umfassenderen Sinnhorizonte ist offenbar eine wesentliche Voraussetzung von „seelischer Robustheit" und positiver Entwicklung über die Lebensspanne. Chronische Ziele und Strebungen bilden dauerhafte Motivationsquellen für Prozesse intentionaler Selbstentwicklung; sie definieren „offene" Handlungspfade, die – wie Raynor (1982, S. 109) bemerkt – in gewissem Sinne auch im Altern ein Jungbleiben ermöglichen: „The open path (…) provides a means of understanding the difference between individuals who remain psychologically young through continued ‚becoming' and those who become psychologically old through exclusive dependence upon ‚having been'."

Emotionsregulation und Selbstkultivierung: Schwierigkeiten bei der Verwirklichung persönlicher Ziele und Ansprüche können bei ausreichenden Selbstwirksamkeitsüberzeugungen den Anstoß für Anstrengungssteigerungen und andere Formen kompensatorischer Bewältigung geben. Wenn solche „problemfokussierten" Aktivitäten nicht zielführend sind, können entstehende emotionale Belastungen eventuell durch „emotionsfokussierte" Bewältigungsformen neutralisiert werden (Lazarus & Folkman, 1984). Emotionsfokussierte Bewältigung mag von selbstwertdienlichen sozialen Vergleichen, Entspannungsübungen und meditativen Praktiken bis zum *coping by drinking* reichen; auch hier fällt ein unmittelbarer Entlastungseffekt nicht grundsätzlich mit eudämonischem Nutzen zusammen. Gefühle spiegeln und regulieren die Beziehungen, in denen das Individuum zu sich und seiner Umwelt steht: Auch wenn sie momentanes Wohlbefinden beeinträchtigen, vertragen sich Sorge, Mitleid oder Empörung über erfahrene Ungerechtigkeit eher mit Vorstellungen guten Lebens als z. B. Gefühle von Wut oder Neid; für Affekte mit positiver Gefühlsqualität lassen sich ähnliche Unterscheidungen treffen. Die Kultivierung des eigenen Gefühlslebens beginnt im Allgemeinen mit der reflexiven Bewertung eigener Emotionen und Handlungsimpulse bzw. mit dem Wunsch, das eigene Wünschen und Wollen in andere Richtungen zu lenken. Neidgefühle und Selbstzweifel, die durch soziale Vergleichsprozesse aktiviert werden, können eventuell durch die Erinnerung positiver Lebensereignisse und die Vergegenwärtigung eigener Stärken und Erfolge neutralisiert werden; auch hier haben sich „Dankbarkeitsübungen" (siehe oben) oder das schriftliche Bilanzieren von positiven Seiten und Gewinnaspekten des eigenen Lebens (*counting blessings*; Emmons & McCullough, 2003) als hilfreich erwiesen. Rachegefühle können abgeschwächt oder neutralisiert werden durch das Nachdenken über mögliche Umstände oder Gründe, die erlittene Verletzungen bzw. die entsprechenden Handlungen verstehbar und vielleicht entschuldbar machen; hier setzen auch Strategien der Ärgerkontrolle (z. B. Tice & Baumeister, 1993) an. Vergebensbereitschaft kann eventuell schon durch die Erkenntnis gefördert werden, dass der Befriedigungswert von Revanche und

Vergeltung in der Antizipation vielfach überschätzt wird (Carlsmith, Wilson & Gilbert, 2008). Nicht nur kann die Einübung solcher Reflexionsgewohnheiten das Wohlbefinden fördern, vielmehr werden sie auch durch positive Stimmungslagen erleichtert; die positiven korrelativen Zusammenhänge zwischen prosozial-altruistischen Einstellungen und Maßen subjektiver Lebensqualität beruhen wesentlich auf solchen eudämonischen Rückkopplungen (s. hierzu auch Kap. 10 und Kap. 5).

Kritischer Optimismus: Die Neigung, sich selbst und das Leben aus einer positiven Perspektive zu sehen, fördert nicht nur Wohlbefinden und Lebenszufriedenheit, sondern auch physische Gesundheit und Resilienz gegenüber Schicksalsschlägen und Verlusten. Hier spielen Persönlichkeitsmerkmale wie z. B. Extraversion und positive Kontrollüberzeugungen eine begünstigende Rolle, zugleich aber gibt es auch Ansatzpunkte zur aktiven Steigerung positiv-optimistischer Einstellungen. Entsprechende Übungsprogramme zielen z. B. darauf ab, „depressogene" Attributionsmuster zu durchbrechen (z. B. die habituelle Tendenz, Misserfolge als Ausdruck unveränderlicher persönlicher Defizite zu interpretieren) oder für belastende Ereignisse alternative, entlastende Erklärungen zu suchen und mögliche positive Effekte zu bedenken (z. B. Seligman, 1991). Eine realistische Selbsteinschätzung gilt traditionell als Kriterium psychischer Gesundheit; weder Selbstunterschätzung noch die Überschätzung eigener Leistungsmöglichkeiten scheinen zu Lebenserfolg, Zufriedenheit und sozialer Beliebtheit beizutragen (s. auch Kim, Chiu & Zou, 2010). Dennoch können eine optimistische Grundhaltung und das zuversichtliche Herangehen an Herausforderungen nicht nur zum Erreichen schwierigster Ziele, sondern auch zur Bewältigung von Misserfolgen und zur Orientierung auf neue Ziele beitragen (vgl. hierzu Colvin & Block, 1994; Taylor & Brown, 1988). Die Tendenz zu einer positiven, eventuell auch optimistisch überhöhten Einschätzung eigener Handlungsmöglichkeiten unterstützt die hartnäckige Verfolgung von Zielen, während in depressiven Stimmungslagen eine eher nüchtern-realistische, oft auch ins Negative verzerrte Selbsteinschätzung vorherrscht. Dysphorische Hoffnungslosigkeit kann die präventive Auseinandersetzung mit Gefahren und kritischen Ereignissen behindern; allerdings birgt ein zu unbekümmerter Sorglosigkeit gesteigerter Optimismus ähnliche Risiken (s. dazu auch Kap. 13). Die apollonischen Weisheiten „Nichts im Übermaß" und „Erkenne dich selbst" bewähren sich auch hier.

Zielflexibilität: Zielsetzungen und persönliche Projekte, die durch optimistische Erfolgszuversicht getragen sind, verleihen unseren Lebensaktivitäten Sinn und Befriedigung. Je anspruchsvoller persönliche Ambitionen sind, umso eher können sie allerdings auch scheitern und damit zu Quellen von Enttäuschung werden. Der Ratschlag, Ziele und Ansprüche im Rahmen gegebener Möglichkeiten zu halten, ist leichter ausgesprochen als befolgt, zumal

Grenzen des Machbaren oft erst im Scheitern erkannt werden. Überhöhte Ambitionen können Gefühle von Reue und chronischer Unzufriedenheit begünstigen; ähnliches gilt für perfektionistische Einstellungen und eine Haltung des „*maximizing*" (Schwartz, 2004), die sich oft schon bei alltäglichen Kaufentscheidungen in langen Entscheidungszeiten manifestiert. Dispositionell starke Selbstwirksamkeits- bzw. Kontrollüberzeugungen fördern die Bereitschaft, an schwierigen Zielen und hohen Ambitionen festzuhalten, zugleich können sie die flexible Anpassung von Zielen an veränderte Umstände behindern. Das starre Festhalten an unerreichbaren Zielen erzeugt nicht nur Gefühle von Sehnsucht, sondern begünstigt auch das Entstehen depressiver Störungen. Umgekehrt trägt die Ablösung von unerreichbar gewordenen Zielen – etwa bei chronischen Behinderungen und Funktionsverlusten – zur Aufrechterhaltung einer positiv-optimistischen Lebenseinstellung bei. Zwar scheint es plausibel, dass es mehr Freude bereitet, Ziele zu verfolgen als sie aufzugeben (Lyubomirsky, 2008); oft aber macht erst die Lösung von unerreichbar gewordenen Zielen es möglich, neue, befriedigende Ziel- und Sinnperspektiven zu finden. Gelingende Entwicklung über die Lebensspanne vollzieht sich wesentlich im Wechselspiel zwischen dem Festhalten und Preisgeben von Zielen und Ambitionen, oder auch in der eudämonischen Balance zwischen Sehnsucht und Gelassenheit (mehr hierzu auch in den Kapiteln 6, 8 und 12).

Intra- und interindividuelle Harmonisierung von Zielen: Wir verfolgen im Allgemeinen – oft auch gleichzeitig – mehrere Ziele und Projekte; diese können sich wechselseitig befördern oder behindern. Die Frage, inwieweit ein aktuelles Vorhaben mit unseren sonstigen Zielen und Werten verträglich ist, wird in Phasen der Handlungsplanung mehr oder weniger gründlich reflektiert. Oft jedoch stellen sich Zielkonflikte erst im Verlauf der Zielverfolgung oder mit größerer zeitlicher Verzögerung heraus; Ärger und Reue sind das typische Resultat. Gelingende Entwicklung hat wesentlich mit der harmonischen Abstimmung der Ziele zu tun, die wir in verschiedenen Lebens- und Tätigkeitsbereichen und in verschiedenen Lebensabschnitten verfolgen. Unverträglichkeiten zwischen Zielen entstehen unter anderem auch durch die Veränderung von Handlungsmöglichkeiten und lebenszeitlichen Reserven; unter günstigen Bedingungen können solche Probleme durch kreative Problemlösungen oder den Einsatz kompensatorischer Mittel gemildert werden. Gelegentlich muss man sich jedoch von einzelnen Projekten trennen, um andere weiterhin verfolgen zu können, oder es müssen die mit Zielen eventuell verbundenen Erfüllungsansprüche gesenkt werden. Im günstigen Fall können Ziele und Projekte, die nicht mehr verfolgt werden können, durch solche ersetzt werden, die in Reichweite liegen und in ihrem Befriedigungswert den aufgegebenen Zielen nicht nachstehen. „Harmonisierung" von Zielen beschränkt sich nicht nur auf den intraindividuellen Aspekt, sondern schließt auch soziale bzw. prosoziale Dimensionen ein; hier kommen Tugendideale von Gerechtigkeit, Mitgefühl und fairem Interessenausgleich ins Spiel. Die Bereitschaft, eigene Ziele und Interessen mit denen anderer Personen abzustimmen, mag zunächst die nähere soziale Umwelt (Familie, Partnerschaft) einschließen, mit zunehmender Ausweitung der soziomoralischen Perspektive aber auch den sozialen Nahbereich überschreiten. Auch in diesem erweiterten Verständnis wird Zielflexibilität zu einer wesentlichen eudämonischen Kompetenz (s. auch Kap. 14 und 15).

5
Intentionale Selbstentwicklung: Grundprozesse und Entwicklungsaspekte

Durch unser Handeln, wie auch durch die Erfahrung der Effekte und Beschränkungen unseres Tuns, bilden wir Repräsentationen unserer selbst und der Umwelten, in denen wir uns entwickeln. Diese Vorstellungen umfassen vergangene und gegenwärtige Lebensumstände, zugleich auch Aspekte einer möglichen und wünschenswerten Zukunft; an ihnen orientieren sich Handlungen und Entscheidungen, durch die wir den Verlauf unserer eigenen Entwicklung beeinflussen und innerhalb gegebener Spielräume zu gestalten suchen. Hierauf im Wesentlichen beziehen sich Konzepte intentionaler Selbstentwicklung (s. Brandtstädter, 2001).

Die Annahme, dass Individuen selbst aktiv zur Gestaltung ihrer Entwicklung beitragen, ist in der entwicklungspsychologischen Forschung kaum jemals kontrovers gewesen. Im Besonderen „konstruktivistische" Ansätze (z. B. Piaget, 1947, 1970; Vygotsky, 1978) haben in der handelnden Auseinandersetzung des Subjektes mit seiner physischen, sozialen und symbolischen Umwelt den Motor für die Entwicklung nahezu aller Funktionsbereiche gesehen. Eine „aktionale" Entwicklungsperspektive geht darüber insofern hinaus, als sie Entwicklung nicht lediglich als Ergebnis oder Nebenprodukt, sondern zugleich auch als Zielbereich individuellen Handelns betrachtet; die Beziehung zwischen Handeln und Entwicklung wird hier nicht allein in einem funktionalen, sondern zugleich reflexiv-intentionalen Sinne bestimmt. Für frühe Entwicklungsphasen ist eine rein funktionale Sichtweise durchaus noch angemessen: Das Kleinkind, das in der Interaktion mit seiner physischen und sozialen Umwelt kognitive und motorische Kompetenzen entwickelt, bezweckt solche Entwicklungseffekte nicht. Von intentionaler Selbstentwicklung kann im eigentlichen Sinne erst gesprochen werden, wenn im Handeln Vorstellungen und Ziele wirksam werden, die auf das eigene Selbst und die eigene Entwicklung bezogen sind. Solche intentionalen Gehalte sind selbst Entwicklungsergebnisse; sie entstehen und wandeln sich in einem ontogenetischen Prozess, der die gesamte Lebensspanne umfasst. Die Fähigkeit, sich selbst und die eigene Entwicklung zum Zielbereich selbstregulatorischer Aktivität zu machen, setzt Motive und Kompetenzen voraus, die sich im Laufe der kognitiven und sprachlichen, auch der moralischen Entwicklung konkretisieren und differenzieren.

Die Bereiche von Entwicklung und Handeln stehen insofern in einer Beziehung wechselseitiger Bedingtheit. Handlungen und Handlungsspielräume unterliegen gegebenen kulturellen Rahmenbedingungen, und auch Entwicklungsumwelten sind nicht schlicht vorfindlich, sondern zum Teil Ergebnisse individuellen Handelns und institutionalisierter gesellschaftlicher Praxis. Daher reflektiert eine aktionale Entwicklungsperspektive auch das Zusammenwirken von personalen und sozial-kulturellen Faktoren in der Regulation von Entwicklungsprozessen über die Lebensspanne; Begriffe von Selbstkultivierung und Selbstperfektion lassen sich nur aus dieser Perspektive verstehen. Schon bei Aristoteles werden Handeln und Selbstgestaltung in einen engen Zusammenhang gebracht; Handeln ist für ihn nur insoweit begründet, wie die Person darauf zielt, sich selbst und ihrem Leben eine vernunftgemäße Form zu geben – wobei Vernunft, Tugendhaftigkeit und Wohlbefinden sich wechselseitig befördern (s. etwa Müller, 1982).

Das Bild vom Menschen, der sich und seine Welt als schöpferischer Bildhauer selbst gestalten müsse, ist bereits für das bildungs- und leistungshumanistisch geprägte Entwicklungsverständnis der Renaissance kennzeichnend; hiervon war schon die Rede. Johann Nicolaus Tetens (1777), der zu den frühen Wegbereitern einer die Lebensspanne umfassenden Entwicklungsperspektive zu rechnen ist (s. Lindenberger, 2007; Reinert, 1979), hat den Begriff der „Perfektibilität" in den Mittelpunkt seiner Entwicklungskonzeption gestellt. Diese ideengeschichtlichen Vorgaben wirken auch in der frühen Entwicklungspsychologie nach, die sich Anfang des letzten Jahrhunderts als akademisches Fach etablierte. Innerhalb der wesentlich von Dilthey beeinflussten „geisteswissenschaftlichen Psychologie" wurde Entwicklung von vornherein im Sinne von aktiver Selbstgestaltung verstanden; exemplarisch ist Sprangers (1922) Typologie der „Lebensformen". Auch im weiteren Umkreis der Psychoanalyse richtet sich das Interesse zunehmend auf motivationale Dynamiken der Lebensgestaltung; so z. B. sieht Jung (1971) das Thema der Selbstwerdung als Grundmotiv eines lebenslangen Individuationsprozesses, während für Adler (1931) die individuelle „Lebenslinie" aus dem Streben nach Superiorität und Selbstvervollkommnung entsteht. Bei Charlotte Bühler (1933) verbinden sich Einflüsse dieser Richtungen; sie begreift Entwicklung im Erwachsenenalter als Konkretisierung und Ausführung von Lebenszielen, die bereits im Jugendalter Konturen gewinnen – ein lebenslanger Prozess, in dem die Person sich und ihre Entwicklung sich gleichsam selbst „zur Aufgabe" macht. Eine ähnliche Sicht findet sich auch im Entwicklungsmodell von Erikson (1966), das verschiedenen Lebensphasen (Kindheit, Jugend, mittleres und spätes Erwachsenenalter) jeweils charakteristische „Krisen" bzw. Bewältigungsaufgaben zuordnet. Auch bei Havighurst (1953) wird gelingende Entwicklung als erfolgreiche Bewältigung einer zeitlich geordneten Folge von *developmental tasks* konzipiert, die sich aus der Verbindung normativer Anforderungen und biologischer Entwicklungssequenzen ergeben; mit dem Konzept der „Entwicklungsaufgaben" wurde das theoretische Interesse verstärkt auf die gesellschaftliche Steuerung und Institutionalisierung von Entwicklungsprozessen über die Lebensspanne gelenkt.

Die Idee von Entwicklung als aktiver Gestaltung verband sich in frühen geisteswissenschaftlichen Formulierungen allerdings zum Teil mit einer verstehensmethodologischen, antikausalistischen Programmatik. In einer Psychologie, die sich zunehmend als naturwissenschaftlich-experimentelle Disziplin verstand, fand sich hierfür kein günstiges Umfeld. Die Kontroverse zwischen Ebbinghaus und Dilthey (s. etwa Kusch, 1999) ist ein Zeugnis der methodologischen Konflikte, die sich an Polaritäten wie „Erklären vs. Verstehen", „Freiheit vs. Determinismus", „Ursachen vs. Gründe" entzündeten. Auch die antimentalistische Programmatik des zunehmend einflussreichen Behaviorismus stand der weiteren Entfaltung handlungstheoretischer Perspektiven im Wege. Allerdings kamen behavioristische Theorien einem Verständnis von Entwicklung als Handlungsprodukt insofern entgegen, als sie sich einem extrem exogenistischen Bild menschlicher Ontogenese annäherten, wonach nahezu jedes Entwicklungsergebnis durch geeignete Bedingungsmanipulation erzielbar sei. Diese Sichtweise wurde auch auf selbstregulatorisches Handeln übertragen, das im behavioristischen Verständnis allerdings wesentlich in der Selbstanwendung verhaltensmanipulativer Techniken besteht: „When a man controls himself (…) he controls himself precisely as he would control the behavior of anyone else – through the manipulation of variables of which behavior is a function" (Skinner, 1953, S. 228). In einem Ansatz, der mentale Zustände als Erklärungselemente ausschließt, gerät freilich die Verbindung menschlicher Entwicklung mit den Bedeutungen, Werten und Überzeugungen aus dem Blick, an denen sich menschliches Handeln in kulturellen Kontexten orientiert.

Im Zuge der sogenannten „kognitiven Wende", aber auch in Verbindung mit wissenschaftstheoretischer Kritik am reduktionistischen Programm des methodologischen Behaviorismus (z. B. Putnam, 1985), haben sich handlungstheoretische Konzepte in den human- und sozialwissenschaftlichen Disziplinen, nicht zuletzt auch in der entwicklungspsychologischen Forschung und Theorienbildung verstärkt durchgesetzt. Das erneuerte Interesse an der Rolle des Subjektes als „Ko-Produzenten" der eigenen Entwicklung steht in sinnfälligem Zusammenhang mit einer zunehmenden Betonung der

Änderungsoffenheit bzw „Plastizität" von Entwicklungsverläufen (s. auch Brandtstädter, 1984; Lerner, 1984). Teilweise auch als Nebenergebnis der Suche nach invarianten und universellen Ordnungsstrukturen der Humanontogenese hat die Forschung zahlreiche Belege für den modifizierenden Einfluss der jeweiligen sozialen, kulturellen und historischen Rahmenbedingungen erbracht: „Growth is more individualistic than was thought, and it is difficult to find general patterns" (Brim & Kagan, 1980, S. 13). Diese Befundlage hat traditionelle Bestimmungen des Entwicklungsbegriffs durch Kriterien wie Universalität, Irreversibilität oder Begrenztheit durch einen Endzustand problematisiert und Ansätzen Auftrieb gegeben, die dem Beitrag des Individuums zur Gestaltung seiner eigenen Entwicklung wieder stärkere Beachtung schenken (vgl. auch Brandtstädter & Greve, 1994a).

Mit Blick auf die hier knapp skizzierte Ideengeschichte wird die Wiederbelebung eines Paradigmas deutlich, zu der nicht zuletzt auch gesellschaftlichhistorische Entwicklungen beigetragen haben: Die Entwicklungsumwelten der Moderne haben größere Freiräume für eine individualisierte Gestaltung der eigenen Entwicklung eröffnet, die zugleich aber auch mit Unsicherheiten behaftet ist, deren Bewältigung besondere adaptive Kompetenzen erfordert. Mit der Beschleunigung gesellschaftlicher Veränderungen und der teilweisen Auflösung normativer Ablaufschemata des Lebenslaufes haben sich die Anforderungen an individuelle Handlungs- und Planungskompetenzen weiter verstärkt. Zumal unter Bedingungen der Globalisierung von Kommunikations- und Interaktionsprozessen zeigt sich eine „growing primacy of human agency in virtually all spheres of life" (Bandura, 2001, S. 12). Unterstützung erfährt eine aktionale Entwicklungsperspektive nicht zuletzt auch von Seiten der Entwicklungsgenetik: Zunehmend wird erkannt, dass die Wirkung genomspezifischer Faktoren in der individuellen Entwicklung wesentlich durch Aktivitäten des Aufsuchens, Herstellens und Ausschaltens spezifischer entwicklungskritischer Umweltbedingungen vermittelt wird – wobei diese Individuums-Umwelt-Koordinationen ihrerseits durch genetisch mitbedingte Unterschiede in Persönlichkeits- und Kompetenzmerkmalen beeinflusst werden. Auf diese gleichsam dialektische Wechselbeziehung nimmt das Konzept der Genotyp-Umwelt-Kovariation Bezug (s. auch Kap. 3); die hierzu vorliegenden Befunde „support a current shift from thinking about passive models of how the environment affects individuals toward models that recognize the active role we play in selecting, modifying, and creating our own environment" (Plomin & Caspi, 1999, S. 261).

Konzepte intentionaler Selbstentwicklung erscheinen insbesondere für das Erwachsenenalter bedeutsam, wo Kompetenzen und Aufgaben selbständiger Lebensführung in den Vordergrund treten. Forschungsprogramme z. B. zu *personal projects* (Little, 1983), *personal strivings* (Emmons, 1986), *life tasks* (Cantor

& Kihlstrom, 1987), zu Fragen der Lebensplanung (Brunstein et al., 2007; Smith, 1999) oder zur Rolle kompensatorischer Prozesse im höheren Alter (Baltes & Baltes, 1990) haben diese Thematik von verschiedenen Seiten aufgegriffen (s. auch Brandtstädter & Lerner, 1999).

Die Vielfalt von Zielen, Plänen und Selbstentwürfen, an denen sich Aktivitäten intentionaler Selbstentwicklung orientieren, kann kaum in einer erschöpfenden Systematik gefasst werden. Als übergreifende Zielrichtungen lassen sich jedoch *Selbsteffizienz* und *Selbstkultivierung* unterscheiden:

Selbsteffizienz bezieht sich auf das Grundmotiv, eigene Handlungs- und Entwicklungspotentiale zu erweitern und bestmöglich zu nutzen, sie gegen Verluste und Einschränkungen zu schützen, und zugleich den Einsatz persönlicher Ressourcen hinreichend ökonomisch zu gestalten, so dass möglichst viele persönliche Ziele möglichst konfliktfrei verwirklicht werden können. In Leistungsgrenzbereichen und bei Funktionsverlusten wird dieses Motiv verstärkt handlungswirksam; es ist daher nicht überraschend, wenn Konzepte der Selbstwirksamkeit bzw. der kompensatorischen Erhaltung von Selbsteffizienz gerade auch in alternspsychologischen Bereichen besondere Beachtung finden (siehe etwa Baltes & Baltes, 1990; Freund, 2007).

Selbstkultivierung bezeichnet demgegenüber alle selbstregulatorischen Handlungen und Prozesse, durch die wir unser Verhalten und unsere Entwicklung mit normativen Standards und Idealen, insbesondere mit Vorstellungen von Vernunft und Moral, in Einklang zu bringen suchen. Selbstkultivierungsziele können sich an Kompetenz- und Tugendbegriffen, ästhetischen Idealen, ethischen Prinzipien oder sozial geteilten Konzepten „guten Lebens" orientieren – wie auch an Leitbildern, denen wir Bewunderung und Respekt entgegenbringen.

Diese Orientierungen intentionaler Selbstentwicklung können in Abhängigkeit von kulturellen und historischen Bedingungen, individuellen Persönlichkeits- und Fähigkeitsmerkmalen wie auch in unterschiedlichen Lebens- und Entwicklungsphasen unterschiedliche Formen und Inhalte annehmen; sie können zugleich als Ausdruck allgemeiner Grundbedürfnisse gesehen werden, insbesondere des Strebens nach Autonomie, Kompetenz und sozialer Bindung (s. etwa Skinner, 1999). Beide Orientierungen überlagern sich zu einem gewissen Teil: So kann das Anliegen der Entwicklung und Aktualisierung eigener Leistungs- und Entwicklungspotentiale selbst bereits als ein wesentlicher Aspekt von Selbstkultivierung betrachtet werden. Zudem können beide Bestrebungen, zumal in ihrer Verbindung, dauerhafte Quellen des Wohlbefindens sein, wie dies auch schon Tetens hervorhebt: Sofern man den Menschen als tätiges Wesen betrachte, werde man „bald finden, daß ihn vervollkommnen eben so viel ist, als ihn glücklich zu machen; oder eigentlich, daß nur dadurch der Genuß seiner Thätigkeit, oder sein Vergnügen aus derselben, am größten wird, wenn er seine Kräfte in dem Maße anwendet, in der sie am meisten vervollkommnet werden" (Tetens, 1777, S. 800).

5.1 Prozessuale Aspekte intentionaler Selbstentwicklung

Aktivitäten intentionaler Selbstentwicklung umfassen ein Ensemble von ineinandergreifenden Prozessen der Selbstbeobachtung, der Selbstbewertung und der Planung und Ausführung regulativer und korrektiver Handlungen. Diese Prozesse sollen zunächst näher betrachtet werden, bevor wir auf die Entwicklung der zugrundeliegenden selbstreflexiven und selbstregulatorischen Kompetenzen eingehen.

5.1.1 Selbstbeobachtung

Die Beobachtung eigenen Verhaltens ist, wie jeder andere Wahrnehmungsprozess, von bestehenden Erwartungen und Überzeugungen, nicht zuletzt auch von der aktuellen Bedürfnis- und Motivationslage abhängig. In der Verarbeitung selbstreferentieller Information werden kognitive und semantische Strukturen aktiviert, mit deren Hilfe gegebene Beobachtungen im Hinblick auf Bedeutungen und mögliche Folgen elaboriert werden. Solche *top-down*-Prozesse werden schon auf frühen Verarbeitungsstufen wirksam: Um z. B. das eigene Verhalten im Hinblick auf bestimmte Eigenschaften zu beurteilen, muss es daraufhin betrachtet bzw. analysiert werden, inwieweit es die für die Zuschreibung der betreffenden Eigenschaft charakteristischen oder kriterialen Merkmale aufweist; dazu müssen ggf. auch Erinnerungen bzw. Inhalte des episodischen Gedächtnisses abgerufen werden. Dieses zumeist automatisch, bei schwierigeren Deutungsproblemen bewusst ablaufende *pattern matching* (Anderson, 1983) wird wesentlich durch die selektive Aktivierung semantischer Wissensstrukturen vermittelt.

Selbstaufmerksamkeit: Selbstbeobachtung setzt Selbstaufmerksamkeit voraus; diese variiert in Abhängigkeit von personspezifischen und situativen Bedingungen. Konstrukte wie *self-consciousness* (Fenigstein, Scheier & Buss, 1975) oder *self-monitoring* (Synder, 1979) beziehen sich auf dispositionelle Unterschiede in der Bereitschaft, das eigene Verhalten zum Gegenstand aufmerksamer Beobachtung zu machen. Zu den Bedingungen, die einen selbstaufmerksamen Zustand induzieren, gehören vor allem Situationen, die Implikationen für das öffentliche oder persönliche Selbstbild haben und für deren Bewältigung keine eingeübten Routinen bereitliegen. Selbstaufmerksamkeit kann sich – als Disposition oder momentaner Zustand – in einem weiteren

5 Intentionale Selbstentwicklung: Grundprozesse und Entwicklungsaspekte

Sinne auf alle Bedingungen richten, die für persönliche Ziele und Projekte relevant sind, insbesondere auch auf die eigenen Lebensumstände und deren Bedeutung für ein gewünschtes zukünftiges Selbst. Im Umfeld von kritischen Ereignissen und Entwicklungsübergängen, die eine Neuanpassung von Gewohnheiten, Plänen und Zielen erfordern, entstehen besondere Aufmerksamkeits- und Überwachungslasten; grundsätzlich liegen Inhalte und Themen, die für das Handlungssubjekt als *current concerns* (Klinger, 1987) aktuell bedeutsam sind, im Fokus der Aufmerksamkeit. Mit der Veränderung von Entwicklungsaufgaben und persönlichen Zielen im Lebenslauf verändern sich auch Richtungen und thematische Fokussierungen der Selbstaufmerksamkeit.

Aufmerksamkeit ist eine knappe Ressource, deren Einsatz zum Teil automatischen Prozessen unterliegt. Gewohntes, routinemäßig ablaufendes Handeln ist weitgehend reflexionsentlastet; Aufmerksamkeit wird in der Handlungsregulation bevorzugt dort eingesetzt, wo zur Planung und Ausführung der Handlung relevante Informationen eingeholt werden müssen (vgl. Allport, 1987). Situationen, die Gefahren und Verluste signalisieren, wie auch Hindernisse, welche die Erreichung eines Zieles gefährden, binden unsere Aufmerksamkeit bevorzugt (Pratto & John, 1991; s. auch Fishbach & Shah, 2006). Freilich können wir die Richtung unserer Aufmerksamkeit auch gezielt und strategisch beeinflussen; die bewusste Fokussierung der Aufmerksamkeit auf das eigene Selbst oder auf selbstrelevante Umstände erleichtert die Einstellung auf wechselnde situative Anforderungen und ist ein zentraler Aspekt strategischer Selbstkontrolle. Für die effiziente Durchführung von Vorsätzen und Plänen ist dabei auch die Dichte und Differenziertheit eines solchen *monitoring* bedeutsam: So z. B. kann man einen Diätplan wirksamer umsetzen, wenn man regelmäßig und in kurzen Zeitabständen die Kalorienaufnahme registriert; bei langfristigen Vorhaben ist die Fokussierung auf Zwischenziele hilfreich (s. etwa Schunk, 1991). Bedeutsam ist in diesem Zusammenhang die Differenziertheit prozeduralen Wissens, die wesentlich auch von individueller Expertise abhängt.

An Prozessen der Aufmerksamkeitsregulation können nicht zuletzt auch Strategien des Emotionsmanagements ansetzen. Die gezielte, eventuell durch Selbstinstruktion unterstützte Fokussierung auf positive Lebensaspekte kann z. B. dazu beitragen, das grüblerische Kreisen der Gedanken um unlösbar erscheinende Probleme oder vermeintliche Selbstdefizite zu beenden, wie es insbesondere bei depressiven Störungen häufig beobachtet wird (Pyszczynski & Greenberg, 1985). Hinsichtlich der Bereitschaft, auch zunächst unerwünschten und aversiven Lebenssituationen positive Seiten abzugewinnen, bestehen freilich auch dispositionelle Unterschiede. Diese hängen insbesondere mit der Fähigkeit zusammen, sich von blockierten Zielen zu lösen und seine Ziele veränderten Lebensumständen flexibel anzupassen („akkommodative Flexibilität", s. Kap. 6).

Protektive und defensive Prozesse: Wir stehen Informationen, die uns und unser Selbst betreffen, keineswegs neutral, sondern in besonderer Weise engagiert und betroffen gegenüber. Das „dynamische Selbst" (Markus & Wurf, 1987) verfügt über Mechanismen, die darauf gerichtet sind, Integrität und Kontinuität des Selbstbildes zu wahren. Schon die Interpretation von Beobachtungsdaten bietet Spielräume, die entsprechend genutzt werden können: Oft ist z. B. nicht ohne weiteres auszumachen, ob Misserfolge auf eigene Leistungs- und Begabungsdefizite oder auf ungünstige Einflüsse zurückzuführen sind; auch sind für das gleiche Verhalten oft verschiedene Beschreibungen und Deutungen verfügbar, die sich unterschiedlich auf die Bewertung eigenen Verhaltens und die Bereitschaft zu selbstkorrektivem Handeln auswirken können. Unter möglichen Deutungsoptionen wird oft diejenige bevorzugt, die am besten mit bestehenden Überzeugungen und Motiven harmoniert; Interpretationen, die positive Implikationen für unser Selbst- und Weltbild haben, werden besonders leicht akzeptiert und sind kognitiv erhöht verfügbar. Diese selbstprotektiven Prozesse laufen großenteils bereits auf prä- und subintentionaler Ebene ab, wobei Motive der Vermeidung kognitiver Dissonanz und der Selbstwerterhaltung in der Regel zusammenspielen (s. auch Brandtstädter & Greve, 1994b; Snyder & Higgins, 1988). Selbstbildannahmen können auch durch das Vermeiden von Situationen geschützt und stabilisiert werden, in denen potentiell selbstdiskrepante Erfahrungen und Rückmeldungen drohen. Diese Tendenz zur „Selbstverifikation" (Swann, 1996) kann sich sogar gegen positive Rückmeldungen richten, sofern die Person sich durch sie verkannt und Erwartungen ausgesetzt fühlt, die sie subjektiv überfordern.

Die Verarbeitung selbstreferentieller Informationen ist dabei wesentlich auch davon abhängig, wie stark und gefestigt die individuelle „Selbst-Theorie" ist. Je stärker und konsolidierter Selbstbildannahmen sind, umso ausgeprägter ist zugleich die Tendenz, die Gültigkeit diskrepanter Evidenz zu bezweifeln. Theoretische Annahmen können gegen widerständige Evidenz zumindest im Prinzip aufrechterhalten werden, indem Anpassungen an anderer Stelle des Annahmengefüges vorgenommen werden, wie dies z. B. Quine im Hinblick auf die wissenschaftliche Theoriendynamik formuliert hat: „Our natural tendency is to disturb the system as little as possible" (Quine, 1951, S. 41). In besonderer Weise gilt dies auch für Selbst-Theorien. Besonders hartnäckig gegen widerständige Evidenz verteidigt werden Überzeugungen und Selbstbildannahmen, die für die eigene Lebensführung und Identität zentral und tragend sind. Solche Formen der „Evidenzabstoßung" scheinen Erfordernissen einer realistischen Selbstwahrnehmung zu widersprechen, die traditionell als Kriterium psychischer Gesundheit gesehen wird. Wie jedoch schon deutlich wurde, bestehen auch innerhalb von Rationalitätsgrenzen breite Spielräume für „selbstwertdienliche" Interpretationen und Attributionen, so dass die Funktionalität solcher Prozesse im Kontext individuellen Lebensmanagements vorsichtiger beurteilt werden muss (s. auch Taylor, 1989). Durch die Wahrnehmung und das Für-Wahr-Nehmen selbstdiskrepanter Informationen werden selbstkorrektive Tendenzen aktiviert; durch die Abwehr solcher Evidenz werden sie inhibiert. Tendenzen zur „Immunisierung" des Selbst (Brandtstädter & Greve, 1994b) werden allerdings dysfunktional, wenn sie die Revisionsoffenheit und adaptive Flexibilität von Selbst- und Lebenswürfen beschränken. Positive Entwicklung über die Lebensspanne hängt wesentlich damit zusammen, zwischen diesen zum Teil gegensätzlichen adaptiven Erfordernissen eine Balance zu finden.

5.1.2 Selbstbewertungsprozesse

Selbstbeobachtungen werden erst handlungswirksam, wenn sie im Sinne von Ist-Soll-Vergleichen mit Bewertungen verbunden werden, wobei die eingestellten „Sollwerte" auch schon die Richtung der Aufmerksamkeit beeinflussen. Im Bewertungsprozess werden Repräsentationen eines gewünschten oder gesollten Selbst selektiv aktiviert, wie sie sich z. B. in individuellen Zielen, Ambitionen und moralischen Orientierungen manifestieren. Diesbezügliche Unterschiede zeigen sich in der „chronischen Verfügbarkeit" (Higgins, 1996b) bestimmter evaluativer Standards; wer z. B. nach sozialer Anerkennung, beruflicher Kompetenz oder moralischer Integrität strebt, neigt dazu, eigenes Verhalten bevorzugt unter diesem Aspekt zu betrachten und zu bewerten. In der Ausführungsphase von Handlungen und Plänen richten sich selbstevaluative Prozesse auch auf Modalitäten und Verlaufsaspekte der Verwirklichung gewünschter Zustände. Selbstbewertungen und eventuelle Begleitemotionen wie Enttäuschung, Stolz oder Scham sind dann nicht mehr allein vom Erreichen oder Verfehlen gesetzter Ziele abhängig, sondern – im Sinne einer Prozessevaluation – auch davon, wie genau, gut oder schnell diese erreicht werden, und ob Fortschritte sich plangemäß einstellen (*metamonitoring*, Carver & Scheier, 1998). Besonders für Entwicklungs- und Rollenübergänge gelten vielfach mehr oder weniger enge Zeitnormen und *developmental deadlines* (Heckhausen, Wrosch & Fleeson, 2001), deren Verletzung nicht nur im sozialen Kontext, sondern auch in der Selbstbewertung negative Merkmalszuschreibungen nach sich ziehen kann (s. auch Kalicki, 1996).

Selbstevaluative Standards sind entwicklungsoffen und veränderlich; Vorstellungen eines gewünschten oder gesollten Selbst konkretisieren und differenzieren sich im Verlaufe der kognitiven und moralischen Entwicklung. Auch im Zuge von Entwicklungs- und Rollenübergängen im Lebenszyklus ändern sich Ziele und Ambitionen und damit zugleich auch Maßstäbe für Selbstbewertungen. Ältere Menschen z. B. beurteilen sich im Hinblick auf Merkmale wie Gesundheit, körperliche Fitness, geistige Leistungsfähigkeit und Attraktivität zum Teil nach anderen Kriterien als Jugendliche; damit ändert sich zugleich das Spektrum der Eigenarten und Fehler, die als entschuldbar oder tolerierbar angesehen werden.

Selbstbewertungsprozesse richten sich auf aktuell beobachtetes wie auch auf erinnertes Verhalten; zumal die Selbstzuschreibung von Eigenschaften stützt sich wesentlich auf Inhalte des episodischen Gedächtnisses. Im Zuge der kognitiven Entwicklung und der Internalisierung von normativen Standards werden Bewertungen zunehmend schon im Entstehungszusammenhang des Handelns bzw. auf der Ebene der Intentionsbildung wirksam; Effizienz- und Selbstkultivierungsziele manifestieren sich insbesondere im Reflektieren darüber, welche Folgen es hätte, wenn man bestimmten Intentionen oder Handlungsimpulsen nachgeben würde, und welche positiven oder negativen Eigenschaften darin zum Ausdruck kämen. Mit solchen „kontrafaktischen" Kognitionen verbindet sich oft auch die Erwartung, dass man bestimmte Handlungen und Entscheidungen (oder deren Unterlassung) später bereuen würde; solche Gefühlsantizipationen tragen wesentlich dazu bei, langfristige Vorhaben gegen Ablenkungen und Versuchungen zu stabilisieren (eingehender hierzu Kap. 8). Auf individuelle Unterschiede in der Fähigkeit, solche Reflexionen im eigenen Verhalten wirksam werden zu lassen, bezieht sich z. B. das bipolare Konstrukt „Reflexivität vs. Impulsivität" (Kagan, 1965). Impulsivitätsmaße bzw. Indikatoren mangelnder selbstregulatorischer Kapazitäten sind Prädiktoren einer Vielzahl aktueller und zukünftiger Verhaltensprobleme wie z. B. Aggressivität oder Drogenkonsum bei Jugendlichen, während Reflexivität und selbstregulatorische Effizienz mit positiven Entwicklungsergebnissen wie soziale Kompetenz, intellektuelle Leistungsfähigkeit, Verantwortungsbewusstsein einhergehen (zum Überblick s. etwa McCabe, Cunnington & Brooks-Gunn, 2004).

Selbstbewertungen können sich mit einem breiten Spektrum von Emotionen verbinden; selbstevaluative Gefühle von Freude, Stolz, Zufriedenheit oder auch von Reue, Scham, Schuld, Verzweiflung werden durch die Attribute „positiv" bzw. „negativ" nur sehr oberflächlich beschrieben. Da Handlungen und Ereignisse oft unterschiedlich valente Bedeutungen und Implikationen haben, können auch ambivalente oder „gemischte" Gefühle auftreten, etwa wenn die Freude über einen persönlichen Erfolg durch moralische Zweifel an den eingesetzten Mitteln oder Sorge vor neidvollen Reaktionen der Umgebung getrübt wird. Selbstevaluative Emotionen gehen mit spezifischen Handlungsbereitschaften einher; dabei können vor allem aversive Selbstbewertungen wie z. B. Ärger, Reue oder Schuldgefühle Anstrengungen mobilisieren, das eigene Verhalten und eventuell die Lebensführung insgesamt zu ändern. Die durch Selbstwirksamkeitsüberzeugungen gestützte Erwartung, positive Veränderungen erreichen zu können, kann freilich im Sinne eines *secondary appraisal* (Lazarus & Smith, 1988) zu einer positiven Neueinschätzung der eigenen Situation und zur Neutralisierung aversiver Emotionen durch Gefühle von Hoffnung und Zuversicht beitragen.

Selbstkorrektive Tendenzen sind von interpretativen Einordnungen des eigenen Handelns abhängig und können dementsprechend durch Änderungen der Deutungsperspektive sowohl aktiviert wie auch neutralisiert werden: Schuld- und Verantwortungszuschreibungen können durch den Verweis auf mangelnde eigene Entscheidungsfreiheit oder Kontrolle abgewehrt, Vorwürfe und Selbstvorwürfe durch schönfärbende Interpretationen gedämpft werden – etwa wenn die Verletzung der Rechte anderer Personen als moralisch legitim dargestellt oder schädliche Folgen eigenen Tuns heruntergespielt werden (Bandura, 1989). Solche Entlastungsstrategien können nicht nur im öffentlichen Diskurs, sondern auch im Dialog mit sich selbst wirksam sein. Während Verteidigungs- und Entschuldigungsargumente gegenüber anderen bekanntlich auch wider besseres eigenes Wissen vorgetragen werden können, müssen sie im „inneren Dialog" allerdings hinreichend plausibel sein, um wirksam zu sein; hierin werden Paradoxien von Wunschdenken und Selbsttäuschung sichtbar (s. auch Greve, 1996; Mele, 1987).

Wie wir uns selbst und unsere Lebensumstände erleben und bewerten, wird nicht zuletzt auch durch die jeweils zugänglichen Vergleichsperspektiven bestimmt. Diese können sich sowohl auf vergangene und gegenwärtige wie auch auf gedachte zukünftige Ereignisse oder Situationen beziehen; sie können sich, als soziale Vergleiche, auf einzelne Personen oder auch Gruppen richten; auch kann das aktuelle mit dem vergangenen oder einem möglichen zukünftigen Selbst kontrastiert werden. Nicht zuletzt können Vergleiche auch hypothetisch-fiktionalen Charakter haben, etwa wenn man sich vorstellt, welchen günstigeren oder ungünstigeren Verlauf das eigene Leben unter anderen Umständen hätte nehmen können. Alternative Szenarien drängen sich insbesondere dann auf, wenn der faktische Ereignisablauf subjektiv beeinflussbar war oder vom gewohnten oder „normalen" Verlauf deutlich abweicht (s. auch Kahneman & Miller, 1986). Solche „kontrafaktischen" Vergleiche spielen in der Entstehung von Gefühlen des Ärgers oder der Reue eine wesentliche Rolle; sofern der kontrafaktische Vergleich zugunsten des faktischen Ablaufs ausfällt, resultieren positive Gefühle. Gilovich und Medvec (1995) unterscheiden in diesem Zusammenhang zwischen *upward* und *downward counterfactuals*, hierin anknüpfend an die geläufige Unterscheidung zwischen Aufwärts- und Abwärtsvergleichen (z. B. Wills, 1991): Ersteren werden vielfach emotional belastende, Letzteren entlastende Wirkungen zugeschrieben.

Die Konstruktion entlastender Vergleiche wird durch die Kontextunschärfe selbstdeskriptiver Attribute begünstigt: In welchem Maße man sich als schön, reich oder intelligent bezeichnen darf, hängt nicht zuletzt von der komparativen Verankerung der Urteilsskala ab; auch finden sich angesichts der Multidimensionalität solcher Begriffe leicht Dimensionen, auf denen man vergleichsweise besser abschneidet als andere. Im höheren Alter fallen Selbsteinschätzungen der eigenen körperlichen oder intellektuellen Leistungsfähigkeit im Allgemeinen günstiger aus, wenn man sich mit der eigenen Altersgruppe statt mit Jüngeren bzw. mit früheren eigenen Leistungen vergleicht – „laterale" Vergleiche werden hier nicht nur als angenehmer, sondern zugleich als fairer oder angemessener erlebt. Hier wird zugleich eine Ambivalenz negativer Altersstereotype deutlich: Defizitstereotype des Alters können sich negativ auf das Selbstbild älterer Menschen auswirken, als Kontrastfolien für „Abwärtsvergleiche" zugleich aber auch entlastende Funktionen haben (vgl. Rothermund & Brandtstädter, 2003a; Cheng, Fung & Chan, 2004). Tatsächlich glauben die meisten älteren Menschen, dass es ihnen besser geht als den meisten ihrer Altersgruppe; solche paradoxalen *better than average*-Effekte werden auch in anderen Zusammenhängen oft beobachtet (z. B. wenn Hochschullehrer ihre eigenen Leistungen vergleichend beurteilen; s. auch Gilovich, Medvec & Savitsky, 2000).

Unter Gesichtspunkten positiver Entwicklung sind zudem mögliche selbstwertdienliche Effekte solcher Vergleiche abzuwägen gegen die mit ihnen tendenziell einhergehende Dämpfung selbstkorrektiver Bemühungen. Aufwärtsvergleiche etwa mit Vorbildern oder Idealen bewunderter Kompetenz mögen zunächst Gefühle von Ungenügen und Unzufriedenheit induzieren. Zugleich aber stellen sie wichtige Motivationsquellen intentionaler Selbstentwicklung dar, zumindest solange die Person sich das Potential zuschreibt, diesen Idealen näherkommen zu können; jedes Ziel impliziert in gewissem Sinne bereits den „Aufwärtsvergleich" mit einem zukünftigen möglichen Selbst. Dagegen sollten Abwärtsvergleiche ihre Entlastungswirkung erst dann voll entfalten, wenn der subjektive Spielraum zur Verbesserung der eigenen Lage gering ist – in einer Phase der Handlungsregulation, die wir einem „akkommodativen" Bewältigungsmodus zuordnen. Diese Überlegungen sollen in Kapitel 6 wieder aufgegriffen und weitergeführt werden.

5.1.3 Von Selbstbeobachtungen und Selbstbewertungen zum Handeln

Die Ausführung und planmäßige Umsetzung von Zielen ist wesentlich an die semantische und prozedurale Spezifikation von Handlungsvorsätzen geknüpft: Ziele müssen mit konkreten Bedeutungen und mit Repräsentationen der zur Zielerreichung notwendigen Voraussetzungen und Maßnahmen verbunden werden. Solange keine entsprechend konkreten Ausführungsvorsätze gebildet sind, bleiben Ziele auf der unverbindlichen Ebene „freier Phantasien" (Oettingen, 1999). Erst durch semantische und prozedurale Elaborierungen werden Ziele mit einem kognitiven Schema verbunden, das die Aufnahme und Verarbeitung von Informationen in der Ausführung und Bewertung zielbezogener Aktivitäten reguliert.

Prozesse der Spezifikation von Zielen sind wesentlich von Kontextbedingungen, Persönlichkeitsmerkmalen, Kenntnissen und Fertigkeiten abhängig; allgemeine Strebungen und Motive wie Anerkennung, Erfolg und Tüchtigkeit „personalisieren" sich gleichsam in der Umsetzung zu Zielen und zielgerichteten Aktivitäten (vgl. auch Wurf & Markus, 1991). Hierbei kommen auch persönliche Kontroll- und Selbstwirksamkeitsüberzeugungen ins Spiel; es kommt nicht nur darauf an, dass man Mittel zur Zielerreichung kennt oder zu kennen glaubt, vielmehr muss man sich auch in der Lage sehen, diese selbst anwenden bzw. die für die Erreichung eines Zieles relevanten Bedingungen selbst herstellen zu können (vgl. z. B. die Unterscheidung von *means-end beliefs* und *agency beliefs*; Skinner, Chapman & Baltes, 1988).

Zwischen Zielen und Mitteln bestehen freilich keine starren Beziehungen; gleiche Aktivitäten können unterschiedlichen Zielen und Motiven gleichzeitig dienen, und gleiche Ziele können eventuell auf verschiedenen Wegen erreicht werden. Daraus ergibt sich die Möglichkeit, bei der Implementation von Zielen zugleich solche Wege und Formen zu wählen, die eine günstige Bilanz von erwünschten und unerwünschten Effekten aufweisen. Bei der Verfolgung beruflicher Ziele wird man z. B. Rücksichten auf andere Ziele – etwa familiäre und gesundheitliche Interessen – nehmen müssen; Kompromisslösungen, die im Hinblick auf ein einzelnes Ziel vielleicht suboptimal sind, können im System individueller Ziele den größten Gesamtnutzen aufweisen. Eine solchermaßen integrative Handlungsplanung kann auch die Bereitschaft einschließen, auf die maximale Durchsetzung einzelner Ziele zugunsten eines umfassenderen Wert- und Interessenzusammenhanges und ggf. auch aus Rücksicht auf die Interessen Anderer zu verzichten. Diesbezüglich bestehen individuelle Unterschiede, die nicht zuletzt vom Stand der individuellen kognitiven und moralischen Entwicklung abhängen (s. etwa Kohlberg, 1984; Turiel, 2006).

Im günstigen Fall ist relevantes prozedurales Wissen bereits verfügbar; bei komplexeren, neuartigen Zielen muss es möglicherweise durch Lern- und Problemlösungsprozesse erst entwickelt werden. Die Verfügbarkeit prozeduralen Wissens wirkt auf die Zielvalenz zurück: Ziele, die nicht erreichbar oder mit anderen, wichtigeren Zielen unverträglich erscheinen, verlieren an Attraktivität; hier greifen wiederum Ablösungs- und Akkommodationsprozesse, die später noch eingehender zu behandeln sind (s. Kap. 6). Bei Zielen, die von persönlicher Bedeutung und Identitätsrelevanz sind, sind Ablösungsprozesse erschwert. Mit dem Festhalten an unerreichbaren oder unerreichbar gewordenen Zielen entsteht eine Problemlage der Handlungsregulation, die zur Entstehung depressiver Störungen führen kann. Auch Gefühle der Unvollständigkeit des Lebens, wie sie im Begriff „Sehnsucht" angesprochen werden, können aus der fortbestehenden Bindung an unerfüllte, aber ablösungsresistente Ziele entstehen (s. Kap. 12).

5.2 Intentionale Selbstentwicklung: Entwicklungsaspekte

Die Fähigkeit und Bereitschaft, sich selbst und die eigene Entwicklung zum Reflexions- und Handlungsgegenstand zu machen und in diesen selbstreflexiven Prozessen übergeordnete normative Standards zur Geltung zu bringen, entfaltet sich graduell im Zuge der kognitiven, sprachlichen und moralischen Entwicklung.

Grundlegend ist zunächst die Aufhebung der „adualistischen Konfusion" (Butterworth, 1990), d.h. die Unterscheidung von „selbst" und „nicht-selbst", die im ersten Lebensjahr bzw. – in Begriffen des Piagetschen Modells der Intelligenzentwicklung (siehe z. B. Flavell, 1963) – in der frühen sensumotorischen Phase erfolgt. Hieran anknüpfend lassen sich weitere Entwicklungslinien intentionalen Handelns bestimmen; diese betreffen vor allem (a) die Unterscheidung und antizipatorische Verbindung von Handlungen und äußeren Handlungseffekten; (b) die Ausdifferenzierung eines semantisch-begrifflich strukturierten Selbstkonzeptes, das zugleich die soziale Metaperspektive anderer Personen integriert; (c) die Entwicklung selbstregulatorischer Kompetenzen und deren Ausweitung auf eigene mentale Prozesse; und schließlich (d) die Integration intentionalen Handelns in einen identitätsstiftenden Selbst- und Lebensentwurf, der den Orientierungsrahmen für lebenspraktische Entscheidungen und zugleich den motivationalen Hintergrund für Aktivitäten bildet, die der Bewahrung und Sicherung persönlicher Kontinuität über die Lebensspanne dienen.

Diese zum Teil aufeinander aufbauenden, zugleich aber ineinandergreifenden Entwicklungslinien sollen im Folgenden kurz betrachtet werden (eingehender hierzu z. B. Brandtstädter, 2001, 2006a).

5.2.1 Zur Ontogenese intentionalen Handelns

Als „intentional" bezeichnen wir Aktivitäten, mit denen Ziele angestrebt oder persönliche Haltungen zum Ausdruck gebracht werden sollen; die personal kontrolliert sind bzw. zumindest Elemente von Wahlfreiheit aufweisen; die aus Entschlussbildungen resultieren und eine Abwägung zwischen Alternativen voraussetzen; Aktivitäten also, die bestimmte Absichten, Wertungen, Meinungen und Erwartungen implizieren und unter Bezug auf solche „intentionalen Zustände" als Handlungen eines bestimmten Typs beschrieben und eventuell auch erklärt werden können.

Damit sind Bestimmungen genannt, wie sie auch in der handlungsphilosophischen Literatur diskutiert werden (s. etwa Beckermann, 1999); sie bezeichnen idealtypisch entwickelte Formen intentionaler Aktivität, deren ontogenetische Vorstufen die genannten Kriterien allerdings noch nicht oder nur unvollkommen erfüllen. Selbst ein im vollen Sinne intentionales Handeln unterliegt prä- und subintentionalen Einflüssen, deren Entstehung und Veränderung selbst nicht mehr im Rahmen intentionalistischer Erklärungen gefasst werden kann (s. auch Brandtstädter, 2007a).

Frühe Anzeichen von Intentionalität manifestieren sich in Verhaltensabläufen, die darauf gerichtet sind, angenehme oder interessante Effekte herbeizuführen; sinnfällig wird dies insbesondere, wenn dazu verschiedene Mittel eingesetzt werden. Grundlegend für die Koordination von Zielen und Mitteln sind Handlungs-Folge-Erwartungen, wie sie sich in rudimentärer Form bereits in Prozessen instrumentellen Lernens bzw. operanten Konditionierens andeuten, die schon kurz nach der Geburt nachweisbar sind. Werden z. B. im Experiment über einen vom Versuchsleiter manipulierbaren Mechanismus motorische Aktivitäten mit bestimmten visuellen oder akustischen Effekten verknüpft, so lernen Kinder schon im Alter von wenigen Wochen, die interessanten Effekte gezielt herbeizuführen. Bleiben diese aus, so reagieren sie zunächst mit einer von mimischen Reaktionen des Ärgers begleiteten Intensivierung des instrumentellen Verhaltens, bis dieses nach weiteren vergeblichen Anstrengungen eingestellt wird (Lewis, 1990; Lewis, Sullivan & Brooks-Gunn, 1985). In der Abfolge von reaktanter Anstrengungssteigerung und späterer Verhaltensinhibition nach vergeblicher zielgerichteter Anstrengung begegnet uns hier auf einer frühen Entwicklungsstufe bereits ein Reaktionsmuster, das für die Bewältigung von Zielblockaden charakteristisch ist (s.u., Kap. 6).

Affektäußerungen wie Ärger, Überraschung oder Enttäuschung sind bereits stärkere Indizien beginnender Intentionalität, da sie Erwartungen und Wünsche implizieren, auch wenn diese noch nicht reflexiv bewusst sind. Auch in spielerischen Interaktionen mit einer Bezugsperson manifestiert sich beginnende Intentionalität, etwa bei den beliebten „Kitzelspielchen", wenn das Kind „sich durch einen unwiderstehlichen Quietschlaut die nächste Wiederholung abruft" (Papoušek & Papoušek, 1989, S. 479). Der Übergang von reflexhaften zu deutlicher intentionalen Verhaltenskoordinationen lässt sich auch an den von Piaget (1936) eingehend analysierten *reactions circulaires* beobachten – das Kind ergreift einen Gegenstand, lässt ihn wieder fallen, und der ganze Ablauf wird mehrfach wiederholt. Solche sensorisch-motorischen Wiederholungsschleifen zielen deutlich auf die Erzeugung eines interessanten Effektes und nehmen im Alter von sechs bis acht Monaten – als „sekundäre" Kreisreaktionen – zunehmend auch experimentierend-variierende Formen an. In dieser Phase erwachender Intentionalität zeigen Kinder überschwängliche Reaktionen, wenn sie sich ihrer Möglichkeit bewusst werden, interessante Effekte in wiederholbarer Weise zu erzeugen; diese „Funktionslust" (Bühler, 1918) bildet eine zentrale Motivationsquelle für die weitere Entwicklung intentionaler Aktivität.

Im Verlaufe der weiteren motorischen und symbolisch-repräsentationalen Entwicklung werden bald auch Gegenstände gezielt und planmäßig in Handlungsabläufe integriert; materielle Objekte haben die Funktion von Entwicklungsangeboten bzw. *affordances* (Gibson, 1977), die neuartige Handlungsmöglichkeiten eröffnen. Dies gilt insbesondere für Gegenstände mit Werkzeugfunktion. Schon der zum Essen bereitliegende Löffel kann eine Aufgabensituation darstellen, in der Erfolg und Misserfolg exemplarisch erfahren werden. Durch Werkzeuge – hierzu gehören im weiteren Sinne auch Kulturtechniken wie Sprechen, Lesen oder Rechnen – werden Handlungsoptionen kompensatorisch erweitert, zugleich wird dem Handeln ein externer Zweckbezug aufgeprägt. Wie vor allem tätigkeitstheoretische Ansätze betont haben, besteht hierin ein wesentlicher Grundzug der kulturell-gesellschaftlichen Formung von Intentionalität (Vygotsky, 1978; s. auch Oerter, 1991; Valsiner, 1987). Kreatives Denken zeigt sich in späteren Entwicklungsphasen darin, zu gegebenen Zwecken neue Instrumente und prozedurale Techniken zu finden – eventuell auch darin, für ein Objekt neue Verwendungen zu erschließen und die durch den gewohnten Gebrauch entstandenen „funktionellen Bindungen" (Duncker, 1935) zu durchbrechen. Eltern, welche die Initiativen des Kindes einfühlsam unterstützen, fördern die Ausbildung eines positiven Konzeptes eigener Selbstwirksamkeit; dies gilt allgemein für Lernumwelten, die in ihren Anforderungen auf gegebene Handlungsmöglichkeiten, zugleich aber auch auf Entwicklungsmöglichkeiten bzw. „Zonen proximaler Entwicklung" (Vygotsky, 1978) abgestimmt und insofern „entwicklungsangemessen" sind.

Handlungen und Handlungsergebnisse werden in sozialen Kontexten anhand von Gütemaßstäben und normativen Standards nach Gesichtspunkten von „gut" und „schlecht" (bzw. im moralischen Sinne: „gut" und „böse") bewertet. Ansätze einer Bewertung von Handlungsergebnissen sind bereits bei Kindern im Alter von 18 Monaten zu beachten; so etwa unterbrechen sie im Spiel mit Bauklötzen ihre Tätigkeit, wenn ihnen etwas geglückt ist, und betrachten das Ergebnis mit Aufmerksamkeit und Anzeichen des Stolzes (s. etwa Trudewind, Unzner & Schneider, 1989). Während Begriffe von „gut" und „schlecht" bzw. „gut" und „böse" bei jüngeren Kindern noch undifferenziert-global sind und holistische Fehlschlüsse erzeugen (wer eine gute Eigenschaft besitzt, ist gut und kann keine schlechte Eigenschaft besitzen), können mit fortschreitender sprachlich-begrifflicher Differenzierung auch Attribute gegensätzlicher Valenz in das Selbstkonzept integriert werden. Dieses gewinnt damit kompensatorische Reserven, um Selbstwertbedrohungen abzupuffern (s. auch Harter, 1998).

Mit der Erfahrung eigener Handlungswirksamkeit, der beginnenden Internalisierung von normativen Gütemaßstäben des Handelns, aber auch mit der Erfahrung von Diskrepanzen zwischen gewünschten oder erwarteten und tatsächlich eingetretenen Handlungsfolgen eröffnet sich ein Lernhorizont für die weitere Entwicklung selbstregulatorischen und selbstkorrektiven Handelns. Allerdings sind wir von Aktivitäten, die intentional auf einen zukunftsgerichteten Selbst- oder Lebensentwurf bezogen sind, noch eine Reihe von Entwicklungsschritten entfernt. Solche intentionalen Gehalte werden den Aktivitäten des Kindes zunächst von außen aufgeprägt, insbesondere von Eltern, die mit der Steuerung kindlichen Verhaltens erzieherische Absichten verfolgen. Weitere Fortschritte in Richtung auf die im Konzept intentionaler Selbstentwicklung angesprochenen Kompetenzen und Motivationen sind zunächst wesentlich an die sprachlich-begriffliche Entwicklung gebunden.

5.2.2 Das konzeptuelle Selbst: Anmerkungen zur Genese

Die für intentionale Selbstentwicklung grundlegenden Prozesse der Selbstbeobachtung, Selbstbewertung und Selbstkorrektur sind in zweifacher Weise selbstbezüglich: Zum einen sind sie auf das Subjekt selbst rückbezogen, zum anderen sind sie auf dessen Selbst bezogen. Der Sinn dieser Unterscheidung wird unter anderem darin deutlich, dass man im Spiegel sich selbst, aber nicht sein Selbst sieht – auch wenn die Spiegelmetapher gelegentlich mit Bezug auf die Entwicklung des Selbstbildes benutzt wird, wie etwa im bekannten Konzept eines durch soziale Rückmeldungen gebildeten *looking glass self* (Cooley, 1902). Im zweiten Lebensjahr beginnen Kinder, sich im Spiegel zu erkennen; sie versuchen z. B., eine an ihrer Nase angebrachte Farbmarkierung abzuwischen, wenn sie ihr Gesicht im Spiegel sehen (vgl. Asendorpf, Warkentin & Baudonnière, 1996; Lewis & Brooks-Gunn, 1979). Analoge Verhaltensweisen können im Spiegelversuch allerdings auch bei Tieren beobachtet werden (z. B. bei Elstern; s. etwa Prior, Schwarz & Güntürkün, 2008).

Ein konzeptuelles, begrifflich gefasstes Selbst kann jedoch erst entstehen, wenn das Subjekt in der Lage ist, aufgenommene selbstbezügliche Information mit sprachlichen Bedeutungen zu verknüpfen. Dies setzt entsprechende sprachlich-symbolische Kompetenzen und die Aneignung semantischer Regeln voraus, die es erst ermöglichen, sich selbst und anderen aufgrund von Beobachtungen bestimmte Attribute zuzuschreiben und diese zu einem Annahmengefüge zu verbinden. Das Selbst tritt hierbei zugleich in einer Subjekt- und der Objektrolle auf; James (1892) hat dies in der Unterscheidung „*I*" und „*Me*" angesprochen. Das Subjekt-Selbst gründete für ihn im Bewusstsein der eigenen Kontinuität, der persönlichen Distinktheit bzw. Individualität, wie auch im Bewusstsein eigener mentaler Zustände und Handlungsbereitschaften; das Objekt-Selbst dagegen bestimmte er als das Insgesamt dessen, was die Person als zu ihr gehörig bzw. ihr eigentümlich bezeichnen könne.

Insbesondere auf den letzten Aspekt richten sich Ansätze, die das Selbstkonzept gleichsam als eine Art von Theorie betrachten, die man von sich selbst hat (vgl. etwa Epstein, 1973; Greenwald, 1980; Kihlstrom & Cantor, 1984). Diese Selbst-Theorie entwickelt sich auch aus dem Bedürfnis und sozialen Erfordernis, sich selbst und anderen Rechenschaft zu geben – Rechenschaft im Sinne der Erklärung, Begründung, Vorhersage und Rechtfertigung eigener Handlungen und Entscheidungen; sie umfasst Repräsentationen eigenen Empfindens und Verhaltens nicht nur in gegebenen Situationen, sondern auch unter vergangenen, zukünftigen bzw. auch lediglich gedachten Bedingungen. Die selbstbezüglichen Annahmen, die eine Person im Laufe der Zeit von sich und für sich entwickelt, haben im Allgemeinen nicht die geschlossene Struktur einer wissenschaftlichen Theorie. Allerdings bestehen Gemeinsamkeiten insofern, als sie unter dem Einfluss von Erfahrungsdaten weiterentwickelt, unter Umständen revidiert, bisweilen aber auch gegen diskrepante Evidenz aufrechterhalten und verteidigt werden.

In psychologischen Erhebungen wird das persönliche Selbstbild z. B. über offene Fragen wie „Ich bin…", „Ich kann…" und dergleichen erfragt. Jedoch ist nicht alles, was man von sich aussagen kann, gleichermaßen identitätsrelevant; Attribute, mit denen wir unser Selbst bzw. unsere Identität beschreiben, müssen offenbar zusätzlichen Bedingungen genügen (s. auch Brandtstädter & Greve, 1994b). Als Identitätsmerkmale kommen offenbar in erster Linie solche in Frage, die es ermöglichen, uns wiederzuerkennen und von anderen zu unterscheiden; hinzu kommt freilich, dass wir uns selbst bzw. unser Selbst bis zu einem gewissen Grade mit solchen Merkmalen „identifizieren".

Daraus ergibt sich zunächst das Erfordernis einer hinlänglichen *Stabilität und Permanenz*: Nur zeitlich überdauernde Merkmale oder Eigenschaften können personale Identität im Sinne von Selbstgleichheit über die Zeit begründen. Bestimmte objektive Merkmale wie z. B. Geschlecht oder Herkunft sind von vornherein unveränderlich oder durch unsere Lebensgeschichte festgelegt. Bei dispositionellen Merkmalen, die sich etwa auf die äußere Erschei-

5 Intentionale Selbstentwicklung: Grundprozesse und Entwicklungsaspekte

nung, auf persönliche Kompetenzen oder Interessen beziehen, setzen wir schon begrifflich voraus, dass sie sich nicht kurzfristig oder von Tag zu Tag ändern. Jedoch sind hier Änderungen auf lange Sicht nicht ausgeschlossen; soweit wir solche Merkmale als persönlich bedeutsam erachten, werden wir uns allerdings um ihre Erhaltung bemühen. Stabilität ist in solchen Fällen nicht schlicht gegeben, sondern bedarf aktiven Zutuns.

Gefordert ist weiterhin eine hinlängliche *diskriminative Relevanz*: Nur Merkmale oder Eigenschaften, in denen wir uns von anderen unterscheiden, können Individualität im Sinne von Unverwechselbarkeit begründen. Die Eigenschaft z. B., dass wir zwei Beine haben, erfüllt dieses Kriterium im Allgemeinen nicht. Allerdings hängt der Unterscheidungs- und Informationswert von Attributen vom Vergleichskontext ab: Merkmale wie etwa das biologische Geschlecht oder die ethnische Zugehörigkeit werden in spontanen Selbstbeschreibungen eher genannt, wenn die Person sich hinsichtlich dieser Merkmale in einer Minoritätsposition befindet (s. etwa McGuire, McGuire & Winton, 1979). Die Wahl von Vergleichsperspektiven kann auch selbstbildprotektive und -stabilisierende Funktion haben, etwa wenn ältere Menschen sich bei der Beurteilung eigener Leistungsmöglichkeiten eher an der eigenen Altersgruppe als an jüngeren, in manchen Hinsichten leistungsfähigeren Gruppen orientieren; wie oben schon dargelegt kommen hier allerdings zugleich Gesichtspunkte angemessener oder „fairer" Vergleichsmaßstäbe ins Spiel.

Die genannten Kriterien scheinen zwar notwendig, aber für sich genommen nicht hinreichend. Für unser Selbstverständnis bedeutsam sind Merkmale nicht schon dadurch, dass sie hinreichend stabil und diskriminativ sind (dies trifft z. B. auch auf den Fingerabdruck zu). Vielmehr müssen sie uns als bedeutsam für unsere Persönlichkeit, Lebenseinstellung und Lebensgeschichte erscheinen und insofern auch *persönliche Relevanz* besitzen.

Das Spektrum von Merkmalen, die diesen Kriterien entsprechen, ist offenbar sehr weit: Häufig genannt werden in spontanen Selbstbeschreibungen z. B. Temperamentsmerkmale, Kompetenzen, berufliche Tätigkeiten, aber auch Interessen, Hobbys, körperliche Attribute usw. (s. auch McCrae & Costa, 1988). Soweit solche Eigenschaften oder Attribute möglichen Einschränkungen und Verlusten unterliegen, kann sich deren Identitätsrelevanz auch im Bemühen um ihre Erhaltung manifestieren. Intentionale Selbstentwicklung umfasst wesentlich auch Aktivitäten, die auf die Aktualisierung, Kontinuität und Sicherung persönlicher Identität gerichtet sind; solche selbstregulatorischen Aktivitäten entfalten sich in engem Zusammenhang mit der Genese eines konzeptuellen Selbst.

Selbst-Repräsentationen entsprechen in ihren Strukturen und Inhalten dem jeweiligen sprachlichen und kognitiven Entwicklungsstand. Konkrete, beobachtungsnahe Attribute sind für die Selbstbeschreibung leichter und daher in der Entwicklung früher zugänglich als Dispositionen oder Eigenschaften, die erst indirekt aus Beobachtungen erschlossen werden können. Erste Markierungen der Identität erfolgen z. B. über einfache diskriminative Kontraste (Kind vs. Erwachsener, Junge vs. Mädchen) und durch die Identifikation mit Objekten, die zu einem gehören; hier werden auch erste Besitzansprüche („Meins!") artikuliert. Insbesondere das biologische Geschlecht bildet gleichsam einen Anker für die Entwicklung einer stabilen Identität (s. z. B. Trautner, 1991); auf dieses kategoriale Merkmal richten sich schon früh normative Erwartungen eines „gesollten" Selbst, die z. B. auch die Art und Weise betreffen, wie Gefühle auszudrücken sind (s. Kap 10).

Mit der Entwicklung sprachlich-symbolischer Kompetenzen erweitert sich die Fähigkeit, intentionale Zustände – Absichten, Gedanken, Motive – anderer Personen zu erschließen und in der Regulation eigenen Verhaltens zu berücksichtigen. Bereits im Vorschulalter zeigen sich deutliche Anzeichen einer solchen *theory of mind*, deren frühe ontogenetische Wurzeln im Imitationsverhalten und in sozialen Verhaltenskoordinierungen liegen (s. etwa Lewis & Mitchell, 1994; Perner, 1991; Sodian, 2005). Wie neuere Untersuchungen zeigen, sind schon Kinder im Alter von ca. zwei Jahren in der Lage, sich z. B. im kooperativen Spiel auf das Verhalten von Interaktionspartnern einzustellen und deren Absichten zu berücksichtigen; auch zeigen sie bereits ein Verständnis für die „komplementäre Rollenstruktur gemeinsamer Handlungsformen" (Rakoczy & Tomasello, 2008, S. 5). Diese „Wir-Intentionalität" stellt eigenes Handeln in einen umfassenden, sozialen Bezug und erscheint insofern fundamental für soziales Zusammenleben und die Einbeziehung von Aspekten vernünftigen Zusammenlebens in das eigene Handeln.

Mit der Fähigkeit, die Perspektive anderer zu berücksichtigen und Bedeutungen und Folgen eigenen Handelns im breiteren sozialen Kontext zu erfassen, ergeben sich neue strategische Möglichkeiten der Handlungsplanung; zugleich gewinnt die Selbstwahrnehmung eine objektivierte Qualität. Sozialkognitive Kompetenzen stellen gleichsam die ontogenetische Voraussetzung zur Teilnahme am moralischen Diskurs dar: Der Gebrauch moralsprachlicher Konzepte und die Zuschreibung von Schuld und Verantwortung setzen – schon aus Gründen, die sich aus der Struktur der betreffenden Begriffe ergeben – die Berücksichtigung der Intentionen, Beweggründe und Handlungsmöglichkeiten des jeweils Handelnden voraus. Hierdurch erst wird es möglich, Konflikte zwischen unterschiedlichen Standpunkten zu erkennen und ggf. Konfliktlösungen zu entwerfen. Nicht zuletzt ermöglicht es die Fähigkeit, Interessen anderer zu erkennen, diese auch im eigenen Handeln zu berücksichtigen.

Im Zuge dieser kognitiven und sprachlich-symbolischen Entwicklungen werden zunehmend auch expressive Valenzen des Handelns für die Handlungsregulation bedeutsam, d.h. die Reflexion auf Bedeutungen des Handelns und darauf, als welche Person man gelten kann, wenn man sich in einer bestimmten Situation in bestimmter Weise verhält (s. auch Brandtstädter, Gräser & Mazomeit, 1990). In dieser fortgeschrittenen Entwicklungsphase symbolischer Selbstrepräsentation zeigen Kinder auch selbstregulatorische Verhaltensanpassungen, wenn ihnen bestimmte, positiv valente Merkmale zugeschrieben werden. So etwa zeigen sie sich hilfsbereiter, wenn man ihre Selbstattribution zuvor entsprechend beeinflusst hat (s. auch Grusec, 1983).

Damit sind weitere Entwicklungsschritte in Richtung auf die Etablierung von Selbstentwürfen und *self-guides* (Higgins, 1996a) getan, die in Prozessen intentionaler Selbstentwicklung und Lebensplanung regulativ wirksam werden.

5.2.3 Selbstregulatorische Funktionen und Kompetenzen

Wie im Vorigen deutlich wurde, sind selbstregulatorische Prozesse der Selbstbeobachtung, Selbstbewertung und des selbstkorrektiven Handelns an die Entwicklung eines dispositionalen Selbst und die Aneignung von Bewertungs- und Gütemaßstäben gekoppelt, aus denen sich Repräsentationen eines personal und sozial erwünschten Selbst entwickeln können. Bereits im Alter von zwei bis drei Jahren beginnen Kinder über die Richtigkeit und Angemessenheit ihres Verhaltens zu reflektieren: „They compare their behavior, thoughts and feelings against the standards and try to keep in close accord with the standards, as a space vehicle's program corrects its course in flight" (Kagan, 1984, S. 130). Damit einher gehen Differenzierungen emotionalen Erlebens: Emotionen wie Stolz und Zufriedenheit, aber auch Gefühle von Scham und Schuld sind ontogenetische Kennzeichen für die Aneignung von Standards „richtigen" und „guten" Verhaltens und der sich entwickelnden Fähigkeit, eigenes Verhalten im Lichte solcher Standards zu bewerten.

Zunehmend wird in diesem selbstregulatorischen Prozess auch Sprache bedeutsam: Im Dialog mit sich selbst werden Repräsentationen personal und sozial erwünschten Verhaltens aktiviert und z. B. in Selbstermahnungen und Selbstbewertungen umgesetzt, die anfänglich noch vokalisiert, später jedoch zunehmend zum inneren, stummen Dialog werden (s. auch Zivin, 1979). Sprachlich-symbolische Repräsentationen unterstützen zugleich die Orientierung des Handelns auf Fernziele und die partielle Abkopplung des Verhaltens von aktuellen situativen Anreizen. Dies wiederum ist grundlegend für die Fähigkeit zum „Gratifikationsaufschub" und den Verzicht auf aktuelle Vorteile im Interesse zukünftigen Nutzens; auf entsprechende Kompetenzen beziehen sich alltagssprachliche Begriffe wie Selbstkontrolle oder auch Willensstärke. Prozesse, die den Aufmerksamkeitsfokus gegenüber starken distraktiven Reizen und gesetzte Ziele gegen Versuchungen bzw. konkurrierende Handlungstendenzen abschirmen, laufen zum Teil schon auf subintentional-automatischer Ebene ab (s. auch Shah, Friedman & Kruglanski, 2002). Je stärker die distraktiven Einflüsse sind, umso mehr bedarf es hierzu allerdings bewusster und gezielter Anstrengungen. Zur Stabilisierung von Handlungsvornahmen und Zielen gegen Ablenkungen können Strategien der Aufmerksamkeits- und Reizkontrolle (z. B. Elimination oder gezielte Nichtbeachtung von Distraktoren) wie auch Prozesse der Selbstverstärkung und Selbstinstruktion eingesetzt werden. Vorformen solcher selbstregulatorischen Strategien zeigen sich bereits bei Kindern im Vorschulalter, etwa wenn sie vor die Wahl gestellt werden, ein kleines Geschenk sofort auszupacken oder auf ein späteres, größeres zu warten; allerdings zeichnen sich hier bereits individuelle Differenzen ab (s. etwa Mischel, Cantor & Feldman, 1996). Die Fähigkeit und Bereitschaft, sich im Interesse eines projizierten zukünftigen Selbst auch Einschränkungen und Opfer abzufordern, ist kennzeichnend für eine langfristig-vorausschauende Lebensplanung. Sie entwickelt sich in Verbindung mit selbstregulatorischen Kompetenzen und der Fähigkeit, über eigenes Verhalten wie auch über mögliche Alternativen unter den Modalitäten von Vergangenheit, Gegenwart und Zukunft nachzudenken und Handlungsoptionen unter Gesichtspunkten von Zweckmäßigkeit und Angemessenheit bzw. von Vernunft und Moral zu bewerten.

Die Entwicklung selbstregulatorischer Kompetenzen wird unterstützt durch die zunehmende Reflexion auf die psychischen Prozesse, die für die Ausführung und den Erfolg von Handlungen bedeutsam sind. Kinder im Alter von neun bis elf Jahren setzen dieses „metakognitive" Wissen bereits gezielt ein, um z. B. ihre Konzentration oder Gedächtnisleistung zu steigern (s. etwa Flavell, Speer, Green & August, 1981). Selbstreferentielles Sprechen wird in dieser Entwicklungsphase zunehmend auch zur Überwindung von Störungen in Handlungsabläufen sowie zur Regulation von Eigenbefindlichkeiten, insbesondere auch zur Dämpfung negativer Affekte eingesetzt (s. auch Kopp, 1989).

Selbstregulatorische Prozesse, wie sie sich etwa in der Kontrolle spontaner Handlungsimpulse und der Verteidigung von Handlungsvorsätzen gegen Ablenkungen und Versuchungen manifestieren, konstituieren gleichsam eine zweite, selbstreferentielle Ebene der Handlungsregulation; d.h. man hat nicht mehr nur bestimmte Wünsche, sondern eventuell auch den Wunsch, bestimmte Wünsche oder Motive zu haben oder nicht zu haben. Solche Metamotivationen oder „Volitionen zweiter Ordnung" (Frankfurt, 1971) dienen nicht nur der Steigerung eigener Handlungseffizienz, sondern verbinden sich im Kontext intentionaler Selbstentwicklung auch mit Selbstkultivierungszielen. In dieser zweiten Funktion ist Selbstregulation ontogenetisch an den

Aufbau von Standards guten Lebens und positiver Entwicklung geknüpft, schließlich auch an ethische und moralische Orientierungen, welche Bewertungsmaßstäbe liefern, die von eigenem Wünschen und Wollen unabhängig sind. Mit dem selbstreflexiven und selbstkorrektiven Sich-Verhalten zum eigenen Wollen und Handeln entstehen „Ich-Spielräume" (Tugendhat, 2007), die zugleich auch das Gefühl der Verantwortung für das eigene Tun auf eine neue Stufe heben.

Die Internalisierung solcher normativen und evaluativen Standards hängt zunächst mit Lern- und Sozialisationsbedingungen zusammen, wie z. B. mit der Häufigkeit, Konsistenz und Deutlichkeit, mit der die Abgrenzung erwünschter von unerwünschten Verhaltensweisen durch Verstärkungen oder Sanktionen akzentuiert wird. Dabei hängt es nicht zuletzt von Faktoren des elterlichen Erziehungsstiles ab, ob normative und evaluative Standards eher als positiv motivierende Ideale oder eher als Einschränkungen wirken, deren Überschreitung Gefühle von Angst und Schuld auslösen. Letzteres ist vor allem dann zu erwarten, wenn eher strafende als positiv verstärkende Sanktionsformen bevorzugt werden (vgl. auch Higgins, 1988). Prozesse der Selbstregulation, insbesondere aber auch der Selbstkultivierung setzen allerdings nicht nur die „Internalisierung" von normativen Standards, sondern zugleich die Identifikation mit ihnen bzw. ihre Integration in den eigenen Lebensentwurf voraus. Die Verfügbarkeit positiver Modelle in den jeweiligen Lernumwelten kann hierzu wesentlich beitragen; emotional positive, sicher gebundene Beziehungen zu Eltern und Lehrern begünstigen ein Lernen am Vorbild. Für den Überzeugungs- und Orientierungswert normativer Vorgaben ist schließlich auch entscheidend, inwieweit diese für das Individuum mit attraktiven Lebensentwürfen verbunden und argumentativ einsichtig gemacht werden können; dies hängt nicht zuletzt auch von den im kulturellen „Makrosystem" vorherrschenden Vorstellungen von gelingendem Leben und positiver Entwicklung ab.

5.2.4 Selbstaktualisierung und Selbstkontinuität: Aufbau- und Erhaltungsziele

Mit der Entwicklung und Erweiterung intentionaler, sprachlich-symbolischer und selbstregulatorischer Funktionen kommt es gleichsam zu einer dialektischen Wende in der Beziehung zwischen Entwicklung und intentionalem Handeln: Die im Entwicklungsprozess geformten Selbstentwürfe und Selbstsystemprozesse werden nun ihrerseits zu regulierenden und strukturierenden Faktoren der persönlichen Entwicklung. Mit dem Übergang ins Erwachsenenalter formen sich Vorstellungen der Verlaufskontur des eigenen Lebens; die meisten Erwachsenen haben gewisse, wenngleich auch unterschiedlich ausgearbeitete Vorstellungen davon, was sie werden bzw. in ihrem Leben erreichen möchten, und inwieweit sie ggf. in der Lage sind, diese Selbst- und Lebensentwürfe zu realisieren.

Das Selbst, so könnte man es mit Dewey (1934) formulieren, definiert sich nun auch wesentlich über seine Bewegungs- und Entwicklungsrichtung – durch den spannungsreichen Kontrast zwischen dem, was man ist, und dem, was man noch nicht ist, aber sein könnte und möchte. Repräsentationen eines „aktuellen" und „möglichen" wie auch eines „erwünschten" oder „gesollten" Selbst kommen so in den Prozessen zur Wirkung, durch die das Individuum sein Verhalten, seine Entwicklung und sich selbst bewertet und kontrolliert (vgl. Brandtstädter, 2001; Markus & Wurf, 1987). In Verbindung mit generalisierten Annahmen über Entwicklungsverläufe bzw. „impliziten Entwicklungstheorien" bestimmen diese Selbst-Konzeptionen zugleich die Art und Weise, wie *life tasks* (Cantor & Fleeson, 1991) interpretiert und implementiert werden.

Mit der Einbindung von Selbstentwürfen in familien-, berufs- und lebenszyklische Ordnungsmuster wird intentionale Selbstentwicklung in den Kontext kultureller Skripte des Lebenslaufes und damit verbundener normativer Erwartungen gestellt. Mit der partiellen Normierung und Institutionalisierung der persönlichen Biographie verliert diese teilweise an diskriminativer Valenz; wie oben schon angesprochen, gründet sich die Konstruktion persönlicher Identität wesentlich auf Abweichungen vom modalen Schema. Damit entsteht eine Konfliktspannung zwischen „Sozialisation" und „Individuation", die zugleich eine wesentliche Motivationsquelle intentionaler Selbstentwicklung darstellt. Diese dilemmatische Spannung wird zum einen durch eine zunehmende Toleranzbreite der Zeitnormen für Rollenübergänge gemindert; mit der Flexibilisierung von Entwicklungsverläufen (s. auch Mayer & Diewald, 2007) haben sich Wahlspielräume in der Selektion von Entwicklungsoptionen erweitert, zugleich aber auch Orientierungs- und Entscheidungslasten erhöht. Es bleibt gleichwohl ein Entwicklungsziel eigenen Ranges, soziale „Entwicklungsaufgaben" mit persönlichen Identitätsprojekten zu verbinden. In partnerschaftlichen, familiären und beruflichen Kontexten ergibt sich zudem die Notwendigkeit, persönliche Lebenspläne auch mit den Interessen und Bedürfnissen von „*co-developing individuals*" (Plath, 1980) abzustimmen. In der Fähigkeit und Bereitschaft hierzu bestehen freilich individuelle Unterschiede, die nicht zuletzt auch für die Stabilität und Qualität von Partnerschaften bedeutsam sind (s. auch Brandtstädter & Felser, 2003).

Prozesse intentionaler Selbstentwicklung kommen nicht irgendwann zum definitiven Abschluss, sondern umfassen die gesamte Lebensspanne, sie stehen in einem Kräftefeld von Entwicklungsangeboten und -beschränkungen, das sich auf ontogenetischen und historischen Zeitdimensionen ändert. Mit den Entwicklungs- und Rollenübergängen im Lebenszyklus wechseln auch die thematischen Orientierungen intentionaler Selbstgestaltung; zugleich kommt es zu Verschiebungen der Standards und Vergleichsperspektiven, die für Selbstbewertungen relevant sind (s. auch Greve, 2000). Nicht zuletzt ändern sich auch zeitliche Perspektiven der Selbstbeschreibung. Während die Konstruktion persönlicher Identität im jüngeren Alter in stärkerem Maße durch Zukunftsprojektionen des Selbst als durch die biographische Rückschau bestimmt wird, kehrt sich die Gewichtung mit der zurückgelegten Lebenszeitstrecke bzw. mit abnehmender Restlebenszeit um.

Zugleich wandeln sich mit fortschreitendem Alter Zielrichtungen intentionaler Selbstgestaltung; gegenüber der Entwicklung und Aktualisierung von Handlungs- und Entwicklungspotentialen treten zunehmend Ziele der Prävention oder Kompensation unerwünschter Veränderungen in den Vordergrund. Die bemerkenswerte Stabilität und Resilienz des Selbstbildes älterer Menschen gegenüber Verlusterfahrungen hat gerade in den letzten Jahren besondere Aufmerksamkeit gefunden (s. auch Greve, 2007; Staudinger et al., 1995). Dieses Phänomen verweist auf protektive Mechanismen des Selbstsystems, die darauf gerichtet sind, Konsistenz und Kontinuität des Selbstbildes zu bewahren. Ziel- und Selbstbilddiskrepanzen können durch zwei unterschiedlich ansetzende adaptive Prozesse aufgehoben bzw. neutralisiert werden, die wir als *assimilativ* und *akkommodativ* bezeichnen (Brandtstädter & Renner, 1990): Im assimilativen Modus geschieht dies durch Aktivitäten, die darauf gerichtet sind, die gegebene Situation bzw. auch den Verlauf der eigenen Entwicklung eigenen Wünschen und Zielen entsprechend zu gestalten. Dies schließt auch präventives, auf die Abwendung von Verlusten gerichtetes Handeln ein. Assimilative Anstrengungen können scheitern, und Ziele können aufgrund veränderter Umstände außer Reichweite geraten; hier werden nun akkommodative Prozesse bedeutsam, durch die individuelle Ziele und Ansprüche an veränderte Handlungs- und Entwicklungsmöglichkeiten angeglichen werden. Dieser adaptive Modus verhindert das Festhalten an aussichtslos gewordenen Projekten und ermöglicht es, die eigene Biographie auch in den Aspekten zu akzeptieren, die nicht wunschgemäß verlaufen sind.

Das folgende Kapitel wird sich eingehender mit diesem Modell befassen, auf das vorgreifend schon verschiedentlich Bezug genommen wurde – nicht zuletzt auch im Zusammenhang mit den „Zufriedenheitsparadoxien", die in Erhebungen zu subjektiver Lebensqualität und Wohlbefinden über die Lebensspanne aufgetreten sind und entsprechenden Erklärungsbedarf erzeugt haben (s.o., Kap. 3).

6
Positive Entwicklung zwischen hartnäckiger Zielverfolgung und flexibler Zielanpassung: Ein Zwei-Prozess-Modell

Es ist ein geläufiger Befund, dass Menschen auch unter äußerlich ungünstigen, belastenden Lebensumständen über ein hohes Maß an Zufriedenheit und Wohlbefinden berichten, und kaum weniger häufig findet sich ein entgegengesetztes Muster, bei dem scheinbar „glückliche" äußere Umstände mit geringer subjektiver Lebensqualität einhergehen; hiervon war schon die Rede (s. auch Cheng, 2004). Schon die im Allgemeinen nur mäßig hohe Korrelation zwischen subjektiver Lebensqualität und objektiven Indikatoren wie Einkommen, beruflicher Status, Bildung impliziert solche paradoxalen Konstellationen, ohne sie allerdings zu erklären. Wie lassen sich die angesprochenen „Zufriedenheitsparadoxien" theoretisch auflösen? Durch welche Aktivitäten bzw. Mechanismen schützt sich das Selbst-System gegen Verlusterfahrungen und Einschränkungen, wie sie in allen Phasen der Entwicklung – insbesondere auch im höheren Alter – auftreten können?

Auf diese Fragen antwortet ein theoretischer Entwurf, auf den bereits in vorangehenden Kapiteln beiläufig Bezug genommen wurde: das Zwei-Prozess-Modell der Bewältigung bzw. das Modell assimilativer und akkommodativer Prozesse (Brandtstädter, 2006b; Brandtstädter & Renner, 1990; Brandtstädter & Rothermund, 2002b). Dieser Ansatz entstand in Verbindung mit Erhebungen zur Stabilität und Veränderung von Zielen und Kontrollüberzeugungen im Erwachsenenalter (s. auch Brandtstädter, 1984, 1989; Brandtstädter et al., 1987). Die Befunde zeigten sehr deutlich, dass es im Übergang zum höheren Alter trotz wahrgenommener Entwicklungsverluste nicht zu generellen Einbußen in subjektiver Lebensqualität kommt; dies stand im Gegensatz zu verbreiteten Annahmen und forderte eine Erklärung. Die theoretischen Überlegungen wurden durch zusätzliche Beobachtungen in eine bestimmte Richtung gelenkt: Wiederholt zeigte sich, dass Ziele als umso weniger wichtig eingeschätzt wurden, je weiter man sich von ihnen entfernt fühlte. Diese negative Korrelation war bei Teilnehmern mit niedrigen Depressionswerten besonders ausgeprägt (s. auch Brandtstädter & Baltes-Götz, 1990). Wir sahen darin einen Hinweis auf entlastende bzw. befindlichkeitsstabilisierende Präferenzanpassungen: Defizite oder Verluste in bestimmten Zieldimensionen beeinträchtigen die individuelle hedonische Bilanz in geringerem Maße, wenn die betreffenden Ziele an Wichtigkeit verlieren. Letzteres sollte insbesondere der Fall sein, wenn Ziele außer Reichweite geraten; hiermit gerät das Wechselspiel von Prozessen der Zielverfolgung und Ablösung in den Blick. Im Zuge weiterer Forschungsarbeit wurde deutlich, dass sich aus diesen Überlegungen ein Erklärungsansatz für eine Reihe von Befunden ergibt, deren theoretische Einordnung bislang Schwierigkeiten bereitete. Zentrale Annahmen, wesentliche Befunde und weitergehende Implikationen des Zwei-Prozess-Modells für Fragen positiver Entwicklung und gelingenden Lebensmanagements werden im Folgenden kurz dargestellt.

Die Grundannahmen des Modells lassen sich wie folgt umreißen: Problemsituationen wie z. B. Entwicklungsverluste, Selbstwertprobleme oder andere aversive Ereignisse, mit denen die Person konfrontiert wird, bezeichnen Diskrepanzen zwischen einem gewünschten bzw. angezielten Soll-Zustand und dem gegebenen Ist-Zustand, wie er von der Person wahrgenommen wird. Solche Diskrepanzen können auf zweifache Weise aufgehoben werden: Zum einen durch Aktivitäten, die darauf abzielen, den Ist-Zustand in Richtung auf den Soll-Zustand zu transformieren; dies ist mit der Funktionsweise von Regelkreisen vergleichbar, bei der Regelabweichungen durch korrektive Einwirkungen auf die zu regelnde Größe beseitigt werden. Auf eine andere, entgegengesetzte Weise können Diskrepanzen der genannten Art – und damit eventuell verbundene negative Emotionen – auch durch die Angleichung des Soll-Zustandes an den Ist-Zustand bzw. des Gewünschten an das Gegebene neutralisiert werden. Damit sind Grundprozesse der Entwicklungsregulation und Bewältigung angesprochen, die wir als *assimilativ* bzw. *akkommodativ* bezeichnen (Brandtstädter & Renner, 1990). Der assimilative Modus umfasst Aktivitäten, die darauf abzielen, gegebene Lebens- und Entwicklungsbedingungen in Richtung auf persönliche Ziele bzw. Selbst- und Lebensentwürfe zu verändern. Akkommodative Prozesse dagegen erleichtern die Anpassung persönlicher Ziele und Ambitionen an Handlungsmöglichkeiten bzw. -beschränkungen; dieser Bewältigungsmodus wird vor allem dann relevant, wenn assimilative Bemühungen erfolglos bleiben. Ähnlich wie in der Theorie Piagets (z. B. Piaget, 1970) bezeichnen die Begriffe „Assimilation" und „Akkommodation" antagonistische, sich zugleich ergänzende adaptive Prozesse der Transaktion zwischen Subjekt und Umwelt. Anders als bei Piaget liegt der Fokus hier jedoch nicht auf der Anwendung und Anpassung kognitiver Schemata und Strukturen, sondern auf Aktivitäten und Prozessen, die dazu beitragen, drohende oder bestehende Divergenzen zwischen gegebenen und erwünschten Lebensumständen oder auch zwischen einem „realen" und „gewünschten" Selbst aufzuheben. Am Rande ist vielleicht anzumerken, dass der Akkommodationsbegriff schon bei Dewey (1934) – ähnlich wie hier – im Sinne der Anpassung von Zielen an äußere Beschränkungen gebraucht wird.

Die „glücksrelevanten" Implikationen dieser Unterscheidungen liegen auf der Hand: In welchem Ausmaß eine Person mit ihren Lebensumständen und ihrer persönlichen Entwicklung zufrieden ist, hängt wesentlich vom Verhältnis zwischen Erreichtem und Erwünschtem bzw. zwischen dem Grad der Erfüllung persönlicher Ambitionen und der jeweiligen Anspruchshöhe ab. Dies ist keine neue Einsicht; auf entsprechende Formulierungen z. B. bei William James (1890) wurde bereits hingewiesen. Zufriedenheit kann nach dieser einfachen Formel sowohl durch Steigerung des Erfüllungsgrades persönlicher Ziele und Ambitionen wie auch durch Absenkung von Ansprüchen erreicht werden. Damit werden gleichsam zwei Stellschrauben zur Steigerung oder Stabilisierung subjektiven Wohlbefindens unterschieden, die den Regulationsformen assimilativer und akkommodativer Prozesse entsprechen.

Ähnliche Gesichtspunkte finden sich seit jeher auch in philosophischen Erörterungen zu Fragen des guten Lebens. Traditionell stehen sich hier zwei Sichtweisen gegenüber, die man als „offensive" bzw. „defensive" Glückskonzeptionen bezeichnen kann (s. auch Tatarkiewicz, 1976): Erstere verbinden den Glücksbegriff mit einer auf Erfolg und Bedürfniserfüllung gerichteten aktiven Lebensgestaltung; Letztere dagegen sehen die wesentliche Voraussetzung von Eudämonie und gelingendem Leben darin, Gleichmut und Gelassenheit gegenüber den Wechselfällen des Lebens zu entwickeln. Gegen Gefühle von Ärger und Reue ist aus einer „defensiven" Perspektive besser gefeit, wer keine allzu hochgelegten Ansprüche und Ziele hat. Dieses Glücks- oder Weisheitsmodell wurde vor allem von den Philosophen der Stoa propagiert (z. B. Seneca, Epiktet, Marc Aurel). Weisheit, so postulierte z. B. Epiktet, liege auch darin, Ziele und Ansprüche den Notwendigkeiten anzupassen – „necessitati qui se accommodat sapit" (zit. nach Burton, 1621/1977). Die stoische Vorstellung einer nahezu unbegrenzten Herrschaft des Geistes über das Gefühlsleben erscheint zwar aus psychologischer Sicht überzogen (von Forderungen völliger Bedürfnislosigkeit ganz zu schweigen); persönliche Bedürfnisse und Ambitionen kann man jedenfalls nicht einfach willentlich neutralisieren. Insofern können auch akkommodative Prozesse nicht ohne weiteres als intentionale Bewältigungsstrategien betrachtet werden; gleichwohl tragen sie wesentlich zur Bewältigung von Einschränkungen und Verlusten bei.

Ungeachtet ihrer konträren Positionen formulieren offensive und defensive Glückskonzeptionen Einsichten, die im Zwei-Prozess-Modell zu einer theoretischen Synthese gebracht werden. In der Zusammenschau verweisen sie auf eine gewisse Ambivalenz von Zielen und Ambitionen hinsichtlich der individuellen hedonischen Bilanz: Einerseits geben persönliche Ziele und Projekte den Lebensaktivitäten Orientierung, Sinn und Struktur. Auf der anderen Seite können Ziele und Ambitionen auch zu einer Quelle von Frustration und Depression werden, wenn sie außer Reichweite geraten, zugleich aber ihre Attraktionsvalenz behalten. Solche aversiven Zustände können offenbar nur vermieden oder überwunden werden, wenn durch assimilative Anstrengungen zusätzliche Handlungsressourcen aktiviert oder, soweit dies nicht gelingt, Präferenzstrukturen akkommodiert bzw. Zielbindungen gelöst und neue Orientierungen gefunden werden. Beide Prozesse machen in einem bestimmten Sinne „schicksalsresistent"; Bertrand Russell (1982, S. 162) bringt in diesem Zusammenhang auch Weisheitsideale ins Spiel:

> „Indes hat auch die Abfindung mit dem Schicksal bei der Erringung des Glücks eine Rolle zu spielen, und zwar keine unwesentlichere Rolle, als sie dem strebenden Bemühen zufällt; der Weise wird niemals Zeit und Gemütskraft an unvermeidliches Mißgeschick verschwenden, obzwar er sich in Vermeidbares nicht entsagungsvoll schicken wird; und auch das an und für sich Vermeidbare wird er auf sich nehmen, falls die Zeit und Mühe, die er sonst aufwenden müßte, ihn bei der Verfolgung eines höheren Zieles stören würde."

Insgesamt ist davon auszugehen, dass die Bewältigung von Lebensproblemen wie auch ein gelingendes Lebensmanagement wesentlich von dem Zusammenspiel assimilativer und akkommodativer Prozessen abhängt. Hier stellen sich weitergehende Fragen: Welche Persönlichkeitsmerkmale und situativen Faktoren beeinflussen das Zusammenspiel dieser zum Teil antagonistischen Prozesse? Welches sind zugrundeliegende kognitions- und motivationspsychologische Mechanismen? Wie lassen sich individuelle Unterschiede in der Ausprägung assimilativer und akkommodativer Bewältigungsformen erfassen, und welchen Entwicklungsverlauf zeigen diese Dispositionen über die Lebensspanne? Mit diesen Fragen befassen sich die folgenden Abschnitte (eingehender hierzu s. auch Brandtstädter, 2007b).

6.1 Assimilative und akkommodative Prozesse: Formen und Funktionen

Wir haben Änderungsoffenheit und „Plastizität", aber auch Unsicherheit und Kontingenz als Grundmerkmale der menschlicher Entwicklung angesprochen, aus denen sich Spielräume und Grenzen intentionaler Selbstgestaltung ergeben. Positive Entwicklung erfordert eine effiziente Ausnutzung dieser Spielräume, zugleich aber auch die Fähigkeit, unerwünschte Ereignisverläufe zu bewältigen und – insbesondere auch im höheren Alter – die eigene Lebensgeschichte auch in solchen Aspekten akzeptieren zu können, wo diese nicht wunschgemäß verlaufen ist.

Zentrale Voraussetzungen hierzu sind adaptive Kompetenzen, die als „assimilative Persistenz" und „akkommodative Flexibilität" bezeichnet werden können. Assimilative Persistenz ermöglicht es, gesetzte Ziele unter erschwerten Bedingungen zu erreichen; die meisten Erfolgsgeschichten entsprechen diesem Schema. Akkommodative Flexibilität hingegen trägt dazu bei, dass Anstrengungen sich nicht zu unproduktiver Persistenz auswachsen und knappe Ressourcen nicht in unergiebige Projekte investiert werden. Auch bei schwindenden Leistungsmöglichkeiten kann es dazu kommen, dass bestimmte Ziele und Leistungsstandards nur aufrechterhalten werden können, wenn zugleich Ambitionen und Ansprüche in anderen Bereichen zurückgenommen werden. Der Akkommodationsprozess trägt dazu bei, die Nutzung knapper Ressourcen zu ökonomisieren; er unterstützt Präferenzanpassungen, die zugleich zur Stabilisierung individuellen Wohlbefindens auch unter Bedingungen von Einschränkung und Verlust beitragen.

Dies sind erste einführende Beschreibungen. Ein grundlegendes Dilemma der Handlungsregulation in komplexen, sich dynamisch verändernden Umwelten besteht darin, die zum Teil gegensätzlichen adaptiven Erfordernisse von Hartnäckigkeit und Flexibilität miteinander zu vereinbaren (vgl. Brandtstädter & Rothermund, 2002b; Grossberg, 1987). Effizientes zielbezogenes Handeln erfordert die Abschirmung gesetzter Intentionen gegen ablenkende Einflüsse und konkurrierende Handlungstendenzen; hierzu tragen spezifische Funktionslagen des kognitiven Systems bei, die im Prozess der Zielverfolgung bzw. im assimilativen Modus aktiviert werden. Zugleich jedoch muss die Handlungsregulation hinreichend rückmeldungsoffen und flexibel sein, um sich Veränderungen des Handlungskontexts anpassen zu können. Das Zusammenwirken von assimilativen und akkommodativen Prozessen trägt dazu bei, dieses Stabilitäts-Flexibilitäts-Dilemma zu bewältigen.

Dysfunktionale Nebenwirkungen können sich vor allem dann ergeben, wenn beide Prozesse nicht ausreichend gegeneinander balanciert sind bzw. wenn entsprechende dispositionelle Bereitschaften einseitig ausgeprägt sind. Dem Problem unproduktiver Persistenz in der Zielverfolgung steht der Fehler vorzeitigen Aufgebens gegenüber. Wenngleich solche Fehleinschätzungen oft erst im Nachhinein zu erkennen sind, ist doch anzunehmen, dass ihre jeweilige Auftrittswahrscheinlichkeit auch mit Unterschieden in der individuellen Ausprägung von assimilativer Persistenz und akkommodativer Flexibilität zusammenhängt. Unter Lebensumständen bzw. in Handlungsfeldern, die durch Unsicherheit und Komplexität gekennzeichnet sind, wird die Balance zwischen Assimilations- und Akkommodationsprozessen zu einem zentralen Kriterium gelingenden Lebensmanagements; dies gilt für Prozesse der Lebensplanung unter Bedingungen rapiden gesellschaftlichen Wandels in besonderem Maße (s. Kap. 8).

Die Ablösung von einem Ziel ist dessen weiterer Verfolgung schon begrifflich entgegengesetzt; solange Ziele problemlos erreicht werden können, besteht kein Anlass zur Anspruchsanpassung. Insofern ist die funktionale Beziehung zwischen assimilativen und akkommodativen Prozessen im Grundsatz antagonistisch; die Aktivierung des einen Funktionsmodus hemmt den anderen. Dennoch können beide Prozesse gleichzeitig aktiviert sein und in Konflikt geraten; dies ist häufig der Fall, wenn zielbezogene Anstrengungen an Grenzen geraten. Im unsicheren Schwanken zwischen „Loslassen" und „Festhalten" manifestiert sich ein Regulationskonflikt, der – jedenfalls soweit es sich um wichtigere Probleme handelt als etwa um die Frage, ob man nun noch länger und eventuell vergeblich nach dem verkramten Buch suchen sollte – vielfach als belastend empfunden wird, was sich auch in physiologischen Stressparametern zeigt (s. etwa Brandtstädter et al., 1991).

Trotz ihrer antagonistischen Beziehung können assimilative und akkommodative Prozesse bei der Bewältigung von Lebensproblemen zusammenwirken. Kritische Lebensereignisse wie etwa Verwitwung, Scheidung, Krankheit umfassen vielfach ein Bündel unterschiedlicher Anforderungen in verschiedenen Lebens- und Verhaltensbereichen, die sowohl problembezogene Anstrengungen wie auch eine Anpassung von Zielen und Gewohnheiten an die neue Situation erfordern. Zudem wird die Verfolgung bestimmter Ziele oft erst durch Akkommodationen in anderen Bereichen der individuellen Zielstruktur ermöglicht: Im Interesse übergeordneter gesundheitlicher Ziele kann es beispielsweise notwendig werden, von liebgewordenen Lebensgewohnheiten Abschied zu nehmen, und eventuell muss man sich von Selbstidealen uneingeschränkter jugendlicher Leistungsfähigkeit lösen, um sich mit dem Gedanken anfreunden zu können, ein gewünschtes Funktionsniveau durch kompensatorische Mittel wie z. B. Hörgeräte oder Gehhilfen aufrechtzuerhalten.

6.1.1 Assimilative Aktivitäten

Assimilative Anstrengungen können sich grundsätzlich auf jeden Lebens- oder Verhaltensbereich richten, der für die Person bedeutsam ist und in dem sie sich hinreichende Einflussmöglichkeiten zuschreibt. Das Grundmotiv solcher Aktivitäten kann darin gesehen werden, die subjektive Bilanz von Entwicklungsgewinnen und -verlusten über die Lebensspanne hinweg möglichst günstig zu gestalten; dies schließt sowohl präventives und korrektives wie auch kompensatorisches Handeln ein. In Abhängigkeit von persönlichen Zielen, Kenntnissen und Fertigkeiten kann assimilative Aktivität vielerlei Formen annehmen: Wir betätigen uns sportlich oder ändern unsere Ernährungsgewohnheiten, um unsere Leistungsfähigkeit und Gesundheit zu erhalten; wir kontrollieren unser Verhalten, um normativen Erwartungen zu entsprechen; wir nutzen Kompensationsangebote der kosmetischen Industrie, um unser Aussehen einem persönlich gewünschten Erscheinungsbild anzunähern; wir suchen unseren Bildungshorizont zu erweitern usf. Seit jeher bemühen sich Menschen auf vielfältigste Weise, ihr Verhalten bzw. ihr Leben mit Vorstellungen von Schönheit, Glück, Gesundheit, Kompetenz, aber auch mit Tugendbegriffen und Konzeptionen vernünftigen Zusammenlebens in Einklang zu bringen. Wie solche allgemeinen Ziele bzw. Ideale jeweils interpretiert und praktisch ungesetzt werden, hängt auch von Wissensbeständen, Handlungsmitteln und Wertorientierungen im jeweiligen kulturell-historischen und sozialen Umfeld ab; diese bilden gleichsam ein kognitives und normatives Milieu, in dem sich Motive assimilativen Handelns über die Lebensspanne hinweg ausformen.

Sieht man von konkreten Zielsetzungen im Einzelfall ab, so lassen sich verschiedene Grundformen assimilativen Handelns unterscheiden:

Gestaltung persönlicher Entwicklungsumwelten: Durch selektives und aktiv-gestaltendes Handeln suchen wir uns eine Lebens- und Entwicklungsumwelt zu schaffen, die unseren Interessen und Kompetenzen entspricht; allerdings sind diesbezügliche Auswahl- und Gestaltungsmöglichkeiten nicht unbegrenzt. Stress, Entfremdung, aber auch Langeweile verweisen auf eine unzureichende „Passung" zwischen persönlichen Interessen und Kompetenzen und äußeren Anforderungen. Defizite der Individuums-Umwelt-Koordinierung (Caspi, 1998) können sich zu *burnout-* bzw. – im Unterforderungsfalle – auch zu „*boreout*"-Problemen (s. etwa Burisch, 2006; Rothlin & Werder, 2009) auswachsen; zumeist motivieren sie auch Bemühungen, eine Zone verbesserter Passung zu erreichen. Ähnliches gilt für soziale Beziehungen, insbesondere auch für das Zusammenleben in Partnerschaften: Qualität und Dauerhaftigkeit von Partnerbeziehungen hängen wesentlich davon ab, inwieweit Bedürfnisse, Ziele und Lebenspläne der Partner miteinander verträglich bzw. aufeinander abgestimmt sind. In der dyadischen Interaktion zielt assimilatives Handeln z. B. auf verbesserte Koorientierung, eventuell auch auf die Bewältigung auftretender Konflikte; als stabilisierende Faktoren kommen hier allerdings auch akkommodative Ziel- und Anspruchsanpassungen ins Spiel (s. auch Brandtstädter & Felser, 2003).

Die Lebensumwelten, die wir aufsuchen bzw. uns schaffen, stellen gleichsam eine Extension unserer Persönlichkeit dar; dies gilt allerdings auch für die Risiken, denen wir uns damit eventuell aussetzen. Die Wahrscheinlichkeit, von spezifischen kritischen Ereignissen wie z. B. Erkrankungen, Unfällen oder auch Konflikten im familiären oder beruflichen Bereich betroffen zu werden, hängt daher zum Teil auch von individuellen Persönlichkeitseigenschaften ab (s. Magnus et al., 1993; Schmitz et al., 1999). Die Bewältigung solcher Probleme erfordert vielfach neue Anstrengungen; oft jedoch – und insbesondere bei irreversiblen Einschränkungen und Verlusten – können die entstandenen Divergenzen zwischen gewünschtem und aktuellem Lebensverlauf nur durch Ziel- und Präferenzanpassungen aufgehoben werden.

Selbstregulatives und selbstkorrektives Handeln: Nicht nur unsere Lebensumwelt gestalten wir durch selektives und konstruktives Handeln; auch uns selbst und unser Verhalten versuchen wir den Vorstellungen anzugleichen, die wir von positiver Entwicklung und gelingendem Leben haben. In diesem Zusammenhang haben wir im vorigen Kapitel von einer zweiten bzw. höheren Regulationsebene des Handelns gesprochen, auf der Selbst-Ideale und sozial geteilte Vorstellungen vernünftigen Lebens und Zusammenlebens repräsentiert sind und handlungswirksam werden. Intentionale Strategien der Selbstregulation umfassen Techniken der Reiz- und Umweltkontrolle, der Motivations- und Emotionsregulation, der Selbstinstruktion und Selbstverstärkung (s. auch Kap. 10); insbesondere zielen sie auf die Neutralisierung momentaner Handlungstendenzen, die mit normativen Forderungen oder persönlichen Standards unverträglich erscheinen oder die Realisierung langfristiger Ziele behindern. Solche selbstreferentiellen assimilativen Aktivitäten dienen insofern nicht nur zukunftsbezogener Handlungssteuerung, sondern sind zugleich grundlegend für Prozesse der Lebensplanung und intentionalen Selbstentwicklung.

Kompensatorische Aktivitäten: Mit dem Kompensationsbegriff ist eine weitere bedeutsame Kategorie assimilativer Aktivitäten angesprochen. Bei steigender Schwierigkeit der Zielerreichung kommt es typischerweise zunächst zur Mobilisierung von Handlungsreserven bzw. einer reaktanten Anstrengungssteigerung (s. etwa Wright & Brehm, 1989); dies gilt zumindest, solange die subjektiven Erfolgsaussichten positiv und die Nutzen-Kosten-Relationen noch hinreichend günstig erscheinen. Erst wenn diese Voraussetzungen nicht mehr gegeben sind, kommt es zu einer Ablösung von blockierten Zielen bzw. zum Übergang in den akkommodativen Modus. Sofern die einfache Steigerung von Anstrengungen nicht hinreicht, können zunächst allerdings noch weitere kompensatorische Optionen in Betracht kommen: Hierzu gehören etwa Bemühungen, eigene Handlungspotentiale durch Aneignung neuer Fertigkeiten und Kenntnisse zu erweitern; schließlich können auch externe Hilfsmittel oder Helfer einbezogen werden (eingehender hierzu Kap. 7).

Kennzeichnend für den assimilativen Modus sind in jedem Falle das hartnäckige Festhalten an Zielen und selbstevaluativen Standards und die reaktante Mobilisierung von Handlungsreserven bei auftretenden Schwierigkeiten. Dieser Aspekt tritt in kompensatorischen Anstrengungen besonders deutlich hervor, wenngleich hier auf der Ebene von Handlungsmitteln vielfach bereits ein Strategiewechsel stattfindet.

Sind alle Möglichkeiten der Zielerreichung erschöpft, so können Gefühle von Hilflosigkeit und Hoffnungslosigkeit, eventuell auch depressive Störungen entstehen – jedenfalls soweit eine Bindung an das blockierte Ziel weiterbesteht. Hier jedoch setzen akkommodative Prozesse an, die zur Auflösung dieser Zielbindung beitragen und eine Reorientierung bewirken können.

6.1.2 Akkommodative Prozesse

Akkommodative Phänomene wie Zielabwertungen nach Verlust und Misserfolg oder Anspruchsanpassungen werden leicht mit Zuständen von Resignation und Depression in Verbindung gebracht; die bekannte Fabel vom Fuchs und den sauren Trauben legt auch Assoziationen von Leugnung und Selbsttäuschung nahe. Solche Sichtweisen haben in der psychologischen Bewältigungsforschung zu einer weitgehenden Vernachlässigung akkommodativer Prozesse geführt; zunehmend wird jedoch erkannt, welche Bedeutung solche Prozesse gerade für die Bewahrung einer positiven Selbst- und Lebensperspektive und die emotionale Bewältigung von Einschränkungen und Verlusten haben (vgl. Brandtstädter, 2007b; Brandtstädter & Greve, 1992; Brandtstädter & Rothermund, 2002b; Carver & Scheier, 2003; Heckhausen & Schulz, 1995).

Ziele sind mit kognitiven Strukturen verbunden: Das Engagement für ein bestimmtes Ziel hängt zunächst wesentlich von kognitiven Verbindungen des Zieles mit anderen valenten Zielen bzw. mit Motiven und Werthaltungen ab, die gewissermaßen das „Warum" der Zielverfolgung begründen; bedeutsam sind zugleich Mittel-Zweck-Überzeugungen bzw. prozedurales Wissen hinsichtlich des „Wie" der Zielerreichung (s. auch Kruglanski, 1996). Zielgerichtete Anstrengungen werden durch mangelnde Kontrollmöglichkeiten und die Erfahrung wiederholter Misserfolge gehemmt; angestrebte Ziele können jedoch ihren Anreizwert behalten, auch wenn auf das „Wie" der Zielerreichung aktuell keine Antworten gefunden werden. Diese nur partielle Ablösung kann sich mit Gefühlen von Frustration und Ärger, aber auch mit Empfindungen von Sehnsucht verbinden (s. Kap. 12); sie ist bis zu einem gewissen Grade funktional, da eine intentionale Spannung erhalten bleibt, weiter nach Problemlösungen zu suchen. Dysfunktional wird dieser Zustand allerdings dann, wenn er die Ausrichtung auf neuere, aussichtsreichere Ziele verhindert; die adaptive Bedeutung von Akkommodationsprozessen liegt wesentlich darin, dieser problematischen Konsequenz entgegenzuwirken.

Der Übergang von assimilativen zur akkommodativen Bewältigungsformen vollzieht sich nicht durchweg problemlos; gerade z. B. für depressive Störungen ist kennzeichnend, dass an Zielen festgehalten wird, obwohl diese nicht oder nicht mehr erreichbar scheinen. Allerdings verbinden sich solche

Störungen auch mit kognitiv-motivationalen Prozessen, die schließlich einen Übergang in den akkommodativen Modus erleichtern; hierauf ist im Folgenden noch zurückzukommen.

Assimilative Anstrengungen werden durch das Valenzgefälle zwischen angestrebtem Zielzustand und der gegenwärtigen Situation motiviert; akkommodative Prozesse wirken dahin, dieses Gefälle einzuebnen und die Verfügbarkeit von Kognitionen, die das „Warum" der Zielverfolgung begründen, abzuschwächen. Veränderungen in der Verfügbarkeit von Kognitionen können freilich nicht ohne weiteres als intentionales Tun – und insofern auch nicht als Bewältigungs*strategie* im engeren Sinne – beschrieben werden. Wäre die Auflösung von Zielbindungen freier Entscheidung zugänglich, wäre schwer einzusehen, wieso etwa Zustände von Hoffnungslosigkeit, Verzweiflung, Depression nicht einfach durch den Entschluss beendet werden, sich vom blockierten Ziel zu lösen. Eine solche Entscheidung – sofern sie eventuell eintritt – ist daher weniger Ursache als Resultat eines akkommodativen Prozesses, der zwar nicht notwendig unbewusst abläuft, jedoch durch prä- oder subintentionale Mechanismen getragen wird (eingehender hierzu Brandtstädter, 2000, 2007a).

Zielablösung und Anspruchsanpassung: Die Lösung von blockierten Zielen bzw. deren Abwertung ist ein zentraler Aspekt des Akkommodationsprozesses. Solche Präferenzanpassungen fallen vergleichsweise leicht, wenn neue, attraktivere Optionen verfügbar sind; komplizierter liegt der Fall, wenn positive Alternativen zu blockierten bzw. unerreichbar gewordenen Zielen nicht verfügbar erscheinen. Je zentraler blockierte Ziele für die persönliche Lebensorganisation sind, umso schwieriger und belastender verlaufen Ablösungsprozesse im Allgemeinen. Fortdauernde Zielbindung bzw. unvollständige Ablösung kann z. B. in persistierenden Gefühlen von Ärger oder Reue, aber auch im Bemühen um die „Vergegenwärtigung" des Vergangenen oder Verlorenen zum Ausdruck kommen, etwa wenn nach dem Tod einer geliebten Person versucht wird, die Erinnerung durch Bilder, Wiederholung gemeinsam erlebter Situationen usf. lebendig zu erhalten (vgl. auch Boerner & Heckhausen, 2003).

Zwischen Prozessen der Zielablösung und Anspruchsanpassungen bestehen fließende Übergänge. Ziele wie z. B. Gesundheit, Wohlstand, Erfolg können unterschiedlich anspruchsvoll und ambitioniert gefasst werden. Die Selbstzuschreibung entsprechender Merkmale hängt wesentlich davon ab, welche Anspruchssetzungen in einem bestimmten Vergleichskontext und einer gegebenen Lebenssituation als angemessen bzw. gerechtfertigt oder „normal" gelten. Erfüllungskriterien für die Zuschreibung zumal von hochvalenten Merkmalen unterliegen auf sozialer wie individueller Ebene akkommodativen Veränderungen: So etwa gelten für die Zuschreibung von Merkmalen wie Gesundheit, körperliche und geistige Leistungsfähigkeit, Attraktivität, Wohlstand zum Teil unterschiedliche Maßstäbe, je nachdem, auf welche Altersgruppen Bezug genommen wird. Beim älteren Menschen kommt vielfach ein „Senioritätsbonus" zur Geltung; er kann sich z. B. auch weiterhin als sportlich fit bezeichnen, solange er im Vergleich zu seiner Altersgruppe überdurchschnittliche Leistungen zeigt – auch wenn seine Leistungsfähigkeit mit dem Alter abgenommen hat. Nicht nur assimilative Aktivitäten mit präventiver, korrektiver oder kompensatorischer Zielsetzung, sondern auch Anspruchsanpassungen können auf diese Weise zu personaler Kontinuität beitragen.

Die Abstimmung von Zielen und Ansprüchen auf das Erreichbare erhöht die Wahrscheinlichkeit von Handlungserfolgen; dadurch kann sie zur Bewahrung positiver Kontrollüberzeugungen bzw. von Selbstwirksamkeit beitragen. In der Partnerwahl z. B. präferieren Männer wie Frauen im Allgemeinen Personen, die eine Vielzahl positiv bewerteter Eigenschaften auf sich vereinigen. Je anspruchsvoller die Auswahlkriterien sind, umso schwerer sind sie allerdings zu realisieren; ist das Angebot geeignet erscheinender Kandidatinnen oder Kandidaten gering, steigt die Bereitschaft zu Kompromissen (vgl. auch Regan, 1998). Akkommodationsprozesse bzw. entsprechende Dispositionen, wie sie etwa im Konzept akkommodativer Flexibilität angesprochen sind (s.u.), fördern grundsätzlich die Bereitschaft, sich auch mit Optionen unterhalb eines denkbaren Optimums zufriedenzugeben (*satisficing*; Schwartz, 2000; s. Kap. 11). Das Festhalten an nicht oder nicht mehr erfüllbaren Ansprüchen kann dagegen zur Entstehung von depressiven Störungen, eventuell auch zu Gefühlen von „Sehnsucht" beitragen (s. Kap. 12).

Positive Umdeutungen, Sinnfindung: Neben Ziel- und Anspruchsanpassungen der genannten Art umfasst der akkommodative Modus wesentlich auch die entlastende Umdeutung aversiver Ereignisse bzw. deren Einordnung in positive Sinnzusammenhänge; mit der Positivierung des Negativen sinkt die Bereitschaft zur aktiv-assimilativen Änderung der Situation. Solche Formen des *benefit finding* (Affleck & Tennen, 1996) sind z. B. in der klinischen Forschung vielfach belegt; selbst Patienten mit schweren Erkrankungen oder irreversiblen Behinderungen berichten oft, dass sie ihrer Situation auch positive Seiten abgewinnen können. Solange ein Problem aktiv beseitigt werden kann, wären solche positiven Umdeutungen allerdings kaum zweckmäßig bzw. adaptiv. Aus der Sicht des Zwei-Prozess-Modells entsteht die Bereitschaft zur positiven Umdeutung aversiver Zustände vor allem dann, wenn Möglichkeiten assimilativer Problembewältigung erschöpft sind bzw. einen kritischen Resignationspunkt erreicht haben.

6.1.3 Kognitive Funktionslagen im assimilativen und im akkommodativen Modus

Assimilative und akkommodative Prozesse werden durch spezifische kognitive Funktionslagen und Mechanismen getragen und unterstützt; der Übergang von assimilativen zu akkommodativen Bewältigungsformen geht mit entsprechenden Veränderungen der Informationsverarbeitung einher.

Informationsverarbeitung im assimilativen Modus: Prozesse der Aufmerksamkeitsregulation und Informationsverarbeitung im assimilativen Modus sind wesentlich auf die prozedurale Spezifikation und Implementation von Zielen sowie die Überwindung eventueller Schwierigkeiten bei der Zielverfolgung eingestellt. Solange es noch um die Entscheidung zwischen unterschiedlichen Optionen geht, dominiert eine eher nüchterne Abwägung von Vor- und Nachteilen bzw. von Nutzen- und Kostenaspekten; der Aufmerksamkeitsfokus ist entsprechend breit. Im Übergang zur Ausführung gesetzter Ziele werden Repräsentationen des Zielzustandes sowie zielführender Zwischenschritte aufgebaut; in dieser Phase dominiert ein konvergenter, *top-down*-gerichteter Verarbeitungsmodus: Zielrelevantes prozedurales Wissen wird aktiviert, die Aufmerksamkeit ist auf Bedingungen fokussiert, welche die Ausführung fördern oder behindern können; zugleich wird der Handlungsablauf gegen distraktive Reize und Handlungstendenzen abgeschirmt (s. auch Anderson, 1983; Gollwitzer & Moskowitz, 1996; Heckhausen & Gollwitzer, 1986). Anreizwerte des angestrebten Zieles sowie – kontrastierend dazu – negative Aspekte und Nachteile der aktuellen Situation werden akzentuiert; die Verfügbarkeit von Kognitionen, welche die Zielverfolgung unterstützen, ist erhöht. Bei auftretenden Schwierigkeiten werden Abschirmungs- und Fokussierungstendenzen zunächst noch verstärkt; reaktante Steigerungen der Zielvalenz begünstigen die weitere Mobilisierung von Handlungsreserven und kognitiven Ressourcen. Da diese nicht unbegrenzt zur Verfügung stehen, führt die Analyse und Bewältigung von Handlungshindernissen typischerweise zu einer weiteren konzentrativen Einengung des Aufmerksamkeitsfeldes (vgl. auch Lavie & Fox, 2000; Neumann, 1987; Wright & Brehm, 1989). Ingesamt haben die kognitiven und handlungsregulativen Prozesse im assimilativen Modus die Funktion, Kontinuität und Effizienz der Zielverfolgung und Handlungsausführung zu sichern.

Der adaptive Wert hartnäckiger Zielverfolgung steht außer Frage; reaktante Regulationsmechanismen manifestieren sich zum Teil schon im Säuglingsalter (s.o., Kap. 5). Adaptiv sind diese Mechanismen aber nur in bestimmten Grenzen; es wäre dysfunktional, wenn unerreichbar gewordene Ziele weiterhin im Fokus der Handlungs- und Aufmerksamkeitsregulation bleiben würden. Die Aktivierung akkommodativer Prozesse trägt dazu bei, blockierte Intentionen zu neutralisieren und Handlungsressourcen auf aussichtsreichere Ziele umzulenken.

Informationsverarbeitung im akkommodativen Modus: Der akkommodative Modus umfasst ein Ensemble von Mechanismen, welche die im assimilativen Modus dominierenden kognitiven Funktionslagen neutralisieren. Negative Aspekte des Zieles wie auch positive Aspekte der aktuellen, zunächst als unbefriedigend erlebten Situation werden in erhöhtem Maße kognitiv verfügbar. Der Akkommodationsprozess wird unterstützt durch eine Tendenz des kognitiven Systems, Aufmerksamkeit von unlösbaren Problemen abzuziehen: Bereits auf der Wahrnehmungsebene erscheint die Sensitivität für Signale, die auf nicht abwendbare Gefahren hinweisen, reduziert (vgl. auch Brandtstädter, Voß & Rothermund, 2004; Miller, 1996). Das Zwei-Prozess-Modell postuliert, dass in dem Maße, wie sich – etwa nach wiederholten vergeblichen Bemühungen – die Überzeugung festigt, gesetzte Ziele nicht erreichen zu können, Mechanismen aktiviert werden, die diese Ziele aus dem Arbeitsgedächtnis entfernen und so die Umorientierung erleichtern (vgl. Brandtstädter & Renner, 1990; Carver & Scheier, 1990).

Gegenüber einer konvergent-zielfokussierten Aufmerksamkeitsregulation, wie sie für die assimilative Funktionslage charakteristisch ist, setzt sich im Übergang zum akkommodativen Modus eine stärker holistisch-defokussierte Informationsverarbeitung durch. Das Aufmerksamkeitsfeld öffnet sich wieder für Reize und Handlungsoptionen, die zuvor ausgeblendet wurden, womit sich auch die Sensitivität für die mit dem bisher verfolgten Ziel verbundenen „Opportunitätskosten" erhöht. Experimentelle Befunde weisen z. B. darauf hin, dass nach der Bearbeitung unlösbarer Aufgaben die inzidentelle Erinnerungsleistung für Distraktorreize erhöht ist (Brandtstädter & Rothermund, 2002a). In eine ähnliche Richtung weisen auch Beobachtungen aus Tierexperimenten: Versuchstiere, die aversiver Stimulation ausgesetzt waren und keine Fluchtmöglichkeit hatten, zeigten nach einem solchen „Hilflosigkeitstraining" Leistungsverbesserungen in Aufgaben, die eine Beachtung externer Hinweisreize und ein entsprechend breiteres Aufmerksamkeitsfeld erfordern (s. etwa Lee & Maier, 1988; Rodd, Rosellini, Stock & Gallup, 1997). Aus neuropsychologischer Sicht liegt die Vermutung nahe, dass die für den akkommodativen Modus charakteristischen Veränderungen der kognitiven Funktionslage mit einer Aktivitätsverlagerung auf die rechte Hirnhemisphäre einhergehen, bei der Mechanismen dopaminerger Neuromodulation eine vermittelnde Rolle spielen: Rechtshemisphärische Prozesse erscheinen vor allem für die Verarbeitung von kontextueller Information wie auch für die Erzeugung neuartiger, kreativer Assoziationen bedeutsam. Mit der Abwertung von blockierten Zielen im akkommodativen Prozess werden zugleich auch Gefühle von Ärger, Hilflosigkeit und Verzweiflung gedämpft und ein positiver Stimmungsumschwung eingeleitet. In diesem Zusammenhang ist auch von Interesse, dass sich eine verstärkt divergent-holistische Informationsverarbeitung auch bei positiver Stimmungsinduktion zeigt (vgl. Ashby, Isen & Turken, 1999; Kischka et al., 1996; s. auch Kap. 10).

Allerdings begünstigen die spezifischen Prozesse der Informationsverarbeitung in der assimilativen bzw. der akkommodativen Phase auch charakteristische Urteilsverzerrungen: Die assimilative Funktionslage erhöht die Verfügbarkeit von Kognitionen, welche die Zielvalenz bzw. den Nutzen der Zielerreichung akzentuieren; auch kommt es in der Phase der Zielverfolgung zu einer tendenziellen Überschätzung eigener Kontrollpotentiale (s. auch Taylor & Gollwitzer, 1995). Zugleich trägt die Betonung positiver Zielvalenzen dazu bei, die Stärke negativer Emotionen bei Verfehlung des Zieles antizipatorisch zu überschätzen (*durability bias*; Gilbert & Wilson, 2000; s. Kap. 11). Werden im assimilativen Modus Nutzenaspekte gegenüber möglichen Kosten der Zielverfolgung betont, so verhält es sich im akkommodativen Modus umgekehrt: Hier werden Kognitionen erhöht verfügbar, welche die Zielablösung begünstigen; optimistische Handlungs-Ergebnis-Erwartungen werden gedämpft, zugleich kommt es zu einer realistischeren Einschätzung bzw. auch einer tendenziellen Unterschätzung von Nutzen-Kosten-Relationen und eigenen Handlungsmöglichkeiten. Entscheidungen hinsichtlich des Festhaltens oder Loslassens von Zielen werden auf der Grundlage aktuell verfügbarer Kognitionen getroffen; insofern scheinen sie bis zu einem gewissen Grad rationaler Analyse – etwa im Sinne von *Erwartungs-mal-Wert*-Theorien des Handelns oder *Subjective Expected Utility*-Modellen des Entscheidens (z. B. Feather,1982; Fishburn, 1981) – zugänglich. Welche kognitiven Inhalte jeweils verfügbar werden, ist indessen nicht mehr als Resultat vorausgehender Entscheidungen und Entschlüsse anzusehen; hier wird wiederum der Einfluss nicht intentionaler Mechanismen in der Handlungsregulation sichtbar (s. auch Bargh & Ferguson, 2000).

6.1.4 Situative und personspezifische Bedingungen

Die Balance zwischen assimilativen und akkommodativen Prozessen hängt von Bedingungen ab, die zwischen Personen und Situationen variieren. Wesentliche Faktoren in diesem Zusammenhang sind die Stärke individueller Kontrollüberzeugungen sowie die subjektive Wichtigkeit des verfolgten Zieles bzw. dessen Zentralität in der persönlichen Lebensorganisation. Aufgrund des dargestellten Funktionsantagonismus gilt allgemein, dass Faktoren, welche assimilative Tendenzen fördern – hohe Attraktivität und verfolgten Zieles, geringe Substituierbarkeit durch äquivalente Alternativen, positive Erfolgsaussichten – zugleich die Zielablösung bzw. den Akkommodationsprozess erschweren. Bedeutsam ist weiterhin die Verfügbarkeit von entlastenden Kognitionen bzw. Sinnperspektiven, die bei Zielblockaden und irreversiblen Verlusten eine positive Umdeutung der aktuellen Situation ermöglichen. Diese Faktoren hängen sowohl von personspezifischen Bedingungen als auch von Handlungs- und Sinnressourcen ab, die im jeweiligen Lebens- und Entwicklungsumfeld verfügbar sind.

Individuelle Handlungsressourcen und Kontrollüberzeugungen: Die subjektive Wahrscheinlichkeit, ein gesetztes Ziel erreichen zu können, ist von der wahrgenommen Schwierigkeit des Zieles abhängig, die wiederum mit persönlichen Kontrollüberzeugungen zusammenhängt. Diesbezüglich positive Selbsteinschätzungen gehen im Allgemeinen mit größerer Erfolgszuversicht und höherer Persistenz bei der Bewältigung auftretender Schwierigkeiten einher; die Bedeutung hoher Kontroll- bzw. Selbstwirksamkeitsüberzeugungen für das Wohlbefinden und die Bewältigung von kritischen Ereignissen wurde bereits angesprochen (s.o., Kap. 3). Die Zuversicht, persönlich bedeutsame Ziele erreichen zu können, schließt Gefühle von Hoffnungslosigkeit und Depression schon begrifflich aus; bekanntermaßen können sich mit „gelernter Sorglosigkeit" (Frey & Schulz-Hardt, 1997) aber auch Risiken verbinden.

Aus der Perspektive des Zwei-Prozess-Modells werden weitere Grenzbedingungen sichtbar: Starke Kontrollüberzeugungen sind definitionsgemäß nicht leicht zu erschüttern, dementsprechend spät werden assimilative Bewältigungsversuche aufgegeben. Besonders in der Auseinandersetzung mit faktisch unlösbaren Problemen und irreversiblen Verlusten können sich hieraus Nachteile ergeben. Der verzögerte Übergang zu akkomodativen Bewältigungsformen kann zur Erschöpfung von Handlungsressourcen führen; bei starker internaler Kontrolle treten depressive Reaktionen zwar eventuell später auf, sind dann aber oft stärker ausgeprägt (s. auch Nesse, 2000; Thompson, Cheek & Graham, 1988). Ausgeprägte Selbstwirksamkeitsüberzeugungen gehören zu den Risikofaktoren, die eine eskalierende Zielbindung begünstigen (s. etwa Brockner, 1992; Staw & Ross, 1987); das hartnäckige Festhalten an blockierten Zielen und unergiebigen Projekten kann sowohl in organisatorischen und politischen Planungs- und Entscheidungszusammenhängen wie auch in der persönlichen Lebensplanung zu erheblichen Fehlentwicklungen führen (s. Kap. 8). Nebeneffekte dieser Art liefern eine Erklärung für erwartungsdiskrepante, negative Zusammenhänge zwischen Kontrollüberzeugungen und Wohlbefindensmaßen, wie sie in einer Reihe von Studien gefunden wurden (zum Überblick s. Coyne, 1992).

Substituierbarkeit und Wichtigkeit von Zielen: Von Zielen minderer Wichtigkeit trennt man sich bekanntlich leichter als von solchen, die für das Selbstbild und die persönliche Lebensorganisation zentral bedeutsam und insofern besonders „ichnah" sind. Einen hohen Rang in der Wichtigkeitshierarchie haben im Allgemeinen solche Ziele, die Begründungen für andere Ziele liefern; dies mag z. B. für das Streben nach Freiheit und Selbstachtung oder auch für spirituelle Ziele oder Formen altruistischen Engagements gelten. Wichtig für uns sind aber auch solche Ziele, die instrumentellen Wert für die Erreichung einer Vielzahl anderer Ziele besitzen. Wenn z. B. gesundheitliche, soziale oder materielle Ressourcen bedroht sind, so hat deren Erhaltung und Sicherung zumeist Vorrang vor anderen Zielen (s. oben, Kap. 4).

Hohe Wichtigkeit und Zentralität eines Zieles verbindet sich im Allgemeinen mit dessen eingeschränkter Substituierbarkeit; weder für Ressourcenziele noch für intrinsisch valente Ziele des eben genannten Typs lässt sich leicht gleichwertiger Ersatz finden. Hier ist allerdings auch das „Phrasierungsniveau" (Little, 1989) des jeweiligen Zieles zu beachten: Abstrakt gefasste Ziele wie etwa „Ansehen" oder „Erfolg" lassen Spielraum für unterschiedliche Interpretationen und Konkretisierungen. War man in einem bestimmten Tätigkeitsfeld wenig erfolgreich, so kann man Ansehen und Selbstbestätigung möglicherweise auch in anderen Aufgabenbereichen erreichen. Das Umgehen oder Überwinden von Zielblockaden durch Einsatz neuer Mittel und Wege ist kennzeichnend für kompensatorische Formen assimilativer Aktivität. Ist jedoch nur ein bestimmter, konkreter Weg zielführend, so ist dessen Blockierung gleichbedeutend mit der Unerreichbarkeit des Zieles. Je enger die Substitutionsspielräume in einer gegebenen Handlungs- und Lebensumwelt sind, umso eher kann der Akkommodationsprozess auch auf zentrale Wert- und Zielorientierungen übergreifen.

Es ist naheliegend, dass Ablösungs- und Substitutionsprozesse durch die Fixierung auf spezifische Lebensziele erschwert werden. Personen mit hoher Selbstkomplexität, d.h. einem offenen, thematisch weniger eng gefassten Lebensentwurf sind eher bereit und in der Lage, sich von Zielen zu lösen; sie haben gleichsam mehrere „Eisen im Feuer" und werden durch die Blockierung einzelner Ziele weniger stark belastet. Zugleich fällt es ihnen leichter, bei Bedrohung bestimmter Selbstbildaspekte auf andere, positiv bewertete Aspekte zu fokussieren; insofern ist es nicht überraschend, dass Selbstkomplexität mit einem geringeren Depressionsrisiko einhergeht (Linville, 1987; s. auch Steele, Spencer & Lynch, 1993). Allerdings werden in diesem Zusammenhang auch lebenszeitliche Dynamiken bedeutsam: Je mehr Lebenszeit z. B. für die Verfolgung beruflicher Ziele aufgewendet wurde, umso weniger alternative Optionen stehen im Allgemeinen nach einem Scheitern der Ambitionen noch offen. Die aus solchen „Kanalisierungseffekten" resultierende Einschränkung von Substitutionsspielräumen kann daher dazu beitragen, die belastende Wirkung von Verlusten in späten Lebensabschnitten zu erhöhen (s. auch Rothermund & Brandtstädter, 1998).

Verfügbarkeit entlastender Kognitionen: Eine zunächst als aversiv empfundene Situation, die nicht durch aktives Handeln geändert werden kann, ist leichter zu ertragen, wenn es gelingt, ihr positive Seiten abzugewinnen bzw. sie in Sinnzusammenhänge einzuordnen (Affleck & Tennen, 1996; Tedeschi, Park & Calhoun, 1998). Solche Formen der Positivierung des Negativen sind kennzeichnend für den akkommodativen Prozess. Allerdings ist die individuelle Verfügbarkeit entlastender Kognitionen von personspezifischen Dispositionen und äußeren Rahmenbedingungen abhängig; existentielle Haltungen wie z. B. religiöse Überzeugungen, aber auch externe Sinngebungsangebote und -hilfen kommen hier als potentielle Bewältigungsressourcen ins Spiel. Personen mit dispositionell hoher akkommodativer Flexibilität zeigen erwartungsgemäß eine stärkere Tendenz, auf entlastende Informationen zu fokussieren und aversive Situationen mit positiven Bedeutungen zu verbinden (s. auch Wentura, 1995; Wentura, Rothermund & Brandtstädter, 1995).

Selbst-protektive bzw. „immunisierende" Prozesse: Damit assimilative Anstrengungen und eventuell auch spätere akkommodative Zielanpassungen überhaupt aktiviert werden können, müssen Ziel- und Selbstbilddiskrepanzen zunächst wahrgenommen und entsprechende Informationen als gültige Evidenz betrachtet werden. Man kann das Selbstkonzept als eine Theorie auffassen, die man selbst von sich selbst entwirft; diese Selbst-Theorie ist gleichsam mit einem Schutzschirm umgeben, der zentrale Annahmen gegen diskrepante Evidenz abschirmt – ähnlich wie es für wissenschaftliche Theorien gilt, bei denen Falsifikationsdruck durch „negative Heuristiken" auf weniger tragende Teile des Theoriegebäudes abgelenkt wird (Lakatos, 1970). Werden Kernannahmen des persönlichen Selbst- und Weltbildes bedroht, sind diese Abschirmungstendenzen besonders virulent (s. auch Kunda, 1990). Diskrepante Evidenz muss also hinreichend stark und konsistent sein, um die Barrieren zu durchbrechen, die das Selbstsystem vor Bedrohung und Destabilisierung schützen; wir können solche selbst-protektiven Mechanismen mit dem Begriff „Immunisierung" bezeichnen (Brandtstädter & Greve, 1992; Greve, 1990). Auch hier sind situative und personspezifische Bedingungen bedeutsam: Selbstbild-Annahmen können unterschiedlich gefestigt bzw. konsolidiert und insofern unterschiedlich „falsifikationsresistent" sein. Aber auch Einschätzungen eigener Handlungsmöglichkeiten beeinflussen die Bereitschaft, bedrohende oder belastende Evidenz wahrzunehmen bzw. für wahr zu halten; auch experimentelle Befunde weisen darauf hin, dass die Wahrnehmungsschwelle für Probleme bzw. entsprechende Hinweisreize erhöht ist, wenn die Probleme unausweichlich erscheinen bzw. keine Gegenmaßnahmen verfügbar sind (s. auch Rothermund, Wentura & Bak, 2001).

Assimilative Persistenz und akkommodative Flexibilität als Persönlichkeitsdispositionen: Im Vorigen wurden assimilative und akkommodative Bewältigungsformen vor allem im Hinblick auf prozessuale Aspekte beschrieben. Allerdings bestehen auch stabile individuelle Unterschiede hinsichtlich der Tendenz, in der Auseinandersetzung mit kritischen Ereignissen oder Verlusterfahrungen assimilative bzw. akkommodative Bewältigungsformen einzusetzen. Zur Erfassung solcher dispositionellen Unterschiede wurden die Skalen „Hartnäckige Zielverfolgung" (*HZV*) und „Flexible Zielanpassung" (*FZA*) entwickelt (Brandtstädter & Renner, 1990). Die *HZV*-Skala misst eine Tendenz, an gesetzten Zielen festzuhalten und auf eventuelle Schwierigkeiten mit zusätzlichen Anstrengungen zu antworten, die oft auch mit einer Aufwertung des Zieles einhergehen (*Beispielitems*: „Ich neige dazu, auch in aussichtslosen Situationen zu kämpfen"; „Mit Niederlagen kann ich mich nur schwer abfinden"; „Je schwieriger ein Ziel ist, umso erstrebenswerter erscheint es mir oft"). Die *FZA*-Skala dagegen erfasst auf dispositioneller Ebene die zentralen Facetten des akkommodativen Prozesses: die Bereitschaft zur Ablösung von blockierten Zielen, zu Anspruchsanpassungen, wie auch die Tendenz zur positiven Umdeutung belastender Situationen (*Beispielitems*: „Wenn ich etwas nicht ändern kann, verschwende ich auch keinen weiteren Gedanken daran"; „Auch im größten Unglück finde ich oft noch einen Sinn"; „Ich kann mich leicht umstellen, wenn die Dinge einmal nicht nach Wunsch laufen").

Beide Skalen leisten – und zwar unabhängig voneinander – einen bedeutsamen positiven Beitrag zur Vorhersage von Merkmalen subjektiver Lebensqualität wie Lebenszufriedenheit, Optimismus, Selbstwertgefühl, geringe Depressivität (vgl. Becker, 1995; Brandtstädter & Greve, 1992; Brandtstädter & Renner, 1990, 1992; Wentura, 1995). Gleichzeitig zeigen sie jedoch eine gegenläufige Regression auf die Altersvariable, und zwar im Sinne einer zunehmenden Dominanz von akkommodativer Flexibilität gegenüber assimilativer Persistenz im höheren Alter (vgl. Brandtstädter, 1992; Frazier, Newman & Jaccard, 2007). Dieses Befundmuster ist insofern theoretisch stimmig, als der Alternsprozess vielfach mit irreversiblen Verlusten, Behinderungen und eingeschränkten Handlungsressourcen einhergeht; akkommodative Bewältigungsformen gewinnen unter solchen Bedingungen an Bedeutung. Erwartungsgemäß sind Personen mit hoher akkommodativer Flexibilität auch eher bereit und in der Lage, belastenden Situationen positive Aspekte abzugewinnen; in experimentellen Studien zeigt sich ein Verarbeitungsvorteil für entlastende Informationen bei hohen Flexibilitätswerten (s. auch Wentura, 1995).

Wenngleich sowohl assimilative Persistenz wie auch akkommodative Flexibilität positive Zusammenhänge mit Maßen subjektiver Lebensqualität aufweisen, scheinen sie auf unterschiedliche Weise zum Wohlbefinden beizutragen. Auch in der Affektbalance finden sich interessante Asymmetrien: Während Hartnäckigkeit mit einer gesteigerten Häufigkeit positiver Emotionen einherzugehen scheint (jedoch nicht mit einer Verringerung negativer

Affekte), trägt Flexibilität eher durch die Dämpfung negativer Emotionen als durch eine Steigerung positiver Emotionen zu subjektivem Wohlbefinden bei (Heyl, Wahl & Mollenkopf, 2007).

6.2 Forschungsbefunde und theoretische Erweiterungen

Das hartnäckige Verfolgen von Zielen wie auch deren flexible Anpassung an veränderte Lebens- und Entwicklungsbedingungen sind als grundlegende Aspekte adaptiver Kompetenz über die gesamte Lebensspanne hinweg bedeutsam. Die Balance zwischen beiden Prozessen gewinnt jedoch vor allem in Lebensphasen Bedeutung, die durch Einschränkungen und Verluste gekennzeichnet sind; in besonderem Maße gilt dies für das höhere Lebensalter. Hierzu sollen zunächst weitere einschlägige Befunde betrachtet werden. Auch zu weiteren Problembereichen, die das Thema positiver Entwicklung berühren, leistet das Zwei-Prozess-Modell einen Erklärungsbeitrag; dies gilt z. B. für Fragen der Entstehung und Bewältigung depressiver Störungen, für Probleme ruminierenden Denkens wie auch für soziale Vergleiche und deren emotions- und handlungsregulative Funktionen. Nicht zuletzt ergeben sich auch Ansatzpunkte zu einem genaueren Verständnis der Prozesse, die im höheren Alter zur Aufrechterhaltung von Kontroll- und Selbstwirksamkeitsüberzeugungen beitragen.

6.2.1 Akkommodative Flexibilität als Bewältigungsressource im Alter

Zwar zeigen Alternsprozesse in ihren biologischen, psychologischen und sozialen Aspekten eine erhebliche interindividuelle Variation, doch sind Verluste in vielen Lebens- und Funktionsbereichen übliche Begleiterscheinungen. Die Bereitschaft und Fähigkeit, gegen solche Verluste durch selektive, optimierende und kompensatorische Aktivitäten anzukämpfen, ist ein wichtiger Aspekt „gelingenden" Alterns (SOK-Modell; Baltes & Baltes, 1990; Baltes, Staudinger & Lindenberger, 1999; Freund, 2007). Aktivitäten dieser Art sind offenbar dem assimilativen Bewältigungsmodus zuzuordnen, was sich empirisch auch in korrelativen Beziehungen zur Hartnäckigkeitsskala zeigt (Freund & Baltes, 2002). Wie in anderen Altersbereichen, so steht assimilative Persistenz auch im höheren Alter in positivem Zusammenhang zu Maßen subjektiver Lebensqualität.

Mit fortschreitendem Alter verringern sich allerdings die Spielräume für den kompensatorischen Ausgleich von Verlusten, zumal die hierfür erforderlichen Ressourcen zum Teil selbst einem Abbau unterliegen. Körperliche Behinderungen, gesundheitliche Einschränkungen, Einbußen in sensorischen Funktionen oder auch chronische Schmerzen beeinträchtigen das Wohlbefinden von Personen mit hoher akkommodativer Flexibilität bzw. hohen Werten in der *FZA*-Skala in signifikant geringerem Maße (Boerner, 2004; Brandtstädter, Rothermund & Schmitz, 1997; Brandtstädter & Wentura, 1994; Darlington et al., 2007; Kranz, Bollinger & Nilges, 2010; Schmitz, Saile & Nilges, 1996). „Flexible" Personen empfinden auch den Verlust an Lebenszeitreserven in geringerem Maße als Belastung, und die Selbstkategorisierung als „alt" hat für sie weniger negative Konnotationen (Brandtstädter & Wentura, 1994; Rothermund, Wentura & Brandtstädter, 1995). Die Fähigkeit und Bereitschaft, sich von blockierten Zielen und Lebensentwürfen zu lösen, zeigt solche wohlbefindensrelevanten Wirkungen auch in anderen Zusammenhängen: In Partnerschaftsbeziehungen z. B. trägt diese Disposition sowohl zur Qualität wie zur Stabilität von Partnerschaften bei; zugleich dämpft sie den Einfluss partnerschaftlicher Konflikte auf die allgemeine Lebenszufriedenheit (Brandtstädter & Felser, 2003). Flexible Zielanpassung ist offenbar auch eine wesentliche Bewältigungsressource für Eltern, deren Kinder behindert oder schwer erkrankt sind (Seltzer, Greenberg, Floyd & Hong, 2004).

6.2.2 Depressive Störungen

Depressive Symptome verweisen auf „Anpassungsstörungen" und Entwicklungsprobleme: Die betroffene Person erlebt ihre Lebensumstände als aversiv und sieht kaum Chancen für eine positive Veränderung; Sinnverluste, Motivationsdefizite und Selbstwertprobleme sind typische Folgen. Leitsymptome sind neben der dysphorischen Stimmungslage eine generalisierte Antriebs- oder Entscheidungsschwäche, die sich auch in alltäglichen Verhaltensbereichen manifestiert (z. B. Körperpflege, häusliche Tätigkeiten, berufliche Leistungsfähigkeit). Auch spezifische kognitive Defizite wie z. B. Konzentrationsprobleme gehören zum Syndrom depressiver Störungen.

Hinsichtlich der Ätiologie solcher Befindlichkeitsstörungen wird von kognitions- und hilflosigkeitstheoretischen Erklärungsansätzen vor allem der Aspekt mangelnder Kontrolle über persönlich bedeutsame Ziele betont: „When highly desired outcomes are believed improbable or highly aversive outcomes are believed probable, and the individual expects that no response in his repertoire will change their likelihood, (helplessness) depression results" (Abramson, Seligman & Teasdale, 1978, S. 68). Bemerkenswert sind indessen auch Remissionsraten: Zwar können sich Erholungsphasen nach traumatischen Lebensereignissen über Jahre hinziehen, jedoch verschwindet ein nicht geringer Teil depressiver Störungen auch ohne therapeutische Hilfen innerhalb eines Zeitraumes von einigen Monaten (s. etwa Stern & Mendels, 1980). Der Verlegenheitsbegriff „Spontanremission" weist darauf hin, dass die Mechanismen, die zur Überwindung bzw. Auflösung depressiver Störungen beitragen, noch unzureichend verstanden sind. Kontrolltheoretische Ansätze sind in dieser Hinsicht weniger aufschlussreich, zumal Remissionen auch nach irreversiblen Verlusten auftreten (s. etwa Coyne, 1992).

Das Zwei-Prozess-Modell bietet hier einen weitergehenden Erklärungsansatz. Aus dieser theoretischen Perspektive sind in der Ätiologie von Anpassungsstörungen mit depressiver Stimmung zwei Risikofaktoren zentral bedeutsam: Neben dem Verlust von Kontrolle über persönlich bedeutsame Ziele trägt auch die mangelnde Fähigkeit, sich von blockierten Zielen zu lösen, zu Dauer und Stärke depressiver Störungen bei. Auch aus kontrolltheoretischer Sicht sind nicht Kontrolldefizite als solche entscheidend, sondern vielmehr solche, die persönlich bedeutsame Ziele und Projekte betreffen. Dies bedeutet aber im Umkehrschluss, dass auch die Verringerung der Bedeutsamkeit bzw. die Lösung von blockierten Zielen zur Erhaltung von Kontrolle beitragen kann; diese Implikation hat bislang weniger Beachtung gefunden.

Tatsächlich sprechen klinische Beobachtungen dafür, dass Personen mit reaktiv-depressiven Störungen sich weniger leicht von blockierten Zielen und Lebensentwürfen trennen: „... they were less likely to appraise situations as requiring their acceptance", so fassen Coyne, Aldwin und Lazarus (1981, S. 439) ihre Erfahrungen mit depressiven Patienten zusammen (s. auch Brandtstädter & Baltes-Götz, 1990; Carver & Scheier, 1998). Neben der persönlichen Wichtigkeit blockierter Ziele und Lebensentwürfe spielen hierbei auch Persönlichkeitsdispositionen eine Rolle, die eine Anpassung von Zielen an veränderte Lebensumstände erschweren: „I can no longer do what I want to do, and yet I still want to do those things", ist eine typische Klage depressiver Patienten (Melges & Bowlby, 1969, S. 694). In eine ähnliche Richtung weisen experimentelle Befunde: In einer Studie von Bandura (1989) erhielten Teilnehmer nach einem Leistungstest die fingierte Rückmeldung, eine zuvor selbst gewählte Zielmarke nicht erreicht zu haben. Ein depressives Reaktionsmuster zeigte sich vor allem bei Personen, die bei weiteren Durchgängen an ihrem zuvor gesetzten Anspruchsniveau festhielten, zugleich aber an ihrer Fähigkeit zweifelten, diesem entsprechen zu können. Auch bei Entwicklungs- und Rollenübergängen fördert das Festhalten an Zielen und Lebensentwürfen, die mit den neuen Aufgaben und Anforderungen unverträglich sind, das Entstehen depressiver Störungen (s. auch Salmela-Aro, Nurmi, Saisto & Halmesmäki, 2001).

Aus der Sicht des Zwei-Prozess-Modells verweisen depressive Störungen wesentlich auf Schwierigkeiten im Übergang von assimilativen zu akkommodativen Bewältigungsformen, damit zugleich auch auf situative und personspezifische Faktoren, die solche Probleme verschärfen (s.o., 6.1.4). Aus dieser theoretischen Sicht besitzen depressive Stimmungslagen allerdings auch adaptive Funktionen, was nicht zuletzt auch aus evolutionsbiologischer Perspektive plausibel erscheint: Die mit depressiven Störungen typischerweise einhergehende Verhaltensinhibition kann z. B. zu einer ökonomischeren Verwendung von Handlungsressourcen beitragen, indem sie die Fortsetzung aussichtslos gewordener Anstrengungen verhindert (vgl. auch Nesse, 2000). Nicht zuletzt kann eine nüchternere Einschätzung eigener Handlungsmöglichkeiten, die auch als „depressiver Realismus" beschrieben wird (Alloy & Abramson, 1988), Zielablösungen begünstigen. Insofern sind depressive Zustände nicht schlicht als pathologische Endzustände gescheiterter Bewältigung anzusehen; vielmehr scheinen sie zugleich Mechanismen in Gang zu setzen, die zum Remissionsprozess beitragen.

6.2.3 Ruminierendes Denken

Ruminierendes Denken – das unablässige Kreisen der Gedanken um Probleme und persönlich belastende Themen – tritt oft im Zusammenhang mit einer depressiven Symptomatik auf und wird vielfach als mitursächlich für solche Befindlichkeitsstörungen betrachtet: Negative Stimmungslagen können die Verfügbarkeit stimmungskongruenter Kognitionen steigern; dies wiederum kann die dysphorische Befindlichkeit aufrechterhalten (zum Konzept der „dysphorischen Rumination" s. auch Lyubomirsky & Nolen-Hoeksema, 1993). Allerdings ist die empirische Evidenz zur *mood-congruency*-Hypothese gemischt (s. etwa Rusting & DeHart, 2000); negative Stimmungen scheinen vielfach auch Gegentendenzen eines *mood repair* (Isen, 1999) zu aktivieren, d.h. die Verfügbarkeit positiver, entlastender Kognitionen zu fördern. Das Zwei-Prozess-Modell bietet für diese scheinbar inkonsistente Befundlage eine Erklärung: Solange ein Problem lösbar erscheint, wäre es kaum funktional, ihm positive Seiten abzugewinnen; Tendenzen zum *mood repair* sollten sich erst in einer akkommodativen Funktionslage einstellen, d.h. im Zusammenhang mit Prozessen, wie sie oben auch unter dem Stichwort des *benefit finding* angesprochen wurden.

Zugleich treten aus dieser theoretischen Perspektive potentielle adaptive Funktionen ruminierenden Denkens deutlicher hervor. Ruminierendes Denken kann einerseits dazu beitragen, Möglichkeiten zur Lösung gegebener Probleme zu finden; in diesem Punkt berührt sich der vorliegende Ansatz mit Zieldiskrepanz-Konzepten der Rumination (s. etwa Martin & Tesser, 1996). Diese Konzeptionen legen den Vergleich mit einem Regelkreis nahe, dessen Aktivität durch eine Ist-Soll-Abweichung angestoßen wird und so lange anhält, bis diese Diskrepanz beseitigt ist; ruminierendes Denken kann insofern im Sinne einer „selbstregulatorischen Persistenz" gedeutet werden (Pyszczynski & Greenberg, 1992; s. auch Carver & Scheier, 1998). Allerdings scheint diese Sichtweise in erster Linie für Phasen ruminierenden Denkens plausibel, in denen noch ein assimilativer Bewältigungsmodus dominiert; die bei Zielbehinderungen auftretenden negativen Emotionen können eine tiefere, systematischere Analyse des Problems begünstigen (s. auch Bless, Bohner, Schwarz & Strack, 1990). Je länger die Suche nach einer Lösung ohne Ergebnis bleibt, umso leichter kann sich jedoch auch die Einsicht in die Vergeblichkeit der Bemühungen durchsetzen und die Funktionslage in die akkommodative Richtung verschieben; in dieser Phase sollte ruminierendes Denken zunehmend entlastende Funktionen annehmen.

Entsprechende Unterschiede zeigen sich auch auf dispositioneller Ebene. In einer Studie von Schattka (2003) wurden habituelle Tendenzen und Richtungen ruminierenden Denkens in der Auseinandersetzung mit Problemen und Rückschlägen untersucht, wobei verschiedene inhaltliche Kategorien vorgegeben wurden. Erwartungsgemäß zeigt sich eine deutliche Affinität von assimilativer Persistenz (*HZV*-Skala) zu problemfokussiertem Ruminieren (man denkt darüber nach, was man falsch gemacht hat, wie man das Problem lösen könnte), wohingegen bei akkommodativer Flexibilität (*FZA*-Skala) ein entlastender Fokus dominiert (man fragt sich, ob das Ziel eigentlich so wichtig war; man sagt sich, dass andere Menschen viel größere Probleme haben; man denkt an die positiven Seiten des Lebens). Insofern erscheint es einseitig, Rumination ausschließlich als dysfunktionales Begleitsymptom depressiver Störungen anzusehen. Offenbar gelangt man zu einem differenzierteren Bild, wenn funktionelle Beziehungen ruminierenden Denkens zu den Dynamiken von hartnäckiger Zielverfolgung und flexibler Zielanpassung berücksichtigt werden.

6.2.4 Selbstwirksamkeit und Kontrolle

Akkommodative Prozesse werden wesentlich durch die Einschränkung von Handlungsmöglichkeiten und erlebte Kontrollverluste aktiviert; gleichwohl können sie ihrerseits zur Aufrechterhaltung von Kontrolle beitragen. Zwar sind Ziel- und Anspruchsanpassungen nicht ohne weiteres als Aktivitäten anzusehen, die – etwa im Sinne von Konzepten „sekundärer Kontrolle" (Rothbaum et al., 1982; vgl. auch Heckhausen & Schulz, 1995) – von einem Grundmotiv der Erhaltung von persönlicher Kontrolle bestimmt werden; insbesondere geht akkommodative Flexibilität nicht mit illusorisch überhöhten Einschätzungen eigener Kontrollmöglichkeiten (*„illusory secondary control"*) einher. Die Abwertung von unerreichbar gewordenen Zielen und die Abstimmung von Ansprüchen auf das Erreichbare kann auf andere Weise dazu beitragen, dass Kontrollverluste in spezifischen Lebensbereichen sich nicht auf das allgemeine Selbstwirksamkeitsempfinden auswirken; wir erleben es nicht als Einschränkung oder Belastung, nicht erreichen zu können, woran uns nicht viel liegt. In Erhebungen mit Teilnehmern im frühen und mittleren Erwachsenenalter haben wir Veränderungen wahrgenommener Kontrolle in verschiedenen Zielbereichen (z. B. Gesundheit, soziale Anerkennung, Wohlstand) über einen Zeitraum von mehreren Jahren analysiert. Im Einklang mit akkommodationstheoretischen Überlegungen wirkten sich bereichsspezifische Kontrollverluste in geringerem Maße auf das globale Selbstwirksamkeitsempfinden aus, wenn im gleichen Zeitraum die persönliche Wichtigkeit der betreffenden Ziele reduziert wurde (Brandtstädter & Rothermund, 1994). Verbindet man diese Überlegungen mit dem robusten Befund einer zunehmenden Betonung akkommodativer Bewältigungsformen im höheren Alter, so wird zugleich verständlich, weshalb es im Alter trotz vielfacher Einschränkungen und Behinderungen nicht zu allgemeinen Verlusten in erlebten Kontroll- und Selbstwirksamkeitsüberzeugungen kommt (vgl. Brandtstädter et al., 1993; Lachman, 1986).

6.2.5 Aufwärts- und Abwärtsvergleiche

Vergleichsprozesse können sich auf Erinnertes, aktuell Wahrgenommenes und erwartete zukünftige Umstände beziehen; sie können sich als soziale Vergleiche auf Personen, Gruppen oder auch stereotype Vorstellungen des „generalisierten Anderen" beziehen; in Prozessen der Selbstbewertung vergleichen wir unser aktuelles Selbst mit Repräsentationen eines möglichen, erwünschten oder auch „gesollten" Selbst. Nicht zuletzt können wir einen faktischen Ereignisverlauf gedanklich mit möglichen anderen, jedoch nicht realisierten Verläufen kontrastieren. Vergleichsprozesse sind von zentraler Bedeutung in der Handlungs- und Affektregulation; sie dienen dem *self-assessment* und unterstützen damit eventuell zugleich ein *self-improvement* (Festinger, 1954). Aus der theoretischen Perspektive des Zwei-Prozess-Modells ist anzunehmen, dass assimilative und akkommodative Funktionslagen bzw. Dispositionen sowohl die kognitive Verfügbarkeit wie auch die Präferenz für bestimmte Vergleichsrichtungen beeinflussen.

Motivierende Anstöße zu einem *self-improvement* bzw. zur Arbeit an sich selbst können insbesondere von dem „Aufwärtsvergleich" mit anderen ausgehen, die uns in erstrebenswerten Hinsichten übertreffen. Aufwärtsvergleiche können indessen auch zu emotionalen Belastungen führen, wenn man sich nicht in der Lage sieht, die wahrgenommene Distanz zu überwinden, zugleich aber an den unerfüllbar erscheinenden Wünschen und Selbstidealen festhält. Es liegt nahe, solche Belastungen als Ausdruck einer unvollständigen

Zielablösung bzw. eines Defizits in akkommodativen Bewältigungspotentialen anzusehen. Ähnliches gilt auch für Neidgefühle, wobei hier noch hinzukommt, dass man eigene Benachteiligungen bzw. wahrgenommene Begünstigungen anderer als ungerecht betrachtet; „conditions leading to envy may inhabit a territory (…) where a sense of control is low but where the desired outcome can be imagined…" (Smith & Kim, 2007, S. 51).

Hingegen können „Abwärtsvergleiche" mit Personen oder Zuständen, von denen man sich positiv abzuheben glaubt, Gefühle von Zufriedenheit bzw. Selbst-Zufriedenheit vermitteln (s. etwa Wills, 1981; Wood, 1989). Die Vorstellung, dass es anderen noch schlechter geht, kann die emotionale Bewältigung eigener Behinderungen und Belastungen erleichtern. Angesichts der Unschärfe und multidimensionalen Struktur unserer Begriffe von Schönheit, Kompetenz und Erfolg finden sich zudem leicht Bereiche, wo man anderen überlegen ist und die man daher kompensatorisch gegen eigene Schwächen aufrechnen kann. Eine hohe „Selbstkomplexität" (Linville, 1987), aber auch eine Disposition zu akkommodativer Flexibilität scheint solche entlastenden Bilanzierungen zu erleichtern (s. auch Rothermund & Meiniger, 2004). Allerdings erscheinen uns nicht alle möglichen Vergleiche als fair oder sinnvoll. Es wird z. B. im Allgemeinen als unangemessen oder ungerecht angesehen, Leistungsmaßstäbe von Experten auf Anfänger, von Erwachsenen auf Kinder, von Jugendlichen auf ältere Menschen (oder umgekehrt) anzuwenden. Neben Aspekten von Gerechtigkeit und Fairness können auch Faktoren wie Empathie und soziale Nähe die emotionale Qualität von Vergleichen beeinflussen: Der Erfolg anderer kann Anlass zu Stolz und Freude sein, wenn man sich mit ihnen identifiziert, und das Unglück nahestehender Personen eignet sich nicht für entlastende Abwärtsvergleiche.

Die verbreitete Annahme einer generellen Präferenz für Abwärts- gegenüber Aufwärtsvergleichen scheint auch aus anderen Gründen nicht plausibel. Letztere sind wie gesagt in geringerem Maße aversiv oder selbstwertbedrohlich, wenn man sich selbst hinreichende Handlungs- oder Entwicklungspotentiale zuschreibt (s. auch Testa & Major, 1990). Abwärtsvergleiche dagegen können Anspruchsanpassungen und die Ablösung von blockierten Zielen erleichtern, wenn eine Verbesserung der eigenen Situation nicht möglich erscheint; insofern zeigen sie eine größere Nähe zu akkommodativen Bewältigungsformen. Erwartungsgemäß finden sich bei Personen mit ausgeprägten assimilativen oder akkommodativen Dispositionen entsprechende Asymmetrien hinsichtlich der jeweils bevorzugten Vergleichsrichtung (Wrosch & Heckhausen, 1996).

Auch kontrafaktische Vergleiche im oben angesprochenen Sinne können „aufwärts" oder „abwärts" gerichtet sein: Wenn wir uns den Einfluss zufälliger Ereignisse auf unsere bisherige Lebensgeschichte und die Möglichkeit alternativer Lebensverläufe vergegenwärtigen, so kann ein Fokus auf günstige bzw. hilfreiche Umstände Gefühle von Dankbarkeit oder auch Schicksalsglück hervorrufen (s. auch Kray et al., 2010). Dagegen kann die Vorstellung, dass unser Leben unter bestimmten Bedingungen günstiger verlaufen wäre, negative Affekte wie Unzufriedenheit, Ärger oder auch Reue freisetzen – dies vor allem dann, wenn eigene Handlungen oder Versäumnisse im Spiel waren. Auch hier hat eine Disposition zu akkommodativer Flexibilität einen günstigen Effekt auf das persönliche Wohlbefinden, da sie mit einer erhöhten Bereitschaft einhergeht, auf positive Seiten der bisherigen Lebensgeschichte zu fokussieren; zugleich sind flexible Personen weniger geneigt, Fehlern und falschen Entscheidungen nachzutrauern (s. auch Kranz, 2005). Reuegefühle und benachbarte Themen wie „Sehnsucht" und „Gelassenheit" sollen in späteren Kapiteln noch eingehender behandelt werden (s. Kap. 11, 12 und 13).

„Wenn es ein ‚Geheimnis des Glücks' gibt, so liegt es darin, daß man regelmäßig eine Grundlinie oder einen Bezugspunkt wählt, von dem aus sich Aspekte der aktuellen Situation als gut oder besser werdend bewerten lassen", so könnte man mit Nozick (1991, S. 125) die voraufgehenden Überlegungen auf den Punkt bringen. „Menschen, die nie zufrieden sein können, ganz gleich was geschieht, haben vielleicht nicht nur eine unglückliche Gemütsart, sondern einen Charakterfehler", fährt Nozick (S. 126) fort; man kann dies als Plädoyer für Bescheidenheitstugenden bzw. auch als Argument zugunsten akkommodativer Flexibilität verstehen. Allerdings sollte man wohl einschränkend hinzusetzen, dass Entwicklungsfortschritte auf individueller wie gesellschaftlicher Ebene vielfach auch daraus resultieren, dass man sich mit dem jeweils Gegebenen bzw. auch dem scheinbar Unabänderlichen nicht ohne weiteres abfindet; hier käme – in Begriffen des Zwei-Prozess-Modells – assimilative Persistenz wieder ins Spiel. Nicht zuletzt könnte man hier die Frage anknüpfen, wie sich eine eudämonische „Grundlinie" im Sinne Nozicks finden lässt, wenn der Lebenslauf sich dem Ende zuneigt; jedenfalls kann ein „Besserwerden" nicht mehr ohne weiteres im Sinne einer zukunftsbezogenen Fortschrittsperspektive verstanden werden, wenn kaum noch erlebbare Zukunft verbleibt. Wir werden auch diese Fragen später wieder aufgreifen (s. Kap. 15).

7
Kompensation als Mittel der Steigerung von Leistung und Lebensqualität

Kompensation im ursprünglichen Wortsinne meint das Herbeiführen eines Gleichgewichtes durch den Ausgleich von Gewichten und Gegengewichten. Aufgrund seiner Nähe zu Idealen von Ausgewogenheit, Harmonie, Stabilität und Gerechtigkeit hat der Begriff schon früh in verschiedensten Bereichen – von den Militärwissenschaften über Biologie, Ökonomie, Medizin und Jurisprudenz bis hin zu Ethik und Theologie – Anwendung gefunden (s. auch Svagelski, 1981). Leibniz (1710) z. B. bringt die Kompensationsidee beim Versuch des Nachweises in Spiel, dass diese Welt die beste aller möglichen Welten sei. Auch in dem naturphilosophischen Werk von Buffon (1777) fungiert der Kompensationsbegriff als zentrales Ordnungsprinzip. Goethe (1834, S. 194) glaubte in der pflanzlichen und tierischen Morphogenese ein Kompensations- bzw. Ökonomiegesetz zu erkennen, wonach „keinem Teil etwas zugelegt werden könne, ohne daß einem anderen dagegen etwas abgezogen werde, und umgekehrt"; Darwin (1859) greift dieses Prinzip in seinen Überlegungen zur „Kompensation und Ökonomie des Wachstums" auf. Der Grundgedanke kehrt auch in neueren ökonomietheoretischen Konzepten wieder; so z. B. bezeichnet der Begriff des „Pareto-Optimums" einen Systemzustand, über den hinaus keine Zielfunktion weiter gesteigert werden kann, ohne zugleich eine andere zurückzusetzen (s. auch Sen, 1970). „Für den Menschen gibt es weder Gewinn ohne Verlust, noch Verlust ohne Gewinn – Kompensation überall", postuliert Formey (1759) in seinem Entwurf eines „Systems der Kompensation". Nicht zuletzt können auch Entwicklungs- und Alternsprozesse als *gain-loss-dynamic* betrachtet werden (Baltes et al., 2006); im Kontext persönlicher Entwicklung richtet sich kompensatorisches Handeln wesentlich darauf, diese Gewinn-Verlust-Bilanz in günstigen Grenzen zu halten.

Wie schon in den einleitenden Überlegungen deutlich wurde, begegnet das Kompensationskonzept auch in neueren anthropologischen Ansätzen; der Mensch ist – als *homo compensator* (Marquard, 1985) – wesentlich durch seine besondere Kompetenz charakterisiert, durch kompensatorische Mittel Defizite auszugleichen und Beschränkungen zu überwinden. Er bedient sich hierzu der Mittel und Problemlösungen, die in der kulturellen Evolution entwickelt und tradiert wurden; Kulturen stellen gleichsam einen „Werkzeugkasten"

(Bruner, 1990b) von Mitteln und Techniken bereit, mit deren Hilfe individuelle Leistungsmöglichkeiten wenngleich nicht grenzenlos, so doch über „natürliche" Grenzen hinaus gesteigert werden können. Vielfach werden diese „Werkzeuge" gewohnheitsmäßig und ohne explizite kompensatorische Zielsetzungen genutzt; diese treten oft erst dann wieder lebhafter ins Bewusstsein, wenn die betreffenden Hilfsmittel nicht mehr problemlos verfügbar sind.

Kompensatorische Automatismen benötigt jedes adaptive System, um unter wechselnden Anforderungen seine Funktionsfähigkeit zu erhalten; beim Menschen allerdings sind kompensatorische Aktivitäten auch intentional ausgeformt und in Projekte der Effizienzsteigerung, Selbstkultivierung und intentionalen Selbstentwicklung integriert. Kompensationshilfen der „Athletik, Prothetik und Kosmetik" (Sloterdijk, 2005) werden seit jeher zu solchen Zwecken angeboten und eingesetzt, freilich verstärkt und zum Teil industriell organisiert in neuzeitlichen Gesellschaften. Kompensationsbedarf entsteht sowohl bei steigenden Anforderungen oder Ansprüchen wie auch in Lebensphasen, die durch Funktionsverluste und Einschränkungen gekennzeichnet sind.

Erhöhter Kompensationsbedarf entsteht in neuerer Zeit nicht zuletzt aus der Übertragung ökonomischer Effizienz- und Optimierungskriterien auf den Bereich persönlicher Lebensführung. Um Handlungseffizienz und adaptive Flexibilität bei wechselnden Anforderungen und unter Wettbewerbsdruck zu steigern, werden verstärkt selbstregulatorische und kompensatorische Anstrengungen gefordert: Diese richten sich z. B. auf den planvollen Gebrauch und die Ökonomisierung von Zeit, auf Leistungssteigerung und Ausgleich von Defiziten etwa durch Techniken des Selbstmanagements und der Stressbewältigung. Die Nachfrage nach entsprechenden Angeboten (s. auch Maasen, 2007) wird zum Teil auch durch den Wunsch motiviert, die mit steigenden Anforderungen einhergehenden Belastungen in einem Rahmen zu halten, der mit Ansprüchen subjektiver Lebensqualität noch verträglich ist. Die Beschleunigung von Veränderungsprozessen in allen Lebensbereichen erzeugt bei zunehmend mehr Menschen in immer früherem Alter das Gefühl, mit den veränderten Anforderungen nicht mehr bzw. nur mit Hilfe kompensatorischer Aufrüstungen Schritt halten zu können; solche Obsoleszenz-Probleme sind in vieler Hinsicht den adaptiven Herausforderungen des höheren Alters vergleichbar.

7.1 Kompensatorische Aktivitäten und Prozesse

Der Kompensationsbegriff ist, wie es sich schon in diesen einleitenden Bemerkungen andeutet, sehr weit: Kompensatorische Elemente lassen sich in nahezu jedem Handeln ausmachen, zumal wenn es sich zur Erreichung von

Zielen artifizieller Mittel bedient. Kompensation im hier interessierenden, engeren Sinne bezieht sich auf den Ausgleich von Funktionsdefiziten und Handlungseinschränkungen, wie sie in unterschiedlichen Lebensabschnitten, insbesondere auch im höheren Alter auftreten. Bedarf der Mensch schon als konstitutionelles „Mängelwesen" kompensatorischer Stützungen, so gilt dies in besonderem Maße bei nachlassenden physischen und gesundheitlichen Reserven (Baltes & Baltes, 1990; Baltes et al., 2006; Freund, 2007). Im handlungstheoretischen Sinne kann von Kompensation immer dann gesprochen werden, wenn zur Erreichung eines Zieles oder zum Ausgleich von Defiziten Hilfsmittel und Strategien eingesetzt oder entwickelt werden, die bislang nicht zum Handlungsrepertoire des Individuums gehörten (vgl. Vygotsky, 1979).

Wir können autonom-aktive von eher heteronom-passiven Formen der Kompensation unterscheiden – die Grenzen sind fließend: *Homo compensator* kann sowohl selbst bzw. im eigenen Interesse kompensatorisch aktiv werden wie auch – insbesondere dort, wo individuelle „Inkompetenzkompensationskompetenz" (Marquard, 1985) nicht hinreicht – zum Nutzer oder Adressaten institutionell organisierter Kompensationsangebote werden, wie es zum Teil im Erziehungs- und Bildungswesen oder auch in therapeutischen Zusammenhängen der Fall ist. Normative Vorgaben, die keine flexible Anpassung an individuelle Leistungsmöglichkeiten und deren altersgebundene Veränderung erlauben, erzeugen hierbei besonders hohen Kompensationsdruck.

Den Ausgangspunkt kompensatorischer Aktivitäten bildet in jedem Falle ein *skill-demand mismatch* (Bäckman & Dixon, 1992), eine Diskrepanz bzw. ein Ungleichgewicht zwischen individuellen Handlungs- und Entwicklungsmöglichkeiten einerseits und gegebenen Zielen oder Ambitionen andererseits. Diskrepanzen dieser Art können – kurzfristig oder über längere Zeiträume hinweg – sowohl durch die Steigerung von sozialen Anforderungen oder persönlichen Ansprüchen wie auch durch individuelle Entwicklungs- und Funktionsverluste entstehen, wobei ontogenetisch-altersgradierte und lebenszyklische Veränderungen wie auch historische Einflüsse zusammenspielen können. Im idealtypischen Falle werden Defizite bzw. *mismatches*, die kompensatorisches Handeln erfordern, vom Individuum selbst bemerkt. Gelegentlich setzt die Feststellung und Analyse solcher Defizite und die Planung von remedialen Interventionen aber auch den Einsatz professioneller Diagnostik und Beratung voraus. So z. B. setzen Förder- und Kompensationsmaßnahmen im schulischen Bereich oft Lernziel- und Aufgabenstrukturanalysen und eine darauf abgestimmte Diagnostik individueller Stärken und Schwächen voraus. In ähnlicher Weise bedarf auch die Feststellung und eventuelle Frühdiagnose von Funktionsverlusten im höheren Alter vielfach professioneller Hilfe z. B. von medizinischer oder psychologischer Seite.

Wie andere Handlungen sind auch kompensatorische Aktivitäten oft „polyvalent"; z. B. kann der Einsatz kompensatorischer Mittel zur Steigerung von Leistungen der Kompensation eines Wettbewerbsnachteils, eines Ansehensverlusts, vielleicht auch – im Sinne des aus der Adlerschen Individualpsychologie bekannten Kompensationskonzepts – eines Inferioritätsgefühls dienen. Personen, die Misserfolg in persönlich bedeutsamen Bereichen erleben, neigen nicht nur dazu, dies durch zusätzliche Anstrengungen wettzumachen, sondern versuchen oft auch, ihr Selbstwertempfinden vor sich selbst und anderen wieder ins Lot zu bringen, indem sie andere, positive Seiten des Selbst betonen (Steele, 1988; Tesser, Martin & Cornell, 1996); auch hierin zeigen sich kompensatorische Elemente.

Entsprechend vielfältig sind die Motive, die Kompensationshandlungen zugrundeliegen; allgemein lassen sich auch in diesem Zusammenhang Aktivitäten mit einem *promotion focus* von solchen mit einem *prevention focus* (Higgins, 1997) unterscheiden: Während im jüngeren Alter Motive der Leistungssteigerung und der Realisierung persönlicher Ambitionen im Vordergrund stehen, richten sich kompensatorische Anstrengungen im höheren Alter zunehmend auf die Prävention oder den Ausgleich von Funktionsverlusten und die Erhaltung der Leistungsfähigkeit; die Aktualisierung und Aufrechterhaltung gewünschter Selbstbildaspekte ist in beiden Fällen ein wesentlicher motivationaler Hintergrund.

Kompensationsspielräume ergeben sich zunächst aus der – auch noch im höheren Alter gegebenen, wenngleich eingeschränkten – funktionalen Plastizität neuronaler Strukturen; so etwa können altersbedingte sensorisch-motorische Funktionseinschränkungen bis zu einem gewissen Grade durch verstärkte Aktivierung relevanter Hirnareale ausgeglichen werden (Heuninckx, Wenderoth & Swinnen, 2008; s. auch Reuter-Lorenz & Mikels, 2006). Kompensationsprozesse laufen auf dieser organismischen Ebene wesentlich automatisch und anstrengungsfrei ab, wie es z. B. auch im Wahrnehmungsgeschehen der Fall ist, wenn Unschärfen oder Ambiguitäten des sensorischen Inputs durch konzept- bzw. schemagetriebene Prozesse ausgeglichen werden. Spielräume für kompensatorisches Handeln im engeren, intentionalen Sinne ergeben sich zum einen daraus, dass Ziele vielfach auf verschiedenen Wegen erreicht werden können; Beziehungen der Äquifinalität zwischen Mitteln und Zielen ermöglichen Anpassungen bzw. Substitutionen auf der Mittelebene, die zu erhöhter Leistung und Zieleffizienz beitragen können. Kompensatorische Optionen ergeben sich zum anderen auch aus dem Umstand, dass Leistungen in der Regel multifaktoriell bedingt sind, so dass Verluste in einer Bedingungskomponente eventuell durch verstärkten Einsatz anderer Komponenten wettgemacht werden können.

Jede Tätigkeit ist an physische, psychische, zeitliche, oft auch an materielle Ressourcen gebunden; Kompensationsbedarf entsteht insbesondere dort, wo gewünschte oder vorgegebene Ziele oder Leistungsstandards unter Bedingungen knapper Ressourcen erreicht werden sollen. Primäre kompensatorische Prozesse bestehen typischerweise in der Aktivierung und Mobilisierung latenter Reserven, wozu im einfachsten Falle bereits vermehrte Anstrengungen gehören. Ist dies zur Bewältigung der Probleme nicht hinreichend, so können sich weitergehende Bemühungen darauf richten, bisherige Handlungsmittel durch effizientere zu ersetzen oder ggf. die Lücke zwischen Anforderungen und Leistungsmöglichkeiten durch Aneignung fehlender Kenntnisse und Fertigkeiten zu schließen. Gleichsam auf einer dritten und letzten Stufe kann auch der Einsatz von Helfern oder prothetischen Hilfen erwogen werden (vgl. auch Dixon & Bäckman, 1995). Wo einzelne der genannten Strategien nicht hinreichen, erfolgt also oft ein Wechsel der Strategie – worin man wiederum eine Form der Kompensation sehen kann.

Kompensation durch Mobilisierung und Erweiterung von Ressourcen: Die Mobilisierung latenter Reserven bildet wie gesagt oft eine erste, frühe Stufe kompensatorischer Aktivität; der gesteigerte Einsatz von Zeit und Energie steht oft am Anfang der Auseinandersetzung mit Schwierigkeiten und Behinderungen. Altersbedingte Leistungsverluste z. B. in sportlichen Bereichen können innerhalb gewisser Grenzen durch gesteigerte Trainingsanstrengungen ausgeglichen werden; trainierte Ältere können in vielen Bereichen das Leistungsniveau untrainierter jüngerer Menschen deutlich übertreffen (s. etwa Ericsson, 1990). Auch wenn nicht primär Leistungsziele im Vordergrund stehen, kann sportliche Aktivität selbst kompensatorischen Zwecken dienen, und zwar nicht nur der Erhaltung und Steigerung von körperlicher Gesundheit, sondern – wie mittlerweile zahlreiche Studien belegen (z. B. Colcombe & Kramer, 2003; Schaefer, Huxhold & Lindenberger, 2006) – auch der geistigen Leistungsfähigkeit.

Die kompensatorische Effizienz von längerem Lernen, häufigerem Üben oder gesteigerter Anstrengung ist allerdings insofern begrenzt, als die hierzu beanspruchten zeitlichen, physischen oder auch materiellen Ressourcen nicht unbegrenzt zur Verfügung stehen. Daher kann gesteigerter kompensatorischer Aufwand in einem Bereich leicht zu Diskrepanzen und Ungleichgewichten in anderen Lebensbereichen führen; hieraus entstehende Konflikte können oft nur durch Aktivitäten und Prozesse ausgeglichen werden, die entweder auf die Erweiterung von Ressourcen oder auf eine ausgewogenere und harmonischere Ressourcenverteilung zielen. Im günstigen Falle kann beides erreicht werden, indem bisher eingesetzte durch wirksamere Mittel substituiert werden. Nicht zuletzt kann versucht werden, bestehende Diskrepanzen zwischen gewünschten und aktuell möglichen Leistungen durch den Erwerb neuer Fertigkeiten oder Kenntnisse zu erweitern.

Kompensation durch Substitution: Die Substitution ineffizienter durch effizientere Mittel der Zielerreichung und Bedürfniserfüllung trägt zur ökonomischen Nutzung knapper Ressourcen bei: Soweit entsprechende Alternativen verfügbar sind, können durch den Einsatz effizienterer Mittel und Techniken Leistungssteigerungen erzielt, Verluste abgewendet und Behinderungen ausgeglichen werden. Wo indessen Ziele nur auf eine Weise bzw. durch ein einziges Mittel realisiert werden können, entscheidet dessen Verfügbarkeit zugleich über die Erreichbarkeit des Zieles. Abstrakt gefasste Ziele wie z. B. beruflicher Erfolg oder soziales Ansehen sind auf unterschiedliche Weise realisierbar und weisen insofern größere Substitutionsspielräume auf als das konkretere Ziel, etwa als Fußballspieler oder Arzt erfolgreich zu sein. Auch in Leistungsbereichen können Verluste oft dadurch ausgeglichen werden, dass anstelle einer defizienten Funktion andere, noch intakte Funktionen verstärkt eingesetzt werden. Entsprechende Kompensations- und Substitutionsprozesse laufen zum Teil bereits auf einer automatischen, subintentionalen Ebene ab: So etwa konnte Salthouse (1984) zeigen, dass ältere Schreibkräfte eine altersbedingte Verlangsamung perzeptiv-motorischer Abläufe durch eine stärker vorausschauende Texterfassung ausgleichen. In ähnlicher Weise können Leistungsverluste in Grundprozessen der Informationsverarbeitung bzw. in der „Mechanik" kognitiver Funktionen in vielen Aufgabenbereichen durch einen Zugewinn an lebenspraktischer Erfahrung und Expertise ausgeglichen werden (s. auch Baltes et al., 2006; Krampe, 2007) – Kompetenzen, die in einer „Kultur des Alterns" an Gewicht gewinnen (s. auch Greve & Bjorklund, 2009).

In dem Maße, wie Substitutionsmöglichkeiten auf der Mittelebene erschöpft sind, erhöht sich der Druck, Revisionen auf der Zielebene vorzunehmen; an diesem Punkt berühren sich kompensatorische mit akkommodativen Prozessen (s.u.). Personen mit einer größeren Vielfalt und thematischen Differenzierung persönlicher Ziele und Projekte sind im Allgemeinen eher in der Lage, ein blockiertes Ziel durch ein anderes mit vergleichbarem Befriedigungswert zu ersetzen. Dagegen gestalten sich Ablösungs- und Substitutionsprozesse umso schwieriger, je mehr das eigene Lebensglück mit der Erreichung spezifischer Ziele verbunden wird (s. auch McIntosh & Martin, 1992): Allzu festgefügte Vorstellungen davon, wie Glück und Wohlbefinden zu erreichen sind, können insofern die Bewahrung subjektiver Lebensqualität unter wechselnden Lebensumständen erschweren.

Prothetische Kompensationsformen: Sofern eigene kompensatorische Reserven zur Erreichung von Kompensationszielen nicht hinreichen, können schließlich auch externe Hilfsmittel eingesetzt werden: Apparative Prothesen wie etwa Hörgeräte, Sehhilfen, Gehhilfen, aber auch moderne Techniken zur Überwachung von Vitalfunktionen sind Beispiele. Zu solchen prothetischen Formen der Kompensation können in einem weiteren Sinne auch Verhaltenstechniken gezählt werden, wie sie Skinner (1983) in einem Beitrag mit dem Titel „*Intellectual self-management in old age*" beschrieben hat; z. B. kann bei nachlassendem Namensgedächtnis die bewusste Fokussierung auf einen relevanten situativen Kontext den Abrufprozess erleichtern. Skinner betont in dieser programmatischen Arbeit auch die Notwendigkeit, Arbeits- und Lebensumwelten verstärkt an die Kapazitäten älterer Menschen anzupassen: „… what is needed is a *prosthetic environment* in which, in spite of reduced biological capacities, behavior will be relatively free of aversive consequences and abundantly reinforced" (Skinner, 1983, S. 239). Die Schaffung altersangemessener Arbeits- und Wohnumwelten – wozu auch die Anpassung von Gebrauchsgegenständen und technischen Geräten an die Leistungsmöglichkeiten älterer Menschen gehört – stellt angesichts des demographischen Wandels ein zunehmend bedeutsames, multidisziplinäres Forschungs- und Anwendungsgebiet dar (eingehender hierzu z. B. Kocka & Staudinger, 2009; Lindenberger, Nehmer, Steinhagen-Thiessen, Delius & Schellenbach, 2009).

Dispositionelle und strukturelle Bedingungen: Dispositionelle Unterschiede kommen in kompensatorischen Prozessen auf verschiedenen Ebenen ins Spiel: Persönlichkeitsmerkmale wie Selbstwirksamkeit, Optimismus, Kreativität, Expertise können die Persistenz kompensatorischer Anstrengungen, aber auch die adaptive Flexibilität bei der Erschließung neuer Ressourcen fördern. Soziale Netzwerke bieten Unterstützung und emotionale Hilfe bei Lebensproblemen; die Fähigkeit und Bereitschaft, sich solche kontextuellen Ressourcen zu erschließen, ist zum Teil wiederum von Persönlichkeitsfaktoren wie etwa Extraversion, sozialem Geschick und Verträglichkeit abhängig. Nicht zuletzt ist auch die Fähigkeit, sich von blockierten Ziele und Lebensprojekte zu lösen und damit verbundene Verluste eventuell durch Zuwendung zu neuen Zielen zu kompensieren, von dispositionellen Bedingungen abhängig; hier kommen als förderliche Bedingungen Personmerkmale ins Spiel, wie sie in Konzepten der Selbstkomplexität oder akkommodativen Flexibilität angesprochen wurden (s.o., Kap. 6).

Nicht zuletzt werden kompensatorische Aktivitäten in geringerem oder größerem Maße auch durch institutionelle Hilfen unterstützt, die im jeweiligen sozialen und gesellschaftlichen Umfeld verfügbar sind; Beispiele sind Trainings- und Beratungsangebote, wie sie für verschiedene Lebens- und Entwicklungsprobleme – z. B. zur Steigerung und Erhaltung körperlicher und geistiger Fitness, zur Förderung von Alltagskompetenzen, zur Emotionsregulation, zur Bewältigung von Konflikten und Verlusten – angeboten werden (s. etwa Gräser, 2007; Kruse, 2007; Vernon, 2009). Präventive und kompensatorische Zielsetzungen sind integraler Aspekt nicht nur aller sonder- und behindertenpädagogischen Einrichtungen, sondern von Erziehungs- und Sozialisationspraxis schlechthin: So etwa hat das Ziel einer entwicklungsangemessenen Gestaltung von Lernumwelten zu Modellen eines auf individuelle Stärken und Schwächen zugeschnittenen, durch Förderangebote gestützten „adaptiven Unterrichts" geführt (s. etwa Brandtstädter, 1982; Glaser, 1977); durch die Herausforderungen „lebenslangen Lernens" und die Erfordernisse einer „altersgerechten" Einrichtung von Lern- und Arbeitsumwelten entstehen in dieser Hinsicht neue Herausforderungen.

7.2 Grenzen der Kompensation

Intentionale kompensatorische Anstrengungen der dargestellten Art können – in Begriffen des Zwei-Prozess-Modells – als eine späte Form assimilativer Aktivitäten charakterisiert werden, in denen der Aspekt des hartnäckigen Festhaltens an bisherigen Zielen und Standards besonders deutlich hervortritt. Kompensatorische Maßnahmen ermöglichen es, Defizite auszugleichen, Leistungsgrenzen zu steigern und gewünschte Funktionsstandards aufrecht zu erhalten; eine wesentliche Funktion besteht in der Ökonomisierung bzw. bestmöglichen Nutzung verfügbarer individueller Ressourcen. Effiziente Ressourcenverwendung ist nicht nur wesentlicher Motor von Evolutionsprozessen auf biologischer wie kultureller Ebene, sondern auch eine zentrale Aufgabe persönlichen Lebensmanagements. Aus der Investition kompensatorischer Anstrengungen in bestimmte Ziel- und Lebensbereiche lassen sich Rückschlüsse auf das „erwünschte Selbst" bzw. im späteren Alter, wenn Funktionsverluste in den Vordergrund treten, auch auf ein „unerwünschtes mögliches Selbst" (Cross & Markus, 1991) ziehen.

Inwieweit kompensatorische Anstrengungen zu positiver Entwicklung in einem umfassenderen und anspruchsvolleren Sinne beitragen können, hängt allerdings auch davon ab, wie weit die jeweiligen Kompensationsziele selbst mit Kriterien positiver Entwicklung über die Lebensspanne verträglich sind. Bemühungen um die technische „Optimierung" des menschlichen Organismus und seiner Leistungen reichen heute von Doping und Schönheitschirurgie über pharmakologische Maßnahmen zur Steigerung kognitiver Leistungen und emotionaler Befindlichkeiten bis hin zu Formen des *hyperparenting* und erbbiologisch-eugenischen Manipulationen. Solche Optimierungsbemühungen werden fragwürdig, wo einseitig überzogene Ambitionen mit einem gesteigerten Enttäuschungs- und Depressionsrisiko erkauft werden oder wo Rechtsnormen verletzt und gesundheitliche Risiken in Kauf genommen bzw. wo solche Maßnahmen „ohne informierte Zustimmung des Betroffenen"

(Habermas, 2008, S. 11) getroffen werden. In grundsätzlicher Weise fragwürdig erscheint allerdings die hinter solchen Anstrengungen zum Ausdruck kommende „Ethik des Optimierens", die – wie Sandel in seinem „Plädoyer gegen die Perfektion" (2008) dargelegt hat – mit dem gesteigerten Anspruch auf Beherrschung und Kontrolle bei gleichzeitig reduzierter Bereitschaft und Fähigkeit zu gelassener Hinnahme des Unverfügbaren einhergeht. Theoretisch stimmig und daher nicht überraschend ist, dass die aus dem Zwei-Prozess-Modell abgeleiteten Konstrukte „Hartnäckige Zielverfolgung" und „Flexible Zielanpassung" (s.o., Kap. 6) sich auch mit deutlich gegensätzlichen Einstellungen zur „optimierenden Instrumentalisierung der menschlichen Natur" (Sandel, 2008, S. 14) verbinden: Wie eine Fragebogenstudie zeigt (Kourabas, 2010), stoßen derartige Perfektionierungsstrategien bei akkommodativ-flexibel disponierten Personen zumeist auf Ablehnung (*Beispielitems*: „Dem gegenwärtigen Trend, das eigene Aussehen durch kosmetische Operationen verändern zu wollen, stehe ich ablehnend gegenüber"; „Auch wenn es durch vorgeburtliche Diagnostik, biotechnologische Maßnahmen etc. zunehmend möglich wird, Kinder mit erwünschten Eigenschaften zu ‚produzieren', empfinde ich dies als abstoßend", „Hochdruckmethoden im Bildungswesen, wonach möglichst viel in kurzer Zeit gelernt werden soll, halte ich für verfehlt"), während Personen mit hohen Werten auf der Hartnäckigkeitsskala den in solchen Aussagen angesprochenen Formen eines technisch forcierten *enhancement* deutlich weniger kritisch gegenüberstehen.

Unbestritten bleibt bei alldem der prinzipielle Nutzen kompensatorischer Maßnahmen und Aktivitäten, wenn es um darum geht, Funktionsverluste im höheren Alter zu verzögern oder auszugleichen. Gerade die psychologische Problematik des Alterns resultiert nicht nur aus Funktionsverlusten und Einbußen in Handlungsressourcen, sondern auch aus dem zunehmenden Verlust von Reserven, um diese Einbußen durch kompensierende Anstrengungen auszugleichen. In diesem Sinne z. B. spricht Baltes (1997) von einem im Alter zunehmenden Bedarf an kulturellen Stützungen bei gleichzeitig abnehmender Wirksamkeit solcher Hilfen. In der Tat würden aversive Veränderungen kaum auftreten, könnte man sie problemlos verhindern; so werden auch Verluste im höheren Alter von den Betroffenen überwiegend als nicht unkontrollierbar erlebt (Heckhausen et al., 1989). Zwar können altersbedingte Funktions- und Leistungsverluste durch kompensatorische Anstrengungen vielfach ausgeglichen oder verzögert werden; solche Anstrengungen unterliegen bei Annäherung an Ressourcengrenzen jedoch einem Prinzip abnehmenden Ertrags. Dies entspricht dem aus der Ökonomie bekannten Sachverhalt, dass es für Produktionsprozesse, die auf begrenzten Ressourcen basieren, eine „Grenze der Produktionsmöglichkeiten" gibt (Samuelson & Nordhaus, 1985), jenseits derer weitere Steigerungen in einem Leistungs- oder Aufgabenbereich nur mit Einschränkungen oder Einbußen in anderen Bereichen erkauft werden können (s. auch Brandtstädter & Wentura, 1995). Dieses Dilemma tritt überall dort auf, wo knappe Ressourcen auf mehrere Aufgaben verteilt werden müssen. Wird z. B. das Arbeitsgedächtnis durch eine bestimmte Aufgabe beansprucht, so reduzieren sich dadurch im Allgemeinen die für eine andere Aufgabe verfügbaren Aufmerksamkeitsressourcen; je begrenzter diese sind, umso deutlicher manifestieren sich solche *dual task costs*. Im höheren Alter z. B. beansprucht das Gehen aufgrund einer erschwerten sensorisch-motorischen Koordination mehr Aufmerksamkeit, was bei älteren Menschen zu deutlichen Leistungseinbußen in kognitiven Aufgaben – z. B. in der Behaltensleistung – führt, wenn diese während des Gehens bearbeitet werden sollen (s. etwa Li, Krampe & Bondar, 2005; Lindenberger, Marsiske & Baltes, 2000). In ähnlicher Weise reduziert sich das Motivationspotential bzw. die „Zugkraft" eines Zieles, wenn gleichzeitig andere Ziele aktiviert sind (s. Kruglanski et al., 2002). Die kompensatorische Umverteilung knapper Ressourcen erfolgt in den zuletzt genannten, psychologienahen Beispielen bereits auf präintentionaler Ebene; sie kann aber auch – wie etwa in Prozessen der Zeitmanagements oder in Bereichen der Unternehmensplanung (s. etwa Sauermann & Selten, 1962) – strategischen Charakter annehmen.

Wie Ressourcen im Allgemeinen, so werden auch lebenszeitliche Reserven umso kostbarer, je knapper sie werden. Mit dem Schwinden lebenszeitlicher Reserven potenzieren sich daher Opportunitätskosten, die durch die Investition von Zeit in bestimmte Ziele – ggf. auch in Kompensationsziele – entstehen; „je älter wir werden, desto mehr ökonomisieren wir unsere Zeit", bemerkt bereits Schopenhauer (1874, S. 515). Zudem mögen Zweifel aufkommen, ob es sinnvoll ist, kompensatorische Anstrengungen zu investieren, wenn nicht nur die Wirksamkeit solcher Maßnahmen abnimmt, sondern auch die Wahrscheinlichkeit, dass man die Früchte solcher Anstrengungen noch für längere Zeit genießen kann.

Vor diesem Hintergrund erscheint die Annahme plausibel, dass zwischen der Altersvariable und kompensatorischen Anstrengungen keine lineare, sondern vielmehr eine kurvilineare, umgekehrt u-förmige Beziehung besteht. Kompensationsbemühungen sollten ihre stärkste Ausprägung erreichen, wenn Defizite und Verluste bereits deutlich empfunden werden, jedoch die Nutzen-Kosten-Relation solcher Anstrengungen noch günstig erscheint. Eigene Befunde (Brandtstädter & Rothermund, 2003) bestätigen diese Vermutung; in quer- und längsschnittlichen Befunden zeigte sich, dass kompensatorischer Anstrengungen in Bereichen wie körperliche Fitness, intellektuelle Leistungsfähigkeit oder äußere Erscheinung bis ins achte Lebensjahrzehnt zunehmen, danach jedoch abklingen. Zugleich fanden sich Hinweise, dass Funktionsverluste in den genannten Bereichen sich auf das Wohlbefinden und die subjektive Lebensqualität besonders negativ auswirken, solange an dem Wunsch festgehalten wird, mit Jüngeren mithalten zu können. Hier deuten sich Schattenseiten von Idealen positiven Alterns an, die sich primär am Bild jugendlicher Funktionstüchtigkeit orientieren.

Sobald also kompensatorische Anstrengungen in Grenzbereiche geraten, in denen das Verhältnis von Kosten und Nutzen ungünstig wird, treten Tendenzen der Ablösung von bisherigen Zielen verstärkt in den Vordergrund. Solche akkommodativen Prozesse basieren zunächst nicht auf einer reflexiven Entscheidung; der Entschluss, von einem bisherigen Ziel abzulassen und sich neu zu orientieren, setzt jedenfalls Umbewertungen voraus, die ihm vorausgehen. Insofern sind Präferenzanpassungen und die mit ihnen einhergehenden Ablösungs- und Umwertungsprozesse nicht ohne weiteres mit intentionalen kompensatorischen Aktivitäten vergleichbar, wie sie in den vorangehenden Abschnitten dargestellt wurden. Insoweit sie der Umorientierung auf aussichtsreichere Ziele und damit auch der Ökonomisierung von Handlungsressourcen dienen, können sie, soweit man den Kompensationsbegriff großzügig fasst, diesem noch zugerechnet werden (s. etwa Dixon & Bäckman, 1995).

Unter Gesichtspunkten positiver Entwicklung schließlich verweist das Desiderat ökonomischer Ressourcenverwendung nicht nur auf Kriterien effizienter Zielerreichung, sondern auch auf die Frage, zu welchen Zielen knappe Ressourcen sinnvoll investiert werden sollen. Akkommodative Präferenzanpassungen können dazu beitragen, hierauf Antworten zu finden; sie beginnen vielfach mit dem Nachdenken über Sinn und Zweck bzw. das „Warum" bisher verfolgter Ziele, wobei das Gefüge individueller Wünsche und Ziele in umfassenderer Weise auf Verträglichkeiten und Konfliktspannungen ausgeleuchtet wird.

Sehnsuchtsbilder perfekter Schönheit, ewiger Jugend und maximaler Kompetenz bilden wesentliche Motivationsquellen kompensatorischen Strebens; nicht zufällig ist „Sehnsucht" neuerlich gerade im Umkreis der psychologischen Kompensationsforschung zum Forschungsthema geworden (s. Baltes, 2008). Sehnsuchtsideale sind wesentliche Sinn- und Antriebsquellen individuellen Lebensmanagements; ein Grundproblem gelingender Entwicklung liegt freilich darin, eine Balance zu finden zwischen sehnsüchtigem Streben und der damit oft verbundenen Fixierung auf bestimmte Ziele und Güter und der gelassenen Hinnahme des Unverfügbaren, das sich eingreifendem Handeln entzieht (s. etwa Kambartel, 2008). Ich komme auf diese Themen zurück (s. Kap. 12 und 13).

8
Lebensplanung und adaptives Lebensmanagement

Grundlegend für unsere Lebensgestaltung sind Vorstellungen darüber, wie wir leben und was wir sein oder werden möchten. Planvolles Handeln beginnt mit der Suche nach Mitteln und Wegen, solche Vorstellungen zu verwirklichen. Weite Bereiche unserer Alltagsaktivitäten folgen einem durch Gewohnheit und Routine bestimmten Ablauf; Entscheidungs- und Planungsprozesse, die das gesamte Leben betreffen, treten typischerweise an Verzweigungen und kritischen Übergängen des Lebenslaufes auf wie z. B. bei Fragen der Berufswahl, der Familienplanung, nach kritischen Lebensereignissen. Aber auch dann, wenn unsere gewohnte Lebensorganisation uns nicht mehr hinlänglich sinnvoll oder befriedigend erscheint, beginnen wir über Möglichkeiten nachzudenken, unser Leben zu ändern und wieder mit persönlichen Zielen in Einklang zu bringen. Ein Lebensplan, so formuliert Nozick (2000, S. 381), „spezifiziert den intentionalen Fokus des Lebens eines Menschen, seine wichtigsten Ziele (die vielleicht partiell geordnet sind), seine Vorstellung von sich selbst, seine Zwecke, die Dinge, in denen er aufgeht (falls es in seinem Leben so etwas gibt) ... ein Lebensplan [nimmt] insofern das gesamte Leben eines Menschen oder einen signifikanten Lebensabschnitt in den Blick."

Planen ist insofern ein Grundprozess intentionaler Selbstentwicklung, der die gesamte Lebensspanne umfasst. Dies ist allerdings nicht so zu verstehen, als ließe sich das gesamte Leben nach einem einzelnen, festgelegten Plan durchorganisieren. Je weiter sie in die Zukunft reichen, umso unschärfer werden Lebenspläne im Allgemeinen; gerade ein „vernünftiger" Lebensplan lässt Spielraum für spätere Konkretisierungen. Die Feinplanung zeitlich distanter Vorhaben muss oft auf Bedingungen abgestimmt werden, die nicht im Voraus abzusehen sind: Wer sich etwa für die Zeit des Ruhestands vornimmt, kulturellen Aktivitäten mehr Zeit zu widmen oder sich in ehrenamtlichen Tätigkeiten zu engagieren, wird sich sinnvollerweise erst zu gegebener Zeit mit Detailfragen der Umsetzung befassen – sofern an früher gefassten Vorsätzen überhaupt noch festgehalten wird. Projekte, die uns aus größerer zeitlicher Entfernung attraktiv erscheinen, verlieren oft ihren Anreiz, wenn es an die Verwirklichung geht und wenn prozedurale Einzelheiten in den Blick rücken; dies ist auch eine Quelle von Planungsfehlschlüssen (*planning fallacy*; Kahneman & Tversky, 1979; s. auch Liberman & Trope, 1998).

Ein Grundproblem planvoller Lebensorganisation besteht bekanntlich darin, dass Bedingungen und Folgen eigener Handlungen und Entscheidungen – zumal auf längere Sicht – kaum vollständig abzusehen sind; hinzu kommt, dass Planen in der Entwicklung selbst der Entwicklung unterliegt. Wesentliche Rahmenbedingungen planenden Handelns – Ziele, Kenntnisse, Fertigkeiten sowie relevante Umweltbedingungen – sind über die Lebensspanne hinweg veränderlich und zum Teil auch unvorhergesehene Folgen früherer Pläne und Entscheidungen: „the need for flexibility (…) becomes especially clear when one considers that all three of these elements are moving targets: one changes, others change, and the environment changes as well" (Sternberg & Spear-Swerling, 1998, S. 422). Auch wenn Planungskompetenzen individuell differieren, so kann doch niemand sein Leben im Ganzen planvoll überblicken und wie nach einem Drehbuch organisieren – diese Vorstellung wäre nicht nur unrealistisch, sondern erscheint nicht einmal sonderlich attraktiv.

Planvolles, adaptives Lebensmanagement kann daher im Allgemeinen nicht das geschlossene Format einer zugleich umfassenden und detailgenauen Gesamtplanung aufweisen: „planning in tasks fraught with complexity and uncertainty might benefit from less of the discipline imposed by a top-down process" (Hayes-Roth & Hayes-Roth, 1979, S. 306). Diese Einschränkung gilt besonders dann, wenn die Planungsperspektive auf einen längeren Lebenszeitraum ausgreift. Unter solchen Bedingungen nimmt Planung oft – und oft auch zweckmäßigerweise – den Charakter eines *planning in action* (Meyer & Rebok, 1985) an, das zwar auch durch übergreifende Zielsetzungen bestimmt wird, bei dem jedoch Handlungspläne erst im Lichte aktueller Bedingungen konkretisiert, nötigenfalls auch revidiert werden. In komplexen, sich dynamisch verändernden Umwelten kann selbst ein „Durchwursteln" (*muddling through;* s. Lindblom, 1965) zweckmäßiger sein als der Versuch einer stromlinienförmigen Gesamtplanung. Adaptive Lebensplanung erscheint unter solchen Prämissen als ein permanenter Prozess des Entwerfens und Revidierens persönlicher Projekte und Ziele, welche sich im günstigen Falle zu einer flexiblen Struktur verbinden, die individuellen Entwicklungsinteressen und -möglichkeiten und deren Veränderung im Lebenslauf entspricht.

8.1 Zielsetzungen und Funktionen von Lebensplanung

Ziele und Pläne im Hinblick auf die persönliche Entwicklung konkretisieren sich in einem Kräftefeld von Wünschen, Überzeugungen, Handlungsoptionen und externen Anforderungen, das sich auf historischen und individuell-lebensgeschichtlichen Zeitebenen verändert. Die Passung zwischen diesen "inneren" und "äußeren" Bedingungen muss über die Lebensspanne wiederholt neu ausgehandelt werden; in Entwicklungsphasen und Lebensabschnitten, die eine hohe Veränderungsdynamik aufweisen, gilt dies in besonderem Maße. Vorzeitige Festlegungen können sich unter solchen Umständen nachteilig auswirken; auch das Aufschieben von Entscheidungen bzw. das Offenhalten von Plänen für spätere Konkretisierungen kann ein Aspekt vernünftigen Lebensmanagements sein.

Prozesse der Lebensplanung werden wesentlich durch übergreifende Sinn- und Motivationsstrukturen bestimmt, die der individuellen Lebensorganisation ein gewisses Maß an Kohärenz und Kontinuität verleihen. Diese lebensthematischen Grundorientierungen beeinflussen die Selektion und Ausgestaltung sowohl von spezifischen Lebenszielen wie auch von Strategien der Zielverfolgung; Beispiele sind Identitätsziele wie Fairness, Hilfsbereitschaft, Streben nach sozialer Anerkennung, oder auch allgemeine Lebenspolitiken oder -stile wie „ein abwechslungsreiches Leben führen", „Freundschaften pflegen", „eigene Kompetenzen beständig erweitern", „für Neues aufgeschlossen sein" usf. Solche chronischen Lebensorientierungen umfassen in ihrem intentionalen Gehalt dasjenige, worin man Sinn und persönliche Erfüllung findet und „wofür man lebt" (s. auch Bühler, 1933).

Lebenszufriedenheit entsteht, wenn solche chronischen Bestrebungen in der persönlichen Lebensorganisation zur Geltung kommen können. Allerdings sprechen empirische Befunde dafür, dass „extrinsische" Ziele wie Macht, Prestige oder materieller Wohlstand in geringerem Maße zu nachhaltigem Wohlbefinden beitragen als die Orientierung an „intrinsischen" Zielen wie z. B. persönliches Wachstum, Kompetenz oder Zusammengehörigkeit (s. etwa Ryan, Sheldon, Kasser & Deci, 1996). Dies zeigt erneut, dass positive Entwicklung und Lebensglück nicht nur von effizienter Zielerreichung abhängen, sondern wesentlich auch von den verfolgten Zielen selbst. Bedeutsam ist zugleich, inwieweit persönliche Ziele und Projekte eigenen Bedürfnissen und zugleich gegebenen Handlungsmöglichkeiten entsprechen. Personen mit ausgeprägtem Gesellungsmotiv werden z. B. eher in Berufen mit einer interpersonell-sozialen Ausrichtung Befriedigung finden und dem Aufbau und Erhalt von Freundschaftsbeziehungen größeres Gewicht beimessen als etwa status- und machtorientierte Personen; allgemein trägt das Erreichen von Zielen umso mehr zum Wohlbefinden bei, je höher deren „Selbstkonkordanz" ist bzw. je mehr die Person sich mit ihnen identifizieren kann. In dem Maße, wie dies der Fall ist, kann die Verfolgung von Lebenszielen und Plänen als sinngebend und erfüllend erlebt werden (s. auch Brunstein et al., 2007; Sheldon & Elliot, 1999); in gleichem Maße steigt im Allgemeinen auch die Bindung an die jeweils verfolgten Pläne. Umso höher ist allerdings auch das Risiko von Frustrationen und Enttäuschungen. Wie schon dargelegt wurde, sind Personen mit hoher „Selbstkomplexität" (Linville, 1985), die ihr Lebensglück nicht mit der erfolgreichen Verwirklichung einzelner konkreter Ziele verbinden, diesem Risiko in geringerem Maße ausgesetzt.

Persönliche Projekte und Pläne können nicht nur daran scheitern, dass Ziele verfehlt werden, sondern auf andere Weise auch daran, dass man mit diesen Zielen ungenaue Vorstellungen verbindet und ihre Befriedigungspotentiale falsch einschätzt – gegen ein solches *miswanting* (Gilbert & Wilson, 2000) gibt es schon insofern keine absolute Versicherung, als individuelle Kenntnisse, Bedürfnisse und Handlungsmöglichkeiten selbst entwicklungsoffen sind. Im Prozess der Zielverfolgung ergeben sich vielfach Blickverengungen, die eine nüchterne Einschätzung von Nutzen- und Kostenaspekten behindern. Fehleinschätzungen der Befriedigungsqualität angestrebter Ziele können sich auch aus Gewöhnungseffekten ergeben, wie sie im Konzept der „hedonischen Tretmühle" (s.o., Kap. 3) angesprochen wurden. Zudem ergeben sich auch bei effizienter Zielverfolgung oft Folgen und Nebenwirkungen, die das Erreichen anderer Ziele gefährden; Konflikte zwischen beruflichen und familiären Zielen sind ein typischer Fall.

Lebenspläne geben der persönlichen Entwicklung Sinn und Orientierung; zugleich dienen sie der langfristigen Stabilisierung und Strukturierung der Lebensorganisation. Die mit der Ausführung eines Planes verbundenen Auswahlentscheidungen grenzen den Spielraum für nachfolgende Selektionen ein: Man entscheidet sich z. B. zunächst für einen Beruf, ein Studienfach etc.; danach für einen Ausbildungs- oder Studienort, dann vielleicht für eine Spezialisierungsrichtung. Man sucht mit anderen Worten nach besten Optionen jeweils innerhalb des Rahmens, der durch die voraufgehenden Selektionen gesetzt ist; gerade die sich hieraus ergebenden „Kanalisierungen" des Lebenslaufes verleihen Lebensgeschichten ein gewisses Maß an Stabilität und thematischer Kohärenz.

Pläne und Ziele bewirken zugleich eine spezifische Ausrichtung der Aufmerksamkeit und Informationsverarbeitung. In frühen, vorbereitenden Phasen der Selektion von Zielen und der Vorbereitung von Entscheidungen dominiert eine offene Informationsverarbeitung, bei der Vor- und Nachteile im Hinblick auf ein breiteres Spektrum von Optionen abgewogen werden. Sobald eine Auswahl getroffen und ein Entschluss gefasst ist, stellt sich eine stärker fokussierte, auf zielrelevante situative Aspekte gerichtete Informationsverarbeitung ein; früher erwogene, nicht gewählte Optionen treten hierbei in den Hintergrund und werden oft in entscheidungskonformer Weise abgewertet (vgl. das „Rubikon-Modell" der Handlungsphasen, Heckhausen, 1999; Heckhausen & Gollwitzer, 1986; s. auch frühere Anmerkungen zum *spreading*-Effekt; s. Kap. 11). Zurückliegende Entscheidungen werden im Allgemeinen erst dann wieder zum Gegenstand kritischer Reflexion, wenn

Schwierigkeiten auftreten; gerade in Krisen- und Konfliktsituationen treten übergeordnete Zielorientierungen und Sinnfragen wieder ins Bewusstsein. Diese Reaktivierung einer umfassend-holistischen Bewertungsperspektive ist eine wesentliche Facette akkommodativer Prozesse, die zu einer Revision von Zielorientierungen führen (s.o., Kap. 6).

Zielstabilität ist ein Grundmerkmal planvollen Handelns. Um konkurrierende, distraktive Handlungstendenzen zu hemmen, müssen Repräsentationen angestrebter Zielzustände hinreichend lebhaft und mit positivem Anreizwert aufgeladen sein; zugleich müssen erwartete Konsequenzen ziel- und planinkonsistenten Verhaltens mit negativen Valenzen verbunden werden, wozu auch die Antizipation späterer Reue- oder Schuldgefühle beiträgt. Diese handlungsstabilisierenden Regulationen laufen zum Teil schon auf automatischer Ebene ab (s. auch Shah et al., 2002), können aber auch durch intentional-strategische Prozesse unterstützt werden. Als wirksame selbstregulatorische Strategie hat sich in dieser Hinsicht der mentale Kontrast zwischen angestrebter und aktueller Situation und die kognitive Verknüpfung des gesetzten Zieles mit konkreten Handlungsvorsätzen bzw. „Implementationsintentionen" erwiesen (Gollwitzer, Fujita & Oettingen, 2004; s. auch Taylor, Pham, Rivkin & Armor, 1998).

8.2 Planungskompetenzen

Erfolgreiche Lebensplanung setzt – neben glücklichen Umständen, die vielfach auch den Charakter zufälliger Geschehnisse haben – besondere persönliche Kompetenzen voraus. Erfolg meint zunächst die effiziente Verwirklichung persönlicher Ziele und Projekte; in einem anspruchsvolleren Sinne wird man Lebensplanung jedoch nur dann als erfolgreich ansehen können, wenn die jeweils verfolgten Pläne und Ziele zu einem gelingenden und persönlich befriedigenden Leben beitragen. Das Streben nach Glück, Wohlbefinden und Zufriedenheit wird oft als oberstes Ziel jeder Lebensplanung angesehen. Tatsächlich wird sich kaum jemand Ziele setzen, die mit diesem allgemeinen Anliegen unverträglich erscheinen. Antizipierte Befriedigungsqualitäten liefern Gründe für die Auswahl von Zielen; allerdings ist die Befriedigung, welche die Verwirklichung von Zielen eventuell gewährt, mit diesen selbst nicht identisch. Erfolgreiche Lebensplanung ist insofern nicht dadurch zu charakterisieren, dass sie in direkter Intention auf die Steigerung von Glück und Wohlbefinden abzielt; vielmehr sind diese Befindlichkeiten eher als Ergebnisse gelingender Lebensgestaltung anzusehen, deren Eintreten und Dauerhaftigkeit wesentlich mit spezifischen Qualitäten individuellen Lebensmanagements selbst zusammenhängt: Etwa damit, inwieweit verfolgte Pläne und Ziele mit persönlichen Stärken und Interessen harmonieren. Gefühle von Glück und Zufriedenheit stellen sich im günstigsten Fall bereits dann ein, wenn ein solcher *person-activity fit* (Lyubormirsky, Sheldon & Schkade, 2005) in der individuellen Lebensorganisation näherungsweise erreicht werden kann.

Ohne Zweifel ist die Frage persönlichen Glücks mit dem Thema erfolgreicher Lebensplanung eng verbunden; in seinen Überlegungen zu einer „Philosophie der Gerechtigkeit" bemerkt John Rawls hierzu: „Mit gewissen Einschränkungen kann man einen Menschen als glücklich ansehen, wenn er in der (mehr oder weniger) erfolgreichen Ausführung eines vernünftigen Lebensplanes begriffen ist, den er unter (mehr oder weniger) günstigen Bedingungen aufgestellt hat, und wenn er einigermaßen sicher ist, daß er sich ausführen läßt. Jemand ist glücklich, wenn seine Pläne vorankommen, wenn seine wichtigeren Ziele sich erfüllen, und wenn er sicher ist, dass dieser gute Zustand fortdauern wird" (Rawls, 1979, S. 447).

Einiges Gewicht liegt hier freilich auf der Frage, wann ein Lebensplan „vernünftig" ist: Nach Rawls (1979) ist er dies genau dann, wenn er „mit den Grundsätzen einer vernünftigen Entscheidung" übereinstimmt und zugleich derjenige ist, den das Subjekt „unter vollem Einsatz seiner abwägenden Vernunft" und „bei vollständiger Kenntnis der wesentlichen Tatsachen und nach sorgfältiger Erwägung der Folgen" wählen würde. Als pragmatische Kriterien kommen weiter hinzu, dass ein vernünftiger Plan zugleich für die Sicherung der zu seiner Realisierung notwendigen „Grundgüter" sorgen müsse. Ferner seien möglichst effiziente und aufwandsökonomische Strategien der Umsetzung zu wählen, so dass eine harmonische und umfassende Befriedigung persönlicher Bedürfnisse und Interessen möglich wird – zumindest solcher, die auf einer „vernünftigen Vorstellung des Guten" beruhen, in der „wirkliches und anscheinendes Gutes" zur Deckung kommen (S. 446f).

Die idealisierenden Züge dieser Konzeption sind offensichtlich. Lebenspläne sind in dem Maße vernünftig, wie es die ihnen zugrundeliegenden Vorstellungen von gelingendem Leben sind; allerdings stellt sich ein in dieser Hinsicht kompetentes Urteil oft erst mit wachsender Lebenserfahrung ein (wenn überhaupt). Es mag an diesem Punkt nützlich sein, einige entwicklungspsychologische Aspekte in den Blick zu nehmen. Planungskompetenzen entwickeln sich in engem Zusammenhang mit der Fähigkeit, sich selbst bzw. sein Selbst in den Zeitmodalitäten von Vergangenheit, Gegenwart und Zukunft zu sehen. Das aktuelle Selbst – soweit es zu planvollem Handeln in der Lage ist – handelt gleichsam auch im Interesse eines vorgestellten zukünftigen Selbst. Planung setzt die Fähigkeit voraus, zukünftige Abläufe und Handlungsfolgen, aber auch eigene zukünftige Bedürfnisse und Ziele zu antizipieren und momentane Handlungsimpulse zu hemmen, die das Erreichen erwünschter zukünftiger Zustände behindern. Diese selbstregulatorischen

Kompetenzen sind an die kognitive Entwicklung, insbesondere auch an die Entwicklung des Zeitverständnisses geknüpft; in ersten Ansätzen zeigt sich die Fähigkeit, auf aktuelle Befriedigungen zugunsten späterer, größerer Vorteile zu verzichten, etwa im Alter von drei bis vier Jahren (vgl. Bischof-Köhler, 2000; Mischel et al., 1996). Eine Planungsperspektive, die eine entferntere Zukunft, eventuell sogar das Leben als Ganzes in den Blick nimmt, stellt sich jedoch erst im weiteren Entwicklungsverlauf ein; zwar äußern schon Kinder im Grundschulalter Wünsche und Ideen hinsichtlich dessen, was sie einmal werden wollen, doch bleiben diese Vorstellungen vorerst noch vage Phantasien (s. etwa Rosenberg & Rosenberg, 1981). Zukunftsbezogene Vorstellungen eines erwünschten möglichen Selbst erreichen zumeist erst im Jugend- und frühen Erwachsenenalter das Format konkreter Pläne; Damon und Hart (1988) sprechen von einer Phase der *systematic beliefs and plans*, in der das individuelle Selbst sich zugleich über persönliche Entwicklungspotentiale und -interessen definiert: „… the priority of the belief or plan creates a new coherence in self-understanding, because self-defining categories are selected and related to another only in a manner consistent with the beliefs and plans" (S. 67).

Wir planen und gestalten unser Leben im Rahmen von Ordnungsstrukturen, die der kulturellen Steuerung von und Institutionalisierung von Entwicklungsprozessen dienen und Lebensverläufen ein zum Teil gemeinsames Muster aufprägen; in der Konfrontation mit altersgradierten Rollenübergängen und Entwicklungsaufgaben ergeben sich jeweils neuartige Planungserfordernisse. Mit dem Eintreten ins Erwachsenenalter wird die Person mit Auswahloptionen und Entscheidungen z. B. im Bereich der Berufs- oder Familienplanung konfrontiert, die für das weitere Leben langfristig weichenstellende Konsequenzen haben; damit rücken zugleich zeitlich umfassendere Lebensabschnitte in den Fokus planvollen Handelns. Die Einbettung der individuellen Lebensorganisation in die Entwicklungskontexte von Partnerschaft, Familie und Beruf erfordert es zudem, eigene Lebenspläne mit denen anderer Personen in unserem sozialen näheren Umfeld abzustimmen. Gerade in modernen Lebensumwelten ist es zu einem zentralen Aspekt des Lebensmanagements geworden, zwischen individuellen und partnerschaftsbezogenen Zielen bzw. Familie und Beruf eine Balance zu finden. Die Bewältigung dieser Entwicklungsaufgabe kann Kompromisse erfordern, die zwar im Hinblick auf ein einzelnes Ziel suboptimal sind, jedoch im Hinblick auf ein „größeres Ganzes" bzw. auf die umfassendere Struktur persönlicher Ziele den größten Gesamtnutzen versprechen.

Wie lassen sich diesem Hintergrund Bedingungen gelingender Lebensplanung und Kompetenzen adaptiven Lebensmanagements beschreiben? Gleichermaßen bedeutsam erscheinen Sachkenntnis und Selbstkenntnis:

Nicht nur bedarf es „Strategiewissens" hinsichtlich der Erreichung gesetzter Ziele; gefordert ist zugleich auch die Fähigkeit und Bereitschaft, Grenzen und Potentiale eigener Handlungs- und Entwicklungsmöglichkeiten sowie eigene Interessen und Bedürfnisse und deren längerfristige Entwicklung hinreichend genau – und möglichst ohne selbstwertdienliche Verzerrungen – einzuschätzen. Beide Grundbedingungen sind vorausgesetzt, um persönliche Ziele auf jeweils gegebene Rahmenbedingungen des Handelns und deren Veränderung im Lebenslauf abzustimmen. Wissens- und Fertigkeitsdefizite können eventuell durch kompensatorische Bemühungen ausgeglichen werden; wie im vorangehenden Kapitel dargelegt, unterliegt allerdings die Wirksamkeit kompensatorischer Bemühungen bei Annäherung an Ressourcengrenzen Prinzipien abnehmenden Ertrages. Psychologische Beratungsangebote können hilfreich sein, individuelle Stärken genauer auszuleuchten und ggf. Ansätze zum Ausgleich von Defiziten aufzuzeigen (s. z. B. Gräser, 2007). Die Bereitschaft, in kritischen Lebenssituationen Hilfe anzunehmen, kann hierbei selbst als eine Facette kompensatorischer Kompetenz verstanden werden, die zumal im höheren Lebensalter bedeutsam wird. Persistenz in der Verfolgung langfristiger Ziele und Projekte bedarf nicht zuletzt hinlänglicher selbstregulatorischer Kompetenzen, um Hindernisse und Durststrecken zu überwinden; Selbstmanagement ist insofern – neben und in Verbindung mit der Koordination zeitlicher und sozialer Ressourcen – ein zentraler Aspekt des Lebensmanagements (Smith, 1999).

Umsichtige Lebensplanung ist durch eine hinreichend langfristige Perspektive gekennzeichnet, jedoch erfordert effizientes Planen zugleich die Spezifikation nächstliegender Handlungsschritte. Die konkrete prozedurale Strukturierung von Plänen erleichtert eine „formative" Evaluation des Planungsverlaufes und zugleich eine frühzeitige Identifikation auftretender Schwierigkeiten und Hindernisse. Dies kann auch das rechtzeitige Abbrechen von unergiebigen Vorhaben bzw. das Verlassen unbefriedigender Entwicklungspfade erleichtern und damit einer eskalierender Zielbindung entgegenwirken, durch die persönliche Lebensplanung in „Sackgassen" geraten kann (s.o., Kap. 6). Zu gelingender Lebensplanung gehört insofern nicht nur erfolgreiche Zielerreichung, sondern auch das rechtzeitige Erkennen des Zeitpunktes, an dem persönliche Ziele und Projekte im Interesse eigenen Lebensglücks aufzugeben sind.

Persönliche Ziele bilden eine mehr oder weniger kohärente Struktur; „integrale" Formen des Lebensmanagements berücksichtigen die Kompatibilität jeweils verfolgter Ziele untereinander wie zugleich ihre Verträglichkeit mit den Lebensentwürfen anderer Personen, die zum eigenen „Entwicklungskonvoi" gehören und an deren Entwicklung man teilhat und Anteil nimmt. An diesem Punkt kommen Kompetenzen der Lösung und Bewältigung inter- und intrapersonaler Konflikte ins Spiel, nicht zuletzt auch die Bereitschaft, persönliche Ziele mit Erfordernissen gelingenden Zusammenlebens abzustimmen. Prozesse der Koorientierung und wechselseitigen Zielkoordinierung sind zumal für die Qualität und Stabilität von Partnerschaften, damit zugleich auch für das individuelle Wohlbefinden von großer Bedeutung (s. etwa Brandtstädter & Felser, 2003). Allgemein erscheint ein Lebensplan umso vernünftiger, je umfassender die Zielmenge ist, die durch ihn verwirklicht werden kann (s. auch Rawls, 1979); zu diesem allgemeinen Ziel kann nicht zuletzt die Beachtung des möglichst ökonomischen Einsatzes zeitlicher, physischer und materieller Ressourcen beitragen.

Damit ist ein Bündel von Kompetenzen angesprochen, die sich mit Personmerkmalen wie Intelligenz, Kreativität, Hartnäckigkeit und Durchsetzungsvermögen, Ausdauer, Risikobereitschaft, Gewissenhaftigkeit, Selbstwirksamkeit und selbstregulatorischer Kompetenz, aber auch mit Offenheit, Flexibilität und Kompromissfähigkeit verbinden. Einige dieser Merkmale sind auch im Konstrukt der *planful competence* angesprochen (Clausen, 1991). Wie längsschnittliche Studien zeigen, ist der Grad an planender Vorausschau, den Jugendliche hinsichtlich ihrer zukünftigen Entwicklung zeigen, positiv mit späterem beruflichen Erfolg und subjektiver Lebensqualität korreliert (s. auch Shanahan & Elder, 2002; Shanahan & Hood, 2000). Keines der genannten Merkmale bietet freilich die Garantie für gelingende Lebensplanung; dies wurde bereits bei der der Betrachtung des prädiktiven Wertes einzelner Fähigkeits- und Temperamentsmerkmale für die subjektive Lebensqualität deutlich (s.o., Kap. 3). Auch sind Kompetenzen der genannten Art bei einer einzelnen Person kaum in gleicher Ausprägung anzutreffen, zumal sie – wie z. B. Durchsetzungsvermögen und Kompromissbereitschaft – zum Teil in einem Spannungsverhältnis zueinander stehen.

Lebensgeschichten verlaufen selten plangemäß; Emotionen von Ärger und Reue verweisen auf Beschränkungen der planenden Vernunft. Erfolgreiches Lebensmanagement besteht zu einem Teil auch darin, Folgen früherer Fehlentscheidungen und Fehlplanungen zu bewältigen. Lebensplanung gleicht dem Versuch, in zum Teil unübersichtlichem und veränderlichem Gelände einen optimalen Pfad zu finden – wobei ein Teil der Suche darin besteht, überhaupt Ziele und Optimalitätskriterien genauer zu bestimmen. So etwa hängen Erfolg und Zufriedenheit im Beruf wesentlich davon ab, Tätigkeitsbereiche zu finden, die persönlich befriedigend und sinnvoll erscheinen; ähnliches gilt für die Lebensorganisation insgesamt. Es handelt sich hierbei im Wesentlichen um eine Problemstruktur, deren individuelle Lösungsbedingungen im Allgemeinen nicht im Voraus zu bestimmen sind, sondern nur in einem dialektischen, erfahrungsoffenen Prozess gefunden werden können. Die Metapher vom Leben als einer Schiffsreise, die geschicktes Navigieren erfordert, vermittelt deshalb vielleicht ein besseres Bild des Lebensmanagements als die Vorstellung einer umfassenden Gesamtplanung. Gelingendes Navigieren setzt hinreichende Expertise im Gebrauch von Navigationshilfen voraus und erfordert die Umgehung oder Bewältigung von Hindernissen, die sich aus Widerständen und Barrieren, aber auch aus „Sichtbehinderungen" und „Sabotage" ergeben können (Sternberg & Spear-Swerling, 1998). Die Steuerung des Lebensschiffes setzt allgemeine Zielorientierungen voraus, die über weite Distanzen hinweg gleichsam als Leuchtfeuer oder Leitsterne fungieren können, zugleich aber auch die Fähigkeit, gegebenenfalls Kurs und Reiseziel zu wechseln, wenn Wetterbedingungen und auftretende Hindernisse – nicht zuletzt auch die Vermeidung von Kollisionen mit anderen „Lebensschiffen" – es erfordern.

Wie alle Metaphern hinkt freilich auch diese: Auf unserem „Lebensschiff" befinden wir uns zugleich in der Rolle von Navigator und Passagier, und das „Meer", auf dem es segelt, ist eine epigenetische Landschaft, die durch Umweltfaktoren, historische Einflüsse, akzidentelle Widerfahrnisse, genetische Dispositionen, nicht zuletzt auch durch eigenes Handeln geformt wird. Zudem hängt die Qualität der Reise nicht nur vom planmäßigen Erreichen von Zielen ab, sondern wesentlich auch von den Erlebnisqualitäten der Reise selbst; letztere wird auch dadurch bestimmt, inwieweit wir hinreichend Freiheit in der Bestimmung des Reiseweges haben. Aufgrund der typischen zeitlichen Struktur von Erfolgsgeschichten entscheiden zudem eher späte als frühe Abschnitte einer Lebensreise darüber, ob diese als „erfolgreich" gedeutet wird.

8.3 Lebensplanung in Entwicklungsumwelten der Moderne

Planen dient der Bewältigung von Unsicherheit, ist aber zugleich selbst auf ein gewisses Maß an Stabilität und Berechenbarkeit äußerer Lebensumstände angewiesen. Unter heute vorherrschenden Bedingungen der Pluralisierung von Lebensformen und der Globalisierung von Kommunikations- und Produktionsprozessen ist persönliche Entwicklung zu einem Projekt geworden, dessen erfolgreiche Gestaltung die Verbindung von planender Vorausschau und adaptiver Flexibilität erfordert; *planful competence* trägt zum Wohlbefinden insbesondere in Zeiten dynamischen Wandels und in Umwelten bei, die individuellen Mustern des Lebensverlaufes eine geringere organisatorische Struktur aufprägen (vgl. Caspi & Moffitt, 1993; Crockett & Silbereisen, 2000; Shanahan & Elder, 2002). Dieselben Bedingungen erhöhen freilich die Schwierigkeit, zukünftige Entwicklungen langfristig zu antizipieren; sie begünstigen eine Lebensplanung, die für ständige Revisionen offen ist und frühzeitige Festlegungen vermeidet. Bei jungen Erwachsenen zeigt sich dies z. B. in einer zunehmenden Tendenz, Rollenübergänge wie z. B. Heirat und Elternschaft hinauszuschieben und so gewissermaßen die Moratoriumsphase des Jugendalters zu verlängern (s. Arnett, 1984).

Die Beschleunigung gesellschaftlicher Veränderungen sowie steigender wirtschaftlicher Konkurrenzdruck haben zu charakteristischen Veränderungen in persönlichen Lebenspolitiken geführt; Probleme der Optimierung und optimalen Nutzung zeitlicher, physischer und psychischer Ressourcen sind verstärkt in den Mittelpunkt individueller Lebensplanung gerückt. Symptomatisch für diesen Trend ist sowohl die steigende Nachfrage nach Techniken der Kompensation und Selbstregulation wie auch die Tendenz, wiederkehrende Abläufe des täglichen Lebens zu beschleunigen bzw. auf das „Notwendige" zu komprimieren (*time grabbing*; Garhammer, 1999). Fragen der *Work-Life-Balance,* des Managements wechselnder und multipler Anforderungen und der Balance zwischen Familie, Beruf und Freizeit sind zu einem zentralen Thema der Lebensplanung geworden (s. auch Wiese, 2007). Mit der Pluralisierung von Lebensformen und der „Zeitbeschleunigung" der Moderne hat sich nicht zuletzt der Bestand gemeinsamer Erfahrungen und Identifikationen sowohl innerhalb wie zwischen Alterskohorten verringert; früher erworbene Fähigkeiten und Kenntnisse verlieren ihren Nutzwert für die Bewältigung aktueller und zukünftiger Aufgaben umso schneller, je rapider der gesellschaftliche Wandel in allen Lebensbereichen verläuft. Im Sinne des kulturanthropologischen Ansatzes von Margret Mead (1970) sind diese Entwicklungen kennzeichnend für den Übergang zu einer „präfigurativen" Kulturform, in der sich die individuelle Lebensführung nicht mehr primär an Traditionen und dem Vorbild vorangehender Generationen orientiert, sondern in der Ältere zunehmend von Jüngeren lernen. Allerdings entsteht unter Bedingungen kultureller Akzeleration auch bei jüngeren Erwachsenen zunehmend häufig das Gefühl, den Anschluss an gesellschaftliche Veränderungen zu verlieren. Gleichwohl bleiben auch unter diesen Rahmenbedingungen lebenspraktisches Erfahrungswissen und Expertise wesentliche Ressourcen des Lebensmanagements: So wie der erfahrene Schachspieler Gewinnpositionen auf dem Schachbrett schneller und umfassender als der Anfänger erkennt oder der erfahrene Arzt auch ohne großen Laboratoriumsaufwand zu treffsicheren Diagnosen gelangt, so zeigen oft auch die Empfehlungen, die ältere Menschen im Hinblick auf die Bewältigung von Lebensproblemen geben, oft einen größeren „Weisheitsgehalt" als die Kommentare jüngerer Erwachsener, die im Allgemeinen weniger Gelegenheit zum Aufbau „pragmatischen" Wissens hatten (vgl. Baltes & Smith, 1990b; Krampe, 2007). „Zeitlose" Wahrheiten behalten jedenfalls auch in Zeiten beschleunigten gesellschaftlichen

Wandels ihren Wert – und gewinnen vielleicht sogar an Bedeutung. Vor diesem Hintergrund werden Konfliktspannungen deutlich, die Prozesse der Lebensplanung in gegenwärtigen – und absehbar auch in zukünftigen – Entwicklungsumwelten erschweren (s. auch Brandtstädter, 2010).

Eine langfristig-vorausschauende Perspektive gilt traditionell als wesentlicher Aspekt kompetenter Lebensplanung. Langfristiges Planen erfordert zum Teil die Überwindung einer natürlichen Tendenz, Gratifikationen und Gewinne in dem Maße abzuwerten, wie sie zeitlich entfernt sind (*time discounting*; s. etwa Loewenstein & Prelec, 1993). Wenn zukünftige Ereignisverläufe – sei es aufgrund individueller Lebensumstände oder historischer Gegebenheiten – nicht sicher abzuschätzen sind, verstärkt sich diese Diskontierungstendenz. Unter solchen Bedingungen kann die Orientierung auf unmittelbare, verzögerungsfrei verfügbare hedonische Vorteile zu einer rationalen Strategie werden: „the future is uncertain, eat dessert first" (Fantino, 1995). In gleichem Maße verringert sich die Bereitschaft, in der Gegenwart Opfer zugunsten eventueller zukünftiger Gewinne zu bringen. Dies kann zum einen die Hinwendung zu „intrinsisch" valenten Zielen begünstigen, deren Wert nicht von zukünftigen Erträgen abhängt, zugleich aber auch das Motiv verstärken, *shortcuts to happiness* zu suchen (Seligman, 2002) und dabei eventuelle zukünftige Risiken auszublenden. Die „Navigation" des Lebenslaufes geht damit gleichsam in ein „Surfen" über, bei dem durch rasche Positions- und Richtungsänderungen die Balance gewahrt und aktuell sich bietende Chancen opportunistisch ausgenutzt werden. Unsicherheit über zukünftige Ereignisverläufe und Handlungsergebnisse kann zum Erleben von Kontrollverlust, eventuell auch zum Entstehen depressiver Störungen beitragen. Vor dem Hintergrund vorangegangener Überlegungen überrascht es nicht, dass Personen mit ausgeprägter akkommodativer Flexibilität bzw. hohen Werten in der Skala „Flexible Zielanpassung" in geringerem Maße hiervon beeinträchtigt werden (Tobin & Raymundo, 2010).

Die genannten Bedingungen erschweren zugleich die Konstruktion einer zeitlich stabilen, kohärenten Identität. Identität – verstanden als Selbstgleichheit über die Zeit – konstituiert sich wesentlich durch die Selbstzuschreibung von Merkmalen, die zeitstabil sind; personale Kontinuität ist gefährdet, wenn die sie stützenden inneren und äußeren Strukturen instabil werden. In Entwicklungsumwelten, die zunehmende Anforderungen an persönliche Mobilität und flexible Anpassung an wechselnde Arbeitsumwelten stellen, können langfristige Bindungen und Identifikationen leicht zum Entwicklungs-Handikap werden. Das Konstrukt des *self-monitoring* (Snyder, 1979) bezeichnet die besondere Fertigkeit, wechselnden, vielleicht auch widersprüchlichen Rollenerwartungen zu genügen und dies durch geschicktes *impression management* zu unterstützen. Die geschmeidige, chamäleonartige Anpassung an unterschiedliche Kontexte und Rollenanforderungen steht hoch im Kurs; sie verbindet sich allerdings auch mit Risiken der Selbstentfremdung, wie sie Sennett (1998) mit dem Begriff einer *corrosion of character* umschrieben hat.

Die zunehmende Vielfalt alternativer Lebensoptionen erweitert Spielräume und Freiheitsgrade individueller Lebensgestaltung. Moderne Lebensumwelten sind gleichsam durch eine *explosion of choice* (Schwartz, 2004) zu charakterisieren, die zwar Gefühle von Entscheidungsfreiheit vermitteln kann, allerdings nicht nur positive Auswirkungen auf Wohlbefinden und subjektive Lebensqualität hat; nicht nur vor den Regalen der Supermärkte wird große Angebotsfülle leicht zu einer *tyranny of choice*. Auswahlentscheidungen werden belastender, zugleich steigt das Enttäuschungsrisiko, unter möglichen Optionen nicht die beste gewählt zu haben; Gefühle von Unzufriedenheit oder Reue entstehen umso eher, je mehr attraktiv erscheinende Alternativen verfügbar sind. Wenn nicht gewählte oder unerreichbar gewordene Optionen starke Anziehungskraft behalten, können solche „kontrafaktischen" Emotionen sich zu Sehnsuchtsgefühlen, aber auch zu depressiven Störungen verstärken (s. Kap. 12). Dies verweist wieder auf die adaptiven Vorteile akkommodativer Prozesse, welche die Ablösung von blockierten Zielen unterstützen und dazu beitragen können, auch Optionen unterhalb eines vermeintlichen Optimums zu akzeptieren.

Das Streben nach Sicherheit, Kontinuität und stabiler Identität ist zentrales Anliegen jeder Lebensplanung; das vielzitierte „Unbehagen in der Moderne" (Berger et al., 1987; s. auch Marsh, Caputo & Westphal, 1992) resultiert wesentlich aus Bedrohungen dieser Grundmotive. Um unter wechselnden, sich dynamisch verändernden Rahmenbedingungen eine stabile, persönlich befriedigende Lebensorganisation zu finden und so Stabilität und Wandel zu vereinbaren, bedarf es sowohl hinreichender Persistenz in der Verfolgung persönlicher Ziele wie auch ausreichender Flexibilität, um rechtzeitig Ziele an neue Erfordernisse anzupassen. Diese adaptiven Prozesse und die sie begünstigenden personalen und situativen Faktoren wurden in Kapitel 6 eingehend diskutiert. Positive Entwicklung und erfolgreiches Lebensmanagement sind gerade in den Entwicklungsumwelten der Moderne entscheidend davon abhängig, inwieweit die Integration dieser zum Teil antagonistischen Erfordernisse gelingt.

8.4 Planung und Zeit

Zeit – im Sinne verfügbarer Handlungs- und Lebenszeit – ist das Medium, in dem Pläne und Ziele zur Verwirklichung gelangen; das Management zeitlicher Ressourcen ist eine wesentliche Dimension von Lebensplanung. Zielbezogenes, planvolles Handeln ist inhärent zukunftsbezogen und vollzieht sich in einem Horizont von Nutzen- und Folgeerwartungen, die den Anstrengungen Sinn verleihen. Zeit ist insofern eine Handlungs- und zugleich eine Sinnressource, von deren Verfügbarkeit sowohl die Erreichbarkeit wie auch die attraktive Valenz von Zielen abhängt; insbesondere die subjektiv noch verbleibende Lebenszeit gehört zu den Faktoren, welche die Auswahl von Zielen wie auch akkommodative Prozesse der Zielablösung über die Lebensspanne hinweg maßgeblich beeinflussen (s. Kap. 15).

Geläufige Strategien des Zeitmanagements umfassen z. B. die Setzung von Zielprioritäten, die Strukturierung des Tagesablaufes durch Routinen, die Synchronisierung zeitlicher Planung mit tageszeitlichen Schwankungen von Leistungsreserven (Smith, 1999). Der Aspekt des planvollen Umgangs mit verfügbarer Zeit tritt umso stärker in den Vordergrund, je knapper diese wird; zugleich damit wird die Frage, für welche Ziele und in welche Projekte man seine Zeit bzw. die mutmaßlich noch verbleibende Lebenszeit sinnvoll investiert, selbst zum Gegenstand planender Reflexion. Zu den belastenden Grunderfahrungen des höheren Alters gehört oft die Erkenntnis, dass manche persönlich bedeutsamen Ziele in der verbleibenden Lebenszeit nicht mehr erreicht werden können. Die innere Lösung von nicht verwirklichten bzw. absehbar nicht mehr realisierbaren Zielen und Projekten wird daher gerade in späten Lebensabschnitten zu einem zentralen Problem. Zu den Persönlichkeitsmerkmalen, welche die Bewältigung dieses Problems erleichtern, gehört auch die Disposition zu akkommodativer Flexibilität (s.o, Kap. 6); dies erklärt, weshalb Personen mit hohen Flexibilitätswerten in ihrem Wohlbefinden durch das Erleben schwindender Lebenszeitreserven weniger beeinträchtigt werden.

Skinner und Vaughn (1983) haben den Übergang ins höhere Alter mit der Reise in ein fremdes Land verglichen, auf die man sich gründlich und nach Möglichkeit frühzeitig vorbereiten sollte (s. auch Irle, 2009). Wie eine Interventionsstudie von Dubé, Lapierre und Bouffard (2007) zeigt, kann die planvolle Vorbereitung auf die Zeit des Ruhestands nicht nur effizientes Handeln hinsichtlich der Verwirklichung persönlicher Ziele (z. B. sich für wohltätige Zwecke engagieren, neue Freundschaftsbeziehungen aufbauen, persönliche Kompetenzen nutzen) fördern, sondern auch nachhaltig zur Lebenszufriedenheit beitragen.

Allerdings wird die persönliche Zukunft vom älteren Menschen selbst nicht mehr in gleichem Maße als offen und kontrollierbar erlebt wie in jüngeren Jahren (s. auch Brandtstädter & Wentura, 1994). Physische, kognitive, soziale, materielle, wie gesagt auch lebenszeitliche Ressourcen sind notwendige Voraussetzungen zur Realisierung einer Vielfalt von Zielen; da Ressourcenverluste vielfach weitere Verluste nach sich ziehen (s.o., Kap. 4; vgl. Hobfoll, 1989; Hobfoll et al., 1996), haben die Erweiterung und Erhaltung von Handlungsressourcen in Prozessen der Lebensplanung hohe Priorität. Zentrale Themen der Lebensplanung ändern sich sowohl in der Auseinandersetzung mit Entwicklungsaufgaben und Rollenübergängen im Lebenszyklus wie auch infolge abnehmender subjektiver Lebenszeitreserven. Im Jugend- und frühen Erwachsenenalter stehen Themen der Ausbildung, der beruflichen Karriere und der Familienplanung und darauf bezogene Zielorientierungen im Mittelpunkt von Prozessen der Lebensplanung, während im höheren Alter Fragen der Erhaltung der Gesundheit, der kognitiven Leistungsfähigkeit, aber auch das Streben nach emotionaler Nähe und Sicherheit in den Mittelpunkt rücken (s. auch Carstensen & Lang, 2007). In späten Lebensphasen häufen sich irreversible Verluste und Einschränkungen; auch die Vorbereitung auf Verlustereignisse wie Krankheit, Behinderung oder Verwitwung wird zum Gegenstand planvoller Vorsorge. (s. auch Brunstein et al., 2007; Nurmi et al., 1992).

Die Frage einer sinnvollen Nutzung knapper Lebenszeit beschäftigt philosophische Weisheitslehren von alters her; Senecas Traktat „Über die Kürze des Lebens" (De brevitate vitae) ist ein klassisches Beispiel. Mit schwindenden Lebenszeitreserven rückt diese Frage zunehmend in den Mittelpunkt der Lebensplanung. Zweckrationale, extrinsisch motivierte Handlungsorientierungen, die auf zukünftigen persönlichen Nutzen abstellen, verlieren an Gewicht; überhaupt sinkt die Bereitschaft, neue zukunftsbezogene Projekte anzugehen (Smith, 1999). Dagegen gewinnen intrinsisch valente Ziele an Bedeutung; hierzu gehören einerseits Genuss- und Mußeziele von unmittelbarer hedonischer Valenz, zum anderen aber auch sozioemotionale, religiöse und altruistisch-philanthropische Ziele, die den Zeithorizont des eigenen Lebens transzendieren. Die Tendenz zu einer solchen „finalen Dezentrierung" nimmt offenbar in dem Maße zu, wie die Endlichkeit des eigenen Lebens ins Bewusstsein tritt (Brandtstädter et al., 2010; s. unten, Kap. 15). Im höheren Alter und im Rückblick auf das eigene Leben steigt zugleich die Bereitschaft, über den „Sinn des Lebens" nachzudenken; man mag hierin zwar keine hinreichende, immerhin jedoch eine notwendige Voraussetzung zur Annäherung an lebenspraktische Kompetenzen sehen, die mit dem anspruchsvollen Begriff „Weisheit" umschrieben werden (s. auch Staudinger & Dörner, 2007; Sternberg, 1998).

Allerdings sinkt mit dem Schwinden von Lebenszeitreserven auch die Möglichkeit, persönliche Lebenserfahrung und Expertise noch für die persönliche Zukunft zu nutzen; jedoch kann die Weitergabe lebenspraktischen Wissens anderen helfen, die weniger erfahren, aber vernünftig genug sind, auf erfahrenen Ratschlag zu hören. Die Fähigkeit und Bereitschaft, in schwierigen Lebensfragen Rat zu geben, stellt selbst bereits einen wesentlichen Aspekt von „Weisheit" dar; auch die evolutionsbiologische Forschung erkennt zunehmend die adaptiven Vorteile, die sich aus der Nutzung der Lebenserfahrung Älterer ergeben („Nestor-Effekt"; s. Greve & Bjorklund, 2009).

9
Sinn und Sinnfindung

Fragen nach dem „Sinn des Lebens" – wie auch Anschlussfragen nach dem Sinn dieser Fragestellung – sind eine traditionelle Domäne philosophischer Reflexion (zum Überblick z. B. Fehige, Meggle & Wessels, 2000). Gelegentlich werden sie an die Psychologie weiterverwiesen, von wo sie gerne wieder zur philosophischen Bearbeitung zurückgegeben werden. Allerdings gab es auch Richtungen in der Psychologie, wie etwa die von Dilthey und Spranger begründete Schule der sogenannten „geisteswissenschaftlichen Psychologie", wo das Sinnthema zum Programm erhoben wurde. So etwa fordert Spranger (1922, Vorwort) mit einigem Pathos „das Wort Psychologie für die Wissenschaft vom sinnerfüllten Erleben zurück" – eine Forderung, die auch im Programm einer „Humanistischen Psychologie" (Bühler, 1971; Maslow, 1967; s. auch Frankl, 1978) nachwirkt. Vermutlich ist es nicht falsch, das Thema „Sinn" – da sich in ihm Fragen von Wohlbefinden und positiver Entwicklung mit ethisch-moralischen Fragen des „guten Lebens" berühren – als gemeinsamen Gegenstand psychologischer Forschung und ethisch-philosophischer Reflexion zu betrachten.

Wir bewegen uns bereits im Psychologischen, wenn wir feststellen, dass Sinnfragen – jedenfalls außerhalb theoretischer Diskurse – besonders häufig von Menschen gestellt werden, die mit sich und ihrem Leben Probleme haben. Belastende und traumatische Situationen sind zumeist dadurch gekennzeichnet, dass bisherige Gewohnheiten und Lebensroutinen ihre gewohnten Wirkungen und Bedeutungen, ihren vertrauten „Sinn" verloren haben. Auch in Situationen und Grenzerfahrungen, wo die Begrenztheit und Endlichkeit eigener Bemühungen schärfer ins Bewusstsein tritt, drängen sich Fragen nach dem „Sinn des Ganzen" auf. Hier halten Religion, Philosophie und politische Ideologien Antworten bereit; andererseits tragen auch die in der „Schule des Lebens" gesammelten Erfahrungen dazu bei, zu Sinnfragen eine Haltung zu beziehen. Offenbar müssen bestimmte Sinn- und Wertorientierungen schon gegeben sein, damit etwas überhaupt als wertvoll oder sinnvoll erkannt und anerkannt werden kann.

9.1 Zum Sinn von „Sinn"

Die Bedeutung des Begriffs „Sinn" ist komplex: Einerseits sprechen wir vom Sinn eines Wortes oder Begriffs, andererseits fragen wir auch nach dem Sinn einer Handlung, eines Vorhabens, mitunter auch nach dem „Sinn des Lebens" insgesamt oder – vielleicht sinnvoller – danach, was dem Leben Sinn verleihen kann.

Im ersten Falle verwenden wir „Sinn" weitgehend synonym mit „Bedeutung". Die Bedeutung bzw. der semantische Gehalt eines Begriffes ergeben sich einerseits aus seinen extensionalen Bezügen, d.h. aus den konkreten Dingen oder Sachverhalten, auf die der Begriff verweist, andererseits aus den begrifflichen Relationen oder Verweisungen, die ihn innerhalb einer Sprache bzw. eines semantischen Netzwerks mit anderen Begriffen verbinden. So z. B. referiert „Zitrone" zum einen auf alle Objekte, welche die für Zitronen kennzeichnenden Merkmale aufweisen; zum anderen steht der Begriff in mehr oder weniger engen Beziehungen zu Oberbegriffen wie Frucht, Pflanze, zu adjektivischen Bestimmungen wie „gelb" oder „sauer", eventuell auch zu Verwendungsmöglichkeiten wie etwa „brauchbar zur Herstellung von Limonade". Beim Sprachbenutzer konstituieren solche semantischen Beziehungen assoziative Verbindungen, die durch das bezeichnende Wort aktiviert werden (z. B. Zitrone – sauer). Extensionale und intensionale Bestimmungen sind nicht unabhängig voneinander: Um etwa zu bestimmen, ob ein Objekt als Exemplar eines Begriffs gelten kann, muss zugleich festgestellt werden, ob es die für den Begriff kennzeichnenden Merkmale besitzt; die Kognitionspsychologie spricht hier von der Verbindung von „konzeptgetriebenen" (*top-down*) und „datengetriebenen" (*bottom-up*) Prozessen.

Teilweise andere Bedeutungen sind im Spiel, wenn vom Sinn einer Handlung oder eines Vorhabens die Rede ist. Hier fragen wir üblicherweise nach Zweck- und Zielbezügen; je nach der Möglichkeit, solche Bezüge herzustellen, erscheint uns das fragliche Handeln sinnvoll oder auch als sinnlos, nutzlos, oder „witzlos". Letzteres kann auch der Fall sein, wenn wir zwar handlungsleitende Ziele oder Zwecke erschließen können, diese jedoch sich dem weiteren Verständnis verschließen. Sofern es um unser eigenes Handeln geht, ist auch die Frage bedeutsam, inwieweit wir die Ziele und Zwecke, auf die es gerichtet ist, als unsere eigenen anerkennen. Unsere Lebensaktivitäten gewinnen motivierenden Sinn wesentlich aus den Zielen, Plänen und Identitätsentwürfen, zu deren Realisierung sie – zumindest aus der eigenen Perspektive – beitragen; wobei es auch darauf ankommt, dass uns diese Ziele wichtig und wertvoll erscheinen.

Wir können mithin zwischen semantischem und pragmatischem Sinn unterscheiden, je nachdem, ob wir von der Bedeutung eines Begriffes bzw.

Satzes oder vom Sinn einer Tätigkeit bzw. eines Vorhabens sprechen. Gelingende sprachliche Kommunikation schließt beide Ebenen des Sinnverständnisses ein, soweit es hierbei z. B. nicht nur auf das Erfassen des Bedeutungsgehaltes einer Äußerung, sondern auch der Motivationen oder Zwecke der betreffenden Sprechhandlung geht (s. etwa Habermas, 1981). Semantische und pragmatische Sinnbestimmungen berühren sich auch insofern, als die Bedeutung eines Tuns bzw. seine Beschreibung als Handlung eines bestimmten Typs sich oft erst aus den jeweils verfolgten Zielen und Zwecken ergibt. Ein und dasselbe Tun kann, je nach den mit ihm verbundenen Zwecksetzungen, unterschiedliche Sinngehalte und damit auch unterschiedliche Bedeutungen haben; im Blick auf begleitende Absichten und Umstände unterscheiden wir z. B. zwischen Mord, Totschlag oder erlaubter Selbstverteidigung. Umgekehrt kann ein und derselbe Handlungstyp auch durch verschiedene Verhaltensabläufe instantiiert werden; z. B. kann ein Gruß auf sehr verschiedene Weise ausgeführt werden (Äußern einer Grußformel, Winken, Hupen...). Schließlich können Handlungen und deren Beschreibungen gleichzeitig verschiedene Ebenen umfassen (s. auch Vallacher & Wegner, 1987). Indem ich den Rasen mähe, verschönere ich den Garten, zeige ich mich pflichtbewusst, betätige mich sportlich u.a.m.; die verschiedenen Verzweigungen eines solchen „Handlungsbaumes" (Goldman, 1970) müssen sich allerdings nicht sämtlich mit den Intentionen des Handelnden decken.

Im Erleben des Einzelnen können sich motivierende Sinngehalte auch mit Objekten, Instrumenten, Ereignissen, Alltagsaktivitäten verbinden, sofern diese einen Stellenwert in umfassenderen Handlungs- und Lebenszusammenhängen haben, die von der Person als bedeutsam oder wertvoll angesehen werden. Hier greifen verschiedene Bedeutungs- und Sinnebenen ineinander: Ein Zahnrädchen bezieht seinen „Sinn" aus seiner Funktion innerhalb eines umfassenderen Wirkungsgefüges (z. B. einer Maschine, einer Uhr), welches wiederum seinen Sinn aus einer bestimmten Lebenspraxis bezieht, in der die fraglichen Instrumente oder Werkzeuge einen bestimmten Nutzwert haben; Uhren verlieren ihren Nutzen und zugleich ihren Sinn in einer Umgebung, in der zeitliche Orientierung und Koordinierung keine Rolle spielen, und das einzelne Zahnrädchen verliert seine Funktion in einer defekten Uhr. Hier gilt durchweg das gestaltpsychologische Prinzip, wonach das Ganze mehr ist als die Summe der Teile; insofern kann hier auch von Sinn*gestalten* gesprochen werden. Durch ihre Einbettung in Handlungs- und Lebenszusammenhänge werden die jeweiligen Dinge mit symbolischen und metaphorischen Bedeutungen aufgeladen: Eine wertvolle Uhr kann nicht nur der zuverlässigen Zeitmessung, sondern auch als Sammelobjekt, als Erb- und Erinnerungsstück dienen und vielleicht auch zur besitzanzeigenden Selbstdarstellung dienen; die Sanduhr erinnert an die Vergänglichkeit der Zeit, das Ablesen der Zeit verweist auf Pünktlichkeitsideale usf. Solche Sinngebungen hängen zugleich von individuellen Wertungs- und Handlungsbereitschaften bzw. Persönlichkeitsmerkmalen ab; der kreative „Bastler" kann funktionale Gebundenheiten durchbrechen und Objekte und Tätigkeiten in neue, überraschende Sinnzusammenhänge stellen (vgl. hierzu auch Boesch, 1998). Natürlich kann weitergefragt werden, woher die sich zu polyvalenten Komplexen verbindenden Sinnebenen, Sinngestalten oder Sinnsysteme ihrerseits ihren Sinn beziehen. Solches Nachfragen scheint ins Unendliche zu reichen, typischerweise jedoch endet es dort, wo kulturelle Selbstverständlichkeiten und intrinsische Wertungsbereitschaften berührt werden, deren „Hinterfragen" nicht mehr als sinnvoll erlebt wird. Vorstellungen vom „Glück", vom guten Leben bzw. von einem *Summum Bonum* erscheinen als allgemeinste Fluchtpunkte, auf die Sinnfragen letztlich hinauslaufen.

9.2 Subjektive und überindividuelle („objektive") Sinnperspektiven

Die einem Handeln zugrundeliegenden sinngebenden Zwecke, Ziele und Überzeugungen werden durch Antworten auf die Frage „Warum?" erschlossen; die Erschließung von Sinngehalten nähert sich damit dem Muster rationaler Handlungsklärungen. Warum-Fragen dieser Art kann sich die Person im inneren Dialog selbst stellen, insbesondere wenn sie vor Entscheidungen steht oder am Sinn ihres Tuns zweifelt; Sinn wird aber auch erschlossen und in der sozialen Interaktion vermittelt durch Antworten auf die Frage, warum und wozu man bestimmten Aufforderungen, Bitten oder Empfehlungen nachkommen sollte. Ein normatives Element kommt hier auch durch den Umstand ins Spiel, dass Erklärungen von Handlungen wie auch Begründungen von Handlungsaufforderungen typischerweise erst dann plausibel und vernünftig erscheinen, wenn die geltend gemachten Gründe als „gute Gründe" durchgehen können. Wie zuvor schon angedeutet, ist daher die Sinnfrage mit dem Aufweisen eines bestimmen Zweck- oder Zielbezugs noch nicht erschöpft: Warum-Fragen können auch durch den Hinweis auf Ziele und Zwecke beantwortet werden, die im Lichte eines umfassenderen, nicht lediglich idiosynkratischen Verständnisses gelingenden Lebens als wenig sinnvoll erscheinen. Ein böswilliger Mensch kann motivierenden Sinn darin finden, anderen zu schaden; ein zwanghafter Charakter mag Befriedigung aus dem Auswendiglernen des Telefonbuches beziehen. Was unter bestimmten historischen oder kulturellen Gegebenheiten noch als guter Grund galt, kann allerdings bei gewandelten Erkenntnissen und Werthaltungen Plausibilität und Geltung verlieren. Das Kriterium der Verstehbarkeit eines Tuns bzw. der

Nachvollziehbarkeit seiner Begründungen ist bekanntlich auch eine psychiatrische Daumenregel für die Trennung von normalem gegenüber psychotischem Verhalten, die allerdings wegen der implizierten Deutungshoheit nicht gänzlich unproblematisch ist. Manches Verhalten erscheint unverständlich bzw. unvernünftig oder irrational, solange wir den äußeren und „inneren" Handlungskontext nicht genauer kennen; oder, um ein Bild Wittgensteins zu verwenden: Die Bewegungen eines Menschen mögen sonderbar erscheinen, solange man nicht weiß, dass er gegen einen Sturm ankämpft (Bartley, 1973).

Es ist deutlich geworden, dass der Begriff „Sinn" nicht nur auf persönliche Präferenzen, sondern auf überindividuelle Werte verweist; diese Wertbezüge sollten allerdings auch im individuellen Begründungs- und Motivationszusammenhang Geltung besitzen. Im klassischen Sinne „sinnerfüllt" erscheint uns ein Handeln und Leben, das auf Wertverwirklichung gerichtet ist und in dieser Weise auch von der Person selbst erfahren und erlebt wird (vgl. auch Bühler, 1933). Dementsprechend können neben idealtypischen Fällen, wo etwa ein Tun zugleich unter geltenden Wert- und Nutzengesichtspunkten wie auch dem Handelnden selbst sinnvoll erscheint, auch solche auftreten, wo beide Sinnperspektiven dissoziieren – wenn z. B. also Tätigkeiten, die unter allgemeinen Wert- und Nutzengesichtspunkten fragwürdig erscheinen, von der Person selbst als sinngebend erlebt werden, oder wo umgekehrt das Handeln der Person für Zwecke instrumentalisiert wird, die sie selbst nicht erkennt oder anerkennt. Ebenso können Sinn- und Begründungsperspektiven – inter- wie intraindividuell – in Konflikt geraten. Konflikte dieser Art verweisen auf eine mangelnde Kohärenz individueller Wert- und Sinnperspektiven. Sie können zu einer Fragmentierung von Sinnhorizonten, andererseits aber – im Sinne eines dialektischen Entwicklungsprinzips – auch zu neuen Synthesen führen.

Auch der Einzelne selbst mag Zweifel am Sinn seines Handelns oder seines Lebens insgesamt bekommen; solche Zweifel, wie sie auch zum Syndrom depressiver Störungen gehören, können vor allem im Zusammenhang mit der Erfahrung der Begrenztheit und Vergeblichkeit eigenen Tuns entstehen. Eine gesteigerte Bereitschaft, über den Sinn des eigenen Tuns und Lebens nachzudenken, findet sich oft gerade dann, wenn man mit sich und seiner Lebensführung in Schwierigkeiten geraten ist.

9.3 Abgeleitete und intrinsische Sinnperspektiven

Handlungen beziehen ihren Sinn aus den Zielen, zu deren Realisierung sie dienen; die verfolgten Zielsetzungen wiederum beziehen ihren Sinn aus umfassenderen Lebensplänen oder Lebensthemen. Diese rekursive Denkfigur führt eventuell zur Frage nach dem „Sinn des Lebens" insgesamt, die allerdings über den lebenszeitlichen Horizont hinauszuweisen scheint. Mit der Frage, wo die sinnsuchende „Warum"-Frage zum Stillstand kommt, entsteht leicht auch der Verdacht, dass diese Frage in einen unendlichen Regress führt und insofern keine letztlich befriedigenden Antworten findet.

Allerdings scheint diese Vorstellung schon vorauszusetzen, dass wir in der Lage sind, bestimmte Antworten als befriedigend zu empfinden, und insofern zur Konstruktion von Sinn disponiert sind. Eine mögliche Antwort jenseits der Ironie ist, dass als „letzte" oder „übergeordnete" Quellen von Sinn nur solche Ziele und Werte fungieren können, deren Wert sich nicht von anderswo ableitet, sondern die Eigenwert bzw. die „intrinsische" Valenz besitzen. Genuss- und Mußehandlungen sind naheliegende Beispiele für eigenvalente Handlungen; aber auch ästhetisch-künstlerische, ethische oder religiöse Orientierungen zielen – jedenfalls idealtypisch – nicht auf einen dahinterliegenden Zweck. Sinnquellen sind für uns letztlich die Dinge, an denen wir hängen, bzw. liegen in der aktiven und teilnehmenden Fürsorge um Gegenstände, Personen, Institutionen und Weltbilder, mit denen wir durch Bindungen und Identifikationen verbunden sind.

Allerdings kommt es vielfach dazu, dass eine zunächst extrinsisch motivierte, auf einen übergeordneten Zweck oder Wert gerichtete Tätigkeit selbst intrinsische Valenz bzw. Eigenwert gewinnt. Nach dem vertrauten Mittel-Zweck-Schema leitet sich der Nutzen eines Tuns aus dem Wert der verfolgten Ziele ab; jedoch kann man die Dinge auch so sehen, dass bestimmte Ziele ihren Wert gerade daraus beziehen, dass sie sinnerfülltes, befriedigendes Leben erst ermöglichen. Als exemplarisch hierfür mag man mit Frankfurt (1988) Handlungsweisen des *caring* betrachten, des fürsorglichen, engagierten Sich-Kümmerns um Personen, Sachen, Ideen, mit denen man sich identifiziert oder für die man sich verantwortlich fühlt. Ohnehin handelt es sich bei Werten oder Tugendzielen wie „Altruismus", „Gerechtigkeit", „Nächstenliebe", „Höflichkeit" nicht um Ziele, die über eine Abfolge von Handlungsschritten definitiv erreichbar wären – im Gegensatz etwa zu Karrierezielen, nach deren Erreichen gelegentlich Sinnverluste erlebt werden (*topping out*; s. auch Baumeister, 1986). Wir haben es hier eher mit Handlungsmaximen oder „chronischen Zielen" (Bargh, 1990) zu tun, die nicht ein spezifisches Handlungsergebnis, sondern eine besondere Form des Handelns oder Lebens bestimmen. Auch Wachstums- oder Lernziele wie etwa das Streben nach Produktivität, Kennerschaft oder Erkenntnis bezeichnen keine abschließenden Endzustände, sondern sind nahezu unbegrenzt steigerungs- und ausgestaltungsfähig. Solche offenen Ziele können zu dauerhaften Orientierungen der persönlichen Lebensführung werden – damit zugleich zu Sinnquellen, die nicht versiegen.

Wenn wir diesen Gedanken in Richtung auf die Themen von Selbstkultivierung und Lebenskunst weiterführen, so scheint es, dass auch die Sorge um sich selbst – im anspruchsvolleren Sinne eines *souci de soi* (Foucault, 1986; s. auch Schmid, 1998) – auf diese Weise intrinsischen Wert und Sinn gewinnen kann; wobei die Sorge darum, dem eigenen Leben eine „gute Gestalt" zu geben, die Ausrichtung auf überindividuelle, ich-transzendente Werte bzw. auf das allgemeine Gute nicht ausschließt.

Sinn, so können wir zusammenfassend festhalten, entsteht in Strukturen bzw. Systemen: In assoziativen Strukturen, in semantischen Netzwerken, in Zielhierarchien, in kausalen Strukturen, die Ereignisse verknüpfen und individuelles Handeln mit Effekten verbinden, in sozialen Systemen, die Sinnsysteme hervorbringen und sinnhafte Orientierungen anbieten. Sinn entsteht nicht zuletzt auch in narrativen Strukturen, welche biographische Ereignisse zu Geschichten verbinden, die – jedenfalls soweit sie positiv enden – als sinnvoll erlebt werden. „Sinnkrisen" weisen darauf hin, dass sinngebende Strukturen nicht gefunden werden können, bzw. dass gewohnte Sinnzusammenhänge durch kritische Ereignisse bedroht sind oder zerstört wurden; die individuelle Lebensorganisation ist von solchen Problemen vor allem in komplexen, sich schnell verändernden Umwelten bedroht. Vergleichbare Schwierigkeiten können auch in Arbeitsumwelten entstehen, wo Produktionsabläufe aus Gründen der Effizienzmaximierung soweit fragmentiert sind, dass es für den Einzelnen schwierig wird, seine Tätigkeit in einem umfassenderen Handlungszusammenhang zu sehen oder mit einem abgeschlossenen Produkt in Verbindung zu bringen. Das Lob des „einfachen Lebens", die Sehnsucht nach überschaubaren Lebens- und Arbeitsbedingungen, aber auch Versuche, Isolierung und Fragmentierung durch „Vernetzung" zu überwinden, sind typische Reaktionen auf die Erfahrung von Komplexität und Unsicherheit.

Fragen nach dem Warum und Wozu, nach dem Sinn eines Tuns motivieren dementsprechend dazu, umfassendere Kontexte in den Blick zu nehmen – sei es die persönliche Zukunft, die Familie, die Gesamtgestalt des Lebens, die Natur und deren Erhaltung oder die Menschheit und deren Zukunft im Ganzen. Eine solche reflexive Horizonterweiterung wird typischerweise aktiviert, wenn man mit seinem Handeln und Leben in Schwierigkeiten geraten ist. Auch in Grenzsituationen, in denen die Zerbrechlichkeit und Endlichkeit des Lebens bewusst wird, treten überindividuelle, ich-transzendente Sinngehalte oft verstärkt in den Vordergrund. Solche akkommodativen Dynamiken sind nicht nur für eine flexible und kontextsensitive Handlungsregulation, sondern auch für ein adaptives Lebensmanagement insgesamt von zentraler Bedeutung; durch sie werden perspektivische Einengungen aufgehoben, wie sie sich im Zuge der hartnäckigen Verfolgung eines Vorhabens typischerweise ergeben. Hier werden offensichtlich auch Kompetenzen berührt, die mit dem

Begriff „Weisheit" angesprochen sind (s. auch Baltes, Glück & Kunzmann, 2002; Sternberg, 1998).

9.4 Sinnkonstruktion als Bedürfnis

Die Frage nach dem Sinn unseres Tuns ist weitgehend gleichbedeutend mit der Frage nach dem Warum und Wozu unseres Tuns. Ein Sinnbezug ist insofern jedem bewusst zielgerichteten Handeln inhärent; die Entwicklung von Sinnorientierungen ist daher wesentlich verknüpft mit der Entwicklung der Intentionalität. Vorausgesetzt ist insbesondere die Fähigkeit, eigenes Handeln im Hinblick auf seine Bedeutungen und Folgen zu bedenken und Handlungen wie auch individuelle Handlungsgründe im Lichte übergeordneter Kriterien von Vernunft und Moral zu beurteilen. Mit der schrittweisen, durch die sprachliche und begriffliche Entwicklung wesentlich unterstützten Differenzierung und Integration intentionaler und repräsentationaler Funktionen und im Zuge der Auseinandersetzung mit kulturellen, über den Lebenszyklus gestaffelten Rollenanforderungen und „Entwicklungsaufgaben" formen sich bereichsspezifische Ziele und Pläne zu – individuell unterschiedlich konkreten und kohärenten – Lebens- und Selbstentwürfen aus. Daher findet die Frage nach dem Sinn einzelner Handlungen und Lebensaktivitäten für uns oft erst dann eine befriedigende Antwort, wenn wir diese zu den umfassenderen Werthaltungen und lebensthematischen Einstellungen in Beziehung setzen können, mit denen wir uns identifizieren und an denen wir uns in unserem Handeln und unserer Lebensführung orientieren. Sinnbezüge geben unseren Handlungs- und Lebensgeschichten Sicherheit und Kohärenz; insofern ist das Streben nach Sinn Ausdruck eines grundlegenderen Bedürfnisses, Orientierungs- und Bindungssicherheit zu finden; Frankl (1977, S. 70) spricht vom „Willen zum Sinn" als „dem Ringen um bestmögliche Sinnerfüllung" des Daseins. Aspekte dieses Bedürfnisses bzw. grundlegende Sinnperspektiven sind beispielsweise Selbstwertschätzung, soziale Einbindung, Selbsteffizienz und Selbstkultivierung, liebevolle Fürsorge, Bindung an überindividuelle Werte (s. auch Baumeister & Vohs, 2002; Frankfurt, 1999) – allgemein alle persönlichen Anliegen und Ziele, mit denen man sich identifiziert, für die man sich engagiert, und bei deren Nichterfüllung entsprechend Sinnverluste entstehen.

Solche grundlegenderen Sinnorientierungen können sich je nach individueller Persönlichkeitsstruktur und gegebenen Lebensumständen zu unterschiedlichen Lebenslaufmustern und Lebenspolitiken ausformen. Dies ist auch der Ansatzpunkt verschiedener Versuche einer typologischen Ordnung grundsätzlicher Lebensorientierungen, die ihren Sinn aus bestimmenden, jeweils sinngebenden Inhalten gewinnen. Ein frühes Beispiel findet sich bei

Aristoteles in der Unterscheidung zwischen einem Genussleben (*bios apolaustikos*), einer auf Erwerb und Vermögen gerichteten Einstellung (*bios chrematistes*), einem auf Ansehen und Macht gerichteten Leben (*bios politikos*) und einer kontemplativen, auf Erkenntnis gerichteten Einstellung (*bios theoretikos*) (s. auch Hinske, 1986). In ähnlicher Weise unterscheidet Spranger (1922) zwischen ästhetisch, theoretisch, ökonomisch, politisch (machtbezogenen), sozial oder religiös orientierten Lebensformen, die er von grundlegenden sinngebenden „Geistesakten" ableitet: Wenn wir beispielsweise einen goldenen Ring sehen, so können sich ein elementares ästhetisches Erlebnis (z. B. er glänzt), ein theoretisches Urteil (z. B. er ist aus Gold), ein ökonomischer Wertungsakt (z. B. Gold ist wertvoll), ein sozialer Bezug (z. B. ich habe ihn von meiner Mutter) zu einem seinerseits sinnhaltigen Einzelakt verbinden (z. B. ich schenke ihn dir), dessen Sinngehalt erst „im Nachvollzug solcher Aktschichtungen adäquat verstanden" werden kann (Spranger, 1922, S. 87); eine Typzuordnung ergibt sich daraus, welcher dieser Sinnbezüge bei der einzelnen Person vorzugsweise im Vordergrund des Erlebens und Handelns steht. Bekanntlich neigen typologische Systematiken dieser Art zur idealisierenden Hervorhebung von Einzelaspekten bei gleichzeitiger Vernachlässigung vielfältiger Misch- bzw. Zwischenformen. Kaum weniger problematisch erscheint – zumal aus einer Entwicklungsperspektive – die einseitige Betonung thematischer Kontinuität gegenüber Entwicklungsdynamiken, die zu einer tiefgreifenden Änderung in persönlichen Lebenseinstellungen führen.

Sinnorientierungen, die sich in individuellen Lebensstilen und Lebenspolitiken ausprägen, sind gleichzeitig personale und soziale Konstruktionen: Einerseits reflektieren sie die in einer historisch-kulturellen Situation vorherrschenden Werte, auf höheren Stufen der Moralentwicklung auch allgemeinere ethische Prinzipien, die einen Maßstab zur kritischen Beurteilung gesellschaftlicher Normsetzungen liefen (Kohlberg, 1979); gleichzeitig verweist das, worin wir Sinn und Befriedigung finden, auch auf individuelle Persönlichkeitsmerkmale (und insofern letztlich auch auf genotypische Unterschiede). Dabei können sich auch konflikthafte Konstellationen zwischen den verschiedenen Ebenen der Sinnkonstruktion ergeben – man denkt hier z. B. auch an den Typus des „Aussteigers", der persönlichen Sinn und Erfüllung gerade außerhalb oder gerade in Absetzung von gesellschaftlich vorgezeichneten Mustern der Lebensführung sucht oder findet.

Im Zuge von kritischen Lebensereignissen und historischen Umbruchsituationen können bisherige Tätigkeiten und Lebensaktivitäten ihre Bedeutungen und intendierten Wirkungen, damit zugleich ihren „Sinn" verlieren; im höheren Alter können aufgrund abnehmender physischer und lebenszeitlicher Reserven zukunftsbezogene Zielsetzungen außer Reichweite geraten und so als mögliche Quellen von Sinn ausfallen – von daher ist es nicht überraschend, dass die Bereitschaft, über existentielle Sinnfragen nachzudenken, gegen Ende des Lebens zunimmt (vgl. Brandtstädter et al., 2010; Staudinger & Dittmann-Kohli, 1992; siehe unten). Zumal traumatische Erlebnisse können grundlegendere existentielle Einstellungen und Weltbildannahmen erschüttern und zu radikalen Sinnkrisen führen (vgl. auch Janoff-Bulman, 1992). Gegen Sinnverluste ist besser geschützt, wer Vorstellungen von persönlichem Glück nicht an konkrete Einzelprojekte und -ziele knüpft, sondern Lebenssinn aus mehreren Quellen schöpfen kann (vgl. auch Linville, 1987; McIntosh & Martin, 1992). Risse und Beschädigungen in inneren und äußeren Sinnstrukturen aktivieren freilich sowohl auf personaler wie auf sozialer Ebene Reparaturarbeiten und kompensatorische Gegenbewegungen; sie bilden oft den Ausgangspunkt für den Aufbau neuer Sinnperspektiven. Vorausgesetzt ist hierbei freilich eine gewisse adaptive Flexibilität – die Bereitschaft und Fähigkeit, sich von alten Perspektiven zu lösen und für neue zu öffnen.

9.5 Sisyphus, die Vergeblichkeit und der Sinn – mit Anmerkungen zur Monotonie

Gefühle der Sinnlosigkeit gehen vielfach mit Erfahrungen der Vergeblichkeit eigenen Tuns einher, wie sie zum Teil aus eigenem Unvermögen oder „gelernter Hilflosigkeit" resultieren. Tiefere Sinnkrisen, die das Ausmaß „existentieller Frustration" (Frankl, 1977) annehmen können, verbinden sich wesentlich mit der Vorstellung, dass das Leben – oder die Welt, in der man lebt – insgesamt keine Möglichkeit bietet, Sinnvolles von Dauer zu schaffen. Nihilistische Anwandlungen dieser Art können leicht durch den Gedanken der Endlichkeit des Lebens oder der Vergänglichkeit aller Dinge geweckt werden. Zu ähnlichen Stimmungen mögen auch Vorstellungen eines materialistischen Reduktionismus führen, wonach unser Tun und Lassen ohnehin keine „Gründe" im engeren Sinne des Wortes, sondern letztlich nur neurophysiologische Ursachen habe. Aus dieser Perspektive erscheint unser Handeln und Leben bestenfalls als Spiel – freilich kann auch ein Spiel Spaß bereiten, wenn man es nicht allzu ernst nimmt.

Als Paradigma sinnlosen Bemühens gilt seit jeher der Mythos von Sisyphus, dem König von Korinth, der den Gott des Todes überlisten wollte und deshalb von den Göttern auf ewig zu vergeblicher Anstrengung verurteilt wurde (diese bestand bekanntlich darin, einen schweren Felsblock einen steilen Hügel hinaufzuwälzen, der jedoch kurz vor Erreichen des Gipfels immer wieder „hurtig mit Donnergepolter" entrollte). Es ist eine anregende philosophisch-psychologische Frage, unter welchen Umständen wir uns das Leben des Sisyphus als sinnerfüllt vorstellen dürfen. Für die existentialistische Philosophie entsteht Sinn aus der bewussten Entscheidung für eine Lebensform; so argumentiert Camus (1959/1971, S. 101): „Der Kampf gegen Gipfel vermag ein Menschenherz auszufüllen. Wir müssen uns Sisyphos als einen glücklichen Menschen vorstellen." Man könnte sich mit Richard Taylor (1970) auch vorstellen, dass Sisyphus schlicht Sinn darin hätte finden können, den Willen der Götter zu vollziehen, oder aber von der Vision angetrieben worden sei, irgendwann mit den Felsblöcken noch etwas von dauerhaftem Wert wie z. B. einen Tempel fertigstellen zu können.

Offenbar beantwortet sich die Frage, unter welcher Bedingung Sisyphus Freude und Sinn in seinem Tun gefunden hätte, nicht allein durch die Betrachtung äußerer Merkmale der Tätigkeit selbst; bedeutsam erscheint vielmehr die Beziehung des Handelnden zu seinem Tun, bzw. die Fähigkeit, auch der auferlegten, äußerlich monotonen Aufgabe positive Seiten abzugewinnen. Solche Fähigkeiten differieren interindividuell, wie dies schon Hugo Münsterberg (1919, S. 116f.) – einer der Begründer der Arbeits- und Betriebspsychologie, der in Berlin und Harvard lehrte – Anfang des vergangenen Jahrhunderts bei seinen Feldstudien in amerikanischen Fabriken beobachtet hat:

> „Ich habe einige Zeit hindurch in jeder größeren Fabrik, die ich besuchte, mich bemüht, diejenige Arbeit herauszufinden, die vom Standpunkt des Außenstehenden als die denkbar langweiligste sich darbot, und habe dann die Arbeiter in ausführliche Gespräche gezogen und zu ermitteln gesucht, wieweit die bloße Wiederholung, besonders wo sie sich Jahre hindurch fortsetzt, als Pein empfunden wird. In einem elektrischen Werk mit über 10.000 Angestellten gewann ich den Eindruck, dass die Prämie einer Frau gehörte, welche seit zwölf Jahren tagaus, tagein von früh bis spät Glühlampen in einen Reklamezettel einwickelt (…). Die Frau hat etwa 50 millionenmal mit der einen Hand nach der Glühbirne und mit der anderen Hand nach dem Zettelhaufen gegriffen (…). Je 25 Lampen füllten eine Schachtel, und durch die Schachtelpackung wurde dann auch wieder ein kurzer Zeitraum ausgefüllt. Die Frau (…) versicherte mir, daß sie die Arbeit wirklich interessant fände (…). Vor allem gäbe es fortwährend Wechsel, einmal griffe sie die Lampe, einmal das Papier nicht in genau gleicher Weise, manchmal liefe die Packung nicht ganz glatt ab (…), aber es sei doch immer etwas zu bedenken."

Münsterberg setzt allerdings hinzu, nicht selten auch beobachtet zu haben, dass Arbeiterinnen und Arbeiter mit einer durchaus interessant und abwechslungsreich erscheinenden Tätigkeit dennoch über Monotonie und Langeweile klagten: „Alles schien mir deshalb dafür zu sprechen, daß das Gefühl der Monotonie sehr viel weniger von der Art der Arbeit als von gewissen Dispositionen des Individuums abhängt" (1919, S. 118). Vielleicht sollte es genauer heißen: von dem Grad der Passung oder Entsprechung zwischen

Merkmalen der Tätigkeit und individuellen Dispositionen. Menschen bevorzugen bzw. schaffen sich Lebens- und Arbeitsumwelten, die ihren Interessen und Kompetenzen entsprechen. Freilich setzt dies hinlängliche Wahl- und Bewegungsfreiheiten und entsprechend günstige Lebensumstände voraus; sind diese nicht gegeben, so können Gefühle von Stress, Langeweile, Entfremdung und Depression entstehen. Allerdings ist der Grad der „Passung" zwischen gegebenen Arbeits- und Lebensbedingungen und individuellen Bedürfnissen auch von der Fähigkeit oder Bereitschaft der Person abhängig, eigene Interessen und Bedürfnisse gegebenen Beschränkungen anzupassen. Hierauf bezieht sich das Konstrukt der „akkommodativen Flexibilität" (s.o., Kap. 6); wie empirische Befunde zeigen, sind Personen mit dieser Disposition eher in der Lage, gegebene Beschränkungen zu akzeptieren und sich auch an den „kleinen Dingen des Alltags" zu freuen. Ob Sisyphus über entsprechende adaptive Reserven verfügte, muss dahingestellt bleiben; sicher jedoch haben sich die von Münsterberg beschriebenen Fälle in dieser Hinsicht unterschieden. Damit ist allerdings nicht gesagt, dass Personen, deren Wünsche an die äußeren Umstände ihres Lebens angepasst sind (oder angepasst worden sind), immer ein „sinnvolleres Leben" führen als jene, bei denen dies nicht der Fall ist. Sofern wir nicht den Bezug auf ein überindividuelles, wertbezogenes Verständnis von Sinn preisgeben wollen, müssen wir hier fragen, inwieweit es vernünftig ist, heteronome Setzungen oder Einschränkungen zu akzeptieren, und inwieweit man diese mit persönlichen Lebenseinstellungen vereinbaren kann. Insoweit jedenfalls kann man Sylvan und Griffin (2000, S. 453) darin zustimmen: „Je drastischer die Eingriffe in Wünsche, desto näher scheinen wir Paradigmen von Lebensverläufen zu kommen, die durch Eingriff von außen sinnlos gemacht worden sind."

9.6 Sinnfindung als Ressource und Kompetenz

Unser Potential, auch zunächst aversiven Ereignissen Sinn abzugewinnen, ist bemerkenswert; interessanterweise erschließen sich solche entlastenden, sinnstiftenden Bedeutungen oft erst dann, wenn die eingetretenen unerwünschten Veränderungen als irreversibel erlebt werden bzw. zum lebensgeschichtlichen Faktum geworden sind. In solchen Fällen beginnen kognitiv-motivationale Mechanismen zu wirken, die mögliche positive Seiten der gegebenen Umstände hervorheben und damit das Motivationspotential für weitere Bemühungen zur Änderung der Situation reduzieren. Dies ist insofern funktional, als damit eine Erschöpfung von Handlungsressourcen verhindert wird, die an anderer Stelle sinnvoller eingesetzt werden könnten. Wir haben solche akkommodativen Mechanismen in früheren Kapiteln bereits angesprochen. Sie zeigen ihre Wirkung auch in alltäglichen Zusammenhängen; so z. B. scheint man sich mit zweifelhaften Kaufentscheidungen leichter anfreunden zu können, wenn diese nicht mehr umkehrbar sind (z. B. weil keine Möglichkeit zum Umtausch gegeben ist; s. auch Lyubomirsky & Ross, 1999).

Freilich ist die Fähigkeit oder Bereitschaft zur sinnstiftenden Umdeutung aversiver Ereignisse individuell unterschiedlich ausgeprägt; sie hängt einerseits mit bestimmten Persönlichkeitsmerkmalen zusammen, wie sie unter Begriffen von „Optimismus" (z. B. Scheier & Carver, 1992) oder „akkommodative Flexibilität" (s.o., Kap. 6) angesprochen werden, andererseits spielt auch die Verfügbarkeit von Sinnressourcen im individuellen Lebensumfeld eine wesentliche Rolle. „Wer ein Warum zu Leben hat, erträgt fast jedes Wie", heißt es bei Nietzsche; dieses Zitat findet sich auch bei Viktor Frankl (1946/1981, S. 124), der während seiner Haft in nationalsozialistischen Konzentrationslagern die „Fülle von Möglichkeiten, das Leben sinnvoll zu gestalten" (S. 110) als zentrale Bewältigungsressource erfahren und hieraus den Ansatz der Logotherapie entwickelt hat. Die Unterstützung von Prozessen der Sinnfindung und Sinnkonstruktion ist ein grundlegendes Beratungs- und Therapieprinzip, wobei sich Techniken der „narrativen Rekonstruktion" als hilfreich erwiesen haben: Das Reden und Schreiben über belastende Lebensereignisse kann dazu beitragen, neue Bedeutungen und Sinnhorizonte zu erschließen (s. auch Neimeyer & Stewart, 2000). Hierin liegt bekanntlich auch eine wichtige Funktion von Tagebüchern; schon die antike Philosophie wusste um den psychohygienischen Nutzen dieser reflexiven Übung (s. auch Schmid, 2000).

Menschen suchen und finden Sinn innerhalb der Deutungs- und Sinnangebote ihres sozialen, kulturellen und historischen Umfeldes. Kulturelle Sinnangebote konkretisieren sich in Vorstellungen von gutem Leben, positiver Entwicklung und erfolgreichem Altern; diese können allerdings zu individuellen Lebensentwürfen in Konflikt stehen. Wo solche Konflikte weder durch Einstellungsänderungen noch durch Einflussnahme auf äußere Bedingungen gelöst werden können, entstehen Gefühle der Entfremdung oder auch Tendenzen des „Aussteigens" oder der – tatsächlichen oder nur „inneren" – Emigration. Nicht nur monolithische Starrheit äußerer Sinnstrukturen, sondern auch deren Instabilität und Veränderung kann Entfremdungs- und Fluchttendenzen aktivieren. Unter Bedingungen kultureller Akzeleration und der damit verbundenen beschleunigten Erosion gewohnter Lebens- und Sinnentwürfe können sich Sinnverluste und Sinnkrisen verschärfen – ein Umstand, der auch mit epidemiologischen Befunden einer steigenden Inzidenz depressiver Störungen in Zusammenhang gebracht werden kann (Seligman, 1990). Zu den potentiellen Sinnverlusten, die durch historische Änderungsdynamiken entstehen und sich in dem Gefühl niederschlagen können, „von der Welt verlassen zu werden", kommt im höheren Alter wie gesagt noch hinzu, dass aufgrund schwindender Lebenszeitreserven zukunftsgerichtete Selbst- und Lebensentwürfe ihr motivierendes und sinngebendes Potential zum Teil verlieren. Wenn es unter diesen Bedingungen nicht zu generellen Einbußen an subjektiver Lebensqualität kommt, so hängt dieser bemerkenswerte Umstand wohl auch damit zusammen, dass Sinnperspektiven im Lebenslauf spezifischen Veränderungen unterliegen.

9.7 Quellen von Sinn im Lebenslauf

Arbeit, Freizeit, Beruf, Familie, Partnerschaft, Kinder, Engagement für Ideale, Selbstentwicklung – diese Lebensbereiche werden typischerweise genannt, wenn man nach Quellen motivierenden Sinns fragt (vgl. auch Wong, 1998); womit zugleich gesagt ist, dass Probleme und Einschränkungen in diesen Bereichen sich am ehesten zu „Sinnkrisen" auswachsen können. Die Bedeutsamkeit der genannten Bereiche mag von Fall zu Fall variieren, aber auch intraindividuell verschieben sich die Gewichtungen im Lebensablauf. Im Zuge von Rollen- und Entwicklungsübergänge im Familien-, Berufs- und Bildungszyklus verändern sich Aufgaben- und Verantwortungsbereiche, damit zugleich auch Quellen von Sinn und Lebensqualität. Da die „Institutionalisierungen" des Lebenslaufes und die damit zusammenhängenden Weichenstellungen persönlicher Entwicklung zum Teil an die Altersvariable gebunden sind, sind auch Veränderungen in Sinnorientierungen nicht unabhängig vom Alter der Person; wobei hier allerdings nicht nur die zurückgelegte Lebenszeitstrecke, sondern auch die subjektiv noch verbleibende Lebenszeit bedeutsam ist. Im jüngeren Alter ist der Blick auf die zukünftige persönliche Entwicklung und die damit verbundenen Planungen und Zielsetzungen eine wesentliche Quelle motivierenden Lebenssinns; der Sinn gegenwärtiger Lebensaktivitäten besteht wesentlich darin, die eigene Zukunft zu gestalten. Im höheren Erwachsenenalter treten vermehrt Erhaltungsziele in den Vordergrund, die auf die Bewahrung des Erreichten, die Bewahrung der Gesundheit, die Vermeidung von Funktionsverlusten gerichtet sind (vgl. Brunstein et al., 2007; Nurmi, 1992). Die Quellen des *future meaning* (Reker et al., 1987) beginnen allerdings in dem Maße schwächer zu fließen, wie persönliche Zukunft schwindet – worin kann Sinn gefunden werden, wenn das Leben sich dem Ende nähert und die Begrenztheit und Endlichkeit eigener Bemühungen verstärkt ins Bewusstsein tritt? Gefühle der Vergänglichkeit tendieren dazu, Empfindungen von Vergeblichkeit und damit auch Sinnfragen zu aktivieren: „Als ich aber ansah alle meine Werke (…) und die Mühe, die ich gehabt hatte, siehe, da war alles eitel und Haschen nach Wind (…)", heißt es im Alten Testament (Prediger Salomo, Kap. 2, Vers 11). Es ist daher nicht verwunderlich, wenn das „Nachdenken über das Leben" im hohen Alter zu einem dominanten Anliegen wird – womit vielleicht auch ein Entwicklungsanstoß zur Erlangung jener ganzheitlich-integrativen Lebenssicht gegeben wird, die man mit dem anspruchsvollen Begriff „Weisheit" bezeichnet.

Im höheren Alter gewinnt die zurückliegende Lebensgeschichte – das *having been* im Gegensatz zum *becoming* – (Raynor, 1982) als Sinnquelle an Bedeutung; eine wesentliche Funktion des Lebensrückblickes besteht darin, der eigenen Lebensgeschichte Sinn zu geben (s. auch Coleman, 1986; Staudinger & Dittmann-Kohli, 1992). Während bei jüngeren Altersgruppen die häufige gedankliche Beschäftigung mit der Vergangenheit oft ein Symptom depressiver Störungen ist, verliert sich dieser Zusammenhang im höheren Alter (s. auch Brandtstädter & Wentura, 1994). Nicht jeder kommt freilich in der bilanzierenden Betrachtung von Gewinnen und Verlusten, Erfolgen und Misserfolgen zu einem positiven Ergebnis; Gefühle von Scham, Schuld und Reue mögen die Bilanz trüben. Die eben gestellte Frage legt allerdings eine weitergehende Vermutung nahe: In dem Maße, wie Entwürfe eines zukünftigen Selbst als Sinnquellen in den Hintergrund treten, sollten andere Sinnquellen in den Vordergrund treten, die nicht an die Voraussetzung einer persönlich erlebbaren Zukunft gebunden sind. Spiritualität, Generativität, Fürsorge für nachfolgende Generationen sind naheliegende Beispiele für Sinnorientierungen, deren Wert sich nicht aus persönlichem zukünftigen Nutzen ableitet, und die insofern den persönlichen Lebenszeithorizont – und in gewissen Sinne auch die Grenzen des Selbst – in Richtung auf überzeitliche bzw. „zeitlose" Sinnquellen transzendieren. Wir werden diese theoretische Spur weiter unten wieder aufnehmen (s. Kap. 15).

10
Emotionen: Emotionsregulation und Selbstregulation

Durch die naheliegende Beziehung zu Begriffen von Glück und Zufriedenheit rückt das Thema positiver Entwicklung in die Nähe emotionstheoretischer Perspektiven. Gefühle verweisen auf Bedürfnisse, Motive und Werte und signalisieren diesbezügliche Erfüllungs- oder Mangelzustände; was das Leben lebenswert oder beschwerlich macht, hat auch mit Gefühlen, Stimmungen und Emotionen zu tun.

Man kann allerdings mit seinen Lebensumständen zufrieden sein und sich glücklich schätzen, ohne aktuell oder gar dauerhaft gut gestimmt zu sein: Zufriedenheit resultiert z. B. auch aus der glücklichen Bewältigung aversiver Situationen, und umgekehrt entstehen Tendenzen zu „emotionsfokussierter Bewältigung" oder „hedonischer Emotionsregulation" (vgl. Lazarus & Folkman, 1984; Mohiyeddini, 2005) oft gerade dann, wenn man mit sich und seinem Leben unzufrieden ist. Auch sind Häufigkeit und Stärke positiver Gefühle derjenigen negativer Gefühle nicht strikt entgegengesetzt; positive und negative Affekte involvieren unterschiedliche hirnphysiologische Substrate und Neurotransmittersysteme, die z. B. in ambivalenten Situationen gleichzeitig aktiviert werden können (z. B. Cacioppo & Berntson, 1999; Davidson, 1994). Daher haben sich in der psychologischen Diagnostik Verfahren durchgesetzt, die beide Affektklassen getrennt erfassen und so eine Bestimmung der individuellen Affektbalance und -bilanz erlauben (s. Watson, Clark & Tellegen, 1988).

Unzweifelhaft ist, dass eine Disposition, auf die positiven Seiten des Lebens zu fokussieren, zu subjektivem Wohlbefinden beiträgt. Eine solche Lebenseinstellung ist auch von Persönlichkeitsmerkmalen abhängig (s.o., Kap. 3): Maße positiver Affektivität korrelieren z. B. positiv mit Extraversion, negativ mit Neurotizismus bzw. emotionaler Labilität; für negative Affektivität ist das Korrelationsmuster umgekehrt (Watson, 2002). Nicht zuletzt scheinen Personen mit einer positiven Lebensgrundstimmung auch eine etwas höhere Lebenserwartung zu besitzen. Zwar sind hier die zugrundliegenden Kausalmechanismen noch nicht hinreichend aufgeklärt; Zufriedenheit mit der eigenen Gesundheit ist selbst bereits eine Komponente subjektiver Lebensqualität. Indessen ist bekannt, dass Personen mit einer positiven Lebenseinstellung in geringerem Maße zu gesundheits- bzw. selbstschädigenden Gewohnheiten wie z. B. Drogen- und Alkoholkonsum neigen, aber auch weniger anfällig für Stressbelastungen und damit verbundene psychosomatische Störungen sind (Levy, Slade, Kunkel & Kasl, 2002; Seligman, 2002).

Dennoch bestehen begründete Vorbehalte gegenüber hedonistischen Vereinfachungen, die gelingendes Leben im Sinne maximaler Dauer und Intensität positiver Stimmungslagen bestimmen wollen; dies wurde schon an früherer Stelle deutlich (s.o., Kap. 2). Man kann sich Techniken der Stimmungsmanipulation – etwa durch Drogen, hirnphysiologische Eingriffe und dergleichen – vorstellen, die ein vielleicht sogar anhaltendes Wohlgefühl erzeugen, ohne hierin Modellfälle für gutes Leben zu sehen, mit denen man gerne tauschen würde. Auch selbstschädigende oder dissoziale Verhaltensweisen können hedonischen Zwecken dienen – oder, um ein Aperçu Platons aus dem Gorgias-Dialog zu zitieren: Wer die Krätze hat, führt nicht schon deshalb ein glückliches Leben, weil ihm das dauernde Kratzen Lustgewinn bringt.

Nicht zuletzt gibt es Emotionen, die nicht grundsätzlich positive Empfindungsqualitäten haben, aber durchaus Handlungsbereitschaften aktivieren können, die mit sozialen Begriffen guten Lebens eng verbunden sind und Sinn und Befriedigung vermitteln. Dies gilt z. B. für manche philanthropischen und moralischen Gefühle: Mitleid mit Anderen oder Empörung bei wahrgenommener Ungerechtigkeit sind Beispiele. Zwar gehört das Streben nach einer günstigen hedonischen Bilanz zu den allgemeinsten Lebenszielen überhaupt; positive Gefühle sind aus einem gelingenden Leben kaum wegzudenken. Allerdings sollte es für solche Gefühle auch einigermaßen gute Gründe geben; inwieweit positive Emotionen als Indikatoren gelingender Entwicklung gewertet werden können, hängt nicht zuletzt davon ab, wie sie zustande gekommen sind und welche Konsequenzen sie haben.

10.1 Adaptive Funktionen von Emotionen

Gefühle und Emotionen sind keine handlungsartigen Reaktionen; zwar beeinflussen sie Absichtsbildungen, aber sie entstehen selbst nicht aus einem Entschluss, und gerade hierin liegen ihre adaptiven Funktionen begründet. Müssten z. B. Schmerzempfindungen erst durch eine vorausgehende Intention hervorgebracht werden, hätten sie – schon weil kaum jemand sich gerne Schmerzen zufügt – ihren adaptiven Sinn verloren. Ähnlich verhält es sich mit negativen Emotionen wie etwa Angst, Sorge, Ärger oder Reue, aber auch mit positiven Gefühlen wie Freude, Stolz, Dankbarkeit oder Hoffnung: Solche Empfindungen „widerfahren" uns, ohne dass es dazu einer voraufgehenden

Intention bedürfte (s. auch Averill, 1980; Brandtstädter, 2000). Dennoch können wir auf vielfältige Weise auf unser Gefühlsleben – d.h. sowohl auf die Entstehung und Intensität von Emotionen wie auch auf die Form ihres Ausdrucks – Einfluss nehmen; Bildung und Kultivierung unseres Gefühlslebens sind wesentliche Aspekte von Prozessen der Sozialisation und intentionalen Selbstentwicklung.

Positive wie negative Emotionen haben bekanntlich wichtige lernpsychologische Funktionen: Handlungen, die zur Befriedigung von Bedürfnissen beitragen und die Gefühlsbilanz positiv beeinflussen, werden im lernpsychologischen Sinne verstärkt. Schon von daher ergibt sich eine natürliche Tendenz in Richtung auf die Herstellung von Lebensumständen, die bedürfniskonform sind und in denen positive gegenüber negativen Befindlichkeiten überwiegen. Die Sicherung günstiger Entwicklungsoptionen in der Zukunft erfordert allerdings oft Einschränkungen und die Inkaufnahme von negativen Befindlichkeiten in der Gegenwart; die Bereitschaft hierzu setzt gewissermaßen die Identifikation des aktuellen mit dem zukünftigen Selbst voraus.

Gefühle, die durch die Wahrnehmung oder Erwartung negativer Ereignisse aktiviert werden, verbinden sich typischerweise mit einem präventiven oder korrektiven Handlungsfokus; dies erklärt zum Teil Befunde, wonach das Vorherrschen von Vermeidungszielen mit geringerem aktuellem Wohlbefinden einhergeht (z. B. Emmons & Kaiser, 1996). Negative Emotionen sind nicht nur Problemsignale, vielmehr motivieren sie zugleich Aktivitäten, die auf die Beseitigung dieser Probleme zielen. Wenn diese erfolglos bleiben, können Gefühle von Hilflosigkeit, Hoffnungslosigkeit und Depression entstehen – Gefühle, deren Funktion auch darin liegt, eine Ablösung von blockierten Zielen und auch eine realistischere Einschätzung eigener Handlungsmöglichkeiten anzubahnen (vgl. auch Brandtstädter, 2007b; s.o., Kap. 6). Positive Emotionen signalisieren dagegen die Verbesserung oder Erweiterung von Entwicklungsoptionen; sie verbinden sich in der Handlungsregulation vor allem mit Aktivitäten, die auf eine Steigerung der Lebensqualität gerichtet sind. Allerdings hat in der menschlichen Handlungsregulation die Abwendung drohender Verluste – auch aus guten evolutionsbiologischen Gründen – Vorrang gegenüber dem Erzielen möglicher Gewinne: „losses loom larger than gains" (Kahneman & Tversky, 1984, S. 7).

Emotionen und Gefühle spielen nicht zuletzt eine wesentliche Rolle in der Individuums-Umwelt-Koordinierung; sie signalisieren eine höhere oder geringere Entsprechung zwischen aktuell gegebenen Handlungs- und Entwicklungsmöglichkeiten und persönlichen Bedürfnissen und Kompetenzen. Konzentration, Freude, positives Selbstgefühl, „Aufgehen in der Tätigkeit" sind typische Empfindungen, die sich einstellen, wenn Kompetenzen und Interessen aktuellen Aufgaben und Zielsetzungen entsprechen; Csikszentmihalyi

(1990) hat hierfür den Begriff des „Flusserlebens" (*Flow*) geprägt. Zustände der Unter- oder Überforderung, aber auch „selbstfremde" Aufgabenstellungen und Ziele erzeugen dagegen Langeweile, Entfremdung und Stress; sie aktivieren zugleich das Motiv, in eine Zone wohldosierter, „selbstkonkordanter" Anforderungen bzw. in einen *flow channel* zurückzufinden (Csikszentmihalyi & Rathunde, 1998; Sheldon & Elliot, 1999) zurückzukehren.

Stimmungen und Emotionen haben nicht nur auf die Handlungsregulation tiefgreifenden Einfluss, sondern – und damit wesentlich zusammenhängend – auch auf die Funktionsweise des kognitiven Systems. Zunächst beeinflussen sie die Verfügbarkeit kognitiver Inhalte: Bei positiver Stimmung sind positive Vorstellungen und Erinnerungen leichter verfügbar, bei negativer Stimmungslage dagegen solche mit aversiver Valenz. Dieser *mood congruency*-Effekt kann zu dysphorischem Grübeln und zum Andauern depressiver Verstimmungen beitragen (Nolen-Hoeksema, 2001); oft kann ein solcher Teufelskreis erst durch gezielte Ablenkungen durchbrochen werden. Negative Stimmungslagen können aber auch affektinkongruente kognitive Prozesse anstoßen, die im Sinne eines *mood repair* zur Beseitigung der negativen Stimmung beitragen. Für beide Effekte gibt es empirische Belege (vgl. Bower, 1981; Forgas & Ciarrochi, 2002; Isen, 1999). Wie schon gezeigt wurde, lässt sich diese scheinbare Inkonsistenz im Rahmen eines theoretischen Ansatzes aufheben, der zwischen Phasen der Zielverfolgung und der Ablösung von blockierten Zielen und korrespondierenden Bewusstseinslagen unterscheidet: Sobald Ziele als unerreichbar angesehen bzw. eingetretene aversive Umstände als irreversibel erlebt werden, tendiert das kognitive System dazu, den eingetretenen, zunächst als negativ bewerteten Situationen auch positive Seiten abzugewinnen; Personen mit hoher akkommodativer Flexibilität sind dazu besonders disponiert (Brandtstädter & Rothermund, 2002b; Brandtstädter, 2007b). Solche kognitiven Entlastungstendenzen wären allerdings dysfunktional, solange noch Chancen zur aktiven Problemlösung gesehen werden.

Emotionen beeinflussen die Informationsverarbeitung und Aufmerksamkeitsregulation auch in anderen Hinsichten: Negative Gefühlslagen gehen oft mit einer fokussierten, systematischen Informationsverarbeitung einher. Dies erscheint insofern adaptiv, als eine gründliche Situationsanalyse die Chance erhöhen kann, Lösungen des Problems zu finden. Positive Stimmungslagen begünstigen dagegen eine Öffnung des Aufmerksamkeitsfeldes und eine heuristische, divergente Informationsverarbeitung, die das Erfassen größerer Zusammenhänge und das Finden kreativer, neuartiger Zugänge erleichtert (vgl. Ashby et al., 1999; Bowden & Beeman, 1998; Dreisbach & Goschke, 2004). Personen in positiver Stimmung sind z. B. eher in der Lage, entlegene Assoziationen zu aktivieren und intuitive Urteile zu treffen (s. auch Bolte, Goschke & Kuhl, 2003; Isen, Johnson, Mertz & Robinson, 1985). Gute Laune geht mit größerer rezeptiver Offenheit einher, was allerdings auch eine verringerte Neigung zu Kritik und eine erhöhte Bereitschaft mit sich bringen kann, auch schwach begründete Argumente zu akzeptieren (Park & Banaji, 2000).

Angesichts der angesprochenen Befunde scheint die Annahme plausibel, dass das Erzeugen einer positiven Stimmungslage – etwa durch Entspannungsübungen, positives Denken, angenehme Tätigkeiten und andere Formen der Emotionsregulation – intuitive, stärker holistische Denkformen aktiviert und damit zugleich positive Entwicklungspotentiale freisetzen kann. Diese praktischen Aspekte hat auch Barbara Fredrickson (2006) in ihrer *broaden-and-build*-Theorie positiver Emotionen herausgestellt. Fredrickson und Branigan (2005) z. B. induzierten durch Filmausschnitte Emotionen unterschiedlicher Valenz (Freude, Zufriedenheit; Furcht, Ärger); daran anschließend sollten die Versuchspersonen aufschreiben, was alles sie in einer Situation mit vergleichbarer emotionaler Qualität tun würden. Erwartungsgemäß wurden nach Induktion positiver Emotionen (Freude, Zufriedenheit) mehr Einfälle generiert als nach einer neutralen Kontrollbedingung, während unter negativen Emotionen (Furcht, Ärger) ein entgegengesetzter Effekt auftrat. Positive Emotionen scheinen den Aufmerksamkeitsradius zu erweitern und den Zugang zu „breiteren" kognitiven und assoziativen Feldern zu eröffnen. Durch Aktivierung positiver Emotionen können zudem Belastungs- und Stressreaktionen und damit verbundene negative Reaktionen gedämpft werden (z. B. Tugade & Fredrickson, 2004). Auf diese unterschiedliche Weise können durch positive Emotionen Denk- und Handlungspotentiale freigesetzt werden, die eventuell auch langfristig günstige Entwicklungseffekte zeitigen und so positive, selbstverstärkende Rückkopplungen in Gang setzen. Die Kenntnis solcher Zusammenhänge eröffnet zudem auch die Möglichkeit ihrer strategischen Nutzung in Zusammenhängen intentionaler Selbstentwicklung und Selbstkultivierung; auch hierin kann ein Aspekt von „emotionaler Intelligenz" gesehen werden (siehe auch Goleman, 1995; Salovey, Hsee & Mayer, 1993).

10.2 Emotionen, Kognitionen und Handlungsbereitschaften

Emotionen, Gefühle und Affekte haben informativen Gehalt: Sie zeigen an – manchmal schneller und zuverlässiger als die nüchterne Analyse (s. etwa Damasio, 1999; Fiedler & Bless, 2000) –, ob und inwieweit unser Handeln und Leben sich im Einklang mit unseren Bedürfnissen, Zielen und Lebensentwürfen befindet, und aktivieren die Bereitschaft, eventuelle Diskrepanzen zu beseitigen.

Zum kognitiven Gehalt von Emotionen: Emotionen – in diesem Punkt vergleichbar mit anderen intentionalen Zuständen wie etwa Wünschen, Meinungen, Erwartungen – haben semantischen und propositionalen Gehalt: Man sorgt sich, dass X, man hofft, dass X, man freut oder ärgert sich darüber, dass X – wobei X jeweils für einen Sachverhalt steht, dem gegenüber man positiv oder negativ eingestellt ist. Worum man sich sorgt, worüber man sich freut oder ärgert – dies ist von Fall zu Fall verschieden; gleichwohl implizieren solche Emotionen charakteristische kognitive Inhalte. Sorge z. B. verbindet sich mit der Erwartung, dass negative Ereignisse eintreten könnten, und beinhaltet zugleich Zweifel an der eigenen Möglichkeit, diese abwenden zu können; Gefühle von Stolz verbinden sich mit der Wahrnehmung eines positiven Handlungsergebnisses und der Überzeugung, zu dessen Eintreten wesentlich beigetragen zu haben. Empfindungen von Dankbarkeit entstehen, wenn man sich selbst als Empfänger von Wohltaten sieht; wer Ärger empfindet, sieht eigene Interessen verletzt oder Ziele blockiert. Empfindungen von Scham, Schuld oder auch Reue implizieren die Meinung, Normen verletzt zu haben, die man selbst für verbindlich hält; Trauer entsteht aus der Wahrnehmung oder Erwartung eines unwiederbringlichen Verlustes. Das Kriterium des intentionalen Bezuges bzw. propositionalen Gehaltes trennt „kognitiv elaborierte" Emotionen der genannten Art von Stimmungslagen wie Fröhlichkeit oder Langeweile, die z. B. schon durch situative Umstände wie gutes Wetter bzw. Mangel an Abwechslung induziert werden können und insofern zwar Ursachen, aber nicht notwendig Gründe im angesprochenen Sinne haben.

Die angesprochenen Kognitions-Emotions-Verbindungen sind zum Teil schon begrifflich vorgegeben und insofern nicht als reine Kausalbeziehungen, sondern eher als strukturelle Implikationen anzusehen (eingehender hierzu Brandtstädter & Sturm, 2004). Es mag eine empirisch offene Frage sein, was für den Einzelnen jeweils Anlass für Gefühle der Sorge, Reue, Schuld etc. ist, jedoch ist ausgeschlossen, dass etwa Sorge ohne die Erwartung negativer Ereignisse, Reue ohne die Wahrnehmung eigener Fehler oder Verfehlungen oder Schuldgefühle ohne die Überzeugung, eine verbindliche Norm übertreten zu haben, auftreten könnten. Daher können solche Emotionen in der individuellen Entwicklung auch erst dann auftreten, wenn die zur Erfassung der relevanten Sachverhalte erforderlichen kognitiven Kompetenzen entwickelt sind. Zwar beobachten wir schon beim Säugling positive und negative Stimmungen; Emotionen von Neid, Mitleid, Empörung finden sich dagegen erst auf späteren kognitiven Entwicklungsstufen. Vor allem „gemischte" Gefühle setzen eine gewisse kognitive Komplexität voraus, da sie auf der gleichzeitigen Aktivierung unterschiedlicher Situationsdeutungen beruhen (s. auch Brandtstädter, 2001): So etwa mag sich in den Stolz über eine berufliche Beförderung die Sorge mischen, den neuen Anforderungen nicht gewachsen zu sein; beim älteren Menschen kann sich die Freude über ein Familientreffen mit dem Zweifel, dass dies das letzte Wiedersehen gewesen sein könnte, zu einer „bittersüßen" Gefühlsmischung verbinden. Die Fähigkeit und Bereitschaft, einen Sachverhalt von verschiedenen Seiten zu sehen und die daraus eventuell resultierenden Gefühlsambivalenzen in einer komplexen kognitiv-affektiven Struktur zu integrieren, mag als eine Dimension von Emotionsregulation gelten, die Entwicklungsidealen von Weisheit und Gelassenheit vielleicht näher kommt die schlichte Tendenz zur Maximierung positiver Gefühle (s. auch Labouvie-Vief & Medler, 2002). Eine ambivalente Gefühlsmischung liegt auch in einem Komplexgefühl wie Sehnsucht vor, bei dem z. B. Vorstellungen von Perfektion, vollkommener Schönheit oder absolutem Glück sich mit der Einsicht in die Unerreichbarkeit solcher Idealzustände mischen können; hierzu später mehr (s. Kap. 12).

Emotionen und Handlungsbereitschaften: Emotionen gehen nun nicht nur mit charakteristischen Kognitionen, sondern zugleich auch mit spezifischen Handlungstendenzen einher; grundsätzlich induzieren positiv valente Stimuli Annäherungstendenzen, negative Stimuli Abwehr- oder Vermeidungstendenzen. Entsprechende Effekte zeigen sich z. B. schon in experimentellen Anordnungen, bei denen am Computerbildschirm präsentierte Wortreize durch Bewegung eines Hebels den Kategorien „gut" oder „schlecht" zugeordnet werden sollen: Die Geschwindigkeit der Kategorisierung steigt bei „bewertungskongruenter" Hebelbewegung (Heranziehen bei positiv valenten bzw. Wegstoßen bei negativ valenten Reizen; s. z. B. Wentura & Rothermund, 2009). Kognitiv elaborierte Gefühle gehen mit differenzierteren Handlungsbereitschaften einher; dies gilt zumal für negative Emotionen: So etwa verbinden sich Gefühle von Sorge und Furcht mit dem Motiv, Schutz- und Abwehrmaßnahmen gegen das drohende Unheil zu ergreifen; Schuldgefühle verbinden sich mit einer erhöhten Bereitschaft zu Sühne oder Wiedergutmachung (Strafe kann daher den Bestraften von Schuldgefühlen entlasten; s. etwa Boll, 1998); Gefühle der Scham motivieren den Versuch, dasjenige, dessen man sich schämt – sei es z. B. ein dunkler Fleck der eigenen Biographie, ein körperlicher Makel oder ein „Stigma" (Goffman, 1972) – der Aufmerksamkeit zu entziehen; Schuldgefühle und Selbstzweifel können Anstrengungen motivieren, sich von einer besseren Seite zu zeigen (*symbolic self-completion*; Wicklund & Gollwitzer, 1982).

Nicht zuletzt kann auch die Antizipation späterer Gefühle Handlungen und Entscheidungen wesentlich beeinflussen: Bereits das Motiv, bestimmte Ziele zu erreichen, ist im Allgemeinen mit der Erwartung eines hedonischen Nutzens verbunden, die selbst wieder emotional gefärbt sein kann – etwa im Sinne von Hoffnung oder Vorfreude. Indessen verlieren z. B. Handlungsoptionen, von denen man erwartet, dass man sie später bereuen würde, an Anreizwert. Reueantizipationen erleichtern nicht nur die Abwehr von Versuchungen, die das Durchhalten von Handlungsvorsätzen gefährden würden, sondern beeinflussen z. B. auch die Risikoabwägung bei finanziellen Anlageentscheidungen. Dies alles gilt ungeachtet der Tatsache, dass die Antizipation eigener Gefühle bestimmten Verzerrungen unterliegt: Typischerweise werden Stärke und Dauer positiver und negativer Gefühle nach erwünschten bzw. unerwünschten Ereignissen prospektiv überschätzt; ebenso wird auch die spätere Befriedigungsqualität angestrebter Zielzustände nicht selten falsch eingeschätzt. Ursachen hierfür können sowohl in unzureichender Kenntnis der Aus- und Nebenwirkungen angestrebter Zustände wie auch in der Unterschätzung von Gewöhnungsprozessen und Anspruchsanpassungen liegen (s. auch Gilbert, Pinel, Wilson, Blumberg & Wheatley, 1998). Aus solchen Fehleinschätzungen können im Lebensrückblick Gefühle von Reue und Bedauern entstehen, die wiederum Anstrengungen zur Reparatur bzw. „Wiedergutmachung" entstandenen Schadens motivieren können.

10.3 Selbstregulation und Emotionsregulation

Selbstregulationsprobleme haben seit langem das philosophische Interesse beschäftigt – einerseits wegen ihrer offensichtlichen moralisch-ethischen und sozialen Implikationen, nicht zuletzt aber auch, weil sie die Vorstellung einer einheitlichen Handlungsinstanz mit kohärenter Rationalität in Frage stellen. Tatsächlich ist bei dem Durchhalten von Vorsätzen ein gewisses Rationalitätsparadox im Spiel: Der durch Vernunftgründe gestützte Vorsatz, eine Absicht auch gegenüber Ablenkungen und Versuchungen durchzuhalten, schließt die Absicht ein, an der gesetzten Intention auch dann noch festzuhalten, wenn dies in der aktuellen Situation nicht mehr begründet erscheint (vgl. Bratman, 1987). Traditionell hat man hier den Gegensatz zwischen Vernunft und Leidenschaft bzw. Denken und Fühlen konstruiert; die Vorstellung verschiedener verhaltensregulativer Instanzen findet ihre moderne Entsprechung in der Annahme, dass reflektierend-weitsichtige und impulsiv-kurzsichtige Reaktionsbereitschaften in unterschiedlichen neuronalen Strukturen verankert sind. Planvollvorausschauende Verhaltensregulation ist insbesondere mit den Funktionen des präfrontalen Kortex eng verknüpft; Personen mit Verletzungen in diesem Bereich werden vielfach als impulsiv und emotional unkontrolliert beschrieben (s. etwa Berlin, Rolls & Kischka, 2004; Torregrossa, Quinn & Taylor, 2008).

10.3.1 Selbstregulation

Der Begriff „Selbstregulation" wird in der Literatur nicht einheitlich verwendet (vgl. etwa Baumeister & Vohs, 2004; Wegner & Pennebaker, 1993); im allgemeinsten Sinne umfasst der Begriff alle Prozesse und Aktivitäten, durch die Individuen auf sich selbst und ihr Verhalten Einfluss nehmen. Begriffliche Unschärfen ergeben sich zum Teil wohl auch daraus, dass selbstregulative Aktivitäten in einem doppelten Sinne selbstbezüglich sind: Zum einen sind sie auf *die Person selbst*, zum anderen aber auch auf *das Selbst* der Person bezogen, das hier zugleich Subjekt wie Objekt selbstregulatorischen Handelns ist. Damit wird deutlich, dass die Entwicklung selbstregulatorischer Aktivitäten und Kompetenzen in engstem Zusammenhang steht mit der Entwicklung eines konzeptuellen Selbst, also mit Vorstellungen und Erwartungen, die sowohl das „reale" Selbst wie auch Repräsentationen eines „idealen", eines „möglichen" und eines „gesollten" Selbst umfassen. Diese Selbst-Vorstellungen konstituieren handlungs- und entwicklungsregulative *self-guides* (Higgins, 1996a), die sich im Zuge der Entwicklung persönlicher Interessen, Motivationen und Kompetenzen wie auch unter dem Einfluss sozialer Konzepte guten Lebens konkretisieren und auch verändern. Aus der erlebten Diskrepanz zwischen aktueller Selbstwahrnehmung und der subjektiven Repräsentation personal bzw. sozial gewünschter Verhaltensmuster und Entwicklungsverläufe entsteht die motivationale Spannung, die selbstregulatorisches und selbstkorrektives Handeln anregt. In diesem Sinne ist Selbstregulation grundlegend für Prozesse intentionaler Selbstentwicklung, die im glücklichen Falle zur Steigerung von Handlungseffizienz und subjektiver Lebensqualität, nicht zuletzt auch zur „Selbstkultivierung" beitragen.

Es bedarf oft besonderer „Willensanstrengungen", um Ablenkungen und konkurrierende Handlungstendenzen zu überwinden und gegenüber eventuellen Versuchungen „standhaft" zu bleiben; auch ist der Verzicht auf momentanen hedonischen Gewinn oft mit Unlustgefühlen verbunden. Nicht immer sind selbstregulatorische Kompetenzen stark genug, um diese Gegenkräfte zu neutralisieren und entsprechende Selbst-Vorsätze im Handeln umzusetzen. Mit zeitkritischer Emphase bemerken Baumeister, Heatherton und Tice (1994, S. 3):

> „Self-regulatory failure is the major social pathology of the present time (…) people are miserable because they cannot control their money, their weight, their emotions, their drinking, their craving for drugs, their spending, their own behavior vis-à-vis their family members, their sexual impulses, and more."

Kompetenzen der Selbst- und Emotionsregulation sind hochrangige Sozialisationsziele, die auch mit Tugendbegriffen wie „Besonnenheit", „Willensstärke" und „Selbstbeherrschung" assoziiert sind. Solche Begriffe sind heute zum Teil mit zwiespältigen Konnotationen besetzt, was nicht nur mit ihren lustfeindlich-pflichtethischen Anmutungen zu tun hat, sondern wohl auch mit der von psychoanalytischen Theorien beeinflussten Vorstellung, dass die

„Verdrängung" von Handlungsimpulsen und Emotionen pathogene Wirkungen bzw. deren Freisetzung positive, kathartische Wirkungen habe. Indessen zeigen neuere Befunde, dass das Ausagieren z. B. von Ärger, aggressiven Impulsen oder Rachegefühlen nicht nur soziale Probleme, sondern auch negative Auswirkungen auf das eigene Wohlbefinden zur Folge haben kann; zumindest hat die Ausführung entsprechender Handlungen vielfach nicht die antizipierten nachhaltigen Befriedigungswirkungen (s. etwa Carlsmith et al., 2008; Larsen & Prizmic, 2004). Individuelle Unterschiede in selbstregulatorischen Kompetenzen manifestieren sich schon sehr früh. Wie z. B. Experimente zum Gratifikationsaufschub zeigen, unterscheiden sich bereits Kinder im Vorschulalter in der Fähigkeit, im Interesse eines späteren Vorteils aktuellen situativen Anreizen zu widerstehen (s. etwa Mischel et al., 1996). Solche Unterschiede verweisen nicht nur auf Sozialisationsdefizite, sondern zugleich auf Persönlichkeitsunterschiede, wie sie z. B. im Begriffspaar „Reflexivität vs. Impulsivität" (Kagan, 1966) angesprochen werden. Auch Persönlichkeitsfaktoren wie z. B. „Verantwortungsbewusstsein" oder – mit umgekehrtem Vorzeichen – „Neurotizismus" im Faktorensystem der *Big Five* (McCrae & Costa, 1996) hängen mit Unterschieden in der Fähigkeit zusammen, übergeordnete Vorsätze und Ziele gegenüber momentanen Handlungsimpulsen durchzusetzen. Solche Kompetenzen erweisen sich zum Teil als bessere Prädiktoren späteren Lebenserfolgs als allgemeine Intelligenzmaße (s. etwa Duckworth & Seligman, 2006; Tangney, Baumeister & Boone, 2004).

Jeder Mensch kann zur gleichen Zeit Ziele und Wünsche haben, die zueinander inkonsistent sind; gelingende Handlungsregulation hängt wesentlich davon ab, wie diese Inkonsistenzen aufgelöst werden. Das Durchsetzen von Intentionen gegen konkurrierende, situativ induzierte Handlungstendenzen ist ein Vorgang, der oft mit hinlänglicher Wirksamkeit anstrengungsfrei abläuft. Sobald nach einer voraufgehenden Abwägung der Vor- und Nachteile möglicher Handlungsalternativen ein Entschluss gefasst und ein Ziel in Angriff genommen wird, verändert sich die Informationsverarbeitung in einer Weise, welche die Zielverfolgung unterstützt: Die Aufmerksamkeit wird auf zielrelevante Situationsaspekte fokussiert, konkurrierende Handlungstendenzen werden abgeschwächt, und es werden kognitive Inhalte salient, welche die Erreichbarkeit und Wert des angestrebten Zieles akzentuieren (vgl. auch Heckhausen & Gollwitzer, 1987). Das kognitive System erzeugt sozusagen die zu den jeweiligen Handlungsorientierungen passenden Funktionslagen: So z. B. zeigte sich in wahrnehmungspsychologischen Experimenten, dass nach subliminaler (50 *ms*) Darbietung von Wortreizen auf dem Computerbildschirm, die auf zuvor benannte aktuelle Ziele der Versuchsteilnehmer (College-Studenten) hinweisen (z. B. *study*), solche Wörter leichter und schneller erkannt wurden, die mit zielgefährdenden Situationen assoziiert waren (z. B. *party*); vergleichbare Priming-Effekte fanden sich auch bei umgekehrter Darbietungsfolge, d.h. nach Präsentation von „Versuchungen" zeigte sich eine Aktivierung übergeordneter Ziele (z. B. Kruglanski et al., 2002). Mit dem gleichen Ansatz konnten Fishbach, Friedman und Kruglanski (2003) nachweisen, dass die kurzzeitige Präsentation von „sündigen" Versuchungen (z. B. *drugs, premarital sex*) religiöse Begriffe (z. B. *prayer, Bible*) aktivieren kann. Inwieweit solche Befunde über die betrachteten Stichproben hinaus generalisiert werden können, mag dahingestellt bleiben; immerhin verweisen sie auf die Funktion religiöser Einstellungen in Zusammenhängen von Selbstkontrolle und Emotionsregulation.

Nicht immer sind Automatismen der genannten Art stark genug, um Handlungsabläufe gegen Ablenkungen und Versuchungen zu stabilisieren; neben den schon genannten Einflüssen können auch *time discounting*-Effekte das Durchhalten gesetzter Intentionen erschweren. Ein Geldbetrag, den wir sofort erhalten, erscheint uns wertvoller als ein gleicher Betrag, der später ausgezahlt wird – angesichts z. B. der Möglichkeit, den ausgezahlten Betrag zinsbringend anzulegen, scheint dies vernünftig. Weniger vernünftig kann es sein, für einen kleineren hedonischen Gewinn in der Gegenwart die Chancen auf einen größeren Nutzen in der Zukunft zu opfern. Auch solche „Kurzsichtigkeit" wird durch Zeitdiskontierungen begünstigt: Die Attraktionswirkung einer positiv valenten Option steigt mit abnehmender zeitlicher Distanz nichtlinear an, vergleichbar der Hitzeempfindung bei Annäherung an einen heißen Gegenstand (s. etwa Frederick, Loewenstein & O'Donoghue, 2003). Die zu einem früheren Zeitpunkt – bei „kalter" kognitiver Abwägung – gesetzten Präferenzen und Prioritäten können hierdurch leicht umgestoßen werden. So kann es kommen, dass Diätziele und andere Enthaltsamkeitsvorsätze scheitern, dass wir beim Einkaufen mehr ausgeben als geplant, dass wir trotz unserer Absicht, gelassen zu bleiben, mit anderen in Streit geraten, und so fort. Effiziente Selbstregulation hängt – vereinfachend gesprochen – wesentlich damit zusammen, „heiße", auf unmittelbaren hedonischen Gewinn gerichtete Präferenzen „abzukühlen" und „kalte", auf zukünftigen Nutzen bzw. auf distante Ziele gerichtete Präferenzen „aufzuheizen", wozu insbesondere auch die lebhafte Vergegenwärtigung distanter Handlungsfolgen beitragen kann.

Selbstkontrolle beansprucht kognitive Ressourcen; unter Ermüdung, Stress und emotionaler Belastung, aber schon nach komplexen Entscheidungen fällt es vielfach schwerer, Versuchungen zu widerstehen oder auch aversiven Reizen standzuhalten (*ego depletion*; s. Baumeister, Bratslavsky, Muraven & Tice, 1998; Vohs et al., 2008). Um Vorsätze durchzuhalten und durchzusetzen, bedarf es oft des planmäßigen Einsatzes von Techniken des Selbstmanagements und der Emotionsregulation; dies wusste bereits Odysseus, der sich vorsichtshalber von den Gefährten an den Mast seines Schiffs fesseln und die Ohren mit Wachs verstopfen ließ, um den verlockenden Gesängen der Sirenen nicht nachzugeben und den eingeschlagenen Heimkehrkurs einzuhalten (s. auch Elster, 1989). Selbstkontrollstrategien können auf verschiedenen Ebenen der Handlungsregulation und Informationsverarbeitung ansetzen (s. etwa Baumeister & Vohs, 2002; Kanfer & Gaelick-Buys, 1991); hierzu gehören z. B. Techniken der Stimuluskontrolle (z. B. Ausblenden bzw. Elimination von distraktiven Reizen), der Aufmerksamkeitssteuerung (z. B. Fokussierung auf positiv valente Zielaspekte) sowie Prozesse der Selbstinstruktion und Selbstverstärkung, die wesentlich an die Entwicklung sprachlicher und symbolischer Kompetenzen geknüpft sind (s.o., Kap. 5). Das „Durchhalten" gesetzter Intentionen kann z. B. unterstützt werden, wenn nicht nur Ziele, sondern auch Zwischenziele und die zu ihrer Erreichung notwendigen Schritte explizit in die Vorsatzbildung eingeschlossen werden (vgl. Bandura & Schunk, 1981; Gollwitzer et al., 2004). Techniken dieser Art können helfen, gesetzte Intentionen gegen Ablenkungen und Versuchungen zu stabilisieren, eingefahrene Gewohnheiten zu durchbrechen, momentane Anreizwerte gegen zukünftige Folgen abzuwägen, aber auch Emotionen und emotionales Ausdrucksverhalten in den Funktionskreis von Selbstkontrolle und Selbstkultivierung einzubeziehen.

10.3.2 Emotionsregulation

Spontane Handlungsbereitschaften und Impulse werden wesentlich durch positive oder negativ valente Gefühle induziert und sind im Allgemeinen emotional getönt; insofern sind Selbstregulationsprobleme mit Problemen der Emotionsregulation engstens verknüpft. Das Thema, wie man seine Gefühle und Emotionen kontrollieren kann, hat Konjunktur, aber gerade dies verweist auf diesbezügliche Schwierigkeiten: Die Kontrolle eigener Emotionen scheitert nicht nur bei pathologischen Störungen der Handlungsregulation, wie sie uns etwa in Suchtkrankheiten, Phobien und anderen Formen zwanghaften Verhaltens und gestörter Impulskontrolle begegnen. Auch außerhalb klinischer Kontexte geschieht es, dass Personen von Gefühlen „überwältigt" und eventuell zu Handlungen veranlasst werden, die sie im gelassenen Zustand für unvernünftig halten würden.

Solche Probleme gäbe es kaum, wenn Emotionen ohne weiteres willentlich aktiviert oder deaktiviert werden könnten. Intentionalität kommt hier eher auf eine indirekte, vermittelte Weise ins Spiel: Auch wenn Emotionen uns widerfahren, können wir Entstehung und Ablauf emotionaler Reaktionen beeinflussen. John und Gross (2007) unterscheiden fünf Ansatzpunkte der Emotionsregulation: Selektion und aktive Modifikation von emotionsrelevanten

Situationen (*situation selection; situation modification*); Aufmerksamkeitssteuerung und kognitive Umdeutung bzw. Neubewertung (*attentional deployment; cognitive change*) sowie die Regulation des emotionsspezifischen Ausdrucksverhaltens (*response modulation*). Solche Strategien können einerseits dazu eingesetzt werden, positive Gefühle zu steigern und aversive Gefühle zu dämpfen, andererseits aber auch zur Steigerung von Selbsteffizienz und zur „Kultivierung" des Gefühlslebens beitragen – Zielsetzungen, die mit dem Anliegen einer Maximierung der aktuellen Affektbilanz insofern nicht deckungsgleich sind, als sie nicht nur auf die hedonische Qualität von Emotionen, sondern auch deren Funktion in umfassenderen Zielstrukturen und Sinnzusammenhängen reflektieren.

Selektion und Modifikation situativer Bedingungen: Auf der Seite situativer Bedingungen können beispielsweise Reize oder Situationen gemieden oder aus dem Wahrnehmungsbereich entfernt werden, die aversiv sind oder unerwünschte Verhaltenstendenzen aktivieren; ebenso können Situationen gemieden werden, die unangenehme Erinnerungen hervorrufen. Auch das Aufsuchen spezifischer Situationen oder Umgebungen – *going for a change of scene* (Skinner, 1953) – ist eine wirksame und geläufige Strategie der Emotionsregulation; Spaziergänge, sportliche Betätigung oder ein gutes Essen in freundlicher Runde können trübe Gedanken zumindest zeitweise vertreiben (s. auch Thayer, 2001). Die Valenz bestimmter Situationen oder Verhaltensoptionen kann zudem auch durch systematische Verknüpfung mit positiven oder negativ valenten Stimuli gesteigert oder reduziert werden. Techniken dieser Art, die auf Prinzipien klassischen und operanten Konditionierens beruhen, haben sich auch in der Verhaltenstherapie, z. B. bei der Behandlung von Suchtproblemen, als wirksam erwiesen (s. z. B. Reinecker, 2000).

Aufmerksamkeitssteuerung: In der Aufmerksamkeitsregulation wirken automatische und intentional-strategische Prozesse zusammen: Bestimmte Situationen ziehen unsere Aufmerksamkeit an, ohne dass es hierzu eines Entschlusses bedürfte; die Evolution hat nicht darauf gesetzt, dass das Individuum jederzeit am besten weiß, wohin jeweils die Aufmerksamkeit zu richten ist. Allerdings können wir unsere Aufmerksamkeit auch gezielt auf etwas richten und uns damit von anderen Reizen oder gedanklichen Inhalten ablenken – zumindest soweit sich deren *attention grabbing power* (Pratto & John, 1991) in Grenzen hält. Zwar kann man nicht ohne weiteres beschließen, an bestimmte Dinge nicht zu denken bzw. unerwünschte Gedanken einfach „abzuschalten". Entsprechende Vorsatzbildungen haben oft einen gegenteiligen, „ironischen" Effekt (Wegner, 1994), zumal die Intention, einen bestimmten gedanklichen Inhalt zu vermeiden oder zu unterdrücken, diesen bereits einschließt. Oft kann das Kreisen der Gedanken um belastende Inhalte erst durch Ablenkungsstrategien unterbrochen werden; dies hat sich z. B. auch bei depressivem Ruminieren als wirksam erwiesen (s. z. B. Nolen-Hoeksema, 1996). Inwieweit Personen mit sich und ihrem Leben zufrieden sind, hängt wesentlich davon ab, welche Lebensbereiche und Aspekte im Fokus der Aufmerksamkeit liegen (s. etwa Schwarz & Strack, 1999). Dieser wird durch spezifische situative Umstände beeinflusst, kann zum Teil aber auch gezielt und strategisch ausgerichtet werden. Die Vergegenwärtigung von Situationen, die sich mit Gefühlen von Stolz, Dankbarkeit oder Freude verbinden, kann zur Hebung der Befindlichkeit beitragen, ebenso kann das Erinnern von positiven Seiten der eigenen Lebensgeschichte Gefühle von Reue und Trauer im Lebensrückblick dämpfen. In diesen Zusammenhängen haben sich z. B. auch Techniken der schriftlichen Rekonstruktion und mentalen Simulation als effektiv erwiesen, die zugleich auch Prozesse kognitiver Umdeutung bzw. ein *reappraisal* unterstützen (s. auch Taylor & Schneider, 1989).

Kognitive Umdeutung (reappraisal): Aussagen über eigene Gefühle sind in einem spezifischen Sinne unwiderlegbar. Wenn jemand z. B. sagt, er empfinde Sorge, so kann man vielleicht vermuten, dass er lügt oder die Bedeutung des Begriffs nicht kennt, jedoch nicht behaupten, er befinde sich im Irrtum. Angesichts des kognitiven Gehaltes von Emotionen kann auch die genauere Analyse bzw. kritische Prüfung der Annahmen, auf denen eine emotionale Reaktion beruht, emotionale Umstimmungen bewirken. Empfindungen von Angst und Furcht können durch genauere Situationsanalyse – etwa im Hinblick auf die Frage nach den Möglichkeiten, eine bedrohliche Situation abzuwenden – sowohl intensiviert wie auch gedämpft werden (vgl. Lazarus & Folkman, 1984). Auch in Trainingsprogrammen zum Selbstmanagement werden Reflexionstechniken zur Bewältigung negativer Emotionen eingesetzt, so etwa im A-B-C-D-Modell zur Bewältigung negativer Emotionen (*Adversity-Beliefs-Consequences-Dispute*; Seligman, 1994). In gleicher Weise können selbstbezügliche Emotionen wie Scham, Schuld, Stolz oder Reue durch eine geänderte Interpretation der Situation gemildert werden. Rachegefühle können eventuell gedämpft werden durch den Versuch, das Verhalten, das uns verletzt hat, genauer zu verstehen. Schuld und Verantwortung können durch legitimierende Argumente wie etwa den Hinweis auf mangelnde Kontrollierbarkeit der fraglichen Geschehnisse gemildert werden. Auch die Einordnung von aversiven Ereignissen in positive Sinnbezüge kann entlastend wirken; hier setzen z. B. auch Programme der Ärgerkontrolle an (s. z. B. Tice & Baumeister, 1993). Solche Formen des *reappraisal* können zur „Bildung" von Gefühlen beitragen – allerdings nicht in jedem Falle: Wer sich selbst oder anderen durch sein Handeln schadet, kann Selbstvorwürfe neutralisieren, indem er schädliche Folgen negiert oder gegen positive Wirkungen aufrechnet; derartige Strategien der Neutralisierung von Schuldgefühlen z. B. sind bei Straftätern oft zu beobachten (Sykes & Matza, 1957). Bei der Frage, ob und in welcher Weise Emotionen reguliert werden sollten, kommen offenbar auch ethisch-moralische Kriterien ins Spiel.

Regulation des Ausdrucks von Emotionen: Selbstregulatorische Bemühungen können sich auch auf das emotionale Ausdrucksverhalten richten: Zwar sind die für bestimmte elementare Emotionen wie z. B. Überraschung, Trauer, Wut, Freude charakteristischen mimischen Reaktionen als stammesgeschichtlich evolvierte Mechanismen nonverbaler Kommunikation schon reflexhaft angelegt (s. etwa Eibl-Eibesfeldt, 1973), gleichwohl ist emotionales Ausdrucksverhalten zum Teil intentional kontrollierbar und durch kulturelle Einflüsse überformt. Zwischen Emotionen und Ausdrucksverhalten bestehen Rückkopplungsbeziehungen: Lächeln, Stirnrunzeln etc. werden nicht nur durch bestimmte Gefühle aktiviert, vielmehr kann die Aktivierung entsprechender Muskelgruppen ihrerseits entsprechende Stimmungslagen aktivieren, was in Grenzen auch zu Zwecken der Emotionsregulation genutzt werden kann (s. z. B. Strack, Martin & Stepper, 1988). Darüber hinaus gibt es in jeder Kultur normative Vorstellungen darüber, wann und in welcher Weise man seine Gefühle zum Ausdruck bringt; solche *emotion display rules* (Ekman, 1984) haben mit sozial geteilten Vorstellungen von kultiviertem Verhalten zu tun und unterstützen den Kommunikationsprozess. Ihre Kenntnis ermöglicht es indessen auch, Gefühle zu simulieren oder zu dissimulieren, was nicht nur im Pokerspiel vorteilhaft sein kann. Schon bei Balthasar Gracián (1653/1954) wird das strategische Verbergen eigener Emotionen wenn nicht als Lebenskunst, so immerhin als politische Kunst gepriesen.

Kulturen können als Übungssysteme der Emotionsregulation verstanden werden; auch in der Erziehungs- und Sozialisationspraxis werden Techniken des Emotionsmanagements eingeübt. In besonderer Weise gilt dies auch für Religionen, in denen Ziele der Selbstkontrolle betont und mit Heilserwartungen verknüpft werden, die zugleich aber auch Rituale zur Bewältigung von Gefühlen der Reue, Trauer, Verzweiflung anbieten und gemeinschaftlich praktizieren. Hieraus erklären sich zum Teil auch empirische Zusammenhänge zwischen religiösen Einstellungen und Merkmalen objektiver und subjektiver Lebensqualität, die für unterschiedliche Religionsgemeinschaften gefunden wurden und zumindest bei großen Stichproben statistische Signifikanz erreichen (s.o., Kap. 3). Bei Personen mit religiöser Bindung finden sich sowohl geringere Delinquenzraten wie auch ein geringerer Alkohol- und Zigarettenkonsum, sogar eine genauere Beachtung der Anschnallpflicht beim Autofahren wurde in einschlägigen Studien beobachtet. Insofern ist es nicht überraschend, dass Religiosität nicht nur mit dem Alter, sondern auch mit der Lebensdauer schwach positiv korreliert (eingehender hierzu McCullough & Willoughby, 2009). Allerdings scheinen die angesprochenen salutogenen Effekte nicht in gleichem Maße für religiöse Aktivitäten zu gelten, die zum

Zweck der Erreichung solcher Effekte eingesetzt und insofern lediglich „extrinsisch" motiviert sind.

10.4 Emotionsregulation, Selbstkultivierung und *second order volitions*

Es ist für den Menschen – zumindest soweit er entsprechende reflexive Kompetenzen entwickelt hat – kennzeichnend, dass er zu seinen Wünschen und Handlungen wie auch zu seinen Gefühlen kritisch Stellung beziehen kann: Man kann wünschen, bestimmte Wünsche nicht zu haben; man kann eigene Handlungsimpulse akzeptieren oder verwerfen. Zu solchen *second order volitions* (Frankfurt, 1971) gehören in einem im weiteren Sinne auch „Emotionen zweiter Ordnung": Man mag sich seiner Angst schämen, sich über seine Neidgefühle ärgern, sich aber auch mit seinen eigenen Gefühlen identifizieren und mit ihnen in zufriedenem Einklang stehen. Positive Entwicklung und gelingendes Lebensmanagement setzen die Fähigkeit und Bereitschaft voraus, eigene Wünsche, Emotionen und Handlungsbereitschaften im Hinblick auf ihre Verträglichkeit mit anderen Zielen – nicht zuletzt auch unter moralischen und ethischen Kriterien vernünftigen Zusammenlebens – zu bewerten und sich ggf. von ihnen distanzieren zu können. Wie wir gesehen haben, ist der Aufbau dieser sekundären oder höheren Ebene der Handlungsregulation grundlegend für Prozesse der Selbstbewertung und Selbstregulation (s.o., Kap. 5). Selbstmanagement-Prozeduren wie die oben dargestellten können dazu beitragen, solche sekundären Volitionen im Handeln und in der persönlichen Lebensführung zur Wirkung zu bringen; soweit sie durch Übung und Wiederholung zum stabilen Habitus geworden sind, kann gelingende Emotionsregulation auch sublime Formen von Selbst-Zufriedenheit hervorbringen.

Auch vor diesem Hintergrund erscheint es einseitig, das Thema Emotionsregulation allein unter dem Gesichtspunkt der Minimierung negativer und der Steigerung positiver Emotionen zu behandeln. Der Versuch einer Maximierung der aktuellen hedonischen Bilanz kann im Hinblick auf das umfassendere Anliegen positiver Entwicklung kontraproduktiv sein: Einerseits kann die Vermeidung aktueller emotionaler Belastungen – aus schon angesprochenen Gründen – die Chancen auf zukünftiges Glück einschränken, und zum anderen deckt sich eine Unterscheidung von „positiven" und „negativen" Emotionen, die sich rein auf die subjektiven Empfindungsqualitäten bezieht, nicht gänzlich mit Bewertungskriterien, die an Gesichtspunkten gelingenden Zusammenlebens orientiert sind. Unvermeidlich kommen bei der Frage, ob und in welcher Weise Emotionen reguliert werden sollten, ethisch-moralische Aspekte ins Spiel: Man spricht von eitlem Stolz, blinder Wut, aber auch von berechtigtem Ärger, gerechtem Zorn etc. Es gibt Emotionen von positiver wie auch von negativer Erlebnisqualität, für die sich zwar Ursachen und Gründe, aber nicht immer „gute Gründe" finden lassen; dazu gehören z. B. Emotionen wie Rache- oder Aggressionsgefühle, die dissoziale Verhaltenstendenzen aktivieren. Dagegen können moralische Gefühle wie Mitleid, Schuldempfindungen, Reue, Dankbarkeit und die korrespondierenden Handlungen zur Kultivierung des Gefühlslebens beitragen und uns vielleicht dem Kantischen Ideal „vernunftgewirkter" Gefühle näherbringen (Recki, 2008).

Den Grad einer „Bildung" der Gefühle – wie auch Bildung schlechthin – erkennen wir unter anderem daran, welche Art von Situationen zu welchen Emotionen Anlass geben und auf welche Weise diese Gefühle ausgedrückt werden. Höhere Formen des Wohlbefindens beschränken sich nicht nur auf sublime ästhetische Genüsse oder *pleasures of the mind* (Kubovy, 1999) wie etwa die Freude an einem Gemälde, einer Landschaft, einem Musikstück oder einer eleganten Theorie, zu denen zum Teil erst Bildungserfahrungen den Zugang ermöglichen, sondern schließen in einem umfassenderen Sinne alle Formen des Erlebens und Handelns ein, die uns in unserer Selbstentwicklung fördern: „Die Vervollkommnung des Menschen macht ihn der Glückseligkeit empfänglicher und gewähret solche selbst" (Tetens, 1777, S. 791). Persönliches Wohlbefinden, das in einer mit Blick auf die persönliche Vergangenheit, Gegenwart und Zukunft als gelingend empfundenen Lebensorganisation gründet, mag zwar durch momentanes physisches Unwohlsein getrübt werden, kann jedoch auch unter solchen Bedingungen als Grundstimmung erhalten bleiben, „die den Ton angibt und unser gesamtes Dasein positiv bestimmt" (Spaemann, 1989, S. 58).

Auch wenn das Erreichen und Bewahren einer positiven Lebensgrundstimmung für sich genommen als ein positives Entwicklungsergebnis betrachtet werden kann, darf doch gefragt werden, ob diese Gestimmtheit ihre Grundlage in einer Lebensorganisation hat, die man als glücklich oder gelungen bezeichnen kann. Bei alledem dürfen die schon angesprochenen adaptiven Funktionen auch belastender Emotionen nicht übersehen werden. Diese liegen wesentlich darin, selbstkorrektives Verhalten zu aktivieren, das zu einer Verbesserung der Lebensumstände und damit auch zu einer Steigerung des Wohlbefindens beiträgt. Selbst Gefühle von Depression und Hoffnungslosigkeit sind nicht einseitig als Endpunkte gescheiterten Lebensmanagements anzusehen; vielmehr liegt ihre adaptive Bedeutung wesentlich darin, die Ablösung von unerreichbar gewordenen Zielen zu befördern und damit eventuell auch eine Revision von Lebensplänen anzustoßen (siehe Brandtstädter, 2007b; Nesse, 2000). Wie schon Kalenderweisheiten wissen, kann nachhaltiges Wohlbefinden kaum erreichen, wer nur sein momentanes Wohlbefinden im Blick hat. Dass derjenige besser fährt, der sich jede Annehmlichkeit versagt, wird damit nicht behauptet; vielleicht ist ein Aspekt von „Lebenskunst" auch darin sehen, zwischen unserem momentanem Wohlbefinden und dem unseres zukünftigen Selbst eine Balance zu finden. Dies ist eine Aufgabe, deren Lösungsbedingungen sich allerdings im Laufe der Entwicklung – nicht zuletzt auch mit Annäherung an das Lebensende – ändern.

11
Bedauern und Reue

Die Dramaturgie von Lebensgeschichten ergibt sich wesentlich aus dem spannungsvollen Kontrast zwischen möglichen Lebensverläufen und dem, was wir – im Rahmen gegebener Möglichkeiten – „aus unserem Leben gemacht" haben. Mit der Repräsentation des Möglichen, aber nicht Realisierten entstehen „kontrafaktische Kognitionen" (Roese, 1997): Vorstellungen, welche andere Richtung Ereignisabläufe – oder unser Leben im Ganzen – möglicherweise hätten nehmen können, wenn wir bestimmte Handlungen ausgeführt oder unterlassen bzw. uns in kritischen Situationen anders entschieden hätten. Fällt der Vergleich zugunsten des faktischen Ereignisablaufes aus, entstehen positive Gefühle; die Annahme, durch eigenes Tun die Wahrscheinlichkeit einer glücklichen und erfolgreichen Entwicklung befördert zu haben, verbindet sich mit Gefühlen von Freude, Genugtuung oder Stolz. Dagegen erzeugt der kontrafaktische „Aufwärtsvergleich" mit möglichen günstigeren Verläufen negative Affekte wie z. B. Enttäuschung, Ärger oder Reue.

Wir haben das Thema kontrafaktischer Emotionen schon in früheren Abschnitten berührt. Die folgende Diskussion stellt „Reue" in den Mittelpunkt – ein Gefühl, das auf Fehler und Verfehlungen verweist und insofern Vorstellungen positiver Entwicklung auf den ersten Blick nicht entspricht; Häufigkeit und Stärke von Reuegefühlen korrelieren mit Maßen subjektiver Lebensqualität erwartungsgemäß negativ (z. B. Lecci, Okun & Karoly, 1994). Auch liegen Zweifel an den adaptiven Funktionen bzw. der Vernünftigkeit von Reueempfindungen nahe: Nietzsche z. B. hielt es schlicht für dumm – und wohl auch seinem Ideal des „Übermenschen" nicht gemäß – solche Gefühle zu haben: „Niemals der Reue Raum geben, sondern sich sofort sagen: dies hieße ja, der ersten Dummheit eine zweite zuzugesellen" (Nietzsche, 1880, S. 174). Leider (oder zum Glück) aber hat das Empfinden von Reue selbst nicht den Charakter eines Tuns, das man nach Wunsch ausführen oder auch unterlassen könnte. Auch Kant betrachtet die Reue zwar als „praktisch leer", insofern sie Geschehenes nicht ungeschehen machen könne, aber immerhin betrachtet er die Empfindung – vor allem soweit sie moralisch motiviert ist – als vernünftig bzw. „rechtmäßig", da „die Vernunft, wenn es auf das Gesetz unserer intelligibelen Existenz (das moralische) ankommt, keinen Zeitunterschied anerkennt, und nur frägt, ob die Begebenheit mir als Tat angehöre" (Kant, 1785, S. 177).

Diese Sichtweisen werden jedoch den Funktionen von Reue im Zusammenhängen von Selbstregulation und intentionaler Selbstgestaltung kaum gerecht. Reue erscheint manchmal als Vernunft, die zu spät kommt – andererseits ist es nur selten zu spät, zur Vernunft zu kommen.

Der Reuebegriff verweist offenbar in einem mehrfachen Sinne auf Begriffe vernünftigen Handelns und Lebens: Zum einen verbindet sich Reue im Rückblick mit der Meinung oder Einsicht, unvernünftig gehandelt zu haben bzw. das, was vernünftig gewesen wäre, nicht getan zu haben; andererseits kann sich gerade in dieser Einsicht Vernunft bzw. ein entsprechender Entwicklungsfortschritt zeigen. „Unvernünftig" ist hier allerdings in einem Sinne zu verstehen, der nicht nur unzweckmäßiges und fehlerhaftes, sondern auch moralisch fragwürdiges Handeln einschließt. Wir können bedauern oder gar bereuen, Ziele verfehlt und günstige Gelegenheiten versäumt zu haben; aber auch wenn wir in der Verfolgung unserer Ziele erfolgreich waren, kann die Frage entstehen, ob die gewählten Ziele selbst wie die zu ihrer Erreichung eingesetzten Mittel mit unseren Selbst-Idealen und Vorstellungen „guten Lebens" verträglich waren. Sowohl praktische Klugheit als auch moralische Haltungen sind also Aspekte von Vernunft, die sich in Gefühlen von Reue zu Wort melden. Im letzteren Falle ist die Anerkennung von normativen Prinzipien im Spiel, deren Verletzung von vorübergehenden Gefühlen eines „moralischen Katers" (Scheler, 1968) bis zu tiefer, von Schuldgefühlen begleiteter Reue reichen kann.

Die verschiedenen Formen von Reuegefühlen unterscheiden sich auch durch ihre typischen Gefühlsbeimischungen; Reue über ineffizientes Verhalten mischt sich eher mit Gefühlen von Ärger, Reue über moralische Verfehlungen vor allem mit Gefühlen von Scham und Schuld. Das Englische hält hier unterschiedliche Begriffe bereit, wobei *regret* das Spektrum von einfachem Bedauern bis zu tiefer Reue umfasst, während *remorse*, *repentance* und *contrition* vor allem Formen stärkerer moralischer „Zerknirschung" bezeichnen. Solche Differenzierungen haben in der psychologischen Reueforschung allerdings wenig Beachtung gefunden; hier beschränkt man sich weitgehend auf den allgemeinen Begriff *regret* (s. auch Gilovich & Medvec, 1995; Landman, 1993). Man mag insofern fragen, ob der Begriff nicht unterschiedliche Phänomene umfasst bzw. ob die Verwendung eines allgemeinen Sammelbegriffs nicht dazu beiträgt, relevante Unterschiede zu verwischen. Solche Unterschiede bestehen jedenfalls zwischen dem verärgerten Bereuen eines unzweckmäßigen Tuns und einer von Schuldgefühlen begleiteten, moralisch motivierten Reue; wie im Weiteren deutlich wird, haben diese Formen von Reue nicht nur einen unterschiedlichen Entstehungshintergrund, sondern auch unterschiedliche handlungsregulative Funktionen.

11.1 Reue zwischen Handeln und Widerfahrnis

Im Reuegefühl verbindet sich die Erinnerung an ein früheres Handeln und dessen problematische Folgen mit der Vorstellung, dass man auch anders hätte handeln können; damit wird nicht nur das eigene Tun, sondern eventuell auch die eigene Persönlichkeit zum Objekt von Selbstvorwürfen. Dies grenzt Reuegefühle gegen den unspezifischeren Begriff des Bedauerns ab. Bereuen impliziert Bedauern, die Umkehrung jedoch gilt nicht: Wir bedauern es, dass wir den Zug versäumt haben, dass wir uns beim Skilaufen ein Bein gebrochen haben, und dergleichen. Von Reue sprechen wir dagegen erst, wenn wir das fragliche Ereignis mit einem Tun oder Unterlassen bzw. einer Fahrlässigkeit unsererseits in Verbindung bringen: Wir können bereuen, den Fahrplan nicht genau studiert zu haben, diese gefährliche Abfahrt gewählt zu haben etc. Solche Gefühle sind umso intensiver, je verfügbarer die Vorstellung kontrafaktischer, positiver Ereignisverläufe ist – wie es z. B. der Fall ist, wenn man abweichend vom normativ Üblichen oder Gebotenen oder der eigenen Gewohnheit zuwider gehandelt hat (s. auch Kahneman & Miller, 1986).

Der Reuebegriff impliziert also ein gewisses Maß an Handlungs- oder Wahlfreiheit; in diesem Punkt berührt er sich mit Konzepten von Schuld und Verantwortung. Spielräume des Handelns ändern sich auf ontogenetischer wie auch auf historischer Ebene. In den Entwicklungsumwelten der Moderne haben sich Optionen individueller Entwicklungsgestaltung wie auch die kognitive und praktische Verfügbarkeit alternativer Lebensverläufe erhöht, was auch für kontrafaktische Vergleiche und entsprechende Emotionen einen günstigen Nährboden bildet. Unter solchen Bedingungen entsteht die Tendenz, sich alternative Optionen möglichst lange offenzuhalten und frühzeitige Weichenstellungen zu vermeiden, die man später bereuen könnte; wohl auch aus solchen Gründen werden Rollenübergänge wie etwa Heirat oder Elternschaft zunehmend hinausgezögert (Arnett, 2004).

Mit einer deterministischen Perspektive, die mit Vorstellungen von Willens- oder Handlungsfreiheit notorische Schwierigkeiten hat, scheinen sich Gefühle von Reue, Schuld und persönlicher Verantwortung nicht ohne weiteres zu vertragen – so zumindest scheint es im Lichte oberflächlicher Debatten. Tatsächlich spielen subpersonale und nichtintentionale Faktoren in der Entstehung und Ausführung von Handlungen eine wesentliche Rolle; auch die unserem Handeln zugrundeliegenden Meinungen, Wünsche und Emotionen sind im Allgemeinen nicht intentional erzeugt – dies gilt nicht zuletzt für

Reuegefühle (s. hierzu auch Brandtstädter, 2001). Damit wird jedoch weder die Vorstellung unterschiedlicher Freiheitsgrade des Handelns gehaltlos, noch werden Möglichkeiten einer reflektiert-kritischen Haltung zum eigenen Tun außer Kraft gesetzt. Insofern wird die Annahme von „Ich-Spielräumen" des Handelns (Tugendhat, 2007) auch im Rahmen einer kausaldeterministischen Position nicht zur Fiktion; schon deshalb darf man annehmen, dass auch eingefleischte Deterministen gelegentlich Anwandlungen von Schuld und Reue empfinden.

Allerdings verweist der Begriff der Reue zugleich auf ein Handeln wie auf nichtintendierte Bedeutungen und Effekte des Handelns. Zwar muss eigenes Tun im Spiel sein; was aus diesem Tun einen Fehler macht, hat oft jedoch Widerfahrnischarakter und deckt sich im Allgemeinen nicht mehr mit den Intentionen des Handelnden. Diesem Menschen habe ich Geld geliehen; da nun dieser Mensch ein Betrüger ist (was ich nicht ahnen konnte), habe ich einem Betrüger Geld geliehen – dies habe ich zwar getan, aber nicht gewollt. Oder allgemein: Wenn ich beabsichtige, X zu tun, und X impliziert Y (sei es im Sinne einer semantischen oder einer kausalen Beziehung), dann kann meine Absicht nur dann auch Y einschließen, wenn ich mir der fraglichen Implikation bewusst bin. Insofern sind Handlungen nur unter bestimmten Beschreibungen intentional (vgl. auch Anscombe, 1959).

Einerseits also bereue ich eine frühere Entscheidung oder ein bestimmtes absichtsvolles Tun; meine ursprüngliche Absicht umfasste im Allgemeinen nicht Folgen und Bedeutungen meines Tuns, die im Nachhinein Anlass zur Reue geben. Gleichwohl verbindet sich Reue mit der Vorstellung, dass auch nichtintendierte Handlungsfolgen prinzipiell hätten vermieden werden können. Da niemand sämtliche Implikationen und Folgen seines Tuns überblicken kann, enthält von vornherein jedes Handeln ein Reue- und Enttäuschungspotential. Dieses kann durch umsichtige Handlungsvorbereitung allenfalls gemindert, aber keineswegs ganz ausgeräumt werden. Zwar kann die Überzeugung, alles für den Handlungserfolg Notwendige getan zu haben, reuevolle Selbstvorwürfe bis zu einem gewissen Grade dämpfen. Auch aus der Sicht philosophischer Gelassenheitskonzepte scheint es vernünftig, dem Unverfügbaren gegenüber Gleichmut zu bewahren, soweit man das notwendig und geboten Erscheinende getan hat (z. B. Kambartel, 2008). Ironischerweise jedoch sind bei negativem Handlungsausgang Gefühle des Ärgers oft umso intensiver, je mehr man in die Planung investiert hat; bereut werden gerade auch Investitionen, die sich im Nachhinein als nutzlos erweisen.

Zur prinzipiell „begrenzten Rationalität" menschlicher Handlungssubjekte kommt noch hinzu, dass sich auch Ziele, Interessen und Werthaltungen im Laufe der Zeit ändern können. Letzteres wird besonders im Zusammenhang mit moralischer Reue bedeutsam: Ein Diebstahl z. B. oder ein betrügerisches

Projekt mögen im Sinne der zugrundeliegenden Absichten durchaus „geglückt" sein. Spätere Reue hat in diesem Falle weniger mit der Erkenntnis zu tun, dass etwas „schiefgelaufen" ist; vielmehr kann die Person ihre damaligen Intentionen und Gründe nun nicht mehr gutheißen oder nachvollziehen. Gerade in solchen Fällen kann sich Reue nicht nur gegen einzelne Taten oder Versäumnisse, sondern gegen das eigene Selbst bzw. die eigene Lebensführung richten („Was bin ich für ein Mensch..."). So können Selbstvorwürfe auf ein Attributionsniveau übergehen, das aufgrund der Globalität und Stabilität der negativen Selbstzuschreibungen ein höheres Risiko für persistierende Reue, eventuell auch für das Entstehen von Depression birgt (vgl. etwa Peterson, Maier & Seligman, 1993).

Zwar mag ein früheres Tun, von dem wir uns heute distanzieren, als ein bleibender biographischer Makel empfunden werden. In Gefühlen der Reue – zumal von moralischer Reue – manifestiert sich jedoch ein Entwicklungsübergang, der die Vorstellung einer unwandelbaren Identität umso mehr in Frage stellt, je tiefgreifender er ist. Dieser Entwicklungsübergang mag im Rückblick mit negativen Selbstbewertungen, im Blick auf die Gegenwart oder persönliche Zukunft jedoch mit Gefühlen der Erneuerung oder gar „Wiedergeburt" (Scheler, 1968) einhergehen. Insofern können sich Gefühle der Reue auch mit positiven Empfindungen verbinden; insbesondere mag dies für ethisch-moralisch motivierte Reue gelten, die – wie Scheler es (1968, S. 46) formuliert hat – ein „Ansteigen auf ein höheres Lebensniveau" anzeigt.

11.2 Reuegefühle: Funktionen und dysfunktionale Aspekte

Vergangenes kann man zwar verschieden interpretieren, aber nicht ändern; an diesem Punkt knüpfen Zweifel am Nutzen bzw. an der „Vernünftigkeit" von Reue an, wie sie eingangs angesprochen wurden. Mit gleichem Recht könnte man offenbar auch anderen retrospektiven Gefühlen wie Scham, Schuld oder auch Stolz und Dankbarkeit jegliche Funktion absprechen. Sind Reuegefühle also lediglich funktionslose Begleitphänomene des Erkenntnis- oder Lernvorganges, der sie hervorbringt? Auch wenn sie auf Vergangenes zurückblicken, können Reuegefühle zur Steigerung von Handlungseffizienz und darüber hinaus zu Prozessen intentionaler Selbstentwicklung beitragen, wie sie im Konzept der Selbstkultivierung angesprochen wurden.

Reue und Handlungsregulation: Es gehört zu den primären Funktionen aversiver Gefühle, Aktivitäten in Gang zu setzen, die auf die Beseitigung der negativen Empfindungen bzw. der sie hervorrufenden Bedingungen gerichtet sind. Im Falle von Reue können solche Handlungen in dem Versuch bestehen, entstandenen Schaden zu beseitigen, zu begrenzen oder anderweitig wiedergutzumachen. Dies berührt sich mit dem auch rechtlich relevanten Begriff der „tätigen Reue", die sich z. B. in Bereitschaften zur Abwendung oder Wiedergutmachung entstandenen Schadens manifestiert – wobei anzumerken ist, dass sühnebereites Verhalten Reue nicht nur zum Ausdruck bringt, sondern zugleich dämpfen kann. Wer im Zustand der Reue sein früheres Tun als selbstdiskrepant erlebt, mag auch zu Mitteln „symbolischer Selbstkomplettierung" (Wicklund & Gollwitzer, 1982) greifen, also z. B. durch Anschlusshandlungen mit entsprechenden expressiven Bedeutungen sich und anderen demonstrieren, welche Person man „eigentlich" ist, bzw. dass man sich zum Positiven geändert hat.

Auch wenn Reuegefühle sich auf Vergangenes richten, beeinflussen sie zukünftiges Verhalten: Die Markierung bestimmter Ereignisse oder Handlungsweisen durch Reuegefühle verstärkt die Tendenz, solche oder ähnliche Handlungen in Zukunft zu vermeiden. Insofern mag man sich nur bedingt der These Spinozas anschließen, Gefühle der Reue lenkten durch ihren Bezug auf Vergangenes von in der Zukunft liegenden Aufgaben ab (s. Birnbacher, 1984) – dies mag allenfalls für Formen persistierender, „lähmender" Reue (vgl. Kranz, 2005) gelten. Die Funktionen von Reue liegen vielmehr zu einem Teil in der Ausbildung von *scripts for the future* (Johnson & Sherman, 1990); allerdings gehen sie hierüber in mehreren Hinsichten hinaus.

Die besondere Bedeutung antizipierter Reuegefühle für die Stabilisierung von Handlungsvornahmen wurde bereits angesprochen: Wer sich z. B. im Interesse bestimmter Ziele oder Ideale Verzichtleistungen abfordert, kann es als schwierig erleben, die entsprechenden Vornahmen über längere Zeit durchzuhalten. Ablenkungen und Versuchungen entfalten umso stärkeren Anreizwert, je konkreter und greifbarer sie werden; so können Vorsätze zusammenbrechen. Reue-Antizipationen tragen dazu bei, die bei der Vorsatzbildung wirksamen Präferenzordnungen im zeitlichen Ablauf gegen Tendenzen der Präferenzumkehr zu stabilisieren; sie sind insofern eine wesentliche Komponente selbstregulatorischer Kompetenz (vgl. auch Baumeister & Vohs, 2004; s.o., Kap. 10).

Der Faktor des *anticipated regret* findet auch in entscheidungstheoretischen Zusammenhängen zunehmend Beachtung: Das Bedauern oder die Genugtuung, günstigere bzw. ungünstigere Alternativen nicht gewählt zu haben, trägt zum erlebten Wert einer gewählten Option bei; die Antizipation solcher Gefühle kann das Entscheidungsverhalten beeinflussen und z. B. zur Vermeidung gewinnträchtiger, aber riskanter Optionen beitragen. Solche *regret*-Effekte sind besonders deutlich, wenn Rückmeldungen auch hinsichtlich der Folgen nichtgewählter Optionen erwartet werden (vgl. Acker, 1997; Zeelenberg, 1999). Das Mittel der Aktivierung von Reueantizipationen wird auch in der Werbung gern eingesetzt, um Waren zu verkaufen, die angeblich „Genuss ohne Reue" ermöglichen oder deren besondere Qualität ein späteres Bereuen der Kaufentscheidung ausschließt (*regret salience manipulation*; Simonson, 1992).

Post-decisional regret und Reversibilität von Entscheidungen: Nun ist antizipierte Reue allerdings nicht gleichbedeutend mit aktueller Reue, ebenso wenig wie ein erwarteter mit aktuellem Schmerz gleichzusetzen ist. Da die Antizipation von Emotionen zudem charakteristischen Verzerrungen unterliegt, trägt sie nicht zwangsläufig zu effizienteren oder vernünftigeren Entscheidungen bei. Vor allem neigen wir dazu, Stärke und Dauer aversiver Emotionen nach Fehlschlägen in der Vorausschau zu überschätzen; Gilbert und Ebert (2002) führen diesen *durability bias* auf eine Tendenz zurück, die nach Misserfolgen wirksam werdenden Verarbeitungs- und Bewältigungsprozesse nicht in Betrachtung zu ziehen (*immune neglect*). Wir haben diese Urteilsverzerrung aus der Sicht des Zwei-Prozess-Modells damit erklärt, dass im assimilativen Modus bzw. in der Phase aktiver Zielverfolgung die negative Valenz eines möglichen Scheiterns akzentuiert wird, während nach faktischem Misserfolg Akkommodationsprozesse zu greifen beginnen, die zur Abwertung des nicht länger erreichbaren Zieles führen (s.o., Kap. 6). Letzteres ist vor allem dann der Fall, wenn Fehler oder deren problematische Folgen als nicht mehr korrigierbar erlebt werden. Wie experimentelle Befunde zeigen, klingen Nachentscheidungsdissonanzen bzw. Gefühle eines *postdecisional regret* rascher ab, wenn die Entscheidung als nicht mehr reversibel gesehen wird bzw. die zunächst verworfene, nachgerade aber günstiger erscheinende Option nicht mehr verfügbar ist (s. etwa Frey & Rosch, 1984; Lyubomirsky & Ross, 1999). Allerdings gibt es dispositionelle Unterschiede in der Bereitschaft, zu akzeptieren, was nicht mehr zu ändern ist. Persistierendes, reuevolles Ruminieren über Fehler und Versäumnisse verweist offenbar auf geringe akkommodative Flexibilität bzw. auf Schwierigkeiten, sich von blockierten Zielen und Lebenspfaden zu lösen. Damit sind Bedingungen angesprochen, unter denen Reuegefühle – hierin dem Phänomen eskalierender Zielbindung vergleichbar – sich zu dysfunktionaler, persistierender Reue auswachsen können.

Welche Funktionen freilich kann Reue noch haben, wenn kaum noch Restlebenszeit gegeben ist, um im Lebensrückblick gewonnene Einsichten für das weitere Leben konstruktiv zu nutzen? Reue auf dem Totenbett mag als paradigmatischer Fall betrachtet werden, ob sie nun durch religiöse Motive oder schlicht durch das Bedürfnis bestimmt wird, einer Geschichte einen guten Abschluss zu geben. Wie auch experimentelle Befunde zeigen (z. B. Fredrickson & Kahneman, 1993), hängt die Bewertung einer Ereignisreihe wesentlich von der subjektiven Wertigkeit der Ereignisse ab, mit denen sie endet; Ähnliches gilt auch für Lebensgeschichten. Hier ist aber auch an die Entlastungsfunktionen zu erinnern, die Reue im Rahmen sozialer und religiöser Institutionen von Buße und Vergebung haben kann.

Reue und Vergebung: Reue impliziert zugleich Selbstkontinuität und Selbstdistanzierung; man mag hierin einen paradoxalen Aspekt von Reue sehen (Birnbacher, 1984): In dem Maße, wie wir uns von früheren Einstellungen und Handlungen distanzieren und diese uns nun als „ich-fremd" erscheinen, umso weniger – so scheint es zumindest – können oder müssen wir sie noch als unsere eigenen ansehen. In jedem Falle verweisen Reuegefühle auf Veränderungen, aber auch auf Konfliktzonen in persönlichen Identitäts- und Lebensentwürfen und den sie tragenden Motivstrukturen und Überzeugungen.

Mit der im Prozess der Reue beginnenden oder vollzogenen Distanzierung des aktuellen von einem früheren Selbst und der Wandlung zum Besseren kommen schließlich auch Entlastungsfunktionen in den Blick, die Reue bzw. reuiges Verhalten im Kontext sozialer und rechtlicher Institutionen von Buße und Vergebung hat. In diesem Zusammenhängen wird auch die differentialdiagnostisch nicht immer leicht zu entscheidende Frage bedeutsam, inwieweit der Ausdruck von Reue authentisch oder lediglich strategisches Manöver ist. Auch die christliche Sündenlehre unterscheidet zwischen dem aus Furcht vor postmortalen Konsequenzen in einem gedachten Jenseits motivierten, insofern „unvollkommenen" Reuebekenntnis (*attritio*) und „vollkommener" Reue oder Zerknirschung (*contritio*; s. auch Hahn, 1982).

In der sozialen Interaktion steigern Reuesignale und Reueformeln die Bereitschaft, erlittenes Unrecht zu vergeben; Reuebekenntnisse tragen zur Reintegration und Wiederherstellung gestörter Sozialbeziehungen bei, nicht zuletzt können sie auch vor Rache und Vergeltung schützen. Reuegefühle sind freilich virulent, solange man sich selbst nicht „vergeben" kann; manches spricht dafür, dass *forgiveness* als soziale Haltung bzw. Disposition auch mit der Bereitschaft zusammenhängt, sich selbst bzw. eigenen Fehlern gegenüber Verständnis und Nachsicht zu zeigen (s. hierzu auch Fisher & Exline, 2006; Hall & Fincham, 2008).

11.3 Reuegefühle nach Handlungen und Unterlassungen bzw. Versäumnissen

Wenn etwas nicht erwartungs- und wunschgemäß verläuft, so kann dies – soweit überhaupt von unserem Tun und Lassen abhängig – ebenso aus einem fehlerhaften Handeln resultieren wie auch daraus, das im Nachhinein als richtig oder zweckmäßig Erscheinende nicht getan, bewusst unterlassen oder schlicht versäumt zu haben. Dies ist unbestritten; gleichwohl ist die Frage, ob Reuegefühle eher nach Handlungen oder nach Unterlassungen entstehen, zum Gegenstand theoretischer Kontroversen geworden.

Es erscheint naheliegend, dass nach Handlungen oder Entscheidungen die jeweils bewusst verworfenen Optionen im Nachhinein leicht zur Konstruktion kontrafaktischer Szenarien genutzt werden können und insofern kognitiv leichter verfügbar sind. Der Börsenspekulant z. B. scheint ungünstige Kauf- oder Verkaufsentscheidungen stärker zu bereuen als den Fall, wo ein gleicher Verlust durch Untätigkeit oder Entscheidungsträgheit (*inaction inertia*, Tykocinski & Pittman, 1998) entsteht. Ähnlich verhält es sich, wenn wir etwa auf der Fahrt zur Arbeit in einen Unfall verwickelt werden; Ärger oder Reue entstehen eher dann, wenn uns dies auf einer Strecke passiert, die wir abweichend von der sonstigen Gewohnheit gewählt haben. Kahneman und Tversky (1982) führen solche Unterschiede auf die Wirkung von Simulationsheuristiken zurück: Anders als im Falle expliziten Handelns und Entscheidens erscheinen bei schlichtem Nichtstun mögliche kontrafaktische Alternativen vergleichsweise unbestimmt und treten insofern weniger leicht ins Bewusstsein.

Mit diesem Erklärungsansatz weniger gut vereinbar erscheinen Befunde, wonach ältere Menschen im Lebensrückblick eher Reue über Versäumtes oder Unterlassenes äußern: Insbesondere Versäumnisse im familiären Bereich oder ausgelassene Berufs- oder Bildungschancen werden häufig beklagt (s. etwa Hattiangadi, Medvec & Gilovich, 1995; Kranz, 2005). Für diese scheinbare Inkonsistenz kommen verschiedene, zum Teil unterschiedliche Erklärungen in Betracht, auf die noch einzugehen ist. Vorab ist allerdings zu bemerken, dass die Unterscheidung zwischen Handeln und Unterlassen nicht immer unproblematisch ist; z. B. kann es statt „wäre ich doch nicht bei Rot über die Kreuzung gefahren" ohne weiteres auch heißen „hätte ich doch bei Rot angehalten". Zumindest ist zwischen absichtlichem Unterlassen bzw. einer Unterlassungshandlung und einem unabsichtlichen Versäumnis zu unterscheiden. Indem wir etwas tun, tun wir vieles andere nicht; das heißt jedoch nicht, dass wir dieses andere absichtlich unterlassen oder überhaupt als Möglichkeit in Betracht gezogen haben. Manche der mit einer Entscheidung ausgeschlossenen Alternativen sind kognitiv repräsentiert, aber durchaus nicht alle: Welche Alternativen bei einem Tun oder Unterlassen jeweils in Betracht gezogen werden, hängt auch vom Wissen des Handelnden, seinen Motivationen und den gegebenen Vergleichsmöglichkeiten ab. Tatsächlich fühlen wir uns oft mit einem reduzierten Spektrum von Optionen wohler, da dies geringere Entscheidungslasten und ein geringeres Reue-Risiko impliziert. Hier knüpft die Unterscheidung zwischen den Einstellungen des *maximizing* und des *satisficing* an (Schwartz, 2004): Der Anspruch, unter einer Vielzahl von Optionen stets die beste Wahl zu treffen, disponiert in besonderem Maße zu Gefühlen der Reue; während *satisficer* sich mit dem Nichtoptimalen arrangieren können, neigen *maximizer* aufgrund ihres hochgelegten Anspruchsniveaus dazu, selbst ein prinzipiell erfolgreiches Handeln zu bereuen, wenn der Gewinn noch größer hätte ausfallen können. Zwar können schon bei der Entscheidungsvorbereitung Versäumnisse im Sinne eines Reflexionsdefizites einsetzen – allerdings führt langes Überlegen gerade in komplexen, schwer überschaubaren Situationen nicht grundsätzlich zu besseren Entscheidungen (s. auch Dijksterhuis, 2004).

Für ein schlichtes Unterlassen, dem keine Absicht unterliegt, können wir keine Gründe, sondern allenfalls Ursachen benennen; Reue stellt sich hier ein, wenn einem später Gründe einfallen, die größere Umsicht nahegelegt hätten und somit das Unterlassen als Versäumnis erscheinen lassen. Für eine Unterlassungs*handlung* haben wir dagegen, wie für andere Handlungen auch, zumindest momentan unsere Gründe; Reue stellt sich hier ein, wenn sich die subjektiven Begründungen im Nachhinein als unzutreffend oder moralisch unzulänglich erweisen. Wenn z. B. ein Fußballtrainer sein Team nach einer Siegesserie umstellt und eine Niederlage kassiert, sollte er sein Tun eher bereuen, als wenn er mit unveränderter Aufstellung verloren hätte. Anders verhält es sich, wenn ein bislang erfolgloses Team nicht umgestellt und eine erneute Niederlage kassiert wurde; hier sollte Nichtstun bzw. die Unterlassung leichter zum Vorwurf gemacht und stärker bereut werden (s. hierzu experimentelle Befunde bei Zeelenberg, van den Bos, van Dijk & Pieters, 2002). Für das Entstehen von Reue ist offenbar in erster Linie bedeutsam, dass eine getroffene Entscheidung oder ein Verhalten im Nachhinein von Handelnden selbst nicht gutgeheißen wird bzw. dass bessere Alternativen konstruiert werden können. Ob das in Frage stehende Verhalten im Einzelfall als Handeln *(commission)* oder Unterlassen *(omission)* beschrieben werden kann, erscheint demgegenüber nachrangig.

11.4 Entwicklungs- und Zeitdynamiken; Reue im Lebensrückblick

Die Möglichkeit, Reue zu empfinden, setzt spezifische kognitiv-motivationale Entwicklungsschritte voraus; dazu gehört zunächst die Aneignung von Gütemaßstäben und normativen Verhaltensschemata, anhand derer elementare Unterscheidungen zwischen richtig und falsch bzw. gut und böse erst möglich werden. Diese Voraussetzungen sind eng mit der Entwicklung selbstevaluativer Prozesse und moralischer Urteilskompetenzen verbunden; insofern ist es nicht verwunderlich, dass Phänomene von Reue im Vergleich zu Emotionen wie Freude, Angst, Ärger, Überraschung, die in geringerem Maße „kognitiv elaboriert" sind, im ontogenetischen Prozess vergleichsweise spät in Erscheinung treten. Einfache Formen von Bedauern und Reue sind gegen Ende des dritten Lebensjahres zu beobachten (z. B. Guttentag & Ferrell, 2004). Allerdings gelangen Fähigkeiten zur kognitiven Repräsentation bloß hypothetischer, kontrafaktischer Verläufe erst in einem späteren Stadium zur volleren Entwicklung – nach Piaget im Übergang zum formal-operationalen Denken, der im Alter von ca. zwölf Jahren angesetzt wird (s. etwa Flavell, 1963). Tiefere Formen von Reue schließen auch die Aneignung moralischer Begriffe von Schuld, Verantwortung, Fairness und Gerechtigkeit ein, die sich erst in späteren Entwicklungsschritten zu normativen Selbst- und Lebensentwürfen organisieren.

Mit der Erfahrung von Möglichkeiten und Grenzen eigener Entwicklung und im Zuge des Wandels von persönlichen Zielen und Ambitionen ändern sich auch Formen und Inhalte von Reue. Über die Lebensspanne hinweg öffnen und schließen sich Zeitfenster für die Realisierung von Zielen und persönlichen Projekten: Entwicklungsübergänge etwa im Bildungs- oder Berufszyklus sind an mehr oder weniger enge zeitliche Normen gebunden, und nicht zuletzt werden Handlungs- und Lebensoptionen auch durch gesundheitliche oder biologische Faktoren begrenzt; so etwa bildet die Menopause für Frauen eine *developmental deadline* hinsichtlich des Kinderwunsches (Wrosch & Heckhausen, 1999). Mit der Selektion und Kanalisierung von Entwicklungspfaden, aber auch infolge der altersinhärenten Verkürzung der Restlebenszeit ändern sich Handlungsspielräume, zugleich aber auch Möglichkeiten, negative Folgen früherer Handlungen oder Unterlassungen auszugleichen oder Versäumtes nachzuholen. In kritischen Abschnitten und an Verzweigungen des Lebenslaufes, wo weichenstellende Entscheidungen getroffen und Chancen genutzt oder versäumt werden können, ergeben sich Irrtums- und Enttäuschungspotentiale, die im biographischen Rückblick zu Gefühlen von Bedauern und Reue führen können – je nachdem, wann Fehler und Versäumnisse ins Bewusstsein treten und welche Spielräume es gibt, entstandenen Schaden wieder gut zu machen. Reue und bessere Einsicht mögen sich sich schon in zeitlicher Nähe zum Reueanlass einstellen; schädliche Folgen können schnell sichtbar werden und hintangestellte moralische Bedenken sich bald nach der Tat wieder regen. Allerdings kann Reue auch im Zuge einer langfristigen Veränderung von Lebenseinstellungen, eventuell erst im Lebensrückblick entstehen. Hier kommen offensichtlich Dynamiken des Festhaltens an Zielen bzw. der flexiblen Zielanpassung ins Spiel, wie sie im Zwei-Prozess-Modell angesprochen werden (s.o., Kap. 6).

Falsche Entscheidungen häufen sich im Laufe des Lebens, und die Folgen früherer Fehler manifestieren sich oft erst im längeren Verlauf. Insofern gäbe es nach einer längeren Lebenszeitstrecke vielleicht von vornherein mehr zu bereuen – was auf den ersten Blick umso plausibler erscheint, als sich mit der sich gleichzeitig verkürzenden verbleibenden Zeitstrecke auch die Möglichkeiten zur Kompensation entstandener Nachteile verringern. Tatsächlich jedoch gibt es keine Hinweise auf eine zunehmende Reueneigung im höheren Alter (vgl. Jokisaari, 2004; Kranz, 2005). Man mag dies mit einer im höheren Alter zunehmenden Tendenz zur Vermeidung belastender Informationen bzw. einem „Positivitätsbias" in Zusammenhang bringen (Carstensen, Isaacovitz & Charles, 1999; Carstensen & Lang, 2007); ein genaueres Bild gibt die Betrachtung der Prozesse, die für die Intensivierung bzw. Dämpfung oder Bewältigung von Reuegefühlen im lebenszeitlichen Ablauf bedeutsam sind.

Reue kann einerseits durch Aktivitäten der Schadensbegrenzung und Kompensation abgebaut werden; im Falle moralischer Reue gehören hierzu auch Formen von Wiedergutmachung und Buße. Dies mag im zeitlichen Verlauf zu einer Dämpfung von Reuegefühlen führen, andererseits kommt es mit dem Heranrücken des Lebensendes zur Schließung von Handlungspfaden. Damit können unerledigte Aufgaben ins Bewusstsein treten, die verstärkt Aufmerksamkeit binden – zumindest solange noch ein zeitlicher Spielraum für ihre Erledigung bleibt (s. auch Savitsky, Medvec & Gilovich, 1997). Aber auch die Erkenntnisse und Einsichten, die Reuegefühle aktivieren, können sich mit unterschiedlicher zeitlicher Verzögerung entfalten. Nachteilige Auswirkungen stellen sich nach Handlungen oft schneller heraus als nach Unterlassungen, zumal unerwartete Effekte vor dem Hintergrund von Handlungs-Folge-Erwartungen oft prägnanter in Erscheinung treten. Dagegen kann es vergleichsweise schwierig sein, genauer zu bestimmen und herauszufinden, welche andere Handlung oder Entscheidung (die man allerdings leider versäumt hat) eventuell die richtige gewesen wäre. Erst wenn sich Vorstellungen konkretisiert haben, was man vernünftigerweise hätte tun sollen, und welchen anderen Verlauf die eigene Geschichte in diesem Falle genommen hätte, kann sich auch die Überzeugung bilden, Wichtiges unterlassen zu haben (z. B. keine Fremdsprachen gelernt zu haben, nicht früher mit dem Rauchen aufgehört zu haben, nicht rechtzeitig gegen politische Entwicklungen aufgetreten zu sein und dergleichen). Einsichten dieser Art stellen sich oft erst ein, wenn eine längere Lebenszeitstrecke zurückgelegt wurde. In besonderem Maße gilt dies für Formen von Reue, die sich aus einer grundlegenderen Veränderung von Lebenseinstellungen und Werthaltungen ergeben.

Wie oben bereits angesprochen, sprechen empirische Befunde dafür, dass Reueanlässe im jüngeren Erwachsenenalter häufiger im Sinne eines Handelns, im höheren Alter dagegen eher als Unterlassungen beschrieben werden. An die Schwierigkeit, zwischen *omissions* und *commissions* streng zu trennen, sei hier noch einmal erinnert. Gleichwohl ist der Befund insofern nicht überraschend, als sich Reue im biographischen Rückblick typischerweise mit der Vorstellung verbindet, aus seinem Leben nicht das Beste gemacht zu haben – womit sich bereits Begriffe des Versäumt-Habens einstellen. Gilovich, Medvec und Kahneman (1998) haben in diesem Zusammenhang die Unterscheidung von *hot regret* und *wistful regret* vorgeschlagen: „Heiße" Reue entsteht vor allem nach Handlungen, wo Fehler vergleichsweise rasch und klar deutlich werden; dagegen sollen Unterlassungen eher mit „wehmütiger" Reue einhergehen, die sich über einen längeren Zeitraum entwickelt und eine Nähe zu Gefühlen von Trauer und Nostalgie aufweist – vielleicht auch zu Gefühlen unerfüllten und unvollständigen Lebens, wie sie im Deutschen mit dem Begriff „Sehnsucht" bezeichnet werden (s. Kap. 12).

11.5 Reuebewältigung und akkommodative Flexibilität

Im bilanzierenden Lebensrückblick treten frühere Versäumnisse und Fehler verstärkt ins Bewusstsein; die Vergegenwärtigung des Vergangenen kann von mehr oder weniger starken und dauerhaften Reuegefühlen begleitet sein. Mit abnehmenden Möglichkeiten einer Fehler- oder Kurskorrektur sollte allerdings auch die Bereitschaft zunehmen, mit den Gegebenheiten der eigenen Lebensgeschichte „seinen Frieden zu machen" und frühere unglückliche oder belastende Episoden als abgeschlossen zu betrachten. In diese Richtung weisen auch Befunde, wonach ausgeprägte Selbstwirksamkeits- bzw. Kontrollüberzeugungen bei älteren Menschen die Reueneigung eher verstärken (Wrosch & Heckhausen, 2002). Hier können wir an Überlegungen des Zwei-Prozess-Modells anknüpfen: Reue gehört zu den Gefühlen, die mit dem Erleben der Blockierung von Zielen und Lebenspfaden einhergehen, die aber zugleich auch durch die Ablösung von nicht mehr erreichbaren Zielen gedämpft werden können. In diesen Dynamiken spielen Assimilations- und Akkommodationsprozesse und entsprechende dispositionelle Unterschiede eine wesentliche Rolle. Der Versuch, entstandene Fehler oder Schäden womöglich auszugleichen bzw. über entsprechende Möglichkeiten zu ruminieren, kennzeichnet ein durch Reuegefühle intensiviertes Anschlussverhalten, in dem noch ein assimilativer Bewältigungsmodus dominiert. Wenn keine entsprechenden Handlungsmöglichkeiten gefunden werden, können persistierende, „lähmende" Reuegefühle entstehen; diese Gefahr besteht insbesondere nach faktisch irreversiblen Verlusten, wie sie sich im Zuge kritischer Lebensereignisse oder auch infolge alterstypischer Einschränkungen und Behinderungen einstellen können. In solchen Zusammenhängen ist es für die Ökonomie des Wohlbefindens bedeutsam, inwieweit die Person in der Lage ist, sich von nicht realisierten Lebensentwürfen zu lösen, sich neuen Zielen zuzuwenden und die faktische Lebensgeschichte zu akzeptieren, ihr eventuell sogar positiven Sinn abzugewinnen. Personen mit hoher akkommodativer Flexibilität haben hiermit weniger Schwierigkeiten: Wie Befunde von Kranz (2005) zeigen, neigen sie in geringerem Maße dazu, über frühere Fehler zu ruminieren und versäumten Gelegenheiten nachzutrauern; besonders deutlich zeigt sich dies, wenn der Reueanlass irreversibel ist. Auch ist die Abnahme von Reuegefühlen im höheren Alter bzw. mit abnehmender Restlebenszeit bei hoher Flexibilität deutlicher ausgeprägt. Neben einer leichteren Ablösung von blockierten Zielen und der generellen Neigung zur Angleichung von Ansprüchen an gegebene Möglichkeiten wirkt auch die Tendenz reuedämpfend, nach getroffenen, nicht mehr revidierbaren Entscheidungen gewählte Optionen auf- bzw. nichtgewählte abzuwerten. Dieser *spreading*-Effekt tritt bei akkommodativ disponierten Personen besonders deutlich in Erscheinung (vgl. Festinger & Walster, 1964; Kühn, 2008; Lyubomirsky & Ross, 1999).

Neben der Erkenntnis von Fehlern und Versäumnissen kann insofern mit zunehmender Lebenszeitstrecke auch die Fähigkeit zunehmen, die eigene Lebensgeschichte einschließlich ihrer Fehler und Versäumnisse zu akzeptieren und zu einem sinnvollen Gesamtbild zu fügen (s. auch King & Hicks, 2007). Ein Zuwachs an Lebenserfahrung, aber auch die mit abnehmender Restlebenszeit wachsende Einsicht in die Endlichkeit und Begrenztheit menschlichen Handelns kann hierzu beitragen – worin auch ein Aspekt von „Weisheit" zu sehen ist.

12
Sehnsucht: Theoretische Annäherungen an ein komplexes Gefühl

Das schöne Wort „Sehnsucht" kam vermutlich zusammen mit den Steigerungsformen von Komparativ und Superlativ auf die Welt: Die Steigerung zum Besseren, Höheren, Schöneren verweist auf Vorstellungen des Besten, Höchsten, Schönsten, des absolut Optimalen und Vollkommenen, das die Zone des Erreichbaren begrenzt oder bereits übersteigt und oft eher in Bildern und Symbolen als in konkreten Vorstellungen zu fassen ist. Bilder des Vollkommenen und Märchenhaften bilden einen Inspirationsquell in Kunst und Religion, für gesellschaftliche Utopien und damit verbundene Modelle gelingenden Lebens und Zusammenlebens – nicht zuletzt auch für Märchenerzählungen, weshalb es naheliegt, aus dem Wörterbuch der Gebrüder Grimm zu zitieren: Danach ist Sehnsucht „ein hoher Grad eines heftigen und oft schmerzlichen Verlangens nach etwas, besonders wenn man keine Hoffnung hat, das Verlangte zu erlangen, oder wenn die Erlangung ungewiss, noch weit entfernt ist" (Grimm & Grimm, 1854; zit. nach Baltes, 2008).

Die „Sehnsuchtsfähigkeit" des Menschen wird man aus anthropologischer Sicht mit den durch Natur und Kultur bestimmten Spielräumen und Begrenzungen menschlicher Entwicklung und mit der „Weltoffenheit" des Menschen in Zusammenhang bringen, der schon durch seine biologische Konstitution zur aktiven Gestaltung seines Lebens aufgefordert ist (s.o., Kap. 1). Der Einzelne entwickelt im Laufe der Ontogenese sowohl Vorstellungen von diesen Entwicklungsspielräumen wie auch Kompetenzen, sie entsprechend eigener Interessen zu nutzen und gegebenenfalls kompensatorisch zu erweitern; wobei seine Vorstellungen und Ziele auch über das aktuell Gegebene und Mögliche hinaus auf Ideale gelingender Entwicklung ausgreifen. Dies wird nicht zuletzt durch eine Lebens- und Entwicklungsumwelt gefördert, in der die Grenzen des Möglichen im Zuge wissenschaftlicher und technischer Fortschritte immer weiter ausgedehnt werden; in unserer „Leonardo"-Welt – so formuliert es Mittelstraß (1992a) – scheinen Können und Wissen prinzipiell unbegrenzbar. Der Einzelne freilich erfährt bei dem Versuch, den mit positiver Valenz und einem gewissen Utopiequantum geladenen Lebens- und Selbstentwürfen näher zu kommen, sowohl Grenzen des allgemein Verfügbaren wie auch der eigenen Möglichkeiten. Nicht zuletzt hieraus bilden sich die mit dem Sehnsuchtsbegriff angesprochenen Spannungen und Ambivalenzen.

Im Sehnsuchtsbegriff bzw. in den Vorstellungen, mit denen sich Gefühle von Sehnsucht verbinden, mischen sich Konnotationen des Unüberbietbaren und des Unerreichbaren – für dichte Beschreibungen der Erlebnisqualitäten und Nuancen von Sehnsucht bedarf es vielleicht schon poetischer Fähigkeiten. Umfassende Erkenntnis, unvergängliche Liebe, perfekte Schönheit, ewige Jugend, die Wiedererlangung des Verlorenen, dauerhafte Geborgenheit und Heimat, Ganzheit, das Einswerden mit der Natur, Unsterblichkeit, Erlösung, Freiheit und ewiger Friede sind klassische Topoi. Weitere Steigerungen in Richtung auf ein *non plus ultra*, einen „Über-Sinn" (Frankl, 1978) sind allenfalls noch in einem *Summum Bonum* denkbar, worin sich das Gute, Wahre und Schöne zu einem Höchsten verbinden, an dessen Stelle Religionen Bilder des Heiligen setzen. Zugleich jedoch verweist der Wortbestandteil „Sucht" auf die Überwertigkeit von Sehnsuchtsvorstellungen und auf die Schwierigkeit, von ihnen loslassen zu können – wie auch auf gewisse Gefährdungen, die sich hieraus für ein „glückliches", zumindest für ein ruhig-gelassenes Leben ergeben können.

Sehnsuchtsideale gewinnen motivierendes Potential, sobald sie mit konkreteren Bedeutungs- und Sinngehalten verbunden werden – mit Vorstellungen, die wenn nicht das Erreichen, so doch vielleicht Möglichkeiten einer graduellen Annäherung andeuten. Sehnsuchtsideale finden ihren Ausdruck in Utopien der idealen Gemeinschaft oder Gesellschaft (Bloch, 1985), in Bildern des Idealmenschen, deren näherungsweise Verwirklichung man in Musterfällen von wissenschaftlichem und künstlerischem Genie, von Weisheit und Altruismus findet; man denkt beispielsweise an Sokrates, Mozart, Einstein, Mutter Teresa, oder auch an Gestalten wie Leonardo, in denen sich – dem Renaissanceideal des *uomo universale* entsprechend – herausragende Eigenschaften in einzigartiger Weise verbinden. Werbung und Medien liefern Interpretationsangebote des „perfekten Lebens" auf der Höhe von Zeitgeist und Mode; Technik und Medizin stellen *know how* und Verfügungswissen bereit zur kompensatorischen Approximation von Schönheits- und Leistungsidealen.

Sobald Ideale des Erstrebenswerten sich mit konkreteren Wünschen und Erfüllungsvorstellungen verbinden, unterliegen sie der Möglichkeit von Irrtum und Enttäuschung und damit Risiken eines *miswanting* (Gilbert & Wilson, 2000). Wissensdefizite und mangelnde Selbsteinsicht können dazu führen, dass der Erfüllungswert angestrebter Zustände wie auch deren Verträglichkeit mit anderen Wünschen und Hoffnungen falsch eingeschätzt wird. Solche Fehleinschätzungen hängen auch mit kognitiv-motivationalen Dynamiken der Handlungsregulation zusammen, wie sie z. B. unter den Stichworten der „hedonischen Tretmühle" oder des *durability bias* angesprochen wurden (s.o., Kap. 6).

Für theoriegeleitete Überlegungen zum Thema positiver Entwicklung scheint Sehnsucht zunächst kein naheliegender Gegenstand, zumal das Konzept bislang selbst nicht oder nur in ersten Ansätzen als psychologietheoretisch gefasstes Konstrukt gelten kann (s. etwa Baltes, 2008; Boesch, 1998; Scheibe, Freund & Baltes, 2007). Jedoch sind Verbindungen zu unserem Thema deutlich geworden: Zum ersten stehen Inhalte von Sehnsucht in einem inneren Zusammenhang mit Vorstellungen und Hoffnungen, die sich auf ein erfülltes Leben richten, zugleich aber auch mit dem Erleben diesbezüglicher Defizite; durch diese Kontrastwirkung entfalten solche Vorstellungen in der individuellen Lebensführung ein regulatives Potential. Damit zugleich entsteht aber auch die Frage, inwieweit solche hochgesteigerten Vorstellungen selbst zu Wohlbefinden und subjektiver Lebensqualität beitragen können. Diesbezüglich erscheint eine gewisse Skepsis auch insoweit nicht unberechtigt, als unerreichbare oder außer Reichweite geratene Ziele, an denen hartnäckig festgehalten wird, die Flexibilität und Offenheit der Lebensplanung beeinträchtigen und zu Quellen von Frustration und Depression werden können. Auch hier ergeben sich offenbar „Anknüpfungspunkte an Theorien der Zieltransformation und Zielablösung" (Baltes, 2008, S. 84) und damit zugleich an frühere Ausführungen zu Prozessen hartnäckiger Zielverfolgung und flexibler Zielanpassung.

12.1 Handlungstheoretische Zugänge: Sehnsucht im Kontext der Handlungsregulation

Jedes zielgerichtete Handeln verbindet sich mit der Vorstellung eines Zielzustandes, der dem gegenwärtigen Zustand – oder auch einem Zustand, der im Falle des Nicht-Handelns möglicherweise eintreten würde – vorzuziehen wäre. Der Kontrast des Gegebenen mit einem möglichen Besseren ist für jedes Handeln grundlegend, jedenfalls soweit es sich mit der Hoffnung verbindet, den vermeintlich besseren Zustand auch erreichen zu können. Auch die dem Handeln vorausgehenden Abwägungen und Entscheidungen folgen Optimalitätsprinzipien, sofern zwischen alternativen Handlungsoptionen unter Gesichtspunkten der Maximierung des zu erwartenden Nutzens gewählt wird.

Wenn eine Entwicklungsstufe erreicht ist, in der sich Selbst- und Lebensentwürfe konsolidiert und konkretisiert haben, bilden diese einen mit Wert und Bedeutung aufgeladenen Sinnhintergrund, der sowohl die Auswahl und Bewertung von Zielen und Handlungsabläufen wie auch Entscheidungen an den vielfältigen Verzweigungspunkten des Lebensverlaufes mitbestimmt. Solche Sinnbezüge treten vor allem bei grundlegenden lebenspraktischen Entscheidungen ins Bewusstsein; in alltäglichen, gewohnten Handlungsabläufen sind sie im Allgemeinen nicht reflexiv präsent, können aber jederzeit wieder ins Bewusstsein treten, sobald die gewohnten Handlungsabläufe gestört sind. Wer etwa mit dem Ziel einer späteren Karriere als Geigenvirtuose das Konservatorium besucht, wird diesen Wunsch und die damit verbundenen Selbst- und Lebensideale nicht als dauernde Begleitvorstellung präsent haben; dies kann sich jedoch ändern, sobald Begabungsgrenzen und entsprechende Frustrationen erlebt werden. Ähnliches gilt für alltägliche Handlungsroutinen: Beim morgendlichen Duschen oder Zähneputzen denken wir im Allgemeinen nicht an die Sauberkeits- und Hygieneziele, die für uns Sinn und Zweck dieser Tätigkeiten begründen; wären wir längere Zeit an solchen Aktivitäten gehindert, würden uns solche Gründe vermutlich wieder lebhaft bewusst.

Schon im Handeln und Entscheiden selbst also ist eine Tendenz zum Besseren und Optimalen angelegt. Die Auswahl zwischen verschiedenen Handlungsoptionen kann sich jedoch nur im Spielraum gegebener Möglichkeiten bewegen; dieser ist zwar zum Teil auf ontogenetischen und historischen Zeitebenen veränderlich, aber durch situative Beschränkungen sowie eigene Kontrollmöglichkeiten und Kenntnisse jeweils begrenzt. Hierdurch werden Verzichtsleistungen abgefordert, die sich, zumal wenn sie sich auf hochvalente Ziele beziehen, mit Gefühlen von Sehnsucht verbinden können.

Weitere Begrenzungen des Verfügbaren und Erreichbaren ergeben sich durch die in komplexen Handlungsfeldern beschränkte Möglichkeit der Abschätzung von Folgen und Nebenwirkungen, wodurch die Befriedigungs- und Erfüllungswerte angestrebter Ziele und Lebensumstände oft hinter den Erwartungen zurückbleiben. Auch bleibt die kognitive Repräsentation von Zielen im Allgemeinen umso abstrakter und unbestimmter, je weiter man von den Zielen entfernt ist; zugleich stehen aus der distanten Betrachtung imaginierte positive Valenzen im Vordergrund, während negative Aspekte und aversive Valenzen erst aus der nahen, proximalen Perspektive deutlicher hervortreten (s. auch Liberman & Trope, 1998). Der Befriedigungswert angestrebter Ziele oder Zustände reduziert sich zudem durch Gewöhnung oder Neuanpassung von Ansprüchen. Die Motivations- und Sinnpotentiale, die sich mit dem aktiven Anstreben eines Zieles verbinden, verlieren sich leicht, sobald das Ziel erreicht ist, und was zunächst äußerst erstrebenswert erschien, kann an Reiz verlieren, wenn es als „Hintergrundserfüllung" (Gehlen, 1956) zum leicht verfügbaren Bestand geworden ist. Allerdings können die in den Hintergrund des Erlebens getretenen positiven Valenzen des bereits Erreichten wieder virulent werden, sobald das schon Erreichte gefährdet ist. Dies alles gehört auch zu den Mechanismen, welche die „hedonische Tretmühle" in Gang halten (s.o., Kap. 6); schon Tetens (1777) bemerkt hierzu, „die innere Thätigkeit erzeugt aus sich selbst neue Begierden, sobald die vorhergehende gestillet ist" (S. 793). Für Gefühle äußersten Glücks ist jedenfalls der Vergleich mit dem Vergänglichen und Zerbrechlichen sprichwörtlich. Hochgefühle, die „der eher plötzlichen Befriedigung hoch aufgestauter Bedürfnisse" entspringen, erscheinen ohnehin insofern „nur als episodisches Phänomen" möglich (Freud, 1930, S. 434).

Zu diesen Beschränkungen des Handelns und der ihm zugrundeliegenden Erwartungen und Bewertungen kommen weitere hinzu. Unser Handeln und Entscheiden bewegt sich stets im Rahmen gegenwärtiger Kenntnisse und Motivationen; nicht zuletzt haben wir auch unzureichende Einsicht in die Bedürfnisse und Kenntnisse unseres „zukünftigen Selbst", in dessen vermeintlichem Interesse wir handeln, wenn wir in der Zukunft liegende Ziele anstreben. So kann es schon infolge der Instabilität des „inneren" Handlungskontextes dazu kommen, dass wir frühere Handlungen und Entscheidungen im Rückblick nicht mehr nachvollziehen oder gutheißen können. Indem wir uns entgangene und nicht ergriffene Möglichkeiten vergegenwärtigen, kommen uns zugleich auch nicht realisierte alternative Lebensverläufe in den Sinn, die uns im Rückblick attraktiver als der faktisch realisierte Verlauf erscheinen. Solche „kontrafaktischen Kognitionen" (Gilovich & Medvec, 1995) verbinden sich im Rückblick mit Gefühlen der Reue, des Bedauerns oder mit nostalgischen Empfindungen, die – wie hier deutlich wird – in einer inneren Beziehung zu Empfindungen von „Sehnsucht" stehen und von diesen vielleicht auch im subjektiv-phänomenalen Empfinden nicht immer scharf zu trennen sind.

Schon mit der Abwägung von Möglichkeiten und Grenzen des Handelns werden Inhalte bewusst, die am äußersten Rande oder schon außerhalb dieser Grenzen liegen. Solche Grenzen werden vor allem dann als Störungen empfunden, wenn sie den Zugang zu attraktiven Optionen beschränken; in diesem Falle steigt die Neigung, sie durch verstärkte Anstrengung zu überwinden. Falls dies nicht gelingt und Erreichbarkeitshoffnungen bis zu einem Resignationspunkt erodiert sind, setzen akkommodative Mechanismen ein, welche die attraktiven Valenzen des Unerreichbaren reduzieren und Handlungsressourcen auf aussichtsreichere Projekte umleiten. Eine Episode aus dem Leben Robert Schumanns illustriert dies exemplarisch: Schumann strebte zunächst eine Pianistenkarriere an; zur Verbesserung seiner Fingermotorik konstruierte er eine mechanische Trainingshilfe, deren forcierter Gebrauch allerdings eine Lähmung der rechten Hand zur Folge hatte. Der Traum pianistischer Virtuosität hatte sich damit zerschlagen; glücklicherweise fand er in der Tätigkeit als Komponist eine seinen Idealen und Begabungen angemessene, mindestens gleichwertige Alternative (Edler, 1982). Dies ist insofern ein glücklicher Ausgang, als gerade für den eigenen Lebensentwurf zentrale Ziele nicht leicht gleichwertig zu ersetzen sind – ausgenommen man verfügt, wie im vorliegenden Falle, über entsprechende Substitutionsmöglichkeiten.

Ohne diese akkommodativen Reserven hätte sich das ursprüngliche Zielstreben wohl in ein „schmerzliches Verlangen" ohne Erfüllungshoffnung, wenn nicht gar in Depression verwandelt. Dieses Fallbeispiel verdeutlicht einerseits die Aktivierung kompensatorischer Anstrengungen durch das Streben nach äußerster Leistung und Perfektion, andererseits aber auch das Umschlagen von assimilativ-kompensatorischen Anstrengungen in Prozesse der Zielanpassung.

Handlungs- oder Lebensoptionen, die aktuell nicht oder nicht mehr erreichbar sind, werden aber keineswegs ohne weiteres preisgegeben. Es ist vielmehr ein Grundzug der Handlungsregulation, dass die positiven Valenzen angestrebter Zielzustände ebenso wie die negativen Valenzen eines möglichen Scheiterns akzentuiert werden, solange man sich noch in der Phase der Zielverfolgung befindet. Auftretende Schwierigkeiten und Hindernisse in dieser Phase werden zunächst mit einer reaktanten Anstrengungssteigerung beantwortet, die oft mit einer gleichzeitigen Steigerung der Zielvalenz einhergeht. Der positive Kontrast des Angestrebten mit dem Gegebenen führt zugleich zu einer Minderung des Befriedigungswertes der aktuell gegebenen Umstände, womit auch das Motivationspotential für weitere Anstrengungen bereitgestellt wird; wir haben dies als ein Grundmerkmal der „assimilativen" Funktionslage und der korrespondierenden Prozesse hartnäckiger Zielverfolgung beschrieben. Die Tendenz, an blockierten Zielen festzuhalten, kann einerseits ein Erlöschen der mit diesen Zielen verbundenen Sinnpotentiale verhindern. Gerade hierdurch kann sie aber auch zu depressiven Stimmungslagen führen; zu den Risikofaktoren für die Entstehung von Depression gehört neben dem Verlust an Kontrolle über persönlich bedeutsame Ziele auch die Unfähigkeit, sich von blockierten Zielen und Lebensentwürfen zu lösen (s.o., Kap. 6). Diese Mechanismen fördern offenbar das Entstehen eines ambivalenten Empfindungskomplexes, in dem sich die attraktive Valenz eines entfernten, hochvalenten oder überwertigen Zieles mit Anmutungen der Unerreichbarkeit und Gefühlen des Bedauerns mischt.

Gefühle von Sehnsucht können sich auf Vergangenes, Gegenwärtiges und Zukünftiges beziehen (*tritime focus*, Baltes, 2008), doch erscheinen die zeitlichen Bezüge noch vielschichtiger. Einerseits entstehen Sehnsuchtsgefühle aus dem Erleben eines „Nicht mehr" oder auch eines „Noch nicht"; im ersten Falle kann sich das Sehnsuchtsgefühl mit Gefühlen von Reue, Trauer und Nostalgie, im letzteren Falle mit Hoffnung oder Resignation mischen – abhängig auch davon, ob das „Noch nicht" von der Person im optimistischeren Sinne eines „Vielleicht irgendwann einmal" oder eines pessimistischeren „Vermutlich nie" erlebt wird. Die Gegenwart ist hierbei immer im Spiel: Nicht nur werden die betreffenden Gefühle aktuell erlebt, vielmehr „vergegenwärtigt" man sich zugleich auch die Inhalte, auf die sie sich beziehen; dabei spielt auch der Vergleich zwischen aktueller Situation und den nicht mehr oder noch nicht gegebenen Umständen eine Rolle. Der Gefühlskomplex Sehnsucht weist sozusagen eine „Längsintentionalität" (Husserl, 1966) auf, in der sich aktuelle mit retro- und prospektiven Aspekten mischen: Die Bindung an vergangene, nicht mehr erreichbare Lebensoptionen wirkt nicht nur im Sinne eines kontrafaktischen Aufwärtsvergleiches in der Gegenwart nach, sie beeinflusst zugleich auch das Bild, das wir uns von unserer Zukunft machen; ebenso wirken kontrafaktische Vorstellungen von positiven, aber nicht mehr verfügbaren zukünftigen Optionen auf die Bewertungen von Gegenwart und Vergangenheit zurück. Insofern mag Sehnsucht als ein ambivalentes, „bittersüßes" Gefühl (Baltes, 2008) betrachtet werden, in dem allerdings das „Bittere" und „Süße" je nach den angesprochenen Gefühlsbeimischungen in unterschiedlichen Verhältnissen vorhanden sein können.

Die zentrale Bedingung für die Entstehung von Wunschvorstellungen, welche die Erlebnisqualitäten von Sehnsucht annehmen, ist also in einem Zustand der Handlungsregulation zu sehen, in dem trotz großer bzw. unüberwindlich erscheinender Schwierigkeiten der Zielerreichung die Attraktivität eines Zieles erhalten bleibt. In diesem Zustand mögen zunächst reaktante oder kompensatorische Anstrengungen aktiviert werden, um das blockierte Ziel noch zu erreichen. Die weiterbestehende Bindung an unerfüllt gebliebene Wünsche, die nicht mehr mit zielführender Aktivität verknüpft werden können, manifestiert sich schließlich auch im ruminierenden Kreisen des Denkens um das entstandene Problem. Dies entspricht weitgehend einer Tendenz zur bevorzugten Erinnerung unterbrochener oder unerledigter Aufgaben, die in der Motivationspsychologie als „Zeigarnik-Effekt" bekannt ist (Zeigarnik, 1927). Solche ruminativen Tendenzen können zunächst der Suche nach Problemlösungen dienen und – je länger diese Suche vergeblich bleibt – auch Ablösungsprozesse anbahnen; jedoch: „Wo das Verzichten nicht ausreichend gelingt, entstehen Bedauern und Trauer, Resignation, aber auch Sehnsucht" (Boesch, 1998, S. 87).

12.2 Entwicklungspsychologische Aspekte

Erfahrungen der Erfüllung wie der Versagung von Wünschen und der Begrenzung eigener Handlungsmöglichkeiten treten auf allen Alters- und Entwicklungsstufen auf, wenngleich Gefühle von Sehnsucht, Bedauern, Reue und Melancholie eine höhere kognitive Entwicklungsstufe voraussetzen als etwa Ärger, Trauer oder Frustration. Wenn wir Sehnsucht als ambivalentes oder komplexes Gefühl bezeichnen, bei dem sich positiv geladene Vorstellungen eines besseren oder optimalen Lebens mit einem vor diesem Hintergrund entstehenden, negativ valenten Gefühl der Unvollständigkeit des eigenen Lebens mischen, so setzen solche komplexen Repräsentationen entsprechende kognitive Kompetenzen voraus. Einige Entwicklungslinien seien hier kurz skizziert; sie konvergieren zum Teil mit der Entwicklung von Selbst- und Lebensentwürfen, die für Aktivitäten der intentionalen Selbstentwicklung bedeutsam sind (s.o., Kap. 5).

Grundlegend ist zunächst die Entwicklung von intentionalem Handeln schlechthin. Vorformen von Intentionalität manifestieren sich in Prozessen instrumentellen Lernens, die schon im frühen Säuglingsalter nachweisbar sind. Mit der Erfahrung des Eintretens oder Ausbleibens erwarteter Handlungsfolgen bilden sich Vorstellungen von Möglichkeiten und Grenzen eigenen Handelns, zugleich aber auch von den Erfüllungsmöglichkeiten eigener Wünsche und Bedürfnisse. Solche selbstreferentiellen Kognitionen gewinnen Inhalt und Struktur mit dem Aufbau sprachlich-begrifflicher und symbolischer Kompetenzen und der zunehmend differenzierten Repräsentation sozialer, normativer und institutioneller Handlungskontexte; Vorstellungen eines „idealen", „realen", „gesollten" und „möglichen" Selbst bilden eine handlungsregulative Struktur, die sich im Jugend- und frühen Erwachsenenalter zu umfassenderen Selbst- und Lebensentwürfen ausformt. Damit wird der kognitiv-emotionale Rahmen für Wunschvorstellungen und darauf bezogene Bewertungen des eigenen Lebensverlaufs aufgespannt; zentral bedeutsam ist in diesem Zusammenhang auch die zunehmende Fähigkeit, alternative Realitäts- und Zukunftsprojektionen zu entwerfen, die Piaget (1947) als Charakteristikum der Entwicklungsstufe des formal-operationalen Denkens beschrieben hat. Diese Fähigkeit ist gleichsam die ontogenetische Eintrittskarte zum Sehnsuchtstheater: Sie ermöglicht „kontrafaktische" Kognitionen, die sich auf nicht oder noch nicht realisierte Lebensumstände richten und so dem Denken kritisch-utopische Perspektiven öffnen – Perspektiven, die zugleich einen *sense of incompleteness* (Baltes, 2008) erzeugen können, wie er für Sehnsuchtsgefühle charakteristisch ist.

Nicht zuletzt entstehen verschiedene Färbungen oder Qualitäten von Sehnsucht auch durch altersgebundene Veränderungen, insbesondere durch die sich verändernden Anteile von zurückgelegter und verbleibender Lebenszeitstrecke. Im jüngeren Alter ist die Zukunft vergleichsweise offen; der Spielraum für sehnsuchtsvolle Hoffnungen erscheint insofern größer. Im höheren Alter rücken Zukunftshoffnungen in eine zum Teil nicht mehr erreichbare bzw. persönlich erlebbare Ferne; zugleich wird im Lebensrückblick Versäumtes und nicht mehr Wiederholbares gegenwärtig und zum möglichen Gegenstand sehnsüchtiger, auch nostalgisch gefärbter Rückerinnerung. Die Dynamik gesellschaftlichen Wandels begünstigt das Entstehen solcher Gefühle, die oft auch mit Metaphern von Heimatverlust beschrieben werden (z. B. Mittelstraß,

1992b). Die Vergangenheit ebenso wie das Lebensende bilden ultimative Grenzen des Verfügbaren; die Erfahrung des Irreversiblen und Unverfügbaren kann einerseits Akkommodationsprozesse aktivieren und zur Absenkung der Valenz des Nichterreichbaren führen, andererseits kann sie „Fantasmen" (Boesch, 1998) von Grenzüberwindung und Entgrenzung aktivieren, wie etwa Vorstellungen der Rückkehr des Vergangenen und endgültig Verlorenen oder eines Fortlebens nach dem Tode. Mit ausrinnender Lebenszeit können sich hochvalente Vorstellungen guten Lebens zunehmend auch auf überzeitliche bzw. zeit- und ichtranszendente Werte richten: Dies kann z. B. in Empfindungen der Verbundenheit mit den Mitmenschen, des „Einswerdens" mit der Natur oder in spirituellen Gefühlen zum Ausdruck kommen, in denen Sehnsucht vielleicht schon an mystisches Erleben grenzt (s. Kap. 15) – wobei sich in solchen Entgrenzungen vielleicht auch schon eine gleichsam paradoxe Sehnsucht nach Gelassenheit und Freiheit von Sehnsucht manifestiert.

Wünsche, Strebensmotive, aber auch Zonen des Erreichbaren ändern sich im Lebenslauf; damit wandeln sich zugleich auch mögliche Quellen von Sehnsucht. Vorstellungen des guten oder „vollständigen" Lebens finden im Zuge von Rollenübergängen, aber auch von krisenhaften Ereignissen jeweils neue Konturen. Wie Levinson (1978) bemerkt, können die Lebensabschnitte vom frühen Jugendalter bis zum späten Erwachsenenalter durch unterschiedliche Wunschvorstellungen bzw. „Träume" charakterisiert werden. Gelingende Entwicklung bestimmt sich für ihn durch die gelungene Integration des individuellen „Traums" in die Lebensorganisation: „A pervasive theme throughout the various periods is the existence of the ‚Dream'. It has the quality of a vision, an imagined possibility that generates excitement and vitality. It is our projection of the ideal life" (Levinson, 1978, S. 239). Auch Eriksons Modell psychosozialer Krisen bietet Ansatzpunkte für sehnsuchtstheoretische Überlegungen. Krisenhafte Polaritäten, wie sie Erikson (1966) für das Erwachsenenalter postuliert – „Intimität versus Isolierung" für das frühe Erwachsenenalter, „Generativität versus Stagnation" für das mittlere und „Ich-Integrität versus Verzweiflung" für das späte Erwachsenenalter – bestimmen einerseits Aspekte gelingender Entwicklung, andererseits aber auch Defizitzustände. In der Spannung zwischen diesen Polen können, je nach Entwicklungsverlauf, mehr oder weniger starke Sehnsuchtspotentiale entstehen.

In ähnlicher Weise liefern auch bedürfnistheoretische Konzepte eine Heuristik von Sehnsuchtsinhalten. Als Beispiel mag hier Maslows Modell einer Bedürfnishierarchie dienen, die von vitalen Grundbedürfnissen wie Nahrungsaufnahme, Sexualität, Schmerzvermeidung und entsprechenden Defizitmotivationen über Bedürfnisse nach Sicherheit, Zugehörigkeit und Anerkennung hin zu *growth motives* bzw. „Metamotivationen" aufsteigt, die auf die Aktualisierung persönlicher Entwicklungspotentiale gerichtet sind (Maslow, 1954, 1967). Allerdings scheint der Sehnsuchtsbegriff mit seinen auf die Steigerung von persönlicher Entwicklung und Lebensqualität gerichteten Konnotationen eher den höheren Ebenen dieser Hierarchie als einfachen vitalen Defizitmotiven zu entsprechen; womit nicht bestritten wird, dass sich bei hinreichender Stärke und Deprivation der entsprechenden Bedürfnisse auch der Müde nach Schlaf und der Hungrige nach einem guten Essen sehnen kann etc.

Nicht zuletzt ändern sich Wunschvorstellungen guten Lebens in Verbindung mit Entwicklungsübergängen im Lebenszyklus und damit verbundenen Gewinn- und Verlustdynamiken: Nach einer Studie von Mayser, Scheibe und Riediger (2008) richten sich Gefühle von Sehnsucht bzw. *life longings* bei älteren Erwachsenen im Vergleich zu jüngeren Gruppen häufiger auf gesundheitliche und familiäre Belange, aber auch auf religiöse und spirituelle Inhalte; ähnliche Unterschiede werden auch für aktuelle Zielorientierungen berichtet, die jedoch in stärkerem Maße als erfüllbar erlebt und mit konkreten Alltagsaktivitäten verbunden wurden. Ziele wie auch Erfüllungsmöglichkeiten ändern sich im Lebenslauf, und beide Veränderungsreihen sind interdependent. Inwieweit unerfüllt gebliebenen Wünsche und Ambitionen zum Gefühl eines „unerfüllten" Lebens führen, hängt von deren Zentralität im persönlichen Lebensentwurf wie auch von der Fähigkeit und Bereitschaft ab, persönliche Glücksambitionen neuen Gegebenheiten anzupassen. Diese besondere, individuell unterschiedlich ausgeprägte adaptive Kompetenz haben wir im theoretischen Konzept akkommodativer Flexibilität angesprochen. Sie mag auch als „Offenheit" für „lebensaltersbedingte Veränderungen" beschrieben werden, die Höffe (2007, S. 147) aus philosophischer Perspektive als grundlegenden Aspekt von „Lebenskunst" betrachtet: „Verliebtsein, beruflicher Erfolg, das Aufziehen von Kindern – all das verhilft zu einem sinnvollen, glücklichen Leben, findet aber nicht in jedem Lebensalter statt. Schließlich braucht es jene ‚große Offenheit', die weiß, das sich gewisse Sinnentwürfe verbrauchen und entleeren: für ein Individuum, eine Gesellschaft, eine Generation."

12.3 Sehnsucht zwischen Zielbindung und Ablösung: Individuelle Unterschiede

Sehnsucht im schlichten Sinne eines aktuellen Zustands starken Verlangens lässt sich zunächst kaum mit überdauernden Persönlichkeitsmerkmalen in Zusammenhang bringen. Jeder, der überhaupt Bedürfnisse hat, kann bei entsprechenden Deprivationen in einen solchen Zustand geraten: Sensorische Deprivation kann eine bis zu Halluzinationen gesteigerte Sehnsucht nach sensorischer Stimulation (Zubek, 1969) erzeugen, aber auch eine „Sehnsucht nach Einsamkeit" (Frankl, 1946/1981) kann entstehen, wenn man keinen Ort hat, an dem man ungestört und unbeobachtet bleibt. Das Spektrum von Sehnsuchtsthemen, die in einschlägigen Studien genannt werden, reicht von alltagsnahen Anliegen gesundheitlichen und familiären Wohlergehens der oben erwähnten Art bis zu transzendenten Aspekten von Religiosität und Spiritualität; bei gezielter Nachfrage werden auch Themen von Sexualität und Tod genannt (Mayser et al., 2008). Individuelle Differenzen bzw. Persönlichkeitsunterschiede kommen jedoch deutlicher ins Spiel, wenn es um inhaltlich spezifische, chronische Ausrichtungen starken Verlangens geht; Persönlichkeitsmerkmale wie Extraversion, Offenheit, soziale Umgänglichkeit, Machtstreben usf. lassen sich jedenfalls leicht in Begriffen bereichsspezifischer Bedürfnisse und Motivationen umschreiben.

Nach den voraufgehenden Überlegungen liegt die weitergehende Vermutung nahe, dass es individuelle Unterschiede auch hinsichtlich des persönlichen Verzichtspotentials gibt. Schon umgangssprachlich betrachten wir den „Realisten", der seine Zufriedenheit im Erreichbaren sucht, als Musterbeispiel geringer Sehnsuchtsneigung. Auf der entgegengesetzten Seite finden wir eine breiteres Typenspektrum, das – je nach dem Grad der Aufladung von Sehnsuchtsidealen mit Handlungspotential – vom „Romantiker" oder „Träumer" bis zum „Aussteiger" oder „Rebellen" reicht (vgl. Boesch, 1998). Gemeinsam ist letzteren Fällen eine Utopie oder ein „Traum" des guten oder glücklichen Lebens, der einerseits in sehnsuchtsvollen Rückerinnerungen, andererseits in affektiv aufgeladenen Zukunftsvisionen zum Ausdruck kommt, aber auch Grenzen von Zeit und Raum übersteigen kann; wobei die gegebenen Lebensumstände im Kontrast zu diesen Idealvorstellungen als mehr oder weniger unbefriedigend erlebt werden. Wie wir gesehen haben, liegt ein ähnlicher hedonischer Kontrast zumindest in abgeschwächter Form allen Aktivitäten zugrunde, die darauf abzielen, gegenwärtige Lebensumstände in vermeintlich bessere zu transformieren. Solche Aktivitäten werden freilich zugleich von der Vorstellung der Erreichbarkeit des angestrebten Zieles getragen; bei sehr attraktiven Zielen kann allerdings schon ein geringes Hoffnungsquantum zielgerichtete Anstrengungen in Gang halten – man mobilisiert letzte Energien oder greift nach dem sprichwörtlichen letzten Strohhalm. Sobald die Erfolgshoffnung einen kritischen Punkt unterschreitet, setzen Prozesse ein, die auf die Hemmung zielgerichteten Handelns und auf die Neutralisierung der attraktiven Valenz bzw. des Sucht- oder Sehnsuchtspotentials der angestrebten Ziele gerichtet sind. Diese akkommodativen Prozesse sind offenbar grundlegend bedeutsam für die individuell unterschiedlich ausgeprägte Fähigkeit, „ein glückliches Leben zu führen, ohne auf der Insel der Seligen zu leben" (Höffe, 2007, S. 100) – eine Fähigkeit, die auch auf Tugendbegriffe von Bescheidenheit und Dankbarkeit verweist.

Ein Charakteristikum von Sehnsuchtsphänomenen ist im Gegensatz dazu das Fortbestehen affektiver Bindungen an Ziel- oder Idealvorstellungen, die außerhalb der Reichweite liegen; wir haben dies in Begriffen des Zwei-Prozess-Modells als „unvollständige Ablösung" beschrieben. Aus der Sicht dieses Modells tragen assimilative Prozesse zur Aktivierung, akkommodative Prozesse zur Dämpfung attraktiver Zielvalenzen bei. Anknüpfend an das Zwei-Prozess-Modell können wir zu einer genaueren Bestimmung von dispositionellen Merkmalen gelangen, die sich mit höherer oder geringerer Bereitschaft zur Ablösung von Zielen verbinden, die unerreichbar oder außer Reichweite geraten sind: Selbstwirksamkeitsüberzeugungen, Substituierbarkeit von Zielen und schließlich Selbstkomplexität sind Stichworte, die aus dieser theoretischen Perspektive noch einmal aufzugreifen sind.

Die Ablösung von Zielen und Lebensentwürfen, die außer Reichweite liegen, fällt einerseits umso schwerer, je größer die Hoffnungsreste sind, dass das Gewünschte sich letztlich noch erfüllt. Personen mit ausgeprägter assimilativer Hartnäckigkeit und ausgeprägten Selbstwirksamkeits- bzw. Kontrollüberzeugungen verlieren diese Hoffnungen später und sind daher zwar weniger „vulnerabel" für Gefühle von Hoffnungs- und Hilflosigkeit; gleichzeitig aber sind sie in höherem Maße den Risiken unproduktiver Persistenz ausgesetzt (s. Brandtstädter, 2007b). Die äußerste Steigerung von Anstrengungen und kompensatorischen Aktivitäten zur Erreichung und Erhaltung gewünschter Lebensumstände kann als Vorstufe einer eskalierenden Zielbindung betrachtet werden, welche die Person auch in aussichtslosen Projekten und Sackgassen der persönlichen Entwicklung gefangen halten kann (*entrapment*; Staw, 1997; s. auch Brockner & Rubin, 1985). Je höher die Bindung an ein Ziel oder Projekt, desto höher ist die Bereitschaft, für dessen Verwirklichung Kosten in Kauf zu nehmen; zugleich besteht jedoch die Tendenz, dass diese Zielbindung sich – im Sinne eines *sunk cost*-Effektes (z. B. Arkes & Ayton, 1999) – mit steigenden Investitionen verfestigt. Das Festhalten an unerfüllbar erscheinenden Wünschen oder vergangenen, im Rückblick als glücklich empfundenen Lebensabschnitten kann auch symbolische Formen annehmen; man denke etwa an Erinnerungsrituale nach dem Verlust einer geliebten Person (s. auch Boerner & Heckhausen, 2003) oder an die Mitnahme von erinnerungsträchtigen „Übergangsobjekten" aus früheren in neue Lebensabschnitte. Aktivitäten dieser Art zeigen weiterbestehende Bindung an Vergangenes; gelegentlich können sie aber auch den Übergang in eine Phase der Ablösung und Neuorientierung erleichtern.

Andererseits gelingt ein „Verzichten" bzw. die Neutralisierung der Attraktionsvalenzen blockierter Selbst- und Lebensprojektionen umso eher, je leichter diese durch eventuell gleichwertige Alternativen ersetzt werden können. In diesem Zusammenhang wird wieder der Faktor „Selbstkomplexität"

(Linville, 1987) bedeutsam: Eine monothematische, auf bestimmte Ziele fixierte Lebensorganisation bzw. Identitätsstruktur disponiert in besonderer Weise zu depressiv getönten Gefühlen eines „unvollständigen" Lebens. Dies gilt in ähnlicher Weise für Personen, die sozusagen ihr gesamtes Lebensglück mit der Erfüllung konkreter Wünsche verbinden. McIntosh und Martin (1992) haben solche Dispositionen im Begriff des *linking* beschrieben und experimentell gezeigt, dass *linkers* in besonderer Weise dazu neigen, unerfüllten Wünschen und blockierten Zielen ruminierend nachzuhängen (s. auch Martin & Tesser, 1996). Bertrand Russell formuliert diese Einsichten ebenso salopp wie pointiert: „Jeder Kulturmensch hat irgendein bestimmtes Bild von sich selbst und ist ungehalten, wenn dieses zerstört wird. Da ist das beste Heilmittel, sich nicht nur ein einziges Bild zu machen, sondern eine ganze Galerie" (1982, S. 164).

Vorstellungen des „perfekten Lebens" verbinden sich oft auch mit dem angestrengten Bemühen, auch unter annähernd gleichwertigen alternativen Optionen die beste Auswahl zu finden; die psychologischen Kosten dieses Optimalitäts- und Maximalitätsstrebens werden gerade unter einem breiten Spektrum von Wahl- und Vergleichsmöglichkeiten deutlich, wie es auch für moderne Entwicklungsumwelten charakteristisch ist. Wenngleich wir bei gegebener Wahlfreiheit nach Gesichtspunkten einer Maximierung des erwarteten Nutzens wählen, so bestehen doch offenbar individuelle Unterschiede hinsichtlich der Bereitschaft, sich auch mit einer eventuell „suboptimalen" Wahl zufrieden zu geben; diese dispositionellen Unterschiede sind z. B. in dem bipolaren Konstrukt des *satisficing vs. maximizing* (Schwartz, 2004; s.o., Kap. 11) angesprochen. Nicht nur werden hochgespannte Erwartungen und Ambitionen der *maximizer* leichter enttäuscht; auch die Tendenz, sich Vorstellungen des Optimalen anhand sozialer Vergleiche zu bilden, birgt Risiken der Frustration – zumal sich bei unscharf bestimmten, multidimensionalen Merkmalen wie „Schönheit", „Klugheit" oder „Glück" stets Aspekte finden lassen, hinsichtlich derer man hinter anderen zurückbleibt.

Schon bei vergleichsweise profanen Entscheidungen wie etwa beim Autokauf kann sich das Streben nach dem Schönsten und Besten nachgerade in Enttäuschung verwandeln, die im Prinzip umso ausgeprägter ist, je gleichwertiger die verfügbaren Alternativen sind „... once your're driving your new car, you're hit with a double whammy – regret about what you didn't choose, and disappointment with what you did" (Schwartz, 2004, S. 169). Dem wäre allenfalls hinzuzufügen, dass solche Nachentscheidungsdissonanzen besonders heftig sind, solange noch eine Möglichkeit gesehen wird, die getroffene Entscheidung rückgängig zu machen. Sobald diese als unwiderruflich und irreversibel akzeptiert wird, entsteht – verbunden mit den oben beschriebenen akkommodativen Prozessen – eine Tendenz, die gewählten Optionen gegenüber den nicht gewählten auf- bzw. die Letzteren gegenüber den Ersteren abzuwerten (s. auch Lyubomirsky & Ross, 1999). Wie schon erwähnt sind solche frustrations- und vielleicht auch sehnsuchtsmindernden *spreading*-Effekte bei Personen mit hoher akkommodativer Flexibilität besonders ausgeprägt (s. auch Kühn, 2008). Die Fixierung auf Vorstellungen des Perfekten in bestimmten Lebensbereichen birgt nicht zuletzt die Gefahr der Vernachlässigung anderer, für das Wohlbefinden nicht weniger wichtiger Lebensbereiche; insbesondere bei eingeschränkten Handlungs- und Entwicklungsmöglichkeiten erfordert das Anstreben eines Optimums in einem Bereich die Bereitschaft zur Einschränkung von Ansprüchen in anderen Bereichen.

12.4 Ambivalenzen: Positive Entwicklung zwischen Sehnsucht und Gelassenheit

Sehnsucht erscheint nach diesen Überlegungen nicht nur als ambivalentes Gefühl; vielmehr erscheint auch der Beitrag dieses Vorstellungs- und Empfindungskomplexes zur Verwirklichung des in ihm intendierten Ideals eines glücklichen und erfüllten Lebens ambivalent. Diese Ambivalenz zeigt sich auch in dem Befund, dass die Stärke und Häufigkeit von *life longings* wenn überhaupt, so tendenziell eher negativ mit Fragebogenmaßen der subjektiven Lebensqualität korreliert, wobei negative Korrelationen umso ausgeprägter erscheinen, je übermächtiger Sehnsuchtsgefühle sind bzw. je weniger Kontrolle die Person über sie hat (vgl. Mayser et al., 2008; Scheibe et al., 2007). Für Sehnsuchtsideale mag auf der positiven Seite geltend gemacht werden, was für Ideale schlechthin gilt: Sie geben unseren Handlungen und Entscheidungen eine bestimmte Richtung und bilden einen Sinn- und Motivationshintergrund für Prozesse intentionaler Selbstentwicklung. Auch wo es unangemessen wäre, gegebene Lebensumstände am Ideal zu messen, so kann es doch, wie Nozick (1991, S. 314) es sehr schön ausdrückt, „erhellend sein, die Welt in seinem Licht zu sehen". Sehnsuchtsvorstellungen ermöglichen – wie alle Utopien – die Transzendierung des faktisch Gegebenen, auch wenn sich dies nur in Tagträumen und Phantasien niederschlägt.

Auf der negativen Seite aber kann die sehnsüchtige Fixierung auf bestimmte, überwertige Vorstellungen gelingenden Lebens wie andere Süchte und Illusionen auch die Offenheit und Flexibilität der Lebensführung entscheidend einschränken, da sie den Blick für alternative Optionen gelingenden Lebens einengt. Kamlah (1973, S. 168) hat dies in seinem Entwurf einer philosophischen Anthropologie in den Rang einer eudämonischen „Grundeinsicht" erhoben:

12 Sehnsucht: Theoretische Annäherungen an ein komplexes Gefühl

„Wer sich nicht ‚versteift' auf bestimmte Güter, indem er sie mit dem höchsten Gut verwechselt, wer sich nicht an dieses oder jenes klammert, der gewinnt an ‚Bewegungsfreiheit' – traditionell gesagt: ‚innerer Freiheit'– und entdeckt eine Fülle von Gütern, die er bisher übersah. In eine Formel gefaßt: Die Grundeinsicht ermöglicht dem, der sie gewinnt, manches, das ihm nicht zuteil oder genommen wurde, ‚ruhig' zu entbehren, und anderes, das ihm zuteil wurde, aufmerkend und ‚dankbar' hinzunehmen."

Man könnte hierin auch eine quintessentielle Beschreibung der besonderen Eigenschaften und Vorzüge sehen, die wir mit dem Konzept akkommodativer Flexibilität verbunden haben. Diese theoretische Bezugnahme erinnert allerdings zugleich daran, dass gelingende Entwicklung nicht nur mit der Loslösung von blockierten Lebensoptionen zu tun hat; um Grenzen als hinzunehmende zu erkennen, muss man eventuell auch bereit sein, an diese Grenzen zu gehen. In diesem Zusammenhang war oben verschiedentlich von der Notwendigkeit die Rede, zwischen flexibler Zielanpassung und hartnäckiger Zielverfolgung eine Balance zu finden – oder, in etwas anderer Terminologie: „… ein zu hohes Verzichtpotential kann also ebenso unerwünscht sein wie ein zu geringes: das eine verdrängt die Sehnsucht, das andere macht sie übermächtig" (Boesch, 1998, S. 87). Offensichtlich berührt sich hier das Sehnsuchtsthema mit dem – freilich dazu kontrastierenden – Thema Gelassenheit. Insofern überrascht es nicht, dass im Zusammenhang mit der zitierten „Grundeinsicht" auch das bekannte Gelassenheitsgebet (*serenity prayer*) Erwähnung findet: „Gib mir die Gelassenheit, hinzunehmen, was ich nicht ändern kann; den Mut, zu ändern, was ich ändern kann; und die Weisheit, beides voneinander zu unterscheiden" (das *serenity prayer* ist auch durch seinen Gebrauch bei den Treffen der Anonymen Alkoholiker populär geworden; als wahrscheinlicher Urheber gilt der amerikanische Theologe Reinhold Niebuhr). Um die Ambivalenzen auf die Spitze zu treiben, könnte man vielleicht hinzufügen, dass auch in der Bitte um das Dreifachgeschenk von Gelassenheit, Mut und Weisheit ein Sehnsuchtsideal angesprochen wird.

13
Gelassenheit

Gelassenheit – es gibt keinen Mangel an Ratschlägen und Rezepten, wie man zu dieser besonderen Haltung oder Einstellung gelangen kann. In jedem hinlänglich sortierten Buchladen findet sich eine Fülle lebenspraktischer Ratgeber dazu, oft mit Literatur zum Gegenthema „Stress" im gleichen Regal. Gelassenheit wird gerne angeraten angesichts von Misserfolgen, Verkehrsstaus, Unhöflichkeiten und sonstigen vergangenen, aktuellen und möglichen zukünftigen Ärgernissen. Ein eindrucksvolleres Fallbeispiel gibt uns Platon im Phaidon-Dialog, wo der zum Tod durch den Giftbecher verurteilte Sokrates im gelassenen Gespräch mit verzweifelten Freunden die Befreiung der Seele aus dem Käfig des Leibes als Weg zum reinen Wissen preist. Spätestens seit diesem exemplarischen Fall gilt Gelassenheit auch als Ausdruck und Ergebnis von Weisheit und tieferer Einsicht – Haltungen oder Zustände, zu denen allerdings nicht jeder hinlänglich begabt ist.

Mit geringerem Aufwand sollen Meditations- und Entspannungstechniken, Trainingsprogramme zur Ärgerkontrolle oder auch Hilfsutensilien wie z. B. Buddha-Figuren zur Verbreitung von „Gelassenheit in Haus und Garten" demjenigen helfen, der sich nicht ohne weiteres in der Lage sieht, gelassene Ruhe in sich und sein Leben zu bringen; wobei die Nachfrage nach entsprechenden Hilfsangeboten vielleicht Ausdruck einer zunehmenden Schwierigkeit dieser Aufgabe in Zeiten beschleunigten kulturellen Wandels ist. Ob Gelassenheit allerdings durch angestrengte Bemühung erreichbar ist, erscheint fraglich. Nicht weniger bedeutsam ist die Frage, welche persönlichen Eigenschaften, Einstellungen und Lebensumstände zum „Erwachen" der Gelassenheit oder zum „Wachbleiben" für sie beitragen, wie es bei Heidegger (1959) heißt.

13.1 Gelassenheit als Zustand und Disposition

„Gelassenheit" verweist auf verwandte Begriffe wie „Ruhe", „Gleichmut", „Geduld", „Gelöstheit" – Befindlichkeiten, die in Zuständen von „Stress", „Konflikt", „Unruhe", „Ärger", „Nervosität" und anderen, zum Teil auch in positiven Erregungszuständen zeitweilig oder dauerhaft verschwinden. Positiv gestimmte Gelassenheit ist eine zum Teil auch in neurophysiologischen Kategorien beschreibbare Funktionslage des kognitiven Systems, die offenbar integrativ-holistisches Denken fördert (s. z. B. Ashby et al., 1999). Dass Gelassenheit jede Art von Ärger, Sorge und Betrübnis ausschließt, wäre allerdings eine idealisierende Übertreibung. Hier können wir an die geläufige Unterscheidung zwischen *states* und *traits*, d.h. zwischen Zustands- und Dispositionsmerkmalen anschließen: So wie der im dispositionellen Sinne Ängstliche sich zwar vergleichsweise leicht ängstigt, aber keineswegs in einem permanenten Angstzustand befinden muss, kann umgekehrt auch die dispositionell gelassene Persönlichkeit gelegentlich in Spannung und Unruhe geraten – wie dies wohl für jeden gilt, der Bedürfnisse und Ziele hat. Zumindest aber wird man das Attribut „gelassen" für denjenigen reservieren wollen, der sich nicht allzu leicht aus der Ruhe bzw. aus dem Gleichgewicht bringen lässt. Unter den geläufigen persönlichkeitspsychologischen Konzepten kommt „emotionale Stabilität" diesen Kriterien nahe; der Gelassenheitsbegriff erscheint jedoch anspruchsvoller. Zum Teil schon im Alltagsverständnis, vor allem aber in philosophischen Traktaten wird der Begriff in die Nähe von Weisheit, Lebenskunst und Lebensglück gerückt (s. etwa Kamlah, 1973; Schmid, 1998). Wer sich über Belanglosigkeiten aufregt, verdient nicht das Prädikat „weise" – was allerdings auch für denjenigen gilt, der zwischen Wichtigem und Belanglosem nicht zu trennen weiß. Zwischen Phlegma bzw. Gleichgültigkeit und Gelassenheit ist insofern zu unterscheiden. Die Ruhe des Sokrates angesichts des bevorstehenden Todes – solche Gelassenheit allerdings wird man von jemandem, der noch Ziele und Projekte für die Zukunft hat, kaum erwarten können. Gerade der Zukunftsbezug des Wünschens und Handelns scheint dieser ultimativen Gelassenheitsleistung im Wege zu stehen.

Offenbar wird der Bedeutungsgehalt von „Gelassenheit" durch diese näherungsweisen Bestimmungen nicht ausgeschöpft. Das Thema erscheint im Laufe der Ideengeschichte in verschiedener Gestalt, wobei sich gewisse Kernbedeutungen seit hellenistischer Zeit erhalten haben: Die Philosophen der Stoa (z. B. Seneca, Epiktet) sahen in der Seelen- oder Gemütsruhe bzw. der Leidens- und Leidenschaftslosigkeit (*tranquilitas animi, apatheia*) Kennzeichen oder Voraussetzungen von Weisheit, für den Hedonismus Epikurs war die Unerschütterlichkeit (*ataraxia*) gegenüber Schicksalsschlägen eine zentrale Glücksbedingung. In der deutschen Mystik des Mittelalters ist Gelassenheit (*gelâzenheit* bei Meister Eckhart) die Ausschaltung eigenen Wollens, um sich für den Willen Gottes zu öffnen. In der Philosophie des Buddhismus verbinden sich Gleichmut und Gelassenheit mit der Überwindung des Ich und seiner Leidenschaften, die als Quellen von Sorge und Unruhe betrachtet werden (z. B. Tugendhat, 2003; Voigt & Meck, 2005).

Die gelassene Hinnahme von Veränderung und Wandel, Unerschütterlichkeit gegenüber den Wechselfällen des Lebens und eine auf diese Einstellungen gerichtete Arbeit an sich selbst galten und gelten bis heute als wesentliche Bestimmungen eines umfassenderen Begriffs des gelingenden, gut geführten und glückhaften Lebens; wobei Gelassenheit letztlich vielleicht sogar eine gelassene Haltung gegenüber der Frage einschließt, worin eigentlich Glück und Sinn des Lebens bestehen. Gelassenheit schließt Anwandlungen von Neid, Rache, Geltungssucht, Unversöhnlichkeit, Habgier und entsprechende „selbstsüchtige" Bestrebungen aus oder schwächt sie zumindest ab; damit rückt der Begriff auch in die Nähe klassischer Tugend- und Selbstkultivierungsideale. Ärger, Frustrationen und Enttäuschungen sind gerade dann unausweichlich, wenn das Gelingen des Lebens am ausschließlichen Maßstab der sicheren und dauerhaften Erfüllung individualistisch-egozentrischer Interessen gemessen wird; solche Lebenseinstellungen können besonders leicht in chronische Unzufriedenheit umschlagen.

13.2 Gelassenheitsressourcen

Die Gründe oder Ursachen, die uns aus der Ruhe bringen können, sind vielfältig; dementsprechend lassen sich auch verschiedene gelassenheitsförderliche Aspekte oder Faktoren unterscheiden. Allerdings sind diese nicht uneingeschränkt miteinander vereinbar, und keiner der im Folgenden genannten Aspekte erscheint für sich genommen schon hinreichend für das Eintreten von Gelassenheit. Fragen der Dosierung und Balance sind hier von besonderer Bedeutung.

Gelassenheit, Selbstwirksamkeit und „Optimismus": Wer überzeugt ist, ausreichende Handlungs- und Kontrollpotentiale zu haben, um Hindernisse zu überwinden und unerwünschten Ereignissen wirksam begegnen zu können, hat zumindest subjektiv keine Gründe, mit sorgenvoller Unruhe in die Zukunft zu sehen. Hieraus erklärt sich großenteils auch der Beitrag, den subjektive Kontroll- und Selbstwirksamkeitsüberzeugungen zur Erklärung und Vorhersage subjektiven Wohlbefindens leisten (z. B. Bandura, 1995). Allerdings sind solche Überzeugungen keine Versicherung gegen aversive Widerfahrnisse; bei deren Eintreten kann die Meinung, man hätte das Unglück eventuell abwenden können, sogar zur Intensivierung von Schuldgefühlen, Ärger und reuevollem Ruminieren führen, indem sie die Vorstellung eines kontrafaktischen positiven Verlaufs erhöht verfügbar macht (s. z. B. Burger, 1989).

Selbstwirksamkeits- und Kontrollüberzeugungen können offenbar nur insoweit zur Gelassenheit beitragen, wie sie das Erkennen und Akzeptieren von Handlungsgrenzen nicht grundsätzlich behindern. Jedes Handeln unterliegt sowohl in der Durchführung wie auch hinsichtlich seiner zukünftigen Folgen Bedingungen und Beschränkungen, die nicht oder nur in Grenzen beeinflussbar sind. Die gelassene Hinnahme solcher Begrenzungen scheint mit positiven Selbstwirksamkeits- und Kontrollüberzeugungen nicht ohne weiteres verträglich. Bei hohen Kontrollüberzeugungen wird der Bereich des Erreichbaren und damit vernünftigerweise Anstrebbaren weit abgesteckt und eher über- als unterschätzt; zudem besteht das Risiko einer eskalierenden Zielbindung bzw. des fruchtlosen Anrennens gegen Widerstände. Allerdings ist ein „Zurückstecken" von Ansprüchen nicht gleichbedeutend mit Resignation. Wie wir schon gesehen haben, kann die Anpassung von Zielen an Handlungsmöglichkeiten im Gegenteil zur Bewahrung erlebter Selbstwirksamkeit beitragen und Gefühle von Ärger und Frustration dämpfen (s. auch Brandtstädter & Rothermund, 1994).

Positive Kontroll- und Selbstwirksamkeitsüberzeugungen verbinden sich tendenziell mit einem Syndrom positiv-optimistischer Einstellungen zur vergangenen Lebensgeschichte wie auch zur persönlichen Zukunft. Optimismus in einem umfassenderen Sinne schließt allerdings auch die Hoffnung ein, dass auch dort, wo eigene Handlungsmöglichkeiten nicht hinreichen, die Dinge günstig verlaufen bzw. sich zum Guten wenden (vgl. Seligman, 1991); hier kommt der Aspekt des Vertrauens ins Spiel.

Gelassenheit und Vertrauen: Vertrauen, Geborgenheit und Bindung sind demgegenüber Gelassenheitsressourcen, die zwar in ähnlicher Weise wie Selbstvertrauen die Auseinandersetzung mit Unwägbarkeiten und Unsicherheiten erleichtern, jedoch auch dort wirksam sein können, wo eigenes Handeln nicht hinreicht. Aus entwicklungspsychologischer Sicht ist für das Entstehen einer primären Grundstimmung des „Urvertrauens" (Erikson, 1966) zunächst die sichere Bindung an eine Bezugsperson bedeutsam (Bowlby, 1984). Die Erwartung und Möglichkeit, jederzeit zu einer „sicheren Basis" zurückkehren zu können, erleichtert die Erkundung des Ungewissen und fördert den Aufbau von vertrauensvollen Grunderwartungen, die dann auch außerhalb der engeren familiären Umwelt wirksam werden. Geringeres oder größeres Vertrauen kann man auch gegenüber Institutionen oder risikobehafteten Techniken oder Praktiken haben, wobei allerdings der Grenzfall blinden Vertrauens sich nicht mehr mit dem gehaltvolleren, weisheitsnahen Begriff von Gelassenheit trifft. Vertrauen in Menschen, Maschinen, Institutionen oder auch in das eigene Handeln beruht auf Annahmen, die irrtumsanfällig sind. Demgegenüber können spirituelle Haltungen und religiöse Kosmologien Formen von Geborgenheit und Bindung bieten, die in höherem Maße enttäuschungsresistent und insofern vielleicht zuverlässigere Quellen von Gelassenheit sind.

Gelassenheit im Sinne des Zugangs zu transzendenten Quellen von Sinn, Vertrauen und Ruhe wird in verschiedenen religiösen Kosmologien auf zum

Teil unterschiedlichen Wegen angestrebt, die sich – wie z. B. Formen aktiver Askese im Gegensatz zu kontemplativ-mystischen Formen – nach Gesichtspunkten von Aktivität und Passivität ordnen lassen (Habermas, 1981). Als gemeinsames Ziel dieser unterschiedlichen Wege erscheint allerdings die Ausschaltung oder Dämpfung des Eigenwillens. Diese wird teils als Voraussetzung, teils als Resultat von Gelassenheit betrachtet – worin sich wohl auch andeutet, dass hier nicht ohne weiteres eine Kausalrelation unterstellt werden kann.

Gelassenheit und Indifferenz: Wie es oben schon angeklungen ist, stehen Gelassenheit und praktisch-zielgerichtetes Engagement in einem Spannungsverhältnis: Dinge, um die man sich kümmert und an die man affektive Bindungen entwickelt hat, können Quellen von Sinn und Befriedigung, zugleich aber auch von Frustration und Unruhe sein. Gelassen ist man im Allgemeinen gegenüber Dingen oder Ereignissen, die einem nichts – oder nichts mehr – bedeuten; das aus Indifferenz und Distanzierung erwachsende Gelassenheitspotential wird, so scheint es auf den ersten Blick, umso größer, je umfassender der Indifferenzbereich wird. Wer einen Arbeits- oder Lebensbereich verlässt, macht oft die Erfahrung, dass Dinge, die im alten Umfeld Anlass zu Freude oder Ärger waren, aus einer distanzierten Perspektive emotionale Relevanz verlieren. Der „Aussteiger" sucht diese Erfahrung gezielt; auch auf hohen Bergen und in der Einsamkeit der Wüste können solche Distanzierungsgefühle entstehen, weshalb solche Gegenden klassische Rückzugsgebiete für Asketen und Eremiten sind. Der Grenzfall, wo alles gleichgültig wird, wäre freilich wieder gleichbedeutend mit stumpfer Apathie oder Sinnverlust; diese degenerierte Form von Gelassenheit kann nicht mehr mit Vorstellungen lebenswerten, sinnerfüllten Lebens verbunden werden. Offenbar kommt es auf reflektierte Indifferenz an: z. B. darauf, sich nicht auf einzelne Dinge zu fixieren, sondern für Alternativen offen zu bleiben. Dies mag die Empfehlung der Stoiker in Erinnerung rufen, alle äußeren Güter, die verloren gehen können, als *Adiaphora*, d.h. als unbedeutend-belanglos zu betrachten. Demjenigen, der nach solchen Gütern strebt, wird dies nicht ohne weiteres einleuchten. Eine bescheidenere und insofern praktikablere Empfehlung besteht darin, sein Glück „nicht allzu nahe von den Mächten aufzubauen, auf die wir keinen Einfluß haben" (Bloch, 1969, S. 358).

Gelassenheit und Akzeptieren des Unabänderlichen oder Notwendigen: Jedes Handeln unterliegt Bedingungen, auf die der Handelnde selbst nur begrenzten oder gar keinen Einfluss hat und die ihm reflexiv nicht bewusst sind. Diese Beschränkungen gelten zunächst hinsichtlich der Abschätzung von Handlungsfolgen, deren Eintreten zumeist auch von Faktoren abhängt, die außerhalb unseres Einflusses liegen; nicht nur kausale, materielle und technische Voraussetzungen müssen „mitspielen", auch die soziale Umwelt tritt fördernd oder behindernd in Erscheinung. Allerdings können wir uns auch selbst bei der Verfolgung unserer Ziele im Wege stehen – entsprechende Probleme wurden unter den Themen von Selbstregulation und Selbstkontrolle bereits behandelt (s. auch Baumeister et al., 1994). Nicht zuletzt haben wir auch nur begrenzten Einfluss auf die Entstehung und die Veränderung unserer Wünsche und Überzeugungen (s. auch Brandtstädter, 2000). Daher kann es geschehen, dass unsere früheren Ziele und Bestrebungen uns im Lichte unserer späteren, vielleicht gewandelten Meinungen und Präferenzen nicht mehr sinn- oder wertvoll erscheinen; wir haben dies als eine der Quellen von Reuegefühlen angesprochen.

Insofern also müssen wir uns nicht nur mit unvorhergesehenen Folgen und Nebenfolgen, sondern eventuell auch mit den ursprünglich intendierten Wirkungen eigener Handlungen und Entscheidungen arrangieren: Jedes Handeln, das auf die Herbeiführung bestimmter Folgen abzielt, birgt prinzipiell ein Überraschungs- und damit auch ein Enttäuschungsrisiko. Der Handelnde hat, indem er handelt, in gewissem Sinne „sein Schicksal schon akzeptiert, das vergangene wie das zukünftige" (Spaemann, 1982, S. 98). Gelassenheit hat allerdings wesentlich damit zu tun, ob dieses teilweise selbstbereitete „Schicksal" auch in den Aspekten akzeptiert werden kann, in denen es mit eigenen Vorstellungen nicht zur Deckung gekommen ist. Vielleicht kommt man im Verlaufe des Lebens zu einer genaueren Kenntnis der Grenzen, die uns durch uns selbst gesetzt sind – womit nicht nur genetische und biologische Dispositionen angesprochen sind, sondern auch unsere phänotypische Persönlichkeit und die sich aus unseren Interessen, Zielen und Kompetenzen ergebenden Lebensmuster. Gelassenheit „erwacht", wenn diese Grenzen in das eigene Wollen aufgenommen und als notwendig oder sinnvoll akzeptiert werden können. Dieser Akkommodationsprozess kann allerdings nicht ohne weiteres willentlich in Gang gesetzt werden; damit sind auch der Wirkung philosophischer oder psychologischer Gelassenheitsratschläge Grenzen gezogen.

Gelassenheit und Positivierung des Negativen: Das Akzeptieren von irreversiblen Verlusten und Faktizitäten der eigenen Lebensgeschichte wie auch die Anpassung von Zielen und Ambitionen an den *feasible set* (Elster, 1989) wird erleichtert durch die Fähigkeit oder Bereitschaft, auch zunächst aversiven Lebensumständen und Veränderungen positiven Sinn abzugewinnen. Auch in diesem Zusammenhang spricht man von Optimismus; der Begriff bezeichnet ursprünglich den philosophischen Versuch des Nachweises, dass diese Welt trotz aller Übel die beste der möglichen Welten sei (s. insbesondere Leibniz, 1710; Marquard, 1984). Eine Tendenz zur „Entübelung" des Übels ist ein Grundmerkmal akkommodativer Flexibilität; die Neigung, einem zunächst aversiven Zustand positive Bedeutungen abzugewinnen, ist aus akkommodationstheoretischer Sicht zumal dann erhöht, wenn dieser irreversibel und unabwendbar erscheint (s.o., Kap. 6). Bei starkem Selbstwirksamkeitsgefühl stellt sich diese Überzeugung oft erst spät ein; solange ein Problem lösbar erscheint, stehen eher dessen aversive Valenzen im Vordergrund. Scheinbar paradoxerweise werden Beschränkungen und Hindernisse oft gerade solange als Ärgernis erlebt, wie man glaubt, dagegen angehen zu können; das ethische Prinzip „Sollen impliziert Können" findet hier in der Funktionsweise des kognitiven Systems eine gewisse Entsprechung.

Zweifellos können Prozesse des *benefit finding* (Affleck & Tennen, 1996) bzw. der Einordnung auch aversiver Ereignisse in umfassendere Sinnzusammenhänge zur Dämpfung von Gefühlen des Ärgers und der Reue, damit auch zum Entstehen von Gelassenheit beitragen. Die Bindung an bestimmte Weltbilder, Ideale und religiöse Kosmologien, die ggf. das Schwere erträglich machen, spielt auch hier eine bedeutsame Rolle. Sinnfragen entstehen vor allem, wenn das Leben als Ganzes in den Blick genommen wird. Antworten auf solche Fragen sind intra- und interdividuell wie auch in den jeweiligen sozialen, historischen und lebenszyklischen Kontexten in unterschiedlichem Maße verfügbar.

Gelassenheit und Ich-Transzendenz: „Gelassenheit" verweist auf ein „Lassen" bzw. ein Ab- oder Zulassen; hierin wird oft eine Kernbedeutung des Begriffs gesehen. Man mag hier zunächst an entspannte Muße oder schlichtes Nichtstun denken, das allerdings leicht in Langeweile oder Unruhe übergeht – Befindlichkeiten, in denen sich gerade ein Gelassenheitsdefizit manifestiert. Gelassenheit, im anspruchsvolleren Sinne einer erstrebenswerten, aber nicht ohne weiteres durch angestrengtes Handeln erreichbaren Haltung hat vielmehr mit der Dämpfung angestrengten Wollens zu tun, insbesondere mit dem Ablassen von einer Haltung, die – wie Heidegger (1959) es formuliert hat – mit einem auf die Abwägung persönlicher Vor- und Nachteile verbundenen „rechnenden" Denken verbunden ist, wie es auch in handlungs- und entscheidungstheoretischen Kalkülen formalisiert ist. Dieses Ablassen mag aus der „Einsicht" resultieren, dass „Seelenruhe" die Verringerung der Begehrlichkeiten erfordert, wie es z. B. die stoische Weisheitslehre postuliert. Da Emotionen wesentlich die Funktion haben, Erfüllungs- oder Mangelzustände in der Ich-Umwelt-Beziehung anzudeuten, liegt die Vermutung nahe, dass die Aufhebung dieser dualistischen Opposition zur Senkung der Emotionsamplitude und insofern zur Gelassenheit führt. Dabei geht es allerdings nicht um die Regression auf eine früheste Phase der kognitiven Entwicklung, auf der zwischen Selbst und Umwelt noch nicht sicher unterschieden wird; vielmehr steht hier der Aspekt der Dämpfung individualistisch-ichzentrierter Motive im Vordergrund.

Wenn die Erfahrung und das Akzeptieren von Grenzen zur Gelassenheit führt bzw. diese schon erfordert, so gilt dies nicht zuletzt auch im Hinblick auf die äußerste Grenze des Handelns, die durch die Begrenztheit des Lebens gesetzt ist. Todesfurcht steht allerdings im Gegensatz zu Gelassenheit, wie umgekehrt eine gelassene Haltung zur Endlichkeit des Lebens als ultimatives Ideal der Gelassenheit gilt – zumindest soweit man in einer existentiellen Situation steht, wo sich diese Einstellung manifestieren kann. Eine Schlüsselrolle scheint hier die Frage zu spielen, inwieweit man sein Selbst mit einem möglichen zukünftigen Selbst verbindet. Bei Handlungen und Entscheidungen, in denen die Abschätzung des persönlichen bzw. „hedonischen" Nutzens (Kahneman, 2000) der Handlungsergebnisse eine Rolle spielt, unterstellen wir, dass wir selbst – bzw. unser zukünftiges aktuelles Selbst – die Handlungsfolgen auch erleben. Wenngleich vielleicht keine logische Notwendigkeit (vgl. auch Parfit, 1984), ist diese Vorstellung jedoch für zukunftsgerichtetes Handeln konstitutiv; mit heranrückendem Lebensende wird sie allerdings zunehmend problematisch. Die Schrumpfung von Restlebenszeit mag einerseits die Neigung zum Gratifikationsaufschub bzw. die Bereitschaft dämpfen, zugunsten späterer Erträge auf kurzfristigen Genuss zu verzichten. Ist die Projektion eines zukünftigen Selbst erschwert, so mag dies andererseits aber auch zur Auflösung einer ichzentrierten, auf zukünftigen eigenen Vorteil oder hedonischen Nutzen zielenden Einstellung beitragen. In diesem Falle mag von einer Transzendierung des Ich und seiner Begrenzungen gesprochen werden, die – abhängig auch von individuellen Persönlichkeitsmerkmalen – unterschiedliche Formen annehmen kann. Hiervon soll im letzten Kapitel noch genauer die Rede sein.

13.3 Abschließende Überlegungen

Wer Gelassenheit sucht, findet für dieses Anliegen in philosophischen und psychologischen Texten neben guten Gründen auch vielfältige Verhaltensempfehlungen. Das Akzeptieren von Grenzen, das Annehmen der Faktizitäten des eigenen Lebens, das Ablassen von egozentrischen Zielen oder gar die ruhige Hinnahme von Verlusten und Schicksalsschlägen sind allerdings nicht ohne weiteres willentlich oder durch Entschluss herbeizuführen. Das stoische Ideal der vollkommenen Beherrschung eigener Gedanken und Gefühle lässt sich kaum mit dem Umstand vereinbaren, dass die Entstehung und Änderung unserer Meinungen und Intentionen nicht selbst wiederum als intentionaler Vorgang verstanden kann (vgl. Bargh & Ferguson, 2000; Brandtstädter, 2000).

Zwar mag man die Wahrscheinlichkeit, zu einer gelassenen Haltung zu gelangen, durch eigenes Handeln erhöhen oder verringern, etwa durch Techniken der Askese, der Meditation, der Dämpfung ruminierenden Denkens usw.

Gerade im Einsatz von Hilfsmitteln zeigt sich aber, dass schlichtes Wollen hier nicht hinreicht. Die im Begriff der Gelassenheit angesprochenen Akkommodationsprozesse haben vielmehr Widerfahrnischarakter; in dieser Hinsicht sind sie Einsichten und kreativen Einfällen vergleichbar. Gelassenheit ist auch insofern ein schwieriges Projekt, als eine ruhig-kontemplative Haltung mit handlungsorientiert-aktivem, lebenspraktischem Engagement nicht leicht vereinbar ist. Handeln setzt die Kontrastierung zwischen gewünschten und ungewünschten Zuständen, im Allgemeinen auch die Bindung an zukunftsgerichtete Ziele voraus, und hieraus können Besorgnis, Unruhe, Ärger resultieren. Am deutlichsten wird dieses Spannungsverhältnis in dem anspruchsvollen Aspekt der „Selbsttranszendenz" bzw. der Auflösung bzw. Ablösung von egozentrisch-selbstsüchtigen Tendenzen. Auch die oben genannten „gelassenheitsförderlichen" Faktoren sind nicht frei miteinander vereinbar. Zwar kann ein ausgeprägtes Vertrauen in eigene Handlungsmöglichkeiten eine positiv-optimistische Lebenseinstellung fördern, es erleichtert jedoch nicht ohne weiteres die gelassene Hinnahme von Handlungsgrenzen – oder jedenfalls nur insofern, als Grenzen des Handelns oft erst nach dem „Austesten" solcher Grenzen erkannt und eingesehen werden. Auch kann z. B. die Anpassung an Einschränkungen, Hindernisse und normative Grenzziehungen, die ethische Prinzipien verletzen, nicht als vernünftige Gelassenheit gelten – diese kann kaum in moralischer Unempfindlichkeit oder Defätismus bestehen, sondern schließt „besonnene Besorgtheit" um das gemeinsame Gute ein (Bloch, 1969, S. 362). Aus ähnlichen Gründen ist auch der Aspekt der Indifferenz zu relativieren. Wie dargestellt trägt die Bereitschaft und Fähigkeit, auch aversiven Ereignissen positiven Sinn abzugewinnen, zur Gelassenheit bei; dies setzt eine Orientierung an Wertaspekten und Sinngehalten voraus, die von Gleichgültigkeit oder Apathie wohl zu unterscheiden ist.

Die Kontrastierung des Gewünschten mit dem Ungewünschten gilt z. B. im Zen-Buddhismus als „Krankheit des Geistes", die dem Erreichen von Gelassenheit im Wege steht (s. etwa Suzuki, 1982). In eine vertrautere Terminologie übersetzt kann man dies vielleicht so lesen, dass das Empfinden von Unruhe und Störung wesentlich aus dem Erleben einer Diskrepanz zwischen Ist und Soll, zwischen gegebenen und gewünschten Lebensumständen entsteht. Solche motivierenden, dadurch zum Teil auch sinngebenden Diskrepanzerlebnisse sind allerdings für Handeln schlechthin grundlegend; jedes adaptive System verfügt notwendig über „eingebaute" Bewertungsskalen. Es kann also vernünftigerweise kaum darum gehen, Wertungen und bewertende Vergleiche durch bestimmte Distanzierungstechniken zu neutralisieren.

In theoretischer Hinsicht aufschlussreicher ist deshalb die Beachtung der Prozesse, die zu einer zunächst temporären Aufhebung von erlebten Diskrepanzen zwischen gewünschten und faktischen Lebensumständen und -verläufen beitragen. Dies führt uns wieder auf den Ansatz des Zwei-Prozess-Modells zurück: Einerseits können Ist-Soll-Diskrepanzen und damit verbundene Quellen von Sorge und Unruhe durch effizientes Handeln beseitigt werden. Die subjektive Überzeugung, über entsprechende Handlungspotentiale zu verfügen, kann dementsprechend Hoffnung und Zuversicht und insofern auch Gelassenheit befördern. Wenn diese Voraussetzungen nicht erfüllt sind oder sich als illusorisch herausstellen, kann Hoffnung in Verzweiflung und Depression umschlagen – Zustände, die von klassischen Idealen der Seelenruhe und Unerschütterlichkeit zwar weit entfernt sind, die andererseits aber auch akkommodative Gegenprozesse aktivieren, die zur Auflösung von Zielbindungen bzw. zur Neutralisierung von nicht erreichbaren Zielen oder Ambitionen führen. Indem sie den Bereich der Wünsche und Ambitionen auf das vernünftigerweise Anstrebbare eingrenzen, tragen sie in mehrfacher Weise zum Entstehen von Gelassenheit bei: Zum einen durch Erweiterung des Indifferenzbereiches, zum anderen durch das Akzeptieren des Notwendigen. Gleichzeitig mit dem Akkommodationsprozess werden auch entlastende Kognitionen verfügbar, welche die Einordnung aversiver Widerfahrnisse und Sinnverluste in umfassende Sinnzusammenhänge erleichtern. Es erscheint daher nicht verwunderlich, dass Personen mit ausgeprägter „Flexibler Zielanpassung" weniger zu Gefühlen von Ärger und persistierender Reue neigen, in ihrem Leben mehr Sinn und Kontinuität finden, dass sie alterstypische Einschränkungen und Verluste leichter akzeptieren und auch eine gelassenere Haltung zum Ausrinnen der Lebenszeit entwickeln (vgl. Brandtstädter & Wentura, 1994; Kranz, 2005; Schmitz, 1998). Nicht zuletzt trägt die mit dem Akkommodationsprozess verbundene Öffnung des Handlungshorizontes zur Lösung von Fixierungen und damit zu einer Flexibilität der Lebensführung bei, die sich – im Sinne der im vorigen Kapitel zitierten Grundeinsicht (Kamlah, 1973) – den „freien Blick auf vielerlei andere Güter" bewahren kann. Allerdings kann akkommodative Flexibilität diese positiven Funktionen nur in einer Balance mit assimilativer Persistenz entfalten, d.h. nur insoweit, als sie die Bindung an Sinnquellen und damit auch lebenspraktisches Engagement nicht ausschließt.

14
Soziomoralische Aspekte guten Lebens: Tugenden und Charakterstärken

Kann man glücklich sein und trotzdem im Einklang mit der Moral leben? Die Frage trägt einen modernen Zug; in früheren Zeiten hätte man vielleicht eher umgekehrt gefragt, ob man im Gegensatz zu moralischen Forderungen und Tugenden leben und dennoch glücklich werden könne. Wie dem auch sei: Die Frage des Verhältnisses – oder auch Spannungsverhältnisses – zwischen Moral und Lebensglück berührt einen klassischen Topos der Ethikphilosophie (s. z. B. Höffe, 2007); ihre Beantwortung erfordert offenbar sowohl begriffliche wie auch empirische Bemühungen.

Wir sprachen schon an früherer Stelle von „Zufriedenheitsparadoxien" – freilich zunächst im Sinne des Befundes, dass Wohlbefinden sich auch unter äußerlich ungünstigeren Lebensumständen einstellen kann bzw. dass vermeintlich glückliche Lebensumstände auch mit geringer Lebenszufriedenheit einhergehen können. Unterstellt man eine inhärente Beziehung zwischen moralischen Haltungen bzw. Charaktertugenden und Lebensglück, so könnten auch hier erwartungsdiskrepante Konstellationen paradox erscheinen; insbesondere würden sie einer oft anzutreffenden Erwartungshaltung zuwiderlaufen, wonach es im Großen und Ganzen gerecht zugehe und Unglück vor allem diejenigen treffe, die es irgendwie verdient haben (*Just World Belief*; Lerner, 1980; Montada & Lerner, 1998).

Man mag hier allerdings fragen, ob Begriffe von Glück und Wohlbefinden nicht so auszulegen sind, dass zumindest die „Kombination von Bosheit und Glück" (Foot, 2004, S. 123) von vornherein ausgeschlossen ist. Gern wird in diesem Zusammenhang wieder auf die Beschränkungen eines rein auf hedonische Aspekte abhebenden Glücksbegriffs hingewiesen. Für eine genauere Behandlung der Frage, wie und auf welche Weise sich moralische Haltungen bzw. Tugenden mit dem Glücksbegriff verbinden bzw. persönliches Lebensglück befördern, ist wohl zunächst zwischen logischen bzw. begrifflichen Implikationen und empirischen Zusammenhängen zu unterscheiden. Die Wissenschaftstheorie seit Kant spricht diesen Unterschied in der Differenzierung zwischen analytischen und synthetischen Sätzen an, d.h. zwischen Aussagen, deren Gültigkeit sich schon *a priori* durch eine Analyse der verwendeten Begriffe ergibt, und solchen, deren Geltung durch empirische Untersuchungen und insofern *a posteriori* zu bestimmen ist (s. auch Putnam, 1979). Dass man sich nur an Vergangenes erinnern kann, dass Junggesellen unverheiratet sind usw. – dies folgt schon aus der Bedeutung der verwendeten Begriffe; dagegen kann z. B. die Frage, ob Gedächtnisleistungen im Alter nachlassen, nur auf empirischem Wege geklärt werden. Zwar liegen die Fälle nicht immer so klar, woraus sich in der Forschungspraxis gelegentlich Verwirrungen ergeben: Verweist z. B. die Behauptung, sozialkognitive Kompetenzen (wozu vor allem die Fähigkeit gehört, die Intentionen eines Handelnden zu erfassen) seien eine „notwendige, nicht hinreichende" Bedingung moralischer Urteilskompetenz (Selman & Damon, 1975) auf einen empirischen Zusammenhang oder auf eine Implikationsbeziehung, die aus der Struktur von moralsprachlichen Begriffen wie Schuld oder Verantwortung abgeleitet werden kann? Trotz gewisser Abgrenzungsschwierigkeiten erscheinen solche Unterscheidungen forschungspraktisch bedeutsam (eingehender hierzu Brandtstädter & Sturm, 2004).

Schon Aristoteles setzt im Begriff der Eudämonie tugendgemäßes Leben und Glück in eine enge Beziehung: „Mit denjenigen nun, die das Glück mit der Tugend oder einer bestimmten Art der Tugend gleichsetzen, ist unsere Erklärung im Einklang; denn zur Tugend gehört die entsprechende Tätigkeit (…) so beschaffen aber sind die Handlungen der Tugend, sodass sie erfreulich sowohl für diese Menschen wie auch als solche sind" (Wolf, 2008, S. 59f.). Zwar räumt Aristoteles ein, dass Eudämonie durch persönliches Unglück gefährdet werden könne, doch trage das tugendgemäße Leben „seine Freude in sich". Manche Erläuterungen knüpfen die begriffliche Beziehung zwischen Moral und Lebensglück noch enger; Tugend haben – so heißt es in einem Lexikon der Ethik (Höffe, 1997, S. 306) – bedeute, „folgerichtig und aus der Verantwortung für sich und seine Mitmenschen ein Leben zu führen, das der Selbstverwirklichung dient und sich mit einer eigenen, der höchsten Form von Freude verbindet". Wie Philippa Foot (2004) zeigt, lassen sich noch weitere Möglichkeiten finden, „menschliches Wohl und menschliches Glück so zu verstehen, dass eine Kombination von Bosheit und Glück ausgeschlossen ist" – etwa wenn Glück verstanden wird „als *die Freude* am Guten, d.h. als die Freude, die man erlebt, wenn man die richtigen Ziele verfolgt" (S. 123; Hervorhebung im Original).

Begriffsanalysen sind für die empirische Forschung – im Sinne eines methodischen Apriori – insofern bedeutsam, als sie Ausgangspunkte für die Konstruktion von Mess- bzw. Beobachtungsverfahren liefern. Möchte man etwa eine moralische Emotion wie z. B. Schuld empirisch erfassen, so kommt man kaum umhin, die Struktur dieses Emotionsbegriffes zu berücksichtigen: Man kann niemandem ein Schuldgefühl zuschreiben, ohne ihm zugleich die für dieses Gefühl bestimmende Kognition zuzuschreiben – nämlich die Meinung, gegen eine gültige Norm bzw. moralische Regel verstoßen zu haben. Ohne diesen kognitiven Gehalt kann es kein Gefühl von Schuld geben, womit wiederum eher eine begriffliche Implikation als eine empirische Kausalbeziehung angesprochen ist. Entsprechendes gilt auch im vorliegenden Zusammenhang: Würde die empirische „Glücksforschung" sich an definitorischen Setzungen orientieren, wonach Glück wesentlich im oben genannten, moralisch gehaltvollen Sinne gelingenden Lebens verstanden werden sollte, so wären positive Korrelationen zwischen Moralität und Lebensglück nicht überraschend – sofern sie unter solchen begrifflichen Voraussetzungen überhaupt als empirischer Befund gelten könnten. Schon Tetens (1777, S. 794) berührt in seinen Überlegungen zur „Perfektibilität und Entwicklung des Menschen" dieses Problem: „Wenn das Maß der menschlichen Vollkommenheit zugleich das Maß der Glückseligkeit wäre, so fiele die Frage von selbst weg, ob auch die Menschheit zu sehr vervollkommnet werden könne, um glücklich zu seyn."

Tatsächlich finden sich positive Zusammenhänge mit moralischen Haltungen aber auch bei Verwendung der üblichen Glücks- oder Wohlbefindensmaße, die ohne ethisch-moralische Überschussbedeutungen schlicht auf subjektives Befinden bzw. auf die individuelle Balance von positiven und negativen Affekten abheben. Die Annahme, dass Wohlbefinden und das Tun des (moralisch) Guten nicht in einem grundsätzlichen Spannungsverhältnis, sondern eher in einer förderlichen Beziehung zueinander stehen, scheint sich insofern auch als empirische Feststellung zu bewähren; hierauf ist noch zurückzukommen. Dieser Befund ist für Ethikphilosophen vielleicht kaum überraschend, weniger selbstverständlich dagegen für Psychologen, die sich an die psychoanalytische These einer konstitutionell konflikthaften Beziehung zwischen den psychischen Instanzen von „Es" und „Überich" erinnern. Bekanntlich hat Freud dem aus der Introjektion sozialer Gebote entstehenden Gewissen sowohl kulturtragende Funktionen wie auch pathogene Wirkungen zugeschrieben; diese theoretische Perspektive hat es – zumindest denjenigen, die ihr anhängen – erschwert, Moralität ohne Einschränkung als Aspekt gelingender Entwicklung bzw. als Sozialisationsziel zu sehen (s. auch Gilligan, 1977).

14.1 Tugendethische Aspekte

Zumindest außerhalb ethischer und religiöser Diskurse erscheint die Rede von Tugenden heute vielfach obsolet, wenngleich sie sich in Krisenzeiten wiederbelebt. Für einen nachlassenden Konsens hinsichtlich der Bestimmung des moralisch Vortrefflichen bzw. „Tugendhaften" wird vielfach eine zunehmende Betonung von individualistischen gegenüber gemeinschaftsbezogenen Lebensorientierungen verantwortlich gemacht. So z. B. spricht Seligman (1990) von einem *waning of the commons*, vom schwindenden Einfluss gemeinschaftlicher Sinn- und Handlungszusammenhänge (Familie, Religion, Nation); MacIntyre (1987) verweist auf das allmähliche Verschwinden eingeübter gesellschaftlicher Praktiken, in denen konsensuelle Begriffe des Guten und damit verbundene Tugenden sich ausbilden bzw. als intrinsische Werte zum Ausdruck kommen. In den Arbeitsumwelten der Moderne dominiere vielmehr ein institutionalisiertes Gewinnstreben; „*Pleonexia*, eine Untugend im aristotelischen System, ist jetzt die treibende Kraft der modernden Produktionsweisen. Die Mittel-Zweck-Beziehungen, die zum größten Teil in dieser Arbeit verkörpert sind (…) bleiben notwendigerweise den Gütern äußerlich, nach denen die Arbeitenden streben; auch die Arbeit wurde systematisch aus dem Bereich der Praxis mit den ihr inhärenten Gütern ausgeschlossen" (MacIntyre, 1987, S. 303).

In Tugendbegriffen kristallisieren sich Vorstellungen positiver Entwicklung und gelingenden Zusammenlebens; insofern lässt sich dieses Thema kaum aus der entwicklungstheoretischen Betrachtung ausklammern – zumal wenn Prozesse intentionaler Selbstentwicklung und Selbstkultivierung im Blickpunkt stehen. Als „Kardinaltugenden" gelten seit Platon und Aristoteles Eigenschaften oder Lebenshaltungen der praktischen Klugheit bzw. Weisheit, der Gerechtigkeit, der Mäßigung und des Mutes; die christliche Ethik hat Glaube, Liebe bzw. Mildtätigkeit und Hoffnung hinzugefügt. Tugendkataloge variieren zwischen Kulturen und Epochen sowohl in ihrem Umfang wie auch in der Konkretisierung durch bewundernswürdige Modellfälle. Gleichwohl haben Vortrefflichkeiten, wie sie in den traditionellen Kardinaltugenden angesprochen werden, zu allen Zeiten Anerkennung und Bewunderung gefunden: Sozial geteilte Tugendvorstellungen bzw. die sie begründenden Einstellungen von Empathie und Pflichtgefühl bilden gleichsam eine „Deckungsreserve" für gemeinschaftliches und gemeinschaftsbezogenes Handeln (Habermas, 1981). Offenbar sind Tugenden für das Zusammenleben nützlich – ohne sie „kommen die Menschen nicht gut zurecht" (Foot, 1997, S. 110). Ein lebenswertes Leben erscheint uns unter gesellschaftlichen Bedingungen, in denen z. B. Wahrhaftigkeit, Gerechtigkeit, Wohltätigkeit keine anerkannten und institutionell gesicherten Werte sind, zumindest erschwert.

Moralische Attribute wie aufrichtig, uneigennützig, gerecht werden sowohl Personen wie auch einzelnen Handlungen zugeschrieben, jedenfalls soweit in diesen moralisch valente Dispositionen und Motive zum Ausdruck kommen. Grundsätzlich ist die „Diagnostizität" eines Verhaltens für eine zugrundeliegende Persönlichkeitsdisposition umso höher, je geringer die „Prognostizität" gegebener situativer Umstände für das betreffende Verhalten ist und je stärker dieses insofern vom Erwartbaren abweicht (s. Jones & McGillis, 1976). Die Beachtung sozialer Normen ohne äußeren Sanktionsdruck oder auch in Situationen, wo ihre Nichtbeachtung mit persönlichen Vorteilen verbunden wäre; Widerstand gegen soziale Konformitätszwänge im Interesse eines übergeordneten Wertes; die Überwindung egozentrischer Motivationen im Interesse altruistischer Ziele; Hilfsbereitschaft auch gegenüber Personen, mit denen man nicht verwandt oder befreundet ist; Freude am Wohlergehen anderer – dies sind Beispiele für Handlungsklassen, die im alltäglichen Sprachgebrauch wie auch im ethischen Diskurs die Zuschreibung moralischer Haltungen bzw. Eigenschaften rechtfertigen. Dies gilt besonders dann, wenn im Handeln Elemente von „Selbstüberwindung" erkennbar sind; auch unter dieser Perspektive erscheint die Entwicklung von moralischen Orientierungen wesentlich mit dem Aufbau eines Systems von „Volitionen zweiter Ordnung" bzw. einer selbstreflexiven Ebene der Handlungsregulation verbunden, auf der es erst möglich wird, zum eigenen Handeln, Wünschen und Wollen kritisch und korrektiv Stellung zu nehmen (s.o., Kap. 10).

Wie schon die Erörterung von Prozessen intentionaler Selbstentwicklung gezeigt hat, ist der Aufbau einer selbstreflexiven Ebene der Handlungsregulation wesentlich an kognitive und sprachlich-begriffliche Entwicklungsvoraussetzungen gebunden. Es liegt nahe, hier einen kurzen Blick auf prominente Theorien zur Entwicklung moralischen Urteilens zu werfen.

14.2 Moralisches Urteilen: Entwicklungs- und Kompetenzaspekte

Die Entwicklung moralischer Urteilskompetenz kann im Sinne der Aneignung und sozialkognitiven Differenzierung von Begriffen des Guten und Gerechten betrachtet werden; wir erinnern uns hier an die theoretischen Ansätze von Piaget (z. B. 1932, 1965) und Kohlberg (z. B. 1964, 1976), welche die psychologische Forschung zur moralischen Entwicklung nachhaltig geprägt haben. Beide Ansätze sind bekanntlich als Stufenmodelle konzipiert. Piaget hat den Übergang von einer autoritäts- zu einer kooperationsbezogenen moralischen Orientierung als vergleichsweise allgemeines Entwicklungsergebnis beschrieben, das in wesentlichen Aspekten der kognitiven Entwicklung folgt. Kohlbergs Ansatz berührt sich mit dem Piagets, ist jedoch hinsichtlich der Darstellung höherer Stufen der moralischen Entwicklung stärker ausdifferenziert; die Orientierung an universellen ethischen Prinzipien wird als idealer Endpunkt gesetzt, der allerdings im Vergleich zu den vorangehenden Stufen nur selten erreicht wird. Beide Ansätze seien hier in Grundzügen kurz dargestellt.

14.2.1 Moralische Entwicklung sensu Piaget

Piaget sah im Regelspiel eine Modellsituation, um frühe Formen moralischen Urteilens explorativ zu erfassen: Er befragte Kinder unterschiedlichen Alters zur Handhabung und Bedeutung der jeweils geltenden Spielregeln; in anderen Versuchsreihen ließ er fiktive Handlungsepisoden beurteilen, um den Einfluss von äußeren Handlungsfolgen und von Handlungsabsichten auf die Bewertung des Handelns vergleichend zu bestimmen. Aufgrund solcher Beobachtungen beschreibt Piaget die Entwicklung moralischen Urteilens als Übergang von einer „heteronomen" moralischen Orientierung, bei der Regeln als durch äußere Autoritäten (Eltern, Erwachsene, Gott…) gesetzt und als unumstößlich betrachtet werden, hin zu einer „autonomen" Orientierung, bei der Regeln als konventionsbedingt bzw. selbstgesetzt und insofern auch als änderbar erlebt werden.

Heteronome moralische Orientierungen treten nach Piaget etwa im Alter von vier bis fünf Jahren deutlicher in Erscheinung; bei noch jüngeren Kindern sind für ihn noch keine moralischen Kategorien anwendbar. Der Übergang zu einer autonomen moralischen Perspektive manifestiert sich in verschiedenen Aspekten: in der allmählichen Lösung von der Vorstellung einer „immanenten" Gerechtigkeit, bei der Strafe als natürliche, unausweichliche Folge von Verfehlung angesehen wird; in einer zunehmenden Freude am Erfinden und Befolgen neuer Regeln, nicht zuletzt auch in charakteristischen Veränderungen im Verständnis moralsprachlicher Begriffe. So etwa werden Pflichten zunehmend im Sinne der Verantwortung für den sozialen Partner verstanden, und bei der Zuschreibung von Schuld und Verantwortlichkeit werden Intentionen des Handelnden gegenüber äußeren Handlungsfolgen zunehmend stärker gewichtet. Diese Entwicklungen werden durch die progressive Lösung von ich-zentrierten Wahrnehmungs- und Denkformen sowie durch kooperative Aktivitäten unterstützt, die Perspektivenübernahme und Empathie begünstigen. Kognitive und soziomoralische Entwicklung sind für Piaget von vornherein „zwei nicht voneinander zu trennende Aspekte derselben Realität" (1965, S. 158). Die für eine „autonome" moralische Orientierung charakteristische Grundeinstellung, wonach Regeln und Vorschriften nicht unabänderlich hinzunehmen sind, setzt letztlich die kognitive Repräsentation hypothetischer Alternativen voraus; diese Voraussetzung sieht Piaget in vollem Umfange erst in der frühen Adoleszenz gegeben.

Piagets Ansatz hat umfangreiche Anschlussforschungen angeregt, die grundlegende Prozesse moralischen Urteiles genauer beleuchten. Nicht nur in rechtlichen Zusammenhängen erfordert die Zuschreibung von Schuld oder Verantwortung die Berücksichtigung der Intentionen des Handelnden; dies wiederum setzt die Fähigkeit voraus, die intentionalen bzw. mentalen

Zustände anderer Personen – ihre Absichten und Motivationen, Meinungen und Erwartungen – zu erschließen. Solche sozialkognitiven Kompetenzen werden im Konzept einer *theory of mind* angesprochen, die sich nach neueren Forschungsergebnissen etwa im Alter von vier bis fünf Jahren und insofern früher ausbildet, als Piagets Beobachtungen zur Perspektivenübernahme es nahelegten (s. etwa Gopnik & Wellmann, 1994; Sodian, 2005; Wimmer & Perner, 1983). Die Fähigkeit, Intentionen anderer zu erfassen und im eigenen Handeln zu berücksichtigen, ist für die soziale Koordinierung von Handlungen grundlegend; dies gilt zumal für Situationen kooperativen Handelns, in denen sich nach neueren experimentellen Studien bereits im Alter von zwei bis drei Jahren Vorformen sozialkognitiver Kompetenz abzeichnen (Rakoczy & Tomasello, 2007). Da die Zuschreibung von mentalen Zuständen wie auch die Anwendung moralsprachlicher Begriffe eine zumindest implizite Kenntnis sprachlicher Regeln voraussetzt, ist die Entwicklung moralischen Urteilens mit der Entwicklung sprachlich-begrifflicher Kompetenzen eng verknüpft (s. auch Astington & Jenkins, 1999).

Inwieweit sich sozialkognitive Kompetenzen auch mit moralisch „wertvollem" Handeln verbinden, hängt zu einem wesentlichen Teil auch von Emotionen wie Scham oder Schuld bzw. von empathischen Gefühlen wie Mitleid oder Sensitivität für Ungerechtigkeit ab, in denen sich – anders als in der Angst vor Sanktionen – eine Identifikation mit normativen Erwartungen bzw. die Entwicklung eines „moralischen Selbst" manifestiert (Montada, 2002). „Moralische" Gefühle spielen im Begründungs- wie auch im Entstehungszusammenhang soziomoralischer Orientierungen eine zentrale Rolle; sie sind zugleich wesentliche Indikatoren moralischer Entwicklung: Zwar kennen bereits Kinder im Vorschulalter elementare Normen sozialen Verhaltens; erst im weiteren Entwicklungsverlauf jedoch verbindet sich die Einhaltung oder Verletzung normativer Erwartungen mit Gefühlen wie Stolz oder Scham. Auch die Gefühle anderer werden von Kindern erst im Alter von sieben bis acht Jahren häufiger thematisiert, in einem Altersbereich also, wo Fähigkeiten der Perspektivenübernahme hinreichend entwickelt sind (Nunner-Winkler, 1993). In dieser Hinsicht gibt es indessen nicht nur entwicklungs-, sondern auch persönlichkeitsspezifische Unterschiede; hierauf ist noch zurückzukommen.

14.2.2 Moralische Entwicklung sensu Kohlberg

Kohlberg knüpft teilweise an Piagets Unterscheidung von „heteronomer" und „autonomer" Moral an; sein Ansatz versucht jedoch, qualitative Unterschiede im moralischen Urteil auch jenseits einer autonomen bzw. kooperationsbezogenen Orientierung genauer zu beschreiben und bezieht insofern auch das Erwachsenenalter ein. Die empirische Basis des Modells bildet die

Analyse von subjektiven Vorstellungen des Guten und Richtigen, wie sie in der argumentativen Auseinandersetzung mit vorgegebenen moralischen Dilemmasituationen zum Ausdruck gebracht werden (ein bekanntes Szenario beschreibt z. B. die Situation eines Mannes, der sich ein lebensrettendes Medikament für seine schwerkranke Frau nur durch den Einbruch in eine Apotheke beschaffen kann). Kohlbergs Modell versucht gleichsam die ontogenetischen Durchgangsstationen auf dem Wege zu einem „ethically optimal end point of moral development" (Kohlberg, 1971, S. 153) zu beschreiben, zu dessen Bestimmung er sich wesentlich auf gerechtigkeitsethische Ansätze (z. B. Rawls, 1971) bezieht.

Kohlbergs Ansatz unterscheidet drei Niveaus moralischer Entwicklung, die in jeweils zwei Stufen untergliedert sind: Während auf dem ersten, „vorkonventionellen" Niveau vornehmlich die Antizipation von Strafe oder Belohnung wirksam ist, setzt sich auf dem zweiten, „konventionellen" Niveau eine explizite Orientierung an sozialen Normen durch. Das dritte, „postkonventionelle" Niveau schließlich ist durch die Orientierung an ethischen Prinzipien gekennzeichnet; auf diesem letzten und höchsten Niveau wird eine *prior to society*-Perspektive erreicht, von der aus auch geltende soziale Normen im Hinblick auf ihre moralische Legitimität beurteilt werden können. Wenngleich nicht jeder die höheren oder höchsten Niveaus moralischen Urteilens erreicht, wird die Entwicklungssequenz als solche jedoch als invariant betrachtet (spätere Überlegungen zur Einfügung einer „Stufe 4 ½" können in diesem Zusammenhang außer Betracht bleiben). Die Beschreibung der einzelnen Niveaus bzw. Stufen, an der sich auch die diagnostische Einordnung individueller Urteile im Wesentlichen orientiert, sei hier kurz rekapituliert.

Vorkonventionelles Niveau: Auf diesem Niveau bestimmt sich das gute bzw. richtige Handeln zunächst durch die unbedingte Beachtung der Gebote und Sanktionen einer Autorität bzw. durch das Motiv, Strafe zu vermeiden; die soziale Perspektive ist egozentrisch und bezieht andere Personen nicht ein (Stufe 1: „Heteronome Moral, Orientierung an Strafe und Gehorsam"). Hieraus entwickelt sich zunächst eine Einstellung, bei der Handlungen im Hinblick auf ihren Wert zur Befriedigung von Eigeninteressen bewertet werden; auf dieser Stufe werden zwar bereits Sichtweisen anderer Personen in Betracht gezogen, jedoch zunächst noch individualistisch relativiert (Stufe 2: „Naiver instrumenteller Hedonismus, Individualismus").

Konventionelles Niveau: Auf diesem Niveau orientiert sich moralisches Urteilen verstärkt an sozialen Konventionen und Verhaltenserwartungen. Als Merkmale guten bzw. richtigen Verhaltens gelten Vertrauen, Verlässlichkeit, Rücksichtnahme auf Interessen und Perspektiven der Sozialpartner, wobei zunächst noch der Nahbereich persönlicher Beziehungen im Vordergrund steht (Stufe 3: „Orientierung an sozialen Erwartungen, Moral des ‚braven

Kindes'"). In der weiteren Entwicklung orientiert sich das moralische Urteil zunehmend an der übergeordneten Perspektive des Sozialsystems: Normen und Rollenerwartungen sind zu beachten, zumindest soweit sie nicht in Konflikt zu anderen sozialen Normen stehen; das Funktionieren des Sozialsystems darf nicht gefährdet werden (Stufe 4: „Primat des Sozialsystems, *law and order*-Orientierung").

Postkonventionelles oder prinzipienorientiertes Niveau: Hier ergeben sich Maßstäbe richtigen Handelns zunächst aus der Beachtung mehrheitlich akzeptierter Normen, soweit deren Legitimität sich aus einer Perspektive des Gemeinwohls ergibt; individuelle Rechte haben im Konfliktfalle Vorrang gegenüber sozialen Normen (Stufe 5: „Primat des Sozialvertrags und der individuellen Rechte"). Auf einer letzten, qualitativ höchsten Stufe orientiert sich das moralische Urteil an allgemeingültigen ethischen Prinzipien, die das Individuum in freier Entscheidung akzeptiert hat; dies sind vor allem Prinzipien der Gerechtigkeit (Stufe 6: „Primat universeller ethischer Prinzipien").

Nach querschnittlich-altersvergleichenden Studien beschreibt das „konventionelle" Niveau ein modales Entwicklungsergebnis, das bei Jugendlichen und Erwachsenen dominiert; die postkonventionellen Stufen – insbesondere die Stufe 6 – werden deutlich seltener bzw. nur in Ausnahmefällen erreicht (s. Colby & Kohlberg, 1987; Kohlberg, 1979).

Kohlbergs Ansatz ist gelegentlich dahingehend kritisiert worden, dass er moralisches Urteilen wesentlich am Maßstab abstrakter, gerechtigkeitsethischer Konzepte bestimme und insofern ein einseitiges Bild moralischer Kompetenzen entwerfe. So etwa hat Gilligan (1977; s. auch Okin, 1996) Kohlbergs Konzeption als „androzentrisch" bezeichnet und moniert, dass sie spezifische soziale Tugenden wie insbesondere Aspekte der Wohltätigkeit und die Fürsorge für andere vernachlässige bzw. unterbewerte. Diesem Einwand kommen zum Teil Ansätze entgegen, die in stärkerem Maße auf Empathie als Grundaspekt moralischer Entwicklung zentrieren. Anfänge von Mitleid und aktiver Hilfsbereitschaft sind schon im Alter von ca. drei Jahren zu beobachten (s. auch Eisenberg & Fabes, 1990; Lennon & Eisenberg, 1987); im Zuge der sozialkognitiven Entwicklung differenzieren sich Formen von empathischem Mitgefühl und altruistischem Handeln. Hoffmann (1970, 1991) betrachtet als letzte, höchste Stufe in dieser Entwicklungssequenz eine die soziale Nahumwelt überschreitende, umfassendere Form der Empathie (*empathy for another's life conditions*). Auch aus dieser Perspektive wird deutlich, wie sich im Zuge der kognitiven Ausweitung des sozialen Horizontes – vom engeren Bereich persönlicher Beziehungen bis hin zum Makrosystem der umgebenden Kultur mit ihren Normen, Institutionen und Symbolen – individuelle Vorstellungen „guten" und „richtigen" Verhaltens und Lebens ausformen. Mit der Annäherung an eine gerechtigkeitsethische Perspektive differenzieren sich zugleich Vorstellungen darüber, wer Mitleid und Hilfe „verdient"; auf dieser Reflexionsstufe kommt es gleichsam zu einer umfassenderen Integration moralischer Kognitionen und Emotionen.

Kohlberg selbst hat in einer späteren Arbeit die weitergehende Idee einer gleichsam das „Lebensganze" umfassenden „kosmischen Perspektive" diskutiert, die einen letzten Sinngrund für die Orientierung an universellen ethischen Prinzipien darstelle und damit vielleicht als eine letzte, siebte Stufe moralischer Entwicklung aufzufassen sei. Er knüpft dabei zum Teil an Überlegungen Eriksons (1966) an, dessen Sequenzmodell psychosozialer Krisen für das späte Lebensalter eine Sinnkrise (*ego integrity vs. despair*) postuliert. Kohlberg sieht hierin kein Problem moralischer Integrität mehr angesprochen, sondern „eine Frage der Integration und Integrität des Lebenssinnes des Individuums sowie dessen negative Seite, Verzweiflung, die um das Wissen des Todes kreist" (Kohlberg, 1979, S. 404). Die kognitive Integration des Selbst in den umfassenderen, auch spirituell getönten Sinnzusammenhang einer kosmischen Perspektive trage zur positiven Lösung dieser Krise bei: „Merkmal aller Lösungen auf Stufe 7 ist, dass sie kontemplative Erfahrungen nicht-egoistischer und nicht-dualistischer Art implizieren (…). Ihr Kern ist das Gefühl, Teil des Lebensganzen zu sein (…)" (Kohlberg, 1979, S. 405). Der hier anklingende Gedanke einer Beziehung zwischen Moralität und Mortalität ist interessant genug, um ihn später wieder aufzunehmen (s. Kap. 15).

14.3 Differentielle Aspekte: Persönlichkeitsmerkmale und Charakterstärken

Von der Unterscheidung verschiedener Entwicklungsstufen moralischen Urteilens abgesehen haben weder Piaget noch Kohlberg differentiellen Bedingungen moralischen Handelns bzw. der Rolle von Persönlichkeitsdispositionen besondere Beachtung geschenkt. Zwar wird die Bedeutung sozialkognitiver Kompetenzen betont, doch können diese auch in Zusammenhängen von Täuschung und Betrug nützlich sein; auch mag bezweifelt werden, dass die ethisch sophistizierte Diskussion moralischer Dilemmata sich grundsätzlich mit einer entsprechenden moralischen Haltung verbindet.

Wie zahlreiche Befunde zeigen, stehen moralisch relevante Handlungsbereitschaften bzw. „chronische Ziele" wie Altruismus oder Fairness in korrelativen Beziehungen zu allgemeinen Persönlichkeitsdispositionen; ähnliches gilt für moralische Emotionen wie z. B. Empörung, Reue oder Schuldempfinden (s. z. B. Montada, 2009; Schmitt, Gollwitzer, Maes & Arbach, 2005). Auch

Entscheidungspräferenzen in moralischen Dilemmasituationen – etwa bei einem Konflikt zwischen altruistischen Tendenzen und Gerechtigkeitsprinzipien – sind Ausdruck von Persönlichkeitsmerkmalen; nicht zuletzt gilt dies auch für moralische Basiskompetenzen wie Einfühlungsvermögen, sozialkognitive Kompetenz und effiziente Selbstregulation. Wer in soziomoralischer Hinsicht günstige Dispositionen bzw. Veranlagungen mitbringt, mag durch ein „moralisches Glück" begünstigt erscheinen, das außerhalb persönlichen Verdienstes liegt (s. auch Williams, 1981). Hier berühren wir das Spannungsfeld zwischen deterministischen Verhaltenstheorien und dem Sprachspiel moralischen Urteilens, das ein zumindest in gewissen Grenzen frei handelndes Subjekt voraussetzt. Unter dem Eindruck reduktionistischer Ansprüche von Seiten der Neurowissenschaften ist die Diskussion zu dieser Problematik lebhaft geworden. Dazu sei hier nur angemerkt, dass die Bereitschaft z. B. zu altruistischem Engagement nicht durch begünstigende Persönlichkeitseigenschaften abgewertet wird – ebenso wie umgekehrt z. B. mangelnde Fairness nicht ohne weiteres durch eine entsprechende charakterliche Disposition entschuldigt werden kann.

Moralische Regeln wie auch Tugendkonzepte haben wesentlich auch eine verhaltenskorrektive Funktion, wie sie schon im Konzept der „Volitionen zweiter Ordnung" angesprochen wurde. Sie fordern die Einübung selbstregulatorischer Gewohnheiten und insofern auch die Überwindung dispositioneller Verhaltenstendenzen, soweit diese mit Kriterien altruistischen, maßvollen, gerechten Handelns unverträglich sind. Die Schwierigkeitsgrade „tugendhaften" Verhaltens im Spannungsfeld von Versuchung und Selbstkontrolle sind je nach Verhaltensbereich und individuellen Persönlichkeitsdispositionen unterschiedlich ausgeprägt: „the uneasy virtue of the unhappy agent is diagnostic of both temptation (insofar as it is uneasy) and self-control (insofar as the temptation is overcome)" (Driver, 2001, S. 49). Die Kompensation von Kompetenzdefiziten durch erhöhte Anstrengung gilt – wie in erzieherischen Kontexten allgemein – auch im Moralischen als besonders lobenswert. Allerdings sind auch selbstregulative Kompetenzen und Motivationen, wie sie z. B. in Begriffen von Selbstüberwindung und Selbstbeherrschung angesprochen sind, mit dispositionellen Unterschieden verbunden, die sich z. B. in Experimenten zum Gratifikationsaufschub schon im frühen Kindesalter manifestieren (s. etwa Mischel, 1974; Mischel et al., 1996).

Nach allem ist unzweifelhaft, dass Vortrefflichkeiten und Charakterstärken, wie sie in Tugendkonzepten angesprochen sind, sich nicht mit gleicher Auftrittswahrscheinlichkeit im Raum der bekannten Persönlichkeitsdimensionen verteilen. Wenn wir uns z. B. am faktorenanalytisch begründeten Persönlichkeitsmodell der *Big Five* orientieren, so verweist ein Persönlichkeitszug wie Verträglichkeit (*Agreeableness*) auf Verhaltensbereitschaften wie Empathie und Dankbarkeit, eventuell auch auf die Bereitschaft, eigene Schuld anzuerkennen, während Gewissenhaftigkeit (*Conscientiousness*) pflichtethische Haltungen wie Verantwortung und Willenskontrolle begünstigen sollte. Spezifische Persönlichkeitsdispositionen bilden für unterschiedliche soziomoralische Eigenschaften einen unterschiedlich günstigen Entstehungs- bzw. Entwicklungshintergrund; sie beschränken den Spielraum nicht nur für die individuelle Ausprägung, sondern auch für die Verbindung bzw. Kombination verschiedener „Charakterstärken". In Erziehungs- und Sozialisationskontexten besteht eine Neigung, gewünschte Eigenschaften wie Kreativität, Neugier, Hilfsbereitschaft usw. als Entwicklungs- oder Sozialisationsziele in einem *bag of virtues* (Kohlberg & Mayer, 1972) zusammenzufassen. Fragen der entwicklungs- und differentialpsychologischen Verträglichkeit dieser Merkmale untereinander werden eher selten beachtet, und auch Gesichtspunkte einer auf solche differentiellen Bedingungen abgestimmten, „adaptiven" Erziehungs- und Sozialisationspraxis bleiben vielfach unberücksichtigt.

Die interindividuelle Variation in Persönlichkeitsmerkmalen hängt in unterschiedlichem, zumeist aber nicht unbedeutendem Maße von genetischen Einflussfaktoren ab (s. etwa Plomin & Caspi, 1999); insofern ist davon auszugehen, dass diese auch für soziomoralisch relevante Dispositionen einen unterschiedlich günstigen Hintergrund bilden. Wie z. B. Befunde aus Adoptionsstudien zeigen, finden genetische Dispositionen zu dissozial-aggressivem Verhalten besonders dann eine starke phänotypische Ausprägung, wenn in der Erziehungsumgebung entsprechende Lernbedingungen bzw. „Anregungen" gegeben sind (Cadoret, Cain & Crowe, 1983; Cadoret, Yates, Troughton, Woodworth & Stewart, 1995). Misshandlungen in der frühen Kindheit scheinen spätere Aggressivität und Gewaltbereitschaft insbesondere bei Männern zu begünstigen, bei denen eine genetisch bedingt niedrige Aktivität eines Enzyms (Monoaminooxidase A) nachweisbar ist, das mit dem Abbau der Neurotransmitter Serotonin und Dopamin zu tun hat (Caspi et al., 2002; Dodge, 2006). Vergleichbare Genotyp-Umwelt-Interaktionen können ohne weiteres auch für die Entwicklung soziomoralischer Merkmale angenommen werden; wie für die Humanontogenese allgemein, so ist auch in diesem Bereich eine strikte Trennung zwischen „natürlichen" und „kultürlichen" Einflussebenen theoretisch nicht durchzuhalten (s. auch Tooby & Cosmides, 1992). Dies gilt selbst dort, wo Aktivitäten der Erziehung und intentionalen Selbstentwicklung darauf abzielen, „natürliche" Beschränkungen und Defizite zu kompensieren und persönliche Stärken zu kultivieren.

Über einen allgemeinen evolutionsbiologischen Bedingungshintergrund soziomoralisch relevanter Persönlichkeitsdispositionen und damit zusammenhängender moralischer Emotionen und Handlungsbereitschaften bestehen heute kaum noch Zweifel (s. auch Wright, 1994). Die Frage, wie etwa ein Merkmal wie die Bereitschaft zu altruistischer Opferbereitschaft sich in der Evolution durchsetzen bzw. erhalten kann, wird heute zumeist aus einer Erklärungsperspektive der *inclusive fitness* beantwortet; diese verrechnet den (nicht grundsätzlich positiven) Beitrag uneigennützigen Handelns für die reproduktive Fitness des einzelnen Individuums mit dem Reproduktionsvorteil, den dieses Handeln für die Gemeinschaft insgesamt hat. Besonders ins Gewicht fallen hierbei Vorteile für die biologische Verwandtschaft, mit der das altruistisch handelnde Subjekt durch seine Gene verbunden ist (Hamilton, 1964; s. auch Frank, 1994). Dass Opfer zunächst zugunsten nahestehender Personen bzw. Verwandter gebracht werden, wie es durch das evolutionsbiologische Kalkül der inklusiven Fitness nahegelegt wird, erscheint uns natürlich und moralisch erlaubt oder sogar geboten, jedenfalls soweit keine Ungerechtigkeiten gegenüber anderen im Spiel sind. Als Musterbeispiele heldenhafter Opferbereitschaft gelten allerdings Fälle, wo das altruistische Engagement über den Nahbereich von Freundschafts- und Verwandtschaftsbeziehungen hinausgeht (s. auch Burnstein, Crandall & Kitayama, 1994). Wie oben bereits gezeigt, wird ein Verhalten umso enger mit einer bestimmten „tugendhaften" Disposition assoziiert, je deutlicher es das übersteigt, was ohne weiteres erwartet werden darf.

Aus differentialpsychologischer Perspektive erscheint Moralität als multidimensionales Konzept; Korrelationsstudien haben die Annahme eines Generalfaktors moralischer Tugendhaftigkeit schon vor langem in Frage gestellt (s. etwa Hartshorne & May, 1928). Die Annahme differentieller „Moralitätsprofile" ermöglicht offenbar eine flexiblere Beschreibung soziomoralischer Orientierungen als die Aufteilung moralischer Subjekte auf einige Entwicklungs- bzw. Qualitätsstufen. Eine differentielle Perspektive steht insofern in größerer Nähe zu moralpsychologischen Konzeptionen, die nicht einzelne Tugenden wie z. B. Gerechtigkeit in den Vordergrund stellen, sondern von einer Pluralität von Vortrefflichkeiten bzw. „Charakterstärken" ausgehen, die sich zwar im Sinne einer Einheit der Tugenden wechselseitig befördern mögen, jedoch nur selten sämtlich in einer einzelnen Person verwirklicht finden.

14.4 Ansätze zur differentialpsychologischen Klassifikation von „Charakterstärken"

In die vorgenannte Richtung geht der Versuch einer differentialpsychologischen Systematik bzw. eines diagnostischen Schemas soziomoralisch relevanter Haltungen, den Peterson (2006) in der *Values in Action Classification of Strengths* (VIA) vorgelegt hat. Im Sinne des Programms der *Positive Psychology* (s. etwa Seligman & Csikszentmihalyi, 2000) versteht sich dieser Ansatz als

Gegenentwurf zu den traditionell auf Verhaltensdefizite und -pathologien zentrierten klinischen Klassifikationssystemen.

Die VIA umfasst neben bekannten „Kardinaltugenden" wie Weisheit bzw. praktische Vernunft, Mut bzw. Tapferkeit, Gerechtigkeit, Mäßigung, Liebe bzw. Wohltätigkeit auch den Aspekt Transzendenz bzw. Spiritualität. Diese Tugendbereiche werden wiederum in spezifischere Teilaspekte bzw. „persönliche Stärken" unterteilt: Als Aspekte von Weisheit und Wissen werden Kreativität, Neugier, kritisches Denken, Wissbegierde aufgeführt („cognitive strengths that entail the acquisition and use of knowledge"); Mut und Tapferkeit werden mit Ausdauer, Authentizität, Enthusiasmus verbunden („emotional strengths that involve the exercise of will to accomplish goals in the face of opposition"); Liebe bzw. Wohltätigkeit wiederum mit Freundlichkeit, Freundschaft, Dankbarkeit, sozialer Intelligenz („interpersonal strengths that involve tending and befriending others"); Gerechtigkeit als Tugendbereich umfasst Fairness, Bereitschaft zur Übernahme von Verantwortung, Gemeinschaftsorientierung („civic strengths that underlie healthy community life"); Mäßigung wiederum schließt Vergebensbereitschaft, Bescheidenheit, Umsicht, Selbstbeherrschung ein („strengths that protect against excess"); als Facetten von Transzendenz – interpretiert im Sinne von „strengths that forge connections to the larger universe and provide meaning" – werden Spiritualität, Sensitivität für Schönheit und Exzellenz, Humor, Zuversicht, Dankbarkeit aufgeführt.

Über Details dieser Zusammenstellung mag man streiten; empirische Analysen mit entsprechenden Skalen spannen jedenfalls erwartungsgemäß einen multidimensionalen Raum auf (s. auch Seligman, Steen, Park & Peterson, 2005). Beziehungen zu allgemeineren Persönlichkeitsmerkmalen liegen auch hier zum Teil auf der Hand; auch die Dispositionen zu hartnäckiger Zielverfolgung bzw. flexibler Zielanpassung (s.o., Kap. 6) stehen in sinnfälligem Zusammenhang zu Merkmalen der VIA- Klassifikation (Pooya, 2009): Hartnäckige Zielverfolgung bzw. assimilative Persistenz zeigt signifikante Beziehungen zu persönlichen Stärken wie Selbstkontrolle, Mut, Ausdauer, aber auch zu „geistigen" Tugenden wie Kreativität, Neugier, Wissbegierde, Enthusiasmus. Akkommodative Flexibilität bzw. flexible Zielanpassung andererseits zeigt engere Zusammenhänge zu Einstellungen wie Dankbarkeit, Fairness, Humor, Bescheidenheit, insbesondere auch zu Verzeihensbereitschaft – wobei in diesem Syndrom tugendnaher Einstellungen zum einen die im Akkommodationskonzept angesprochene Bereitschaft zum Ausdruck kommt, sich von blockierten Zielen zu lösen, zum anderen aber auch die geringere Neigung flexibler Personen zu einer Anspruchs- und Erwartungshaltung des *maximizing* (Schwartz, 2004). Wie bereits dargestellt, weisen die Skalen zur Erfassung von assimilativer Persistenz und akkommodativer Flexibilität substantiell positive Beziehungen zu Maßen von Wohlbefinden und subjektiver Lebensqualität auf.

Es liegt nahe, hier auf die eingangs angesprochene Frage der Beziehung zwischen „Tugenden" bzw. Charakterstärken und Wohlbefinden zurückzukommen. Auch bei Verwendung der üblichen Maße zur Erfassung subjektiven Wohlbefindens und der individuellen Affektbalance finden sich Hinweise darauf, dass diese Beziehung im Allgemeinen positiv ist. Intrinsisch wertvolle, auf sozial akzeptierte Ziele gerichtete Aktivitäten werden zumal dann, wenn sie persönlichen Dispositionen entsprechen, als befriedigend empfunden; auch Einstellungen wie etwa Verzeihensbereitschaft und Dankbarkeit wirken sich offenbar positiv auf die individuelle Glücksbilanz aus (s. etwa Carlsmith, Wilson & Gilbert, 2008). Da entsprechende Verhaltensweisen in der Sozialisation allgemein mit positiven Verstärkungen und entsprechenden affektiven Valenzen verknüpft werden, sind auch in der individuellen Verhaltensregulation positive Selbstverstärkungseffekte zu erwarten. Positive Korrelationen mit Wohlbefindensmaßen ergeben sich zum Teil wohl auch dadurch, dass Merkmale wie Empathie, soziale Intelligenz und Selbstkontrolle, die gleichsam als moralische Basiskompetenzen anzusehen sind, zum Lebenserfolg in verschiedenen Bereichen beitragen.

Neben den angesprochenen korrelativen Beziehungen finden sich auch Hinweise auf einen direkten Einfluss bestimmter „tugendhafter" Praktiken auf das Wohlbefinden: Verhaltensprogramme zur Förderung z. B. von Dankbarkeit, Hilfsbereitschaft oder Verzeihensbereitschaft haben in verschiedenen Interventionsstudien einen positiven Effekt auf das individuelle Wohlbefinden gezeigt. Teilnehmer an diesen Untersuchungen wurden beispielsweise ermutigt, regelmäßig über erfreuliche Dinge in ihrem Leben und deren Ursache nachzudenken, sich mit einem Besuch oder einem Brief bei Menschen zu bedanken, die ihnen in ihrem Leben geholfen haben, oder sich in karitativen Unternehmungen zu engagieren (s. etwa Emmons & McCullough, 2003; Enright & Coyle, 1998; McCullough, Bono & Root, 2007; Seligman et al., 2005). Die genauere Analyse vermittelnder Mechanismen steht noch aus; jedoch ist anzunehmen, dass die Einübung von prosozialen Verhaltensweisen zur Steigerung des Selbstwertgefühls und zu sozialer Anerkennung und Integration beiträgt. Tätigkeiten, die als sinnvoll erlebt werden, können auch dann zum Wohlbefinden beitragen, wenn sie nicht mit einem unmittelbaren hedonischen Gewinn einhergehen; dies gilt insbesondere dann, wenn sie mit individuellen Persönlichkeitsmerkmalen und „Charakterstärken" harmonieren (s. auch Lyubomirsky et al., 2005).

Doing good makes you feel good – mit diesem Slogan könnte man die Befundlage überschreiben, und Ähnliches hatte auf Altgriechisch schon Aristoteles behauptet. Tugendkonzepte liefern allerdings nur eine partielle Bestimmung von positiver Entwicklung – oder, um dieses Kapitel mit einem Zitat abzuschließen: „… das gute Leben für den Menschen ist das Leben, das in der Suche nach dem guten Leben für den Menschen verbracht wird, und die für die Suche notwendigen Tugenden sind jene, die uns in die Lage versetzen, zu verstehen, worin darüber hinaus und worin sonst noch das gute Leben für den Menschen besteht" (MacIntyre, 1987, S. 293).

15
Mortalität, Moralität und Weisheit: Prozesse finaler Dezentrierung

Das Merkmal chronologischen Alters misst zum einen die zurückgelegte Lebenszeitstrecke, zugleich verbindet es sich für die alternde Person mit Erwartungen hinsichtlich der Lebenszeit, die ihr noch verbleibt. Für das Thema positiver Entwicklung und gelingenden Lebens sind beide Aspekte bedeutsam: Wir handeln und entwickeln uns in der Zeit; die hierzu gegebenen Optionen und Spielräume werden wesentlich begrenzt durch die Zeit, über die wir verfügen bzw. noch zu verfügen glauben. Wir investieren bzw. opfern Zeit, um Ziele zu realisieren und Problemen oder möglichen Entwicklungsverlusten vorzubeugen; im Handeln versuchen wir, Zeit zweckmäßig und sinnvoll zu nutzen, wobei die Erwartung zukünftiger Handlungsfolgen unserem Tun Bedeutung verleiht. Zeit – im Sinne von verfügbarer Lebenszeit – ist insofern Handlungs- und Sinnressource zugleich.

Zeit ist als gelebte wie auch als noch zu lebende Zeit kognitiv repräsentiert und damit zugleich ein Regulativ individuellen Handelns und Erlebens. Vom jüngeren Menschen werden Zeit und Zukunft wesentlich als Möglichkeitsraum erlebt, in dem sich Entwürfe eines zukünftigen Selbst entfalten können; Selbstbild und Identität älterer Menschen werden demgegenüber in stärkerem Maße durch den Rückblick auf die zurückliegende Lebensgeschichte bestimmt. Aus dem Umstand, dass wir ein bestimmtes Alter und damit noch ein bestimmtes – wenngleich nicht mit letzter Genauigkeit abzuschätzendes – Lebenszeitbudget haben, ziehen wir zugleich praktische Schlüsse für unser Handeln und unsere Lebensführung. Mit der Verknappung von Ressourcen steigt bekanntlich die Notwendigkeit, über ihre sinnvolle Verwendung nachzudenken, und so wird auch der Umgang mit der eigenen Zeit reflektierter und planvoller, je weniger davon verbleibt. Zugleich aber wird die persönliche Wichtigkeit der Bereiche, in die man Zeit investiert, zunehmend weniger von Ergebniserwartungen bestimmt, die in einer subjektiv nicht mehr erreichbaren Zukunft liegen.

Damit klingt bereits ein Aspekt an, dessen Bedeutung für positive Entwicklung und „erfolgreiches" Altern noch genauer auszuloten ist. Unser Handeln ist wesentlich zukunftsgerichtet und schließt insofern die Annahme ein, intendierte Handlungsfolgen auch erleben zu können: In Handlungs-

und Entscheidungstheorien, welche die Auswahl unter alternativen Optionen üblicherweise als Funktion erwarteter Auswirkungen und deren persönlicher Wertigkeit bestimmen, ist diese Grundannahme von axiomatischer Bedeutung (z. B. Feather, 1982). Wenn die Voraussetzung des Selbst-Vorhandenseins in der Zukunft fraglich wird und zeitlich distante Effekte mit geringerem Gewicht in das persönliche Nutzenkalkül eingehen, kann dies nicht ohne Auswirkungen auf individuelle Handlungs- und Lebensorientierungen und auf die intentionale Struktur des Handelns insgesamt bleiben. Hieraus ergeben sich Berührungspunkte zu Themen von Weisheit und Selbsttranszendenz; in diesen sind Handlungsorientierungen und Lebenseinstellungen angesprochen, die den Horizont individueller Lebenszeit überschreiten und in geringerem Maße auf Eigeninteressen und zukünftige Nutzenaspekte zentrieren.

15.1 Lebenszeitreserven, Sinnperspektiven und Ziele

Die Beschäftigung mit den Themen von Endlichkeit und Tod wird durch das konzentrierte Engagement für aktuelle lebenspraktische Aufgaben, die vordringlich Aufmerksamkeit beanspruchen, vielfach in den Hintergrund gedrängt. In diesem Zusammenhang ist oft von „Verdrängung" die Rede, womit zugleich unterstellt wird, dass die Beschäftigung mit der Endlichkeitsthematik angstbesetzt ist. Zweifellos kann Angst vor dem Sterben als Kehrseite des biologisch angelegten Motivs zum Weiterleben betrachtet werden. Die Ausblendung der Endlichkeitsthematik aus dem individuellen Bewusstsein und zum Teil auch aus dem öffentlichen Diskurs kann allerdings auch ohne Rückgriff auf verdrängungstheoretische Konzepte erklärt werden, nämlich als Ausdruck einer generellen, aus evolutionsbiologischer Sicht durchaus zweckmäßigen Tendenz unseres Arbeitsgedächtnisses, sich vorrangig mit lösbar erscheinenden Problemen und eher mit zeitlich näherliegenden Ereignissen zu befassen als mit solchen, die in einer späteren Zukunft liegen.

Auch wenn das Selbstsystem gegen die Vergegenwärtigung des eigenen Endes immunisierende Barrieren aufbaut (s. z. B. Janoff-Bulman, 1992), sind diese im Allgemeinen kaum stark genug, um ein Bewusstsein des näherrückenden Lebensendes beim älteren Menschen auszublenden. Auch aus diesem Grund ist es bemerkenswert, dass es im höheren Alter nicht zu einer deutlichen Verschlechterung subjektiver Lebensqualität oder zur Zunahme depressiver Störungen kommt (s.o., Kap. 3). Präventive oder kompensatorische Aktivitäten, die auf die Erhaltung von Gesundheit und Leistungsvermögen zielen, spielen in diesem Zusammenhang eine bedeutende Rolle. Wie wir gesehen haben, ist die Reichweite solcher Aktivitäten jedoch insofern begrenzt, als im höheren Alter die für kompensatorisches Handeln verfügbaren zeitlichen und physischen Ressourcen, damit zugleich auch aktivierbare Reservepotentiale abnehmen (s. auch Baltes et al., 2006; Brandtstädter & Wentura, 1995). Der potentiell belastende Einfluss schwindender Lebenszeitreserven ist umso größer, je stärker persönliche Ziele und Projekte auf die Zukunft gerichtet sind; umso mehr gewinnen für die Bewahrung von Wohlbefinden und subjektiver Lebensqualität Prozesse an Bedeutung, welche eine Hinwendung zu Zielen und Sinnperspektiven unterstützen, die in geringerem Maße an die Erwartung zukünftigen persönlichen Nutzens gebunden sind.

Je knapper und wertvoller lebenszeitliche Reserven werden, umso stärker regt sich zugleich auch ein Motiv, den Sinn des eigenen Tuns, des bisherigen Lebens oder vielleicht des Lebens im Ganzen zu bedenken. Diese Reflexionsbereitschaft ist noch nicht hinreichend, aber vielleicht notwendig für das Gewinnen einer Lebenseinstellung, die man mit dem anspruchsvollen Begriff „Weisheit" bezeichnet. Sie wird zusätzlich verstärkt durch die Erkenntnis, dass manche Ziele und Projekte in der noch verbleibenden Lebenszeit nicht mehr zu verwirklichen sind. Zumindest solange eine Bindung an diese Ziele fortbesteht, ist diese Erkenntnis oft mit emotionalen Belastungen verbunden. Die Einsicht in die Notwendigkeit, im Hinblick auf das noch Erreichbare Prioritäten zu setzen, kann jedoch zugleich die Ablösung von Zielen anbahnen, die nicht mehr erreichbar scheinen. Wenn sich für die Frage nach dem „Wie" der Erreichung von Zielen keine Antwort findet, wird innerhalb der kognitiven Strukturen, in die persönliche Ziele eingebettet sind, die Frage nach dem „Warum" aktiviert: Zweifel an Sinn und Zweck eines Zieles – am Eintreten erwarteter positiver Folgen, an der Verträglichkeit mit anderen Zielen usf. – leiten typischerweise die Ablösung von Zielen ein, die außer Reichweite geraten sind. Bei knapper werdenden Lebenszeitreserven können sich hieraus tiefgreifende Umorientierungen in Sinnperspektiven ergeben: Ziele, deren Wertigkeit wesentlich an zukünftigen persönlichen Nutzen gebunden ist und die insofern extrinsisch-instrumentellen Charakter haben, sollten gegenüber solchen Zielen an Bedeutung verlieren, die – im Sinne intrinsischer Valenz – ihren Befriedigungswert in sich tragen und damit in geringerem Maße an die Voraussetzung des Vorhandenseins der eigenen Person in der Zukunft gebunden sind; „wer nur noch wenig Zeit zu haben glaubt, setzt sich andere Prioritäten" (Tugendhat, 2003, S. 105). Damit kann einerseits eine verstärkte Orientierung auf hedonisch valente Genuss- und Mußeziele einhergehen bzw. eine Abwendung von Aktivitäten, die mit Aufregungen und Stress verbunden sind. Andererseits mag das Bewusstsein schwindender Lebenszeit aber auch eine verstärkte Zuwendung zu „ich-transzendenten" Zielen und Sinnquellen begünstigen, in denen individualistische Nutzenaspekte in den

Hintergrund treten. Beides kann zur Steigerung subjektiver Lebensqualität beitragen; hier liegt es allerdings wieder nahe, zwischen hedonischem und eudämonischem Wohlbefinden zu unterscheiden (s. auch Ryan & Deci, 2001).

Von investiven zu konsumtiven Orientierungen: Für sein zukünftiges Selbst in der Gegenwart Opfer zu bringen ergibt offenbar umso weniger Sinn, je weniger Zukunft verbleibt. Es erscheint insofern plausibel, dass die Bereitschaft zu Investitionen, die erst auf längere Sicht einen Ertrag bzw. persönlichen Nutzen bringen, im höheren Alter bzw. mit schwindender Lebenszeit zurückgeht. Eine geringere Neigung zum Gratifikationsaufschub, die in frühen Entwicklungsphasen auf mangelnde Kompetenzen der Selbstregulation und eine noch unzureichend ausgebildete Fähigkeit zu planvoller Vorausschau verweist, gewinnt mit Annäherung an das Lebensende eine rationale Qualität. Wir sterben alle, darum lasst uns prassen; wir werden lange leben, lasst uns sparen – so lautet ein Weisheitsspruch aus sumerischer Zeit (Schmid, 1966). Die Verstärkung konsumtiver gegenüber investiven Orientierungen manifestiert sich zum Teil auch in einer Tendenz zum „Entsparen", zum Verbrauch eventuell angesammelter finanzieller Reserven im höheren Alter (s. etwa Browning & Crossley, 2001). Die so eventuell freiwerdenden Mittel können zu Genuss- und Mußeaktivitäten – für Reisen, die Pflege von Hobbys, Theaterbesuche, gutes Essen oder die Wahrnehmung anderer „Wohlfühlangebote" – verwendet und so in unmittelbaren hedonischen Nutzen transformiert werden. Nicht zuletzt kann auch das Bestreben, vermeintlich Versäumtes nachzuholen, zu einem bestimmenden Motiv des Lebensmanagements im höheren Alter werden; in den sonnigen Gewässern Floridas, die gern von wohlhabenden Ruheständlern aufgesucht werden, sieht man gelegentlich Segelyachten mit Aufschriften wie „Carpe Diem" oder „Sorry, Kids" – Letzteres offenbar in ironischer Anspielung auf die durch eigennützigen Gebrauch reduzierte Erbmasse. Konsumtive, auf Genuss und Muße gerichtete Ziele haben insofern intrinsische Valenz, als ihr Wert nicht durch einen Zweckbezug vermittelt ist; sie sind nicht auf zukünftigen Nutzen, aber im Allgemeinen auch nicht auf übergeordnete, allgemeine Werte gerichtet. Als intrinsisch werden in der motivationspsychologischen Literatur allerdings vornehmlich Ziele bezeichnet, die einen solchen Wertbezug aufweisen (s. etwa Brunstein et al., 2007; Ryan et al., 1996).

Von „zweckrationalen" zu „wertrationalen" Orientierungen: Mit dem Heranrücken des Lebensendes und unter dem Einfluss einer erhöhten Bereitschaft, den Sinn des Lebens als Ganzes zu bedenken, scheint sich zugleich – wenn auch in individuell unterschiedlichem Ausmaß – die Orientierung auf „zeitlose" Werte zu verstärken, die den Horizont individualistischer Interessen transzendieren. Die Abschwächung der Interessenperspektive des zukünftigen Selbst kann damit zugleich die Motivation zu uneigennützigem bzw. selbst-

15 Mortalität, Moralität und Weisheit: Prozesse finaler Dezentrierung

losem Handeln verstärken. In welchem Maße sich solche ich-transzendenten gegenüber ich-zentrierten Motivationen durchsetzen, hängt im Einzelfall wohl auch von zeitlich überdauernden Persönlichkeitseigenschaften wie z. B. altruistischen Haltungen ab.

Damit sind grundlegendere Veränderungen in Rationalitätsorientierungen angesprochen, die man auch im Sinne von Max Webers klassischer Unterscheidung zwischen Zweckrationalität und Wertrationalität beschreiben kann, nämlich als Übergang von einer instrumentellen, auf späteren (vornehmlich eigenen) Nutzen gerichteten Rationalität zu einer Einstellung, die sich an ethisch-moralischen, ästhetischen oder auch religiösen bzw. spirituellen Werten orientiert; oder – wie Weber es seinerzeit formulierte – daran, was „Pflicht, Würde, Schönheit (…) oder die Wichtigkeit einer Sache (…) zu gebieten scheinen" (1972, S. 12). In diesem Zusammenhang ist auch an die Unterscheidung zwischen instrumentellen und expressiven Handlungsvalenzen zu erinnern: Handlungen dienen nicht nur der Herbeiführung bestimmter Folgen, sondern sie bringen auch bestimmte Überzeugungen und Werte zum Ausdruck, womit sich eigene Befriedigungsqualitäten verbinden können: Man entscheidet sich z. B. für eine bestimmte Form des Handelns, weil sie Kriterien gerechten oder altruistischen Handelns entspricht und entsprechende persönliche Haltungen in ihr manifest werden. Da solche expressiven Valenzen semantisch vermittelt sind und unmittelbar wirksam werden, können sie in späteren Lebensabschnitten in der Handlungsregulation gegenüber der Fokussierung auf zukünftige Folgen an Bedeutung gewinnen.

Die Unterscheidung zwischen zweckrationalen und wertrationalen Orientierungen berührt sich zum Teil mit der Unterscheidung zwischen „extrinsischen" und „intrinsischen" Zielen. Letztere besitzen – wie eben ausgeführt – eine Wertigkeit, die sich zumindest für die Person selbst nicht aus Nützlichkeitserwägungen ableiten lässt; dies mag z. B. für das Streben nach sozialer Zusammengehörigkeit und Freundschaft, nach Unabhängigkeit oder Selbstachtung, aber auch für ästhetische und spirituelle Ziele oder das Engagement für Ideen und Ideale gelten. Dagegen wird das Streben nach äußeren Symbolen des Lebenserfolges wie Status, Macht oder Reichtum als paradigmatisch für „extrinsische" Orientierungen angesehen, die sich auch in geringerem Maße als wohlbefindensrelevant erwiesen haben (z. B. Kasser & Ryan, 1996).

Im alltäglichen Handeln überlagern sich wertrationale und zweckrationale wie auch intrinsische und extrinsische Motivationen vielfach. Auch wenn etwa altruistisches Engagement oder die Praktizierung anderer Tugenden als intrinsisch befriedigend erlebt wird, kann doch z. B. ein Beliebtheitsgewinn als nicht unwillkommener Nebeneffekt hinzukommen. Bekanntlich unterstützen religiöse Systeme die Praktizierung von Tugenden u.a. dadurch, dass sie erfreuliche Folgen in einem jenseitigen Nachleben in Aussicht stellen.

Auch wenn die Spekulation auf solche außerweltlichen Gewinne – im Sinne einer von Allport und Ross (1967) getroffenen Unterscheidung – eher Formen „extrinsischer" als solche „intrinsischer" Religiosität kennzeichnet, mag sie auch bei Letzteren noch unterschwellig im Spiel sein. Auch bei einem Verhalten, das nicht in erster Linie auf einen Eigenvorteil abzielt, können entsprechende Verhaltensbereitschaften durch solche Vorteile gestützt bzw. durch deren Fortfall gedämpft werden.

Nicht zuletzt können wertrationale mit individualistisch-zweckrationalen Motivationen in Konflikt geraten, z. B. wenn ein nach ethisch-moralischen Maßstäben gebotenes Handeln für die Person schwerwiegende nachteilige Folgen hat. Inwieweit die Qualität moralischen Handelns durch begünstigende extrinsische Einflüsse gemindert wird, ist ein traditioneller Streitpunkt ethiktheoretischer Debatten. Die Frage mag hier dahingestellt bleiben, zumal es oft schwierig ist, zwischen fokal intendierten und lediglich zustimmend in Kauf genommenen, „periintentionalen" Handlungsfolgen scharf zu trennen (s. auch Brandtstädter & Greve, 1999). In jedem Falle aber sollten mit abnehmenden Lebenszeitreserven strategische Rücksichtnahmen auf spätere persönliche Vor- oder Nachteile – zumindest soweit diese lebenszeitimmanent sind – grundsätzlich weniger ins Gewicht fallen; aufgrund ähnlicher Überlegungen betrachtet Nozick (1991) das höhere Lebensalter als einen Lebensabschnitt, der am ehesten geeignet erscheint, zugunsten uneigennütziger und ich-transzendenter Ziele auch persönliche Risiken einzugehen. Die mit dem Näherrücken des Lebensendes abnehmende Fernorientierung persönlicher Ziele und Projekte kann insofern ein gewisses Maß an innerer Unabhängigkeit und Unverletzlichkeit vermitteln. Auch in Interviews äußern ältere Menschen oft, sich von den Meinungen Anderer zunehmend unabhängig zu fühlen (z. B. Schmitz, 1998; Tornstam, 1997).

In Untersuchungen mit Teilnehmern im mittleren und höheren Lebensalter haben wir deutliche Hinweise auf Prioritätsverschiebungen der angesprochenen Art gefunden (Brandtstädter et al., 2010): Intrinsisch-wertrationale Ziele wie altruistisches Engagement, Spiritualität, Authentizität (z. B. wohltätige Organisationen unterstützen; Geborgenheit in einer Glaubensgemeinschaft; zu eigenen Überzeugungen stehen) rangieren im Alter zunehmend deutlich vor Zielen, die auf Macht, Erfolg und Kompetenzerwerb gerichtet sind (z. B. für den persönlichen Erfolg arbeiten, eigene Interessen durchsetzen, für die Zukunft lernen). Altruistisch-uneigennützige, wertrationale Orientierungen haben mit gutem Leben nicht nur in einem ethisch-moralischen Sinne zu tun, sondern tragen auch zu gehobenem Wohlbefinden und subjektiver Lebensqualität bei; dies wurde schon im voraufgehenden Kapitel deutlich (s. auch Emmons, 1999; Kasser & Ryan, 1996). Die Erinnerung an Episoden uneigennützigen, prosozialen Verhaltens trägt offenbar auch im Lebensrückblick zur Lebenszufriedenheit bei (z. B. Bauer, McAdams & Sakeda, 2005).

15.2 Weisheitsförderliche Mortalitätshinweise

Die Endlichkeit und Fragilität des menschlichen Lebens ist zwar als Faktum, nicht jedoch als Bewusstseinsinhalt jederzeit gegenwärtig – jedenfalls nicht, solange man noch „mitten im Leben steht" und an der Gestaltung seiner persönlichen Zukunft arbeitet. Allerdings kann eine entsprechende Bewusstseinslage auch bei größerer Distanz zum Lebensende durch geeignete Hinweisreize und Symbole induziert werden. Im alten Rom gehörte es zum Ritual von Triumphzügen, den siegreich heimkehrenden Feldherrn mit mahnenden Formeln wie *memento mori* oder *memento te hominem esse* an seine Sterblichkeit und sein Menschsein zu erinnern und so egozentrischen Überschwang und Stolz zu dämpfen. *Memento mori*-Symbole – z. B. Totenschädel, welkende Blumen, das Stundenglas – dienen seit dem späten Mittelalter in der sakralen Architektur wie auch in der Malerei (*Vanitas*-Stillleben) dazu, mit der Endlichkeit des Lebens zugleich Tugend- und Weisheitsideale ins Bewusstsein zu rufen. In Kirchen findet sich gelegentlich in der Nähe des Opferstockes – insofern auch strategisch gut platziert – ein Bild des Sensenmannes, und Mortalitätshinweise zieren zuweilen auch Rathaus- und Kirchturmuhren („Eine dieser Stunden wird deine Todesstunde sein", „Nescitis qua hora dominus veniet" und dergleichen). Auch in Gelehrtenstuben sollten einst Sterblichkeitssymbole der Eitelkeit ab- und der philosophischen Inspiration aufhelfen; dies ist allerdings kaum noch zeitgemäß.

Wir haben die im vorigen Abschnitt beschriebenen Verschiebungen in Sinn- und Wertperspektiven wesentlich mit dem im höheren Alter zunehmenden Bewusstsein begrenzter Lebenszeitreserven erklärt. Im Einklang mit dieser theoretischen Deutung steht die Beobachtung, dass vergleichbare Prioritätsverschiebungen auch in jüngeren Altersgruppen durch experimentell induzierte „Mortalitätssalienz" bewirkt werden können. In der Studie von Brandtstädter et al. (2010) wurde hierzu u.a. ein Fragebogen zu eingesetzt, in dem entsprechende Themen – z. B. Umgang mit einer schweren Erkrankung, Befürchtungen im Hinblick auf das Lebensende – angesprochen wurden. Die vorgängige gedankliche Befassung mit diesen Themen hatte zur Folge, dass die Präferenzordnung von extrinsisch-zweckrationalen gegenüber intrinsisch-wertrationalen Zielen sich zugunsten der Letzteren verschob – ein Effekt, der den im Altersvergleich beobachteten Unterschieden entspricht. Ähnliche Auswirkungen hatte es, wenn die Teilnehmer vor der Erfassung von Wertpräferenzen gebeten wurden, sich den letzten Tag ihres Lebens vorzustellen und zu beschreiben, wie sie diesen möglicherweise verbringen würden. Aus der Sicht des Zwei-Prozess-Modells ist dieses Befundmuster im Sinne eines akkommodativen Prozesses zu interpretieren. Für diese theoretische Deutung spricht die zusätzliche Beobachtung, dass die angesprochenen Effekte sich besonders deutlich bei Personen mit hohen Werten in der Skala zur Erfassung akkommodativer Flexibilität zeigen.

Die oben beschriebene experimentelle Prozedur ist Techniken vergleichbar, wie sie im Forschungsprogramm zur *Terror Management Theory* (TMT) entwickelt wurden (Greenberg et al., 1990; Rosenblatt, Greenberg, Solomon, Pyszczynski & Lyon, 1989). In den Experimenten zur TMT wird „Mortalitätssalienz" z. B. durch entsprechende Bilder oder Szenarien (Unfälle, terroristische Angriffe), durch subliminale Hinweisreize oder auch, wie in der vorhin dargestellten Studie, durch die Bearbeitung von Fragen zu Tod und Sterben induziert. Wie einschlägige Befunde zeigen, führen solche experimentellen Manipulationen zu einer zumindest kurzfristig verstärkten Identifikation mit gesellschaftlichen Normen und Werten; zu den beobachteten Effekten gehört z. B. die Ablehnung normdevianten Verhaltens, die Suche nach sozialer Nähe und eine gesteigerte Betonung von Fairness, Toleranz und Großzügigkeit (s. z. B. Mikulincer, Florian & Hirschberger, 2003; Solomon, Greenberg & Pyszczynski, 2004).

Diese Beobachtungen konvergieren zum Teil mit der angesprochenen Tendenz zu einer „wertrationalen" Orientierung. Die TMT betrachtet die verstärkte Identifikation mit dem vorherrschenden Wert- und Normensystem allerdings vornehmlich als Ausdruck eines spezifischen Abwehrmechanismus (*cultural world view defense*), der Todesfurcht und Gefühle von Einsamkeit oder Verlassenheit dämpfen soll. Aus akkommodationstheoretischer Perspektive erscheint dagegen die Akzentuierung von intrinsischen Werten wie Altruismus oder Spiritualität nicht primär – wenn überhaupt – angstgetrieben zu sein, sondern wesentlich aus einer verringerten Zentrierung auf zukünftige persönliche Vorteile zu resultieren. Für diese Sichtweise spricht u.a. auch die Beobachtung einer verstärkten Diskontierung zukünftiger Gewinne. Fragt man z. B., wie hoch ein zu einem späteren Zeitpunkt ausgezahlter Geldbetrag sein müsste, um auf einen unmittelbar ausgezahlten Betrag einer vorgegebenen Höhe zu verzichten, so steigt der als äquivalent genannte Betrag unter Bedingungen von Mortalitätssalienz (Brandtstädter et al., 2010). Auch kann man in der Abwertung von instrumentell-zweckrationalen Orientierungen eher eine Distanzierung von vorherrschenden, an individualistischen Werten orientierten Lebensmodellen als eine Form von *world view defense* sehen. Die für moderne Gesellschaften kennzeichnende Tendenz, Themen von Tod und Endlichkeit aus dem alltäglichen Gesichtskreis auszublenden (Hahn, 2002) hat sich vielleicht auch deshalb durchgesetzt, weil allzu deutliche Sterblichkeitshinweise zukunftsgerichteter Geschäftigkeit nicht unbedingt zuträglich sind.

Natürlich ist nicht zu erwarten, dass experimentelle Prozeduren der angesprochenen Art nachhaltige Einstellungsänderungen bewirken. Dauerhafte und eventuell radikalere Reorientierungen sind eher bei einem Ernstwerden der Todesthematik zu erwarten, wie dies nicht nur bei alternsbedingter Annäherung an das Lebensende, sondern auch in kritischen, lebensbedrohlichen Situationen bzw. nach deren Bewältigung der Fall ist (s. auch Martin, Campbell & Henry, 2004). Wie klinische Studien zeigen, ist eine Zunahme selbsttranszendenter Motivationen – z. B. seine Erfahrungen weitergeben, anderen helfen, das eigene Leben in einen Sinnzusammenhang stellen – oft auch bei schwerkranken Patienten zu beobachten, die der Möglichkeit eines baldigen Todes entgegensehen (s. etwa Coward, 1990; Reed, 1991). Auch in Studien mit Teilnehmern, die mit lebensbedrohlichen Katastrophen (Erdbeben, Terroranschläge) konfrontiert waren, konnte eine verstärkte Zuwendung zu intrinsisch-wertrationalen Sinnperspektiven wie Altruismus, Spiritualität, Dankbarkeit beobachtet werden (vgl. Lykins, Segerstrom, Averill, Evans & Kemeny, 2007; Peterson & Seligman, 2003).

15.3 Weisheit und Endlichkeit

Weisheit wird vielfach als die höchste unter den Kardinaltugenden betrachtet; Thomas von Aquin sah in ihr die Grundlage bzw. Quelle der Tugenden (*sapientia dicitur genitrix virtutum*). Lebenserfahrung und die daraus resultierende Kompetenz, in schwierigen Lebenssituationen klugen und umsichtigen Rat geben zu können, erscheint uns als ein zentrales Bedeutungselement von Weisheit. Auch Handlungen und Entscheidungen gelten als weise, wenn sie im Horizont überindividueller Interessen als nützlich erscheinen, ein ungewöhnliches Maß an Kreativität, Umsicht und Sachverstand voraussetzen und zugleich moralischen Kriterien genügen oder zumindest nicht widersprechen. Um einen weisen Ratschlag als solchen zu erkennen bzw. anzuerkennen, bedarf es allerdings selbst eines gewissen Quantums Weisheit; mancher erscheint als weise nur solange, bis sich die Fragwürdigkeit seiner Überzeugungen und Ratschläge im Laufe der Zeit deutlicher herausstellt.

Kandidaten für die Zuschreibung des Prädikats „weise" sind im alltäglichen Sprachgebrauch vor allem Personen, die zu wissen scheinen, worauf es in einem Gebiet wesentlich ankommt und über entsprechende Umsicht und Expertise verfügen. In diesem weniger anspruchsvollen Sinne werden auch Richter, Ärzte, Fußballtrainer und überhaupt alle Arten von Fachleuten gelegentlich als weise bezeichnet. Die Anwendung des Begriffs ist dabei weitgehend beschränkt auf das implizite und explizite Wissen darum, wie im jeweiligen Praxisfeld schwierige Ziele effektiv erreicht und eventuelle Konflikte gelöst werden können.

In einem gehaltvolleren Sinne weisheitsrelevant erscheint ein durch Einsicht getragenes Wissen, das über technisch-praktische Klugheit hinausgehend auch überzeugende Antworten auf die Frage liefert, welche Ziele es unter dem Leitgesichtspunkt guten und gelingenden Lebens überhaupt wert sind, verfolgt zu werden. Welche Formen und Inhalte von Wissen und welche Lebenseinstellungen hierunter zu subsumieren sind, dazu finden sich in philosophischen, ethischen und religiösen Systemen zum Teil unterschiedliche Auffassungen. Auch in lebenspraktischen Ratschlägen, die oft in Metaphern, Aphorismen und Weisheitssprüchen komprimiert sind, findet sich häufig Widersprüchliches. Inhaltliche Kriterien für die Zuschreibung von Weisheit wandeln sich vor dem Hintergrund der Wertorientierungen und Wissensbestände, die in einer bestimmten Epoche und Gesellschaft verfügbar sind bzw. vorherrschen. Konzeptualisierungen von Weisheit sind auch im historischen Vergleich kaum weniger vielfältig und unterschiedlich, als es die ihnen zugrundeliegenden Vorstellungen guten und gelingenden Lebens sind (z. B. Oelmüller, 1989). Immer jedoch geht es um „ethisches Zielwissen" (Bloch, 1969, S. 361) bzw. um eine Orientierungskompetenz, in der sich kognitive und moralische Vortrefflichkeit im Sinne einer „Orchestrierung von Kompetenzen und Tugenden" (Baltes & Kunzmann, 2004) verbinden. Der idealtypische Weise fungiert gleichsam als Navigator im unsicheren Gelände des Lebens, der allerdings – anders als Wegweiser im engeren Sinne – auch in der eigenen Lebensführung seinen Einsichten folgt, ohne indessen anderen zwingend vorzuschreiben, wo es langgeht. Er betrachtet die Dinge aus einer übergeordneten Perspektive und verliert nicht den Blick auf das „große Ganze" und die Dinge, die „ihrer Natur nach die ehrwürdigsten sind" (Aristoteles, Nikomachische Ethik VI, 7). Weisheit schließt zugleich ein Metawissen ein, insbesondere ein Wissen um die Grenzen eigenen Wissens, das einem *overconfidence bias* (s. etwa Griffin & Tversky, 1992) und den daraus entstehenden Handlungsrisiken entgegenwirkt.

Man kann die Verschiedenheit der Auslegungen und Interpretationen von Weisheit nicht mit der Feststellung abtun, es handele sich eben um einen unscharfen Begriff, der noch auf genauere Definitionen warte. Wenn Weisheit z. B. bestimmt wird als umfassendes Verstehen von Sinn und Ziel des Lebens, als Wissen um die letzten Dinge oder auch als Kompetenz, bei Lebensproblemen guten Ratschlag zu geben, so stellen sich im Hinblick auf solche kriterialen Bestimmungen Anschlussfragen, die nicht mit logischen oder empirischen Mitteln zu beantworten sind. Die Frage z. B. nach „dem" Sinn des Lebens hat keine im engeren Sinne wahre Antwort, wenngleich manche Antworten uns schöner, überzeugender, ethisch wertvoller, lebenspraktisch nützlicher und insofern auch weiser erscheinen als andere. Wie „Schönheit" „Kunst" oder „Gerechtigkeit" gehört auch „Weisheit" offenbar zu einem Typus von Begriffen, die in unterschiedlichen Kontexten unterschiedlich interpretiert werden können – und zwar aus Gründen, die in den Eigenarten des Begriffs selbst liegen. Gallie (1956) hat solche Begriffe als *essentially contested concepts* bezeichnet – als „concepts the proper use of which inevitably involves endless disputes about their proper uses on the part of their users" (S. 169; s. auch Garver, 1990).

Wie immer Weisheit im Einzelnen bestimmt wird, sie erscheint uns als seltene, exquisite Eigenschaft: Der „weisen" Persönlichkeit wird eine Vielfalt positiv bewerteter Eigenschaften zugeschrieben; sensibel, gebildet, gelassen, verständnisvoll, fair, friedlich, offen für Erfahrungen, ambiguitätstolerant, verantwortungsvoll, humorvoll gehören zu den meistgenannten Attributen (vgl. etwa Ardelt, 2003; Clayton & Birren, 1980). Die Liste von Vorzüglichkeiten, die wir mit Weisheit verbinden, könnte noch verlängert werden; tatsächlich ist es einigermaßen schwierig, positive Attribute zu finden, die nicht mit Weisheit assoziiert werden. Da als weisheitsrelevant angenommene Merkmale wie die genannten untereinander nicht durchweg hoch korreliert sind, ist ihr gemeinsames Auftreten schon aus statistischen Gründen als seltenes Ereignis zu betrachten.

Die zunehmende Beschäftigung psychologischer Forschung und Theorienbildung mit dem Thema Weisheit hat u.a. mit der Erkenntnis zu tun, dass klassische Intelligenz- und Persönlichkeitskonzepte nur begrenzten Vorhersagewert für individuellen Lebenserfolg haben. Da Weisheit vornehmlich älteren Menschen zugeschrieben wird und insofern vielleicht zu den Gewinnaspekten höheren Alters gehört, ist das Thema nicht zuletzt auch von besonderem alternspsychologischem Interesse. Die psychologische Forschung hat unterschiedliche Wege beschritten, um die genannten Intuitionen – unsere „impliziten Weisheitstheorien" – theoretisch zu explizieren. Weisheit wird hier vielfach mit der ausgewogenen Integration unterschiedlicher, auch gegensätzlicher Perspektiven und Haltungen in Zusammenhang gebracht; diese Sichtweise begegnet in verschiedenen theoretischen Ausführungen (zum Überblick s. etwa Staudinger & Dörner, 2007; Sternberg, 1990; Sternberg & Jordan, 2005). Als wesentliche Aspekte von Weisheit werden z. B. betrachtet: Der Ausgleich zwischen unterschiedlichen Perspektiven und die Fähigkeit, auch angesichts der Unsicherheiten des Lebens zu klaren und praktikablen Urteilen zu finden (Kitchener & Brenner, 1990); das Suchen nach bzw. Erkennen von Komplementarität zwischen unterschiedlichen Sichtweisen (Arlin, 1990); die Integration von logisch-formalen und intuitiv-holistischen Denkformen (Labouvie-Vief, 1990); die Einsicht in den unsicheren und geschichtlichen Charakter jeder Erkenntnis und die Balance zwischen Wissen und Zweifel (Meacham, 1990); Birren und Fisher (1990, S. 326) sehen Weisheit als „integration of affective, conative, und cognitive aspects of human abilities in response to life's tasks and problems (…) a balance between the opposite valences of intense emotion and detachment, action and inaction, and knowledge and doubts". Gelegentlich wird in solchen Qualitäten zugleich eine „postformale" Entwicklungsstufe des Denkens gesehen, die das Niveau formal-operationalen Denkens bei Piaget in der ontogenetischen Sequenz wie auch in einem qualitativen Sinne übersteigt (vgl. etwa Arlin, 1990; Irwin, 1991). Wo in Explikationsversuchen der vorgenannten Art die Grenze zwischen empirischen Hypothesen bzw. Befunden und Begriffserläuterungen zu ziehen ist, lässt sich allerdings nicht immer leicht feststellen.

Auf Aspekte von Ausgleich und Ausgewogenheit fokussiert auch Sternberg (1998) in seiner *Balance Theory of Wisdom*. Weisheit wird hier expliziert als ausgleichende Balance innerhalb und zwischen „intrapersonalen", „interpersonalen" und „extrapersonalen" Interessen sowie zwischen Prozessen der Anpassung, der Veränderung und der Selektion von Umweltbedingungen. Der Prozess des Ausbalancierens dieser zum Teil gegensätzlichen und konflikthaften Orientierungen wird dabei wesentlich vermittelt durch einen Wertbezug, insbesondere durch eine übergreifende Orientierung auf das „gemeinschaftliche Gute". Als grundlegende kognitive Kompetenz weisen Urteilens und Handelns betrachtet Sternberg ein durch Übung und eigene Erfahrung erworbenes implizites Wissen (*tacit knowledge*) hinsichtlich der Handlungs- und Vorgehensweisen, die für bestimmte Situationen geeignet bzw. angemessen sind. Von implizitem Wissen im Sinne des ursprünglich von Polanyi (1976) geprägten Konzepts spricht man, wenn z. B. jemand grammatikalisch korrekte Sätze bildet, ohne die entsprechenden Sprachregeln explizit zu kennen bzw. wiedergeben zu können. Sternberg bezieht sich mit diesem Begriff auf Formen von praktischer Intelligenz, die in besonderer Weise zum Lebenserfolg beitragen, jedoch nicht auf Intelligenz im geläufigen psychometrischen Sinne reduzierbar sind (s. auch Sternberg, Wagner & Okagaki, 1993).

Das von Paul Baltes und seiner Forschungsgruppe am Max-Planck-Institut für Bildungsforschung entwickelte „Berliner Weisheitsparadigma" zentriert auf den Aspekt lebenspraktischer Expertise – verstanden als „expert knowledge about the fundamental pragmatics of life" (Baltes & Smith, 1990a, S. 103f.; s. auch Baltes & Staudinger, 2000). Notwendige Voraussetzungen bzw. Bausteine von Weisheit sind nach diesem Ansatz: ein „reichhaltiges Faktenwissen" (d.h. Wissen über Entwicklungsverläufe und Entwicklungsbedingungen, soziale Normen, interpersonelle Prozesse etc.), ein „reichhaltiges prozedurales Wissen" (Wissen hinsichtlich relevanter Strategien zur Lösung oder Bewältigung von Lebensproblemen und Konflikten) sowie eine als „Lebensspannen-Kontextualismus" bezeichnete Sensitivität für die Einbettung spezifischer Lebensprobleme in umfassendere soziale, gesellschaftliche und historische Kontexte. Als weitere, eher einstellungsbezogene Kriterien oder Facetten werden genannt „Werterelativismus" (Berücksichtigung der Vielfalt und historischen Relativität von Werten und Lebenszielen) sowie schließlich Einsicht in die „relative Ungewissheit" des Lebens (d.h. in die begrenzte Rationalität menschlicher Entscheidungen sowie ein angemessener Umgang mit dieser Einsicht; vgl. auch Staudinger & Dörner, 2007). In empirischen Studien zu diesem Ansatz wurden Szenarien vorgegeben, in denen komplexe Lebensprobleme beschrieben wurden (z. B. „Ein Mädchen im Alter von 14 Jahren wird schwanger – welchen Rat sollte man geben, was sollte man bedenken?"). Die inhaltsanalytische Auswertung der Antworten im Hinblick auf die genannten Kriterien liefert in diesem Forschungsansatz ein differentielles Maß für Weisheit bzw. den individuellen Grad der Annäherung an dieses Ideal.

Wenn das Zusammentreffen der verschiedenen Merkmale, die implizit oder explizit mit Weisheit assoziiert werden, ein seltenes Ereignis darstellt – inwieweit kann angenommen werden, dass dessen Auftrittswahrscheinlichkeit mit dem Alter zunimmt? Dass jemand ohne Lebenserfahrung lebensklug oder gar weise sein könnte, erscheint uns schon aus begrifflichen Gründen fragwürdig. Der hiermit angesprochene Typus von lebenspraktischem Wissen ist nur begrenzt lehrbar (s. auch Spranger, 1949); vielmehr ist Lebenserfahrung wesentlich an persönliches Erleben und daraus eventuell resultierende Einsichten gebunden. Grenzerfahrungen wie z. B. die, nur knapp dem Tode entronnen zu sein, mögen zu Einstellungsänderungen führen, die Qualitäten von Weisheit aufweisen. Solche Auswirkungen kann man zwar eindrucksvoll beschreiben, sie stellen sich jedoch im Allgemeinen nur bei demjenigen ein, der Entsprechendes selbst erlebt hat.

Richtig ist in jedem Falle, dass zum Erreichen der besonderen Urteils- und Lebenskompetenz, die man als „Weisheit" apostrophiert, mehr als bloßes Altwerden gehört; diese Einsicht selbst scheint mit dem Alter zu wachsen (s. auch Sowarka, 1989). Die Erwartung eines positiven korrelativen Zusammenhanges zwischen Weisheit und chronologischem Alter hat sich – jedenfalls bei Zugrundelegung der angesprochenen Konzeptualisierungen und Operationalisierungen – nicht durchweg bestätigt (vgl. etwa Orwoll & Perlmutter, 1990; Smith & Baltes, 1990; s. auch Jordan, 2005). Die Annahme, dass Weisheit ein höheres Alter voraussetzt, ist allerdings nicht zu verwechseln mit Annahme, dass höheres Alter Weisheit impliziere – Letzteres wäre leicht zu widerlegen. Setzt man voraus, dass Weisheit mit Einsichten, Kompetenzen und Lebenseinstellungen verbunden ist, die sich erst im Laufe der Zeit entwickeln, so erscheint die erstgenannte Implikationsrichtung jedenfalls erheblich plausibler.

Da Weisheit ein komplexes Bündel von Kompetenzen umfasst, ist davon auszugehen, dass deren Entwicklung mit zunehmendem Alter nicht grundsätzlich gleichgerichtet verläuft: Auf der einen Seite haben wir vielleicht einen Gewinn an Lebenserfahrung und Expertise; dagegen zeigen sich in Bereichen, die mit intellektueller Leistungsfähigkeit im engeren Sinne bzw. der reinen Funktionstüchtigkeit des kognitiven Systems zu tun haben, abnehmende Leistungen (s. z. B. Baltes et al., 2006). Auch Persönlichkeitsmerkmale wie etwa Offenheit für Erfahrungen, emotionale Stabilität oder Ambiguitätstoleranz, die allgemein als weisheitsrelevant angesehen werden, zeigen über die Lebensspanne kaum einheitliche Veränderungen (vgl. etwa Greve, 2007; McCrae & Costa, 1996). Mit zunehmender Geschwindigkeit von Veränderungen auf der historischen Zeitebene sinkt zum Teil auch der Gebrauchswert tradierten praktischen Wissens – freilich rücken wir „Weisheit" eher in die Nähe von „zeitlos" gültigen Einsichten hinsichtlich der Bewältigung von Lebensproblemen, die es in gleicher oder ähnlicher Form immer schon gab.

Möglichkeiten bzw. Notwendigkeiten und Grenzen des Handelns gegeneinander abzuwägen gilt vielfach als ein zentrales Merkmal von praktischer Weisheit: Weisheit, so formuliert z. B. Kekes (1983, S. 282), reguliert lebenspraktisches Handeln „…by differentiating between what is possible and impossible for anyone, and by drawing the same distinction for a particular person in context. Wisdom licenses the possible and warns against the impossible"; in ähnlicher Weise spricht Sternberg (1998, S. 353) von einer „balance among responses to environmental contexts: adaptation to existing environmental contexts, shaping of existing environmental contexts, and selection of new environmental contexts". Es liegt nahe, hier im Sinne des Zwei-Prozess-Modells auch von einer Balance zwischen assimilativen und akkommodativen Prozessen bzw. zwischen hartnäckiger Zielverfolgung und flexibler Zielanpassung zu sprechen, deren Bedeutung in Zusammenhängen des Lebensmanagements bereits hervorgehoben wurde. Wie wir bereits gesehen haben, zeigen auch diese Dispositionen gegenläufige Regressionen auf die Altersvariable: Tendenzen zu hartnäckiger Zielverfolgung nehmen mit fortschreitendem Alter ab, wohingegen Zielflexibilität im höheren Alter verstärkt in den Vordergrund tritt. Adaptive Kompetenzen der letzteren Art erscheinen allerdings für die theoretische Explikation von Weisheit besonders bedeutsam; empirische Befunde bestätigen die Bedeutung akkommodativer Flexibilität z. B. hinsichtlich der Bewältigung irreversibler Verluste und der Fähigkeit, auch aversiven Lebensereignissen Sinn abzugewinnen (s.o., Kap. 6). Gerade auch in solchen Aspekten kann sich Weisheit manifestieren, wie dies z. B. Beobachtungen von Clayton (1982, S. 315) nahelegen: „…older people who did possess wisdom did not begrudge loss of those people or things over which they could exert no control; they treated their infirmities with humor as well as medicine and exuded a contentment and peacefulness that drew the discontented to them". Nicht nur kann Weisheit dazu beitragen, Verluste zu bewältigen und in Sinnbezüge einzuordnen; umgekehrt können auch Verlusterfahrungen zu einer vertieften Reflexion von Sinnfragen und zur Auflösung von Illusionen, insofern eventuell auch zu einem gewissen „Weisheitsschub" führen (s. z. B. McKee & Barber, 1999).

Wie deutlich geworden ist, werden Veränderungen in Sinnperspektiven und Lebenseinstellungen nicht nur von der gelebten Zeit, sondern auch von der subjektiv noch zu lebenden Zeit beeinflusst – dies offenbar auch in einer Weise, die weisheitsaffine Haltungen unterstützt. Dieser Gedanke wird z. B. bei Max Wundt (1940, S. 41) in den Vordergrund gerückt: „Darum ist Weisheit überhaupt Einsicht in die Grenzen menschlichen Lebens. Und wir erwarten sie am meisten vom Alter, nicht weil es vielleicht mehr weiß als die Jugend, sondern weil es mehr Gelegenheit gehabt hat, sich der menschlichen Schranken bewußt zu werden, und weil es nahe vor der letzten Schranke steht." Erikson (1966) verbindet gelingende Entwicklung im Alter mit der Auflösung der Krise zwischen „Integrität" und „Verzweiflung", die angesichts der Endlichkeit des Lebens entsteht – wobei er Weisheit spezifischer bestimmt als „distanziertes Befaßtsein mit dem Leben selbst, angesichts des Todes selbst" (S. 122).

Trotz solcher Hinweise hat die besondere Rolle, welche die Annäherung an das Lebensende bzw. das Bewusstsein der Endlichkeit des Lebens möglicherweise spielt, in Forschungen zum Weisheitskonstrukt bislang vergleichsweise wenig Beachtung gefunden. Aus einer primär kognitionspsychologischen Perspektive mag die Relevanz dieses Aspektes weniger einleuchten; sie tritt deutlicher hervor, sobald auch Aspekte von Ablösung und „Selbst-Transzendenz" eingeschlossen werden.

15.4 Finale Dezentrierung

Die Abgrenzung des „Ich" von einer dem Ich als Zentrum eigenen Erlebens und Handelns gegenüberstehenden Umwelt ist eine Errungenschaft der frühen kognitiven Entwicklung; dieser Entwicklungsschritt ist Ausgangspunkt für die Ontogenese intentionalen, zweckgerichteten Handelns und für die Ausbildung selbstreferentieller Kognitionen, aus denen sich in weiteren Verlauf der kognitiven und sprachlichen Entwicklung ein „Selbstkonzept" konstituiert (s.o., Kap. 5). Die Grenzziehung zwischen „selbst" und „fremd" ist von fundamentaler Bedeutung für adaptive Prozesse, die das Überleben und die Entwicklung von Organismen sichern: „As soon as something gets into the business of self-preservation, boundaries become important" (Dennett,

1990, S. 7). Das Immunsystem mobilisiert gegen eingedrungene antigene Substanzen Antikörper, welche die schädigenden Substanzen neutralisieren; in analoger Weise schützt sich auch das Selbstsystem gegen Einflüsse, die seine Integrität und Kontinuität beeinträchtigen (s. Brandtstädter & Greve, 1994b). Die adaptiven Prozesse der Selbsterhaltung sind zunächst als Automatismen angelegt; sie werden im Laufe der weiteren Entwicklung mit Wissensinhalten verbunden und zu intentionalem Handeln und Entscheiden ausgeformt – allerdings bleiben in der Aktualgenese von Intentionen und in Prozessen der Filterung von Informationen weiterhin präintentionale Einflüsse und Automatismen wirksam (Bargh & Ferguson, 2000; Brandtstädter, 2000). Interessen und Bedürfnisse, die der Sicherung – im weiteren Sinne auch der Qualitätssicherung – eigenen Lebens dienen, haben Vorrang in der Handlungsregulation; dies gilt jedenfalls, soweit sich die Wahrnehmung fremder Interessen nicht mit einem eigenen Interesse verbindet. Das Zusammenleben in sozialen Gemeinschaften ist indessen wesentlich davon abhängig, dass auch Bedürfnisse und Interessen Anderer wahrgenommen und berücksichtigt werden und dass prosoziale Tendenzen mit einem Eigeninteresse verknüpft werden, was einerseits z. B. durch spontane Formen von Empathie und Mitgefühl, andererseits auch durch soziale Sanktionsmechanismen unterstützt wird. Zumindest im Falle gelingender Sozialisation kann sich hieraus die Anerkennung von Normen sozialen Zusammenlebens ergeben; hiervon war auch bei der Erörterung soziomoralischer Aspekte positiver Entwicklung die Rede. Moralisch-ethische Normen, aber auch weise Ratschläge dienen gleichsam dazu, der Person bei der Erkenntnis ihrer „wahren" Interessen zu helfen und zugleich eine für vernünftiges Zusammenleben notwendige Balance zwischen eigenen und überindividuellen Interessen zu finden.

In der Reflexion verbindet sich das Motiv der Selbsterhaltung mit dem Wissen um die eigene Endlichkeit. Das Erleben der Begrenztheit des Lebens mag zu Gefühlen der letztendlichen Vergeblichkeit eigener Bemühungen und menschlicher Bestrebungen überhaupt, damit vielleicht auch zu Empfindungen von Sinnlosigkeit und Absurdität führen. Thomas Nagel (1986) hat in seinen philosophischen Arbeiten zu Tod und Sterben eine solche Perspektive pointiert als *View from Nowhere* bezeichnet. Aus der distanziert-dezentrierten Sicht aus dem Nirgendwo, so Nagel, werden wir uns der „radikalen Zufälligkeit" unserer Existenz bewusst; zugleich damit mögen auch Empfindungen der Unerheblichkeit der eigenen Person entstehen. Emotionen wie Freude, Ärger, Reue, aber auch Gefühle von Neid und Missgunst können sich bei einer solchermaßen distanzierten Perspektive in einer Weise abschwächen, die zu Gelassenheit führt – worin vielfach ein wesentlicher Aspekt von Weisheit gesehen wird (s.o., Kap. 13).

15 Mortalität, Moralität und Weisheit: Prozesse finaler Dezentrierung

Zu früheren Aufregungen gewinnt man gelegentlich bereits im Blick von *Anderswo* eine innere Distanz, etwa wenn man aus dem Berufsleben in den „Ruhestand" übergeht. Die radikalere Form der Distanzierung, wie sie bei Nagel angesprochen ist, mag allerdings auch zu Gleichgültigkeit, Indifferenz und reduziertem Engagement führen – Haltungen, die Begriffen von Weisheit und *disengagement* zum Teil als negative Konnotationen anhaften. Nagel sieht zwischen lebenspraktischem Engagement und dem „Blick von Nirgendwo" einen das Leben durchziehenden Konflikt. Es erscheint indessen plausibel, dass dieser Konflikt im höheren Lebensalter bzw. mit zunehmender Bewusstheit der Endlichkeit des Lebens deutlicher wird. Eine dialektische Entwicklungsperspektive legt hier die Vermutung nahe, dass sich unter solchen Bedingungen auch Tendenzen zu einer Synthese beider Perspektiven ergeben können, die für Nagel etwa in der Mitte zwischen „nihilistischer Distanzierung" und einem egozentrischen, auf Eigeninteressen fixierten Bestreben liegt – eine Form von Balance, die nicht zuletzt auch von weisheitstheoretischem Interesse ist. Die Vermittlung zwischen beiden Tendenzen könnte insbesondere darin bestehen, dass selbstzentrierte, auf eigenen Nutzen gerichtete Tendenzen gedämpft und Handlungsorientierungen gestärkt werden, die sich an umfassenderen Begriffen eines allgemeinen Guten orientieren.

Mit dem Begriff „Egozentrismus" hat Piaget (1947) die auf frühen Entwicklungsstufen noch mangelnde Fähigkeit des Denkens bezeichnet, die eigene Perspektive als eine unter mehreren möglichen zu sehen; zur Integration verschiedener Sichtweisen und Urteilsdimensionen und zu einer graduellen Aufhebung der Beschränkungen egozentrischen Wahrnehmens und Denkens tragen Prozesse bei, die er als „Dezentrierungen" beschreibt (erste Ansätze dazu kennzeichnen bei Piaget den Übergang zur Phase konkreter Operationen im Alter von ca. sechs Jahren). In einem erweiterten Sinne mag man die oben angesprochenen Veränderungen der Rationalitätsperspektive in Richtung auf intrinsisch-wertrationale, nichtindividualistische Einstellungen als eine Form „finaler Dezentrierung" bezeichnen (s. Brandtstädter, 2009; Brandtstädter et al., 2010). Die Grenzerfahrung des näherrückenden Lebensendes scheint insofern paradoxerweise auch „Entgrenzungen" zu begünstigen – sei es im Sinne einer Ausweitung von Identifikationen, sei es im Sinne einer verstärkten Reflexion auf das „allgemeine Gute". In psychologischen Erörterungen des Weisheitskonzeptes wird dieser Aspekt gelegentlich in der Gegenüberstellung von „practical wisdom" und „transcendent wisdom" angesprochen (Wink & Helson, 1997); Weisheitsformen der letzteren Art werden auch mit Begriffen wie „Selbsttranszendenz", „Ich-Transzendenz" oder „expanded boundaries" verbunden (vgl. etwa Levenson & Crumpler, 1996; McKee & Barber, 1999; Tornstam, 1997). Die Ablösung von einer ich-zentrierten Lebenseinstellung bzw. die Ausweitung von Ich-Grenzen kann unterschiedliche Formen und Inhalte annehmen: Eine gesteigerte Identifikation mit Mitmenschen bzw. der Menschheit insgesamt, eine Empfindung des Einswerdens mit der Natur, auch eine gesteigerte Spiritualität sind mögliche Formen von Selbsttranszendenz bzw. finaler Dezentrierung. Freud (1930) bezeichnete solche Empfindungen als „ozeanisches Gefühl", das er allerdings als Residuum früher, synkretisch-autozentrischer Erlebensformen deutet. Kohlbergs Vorstellung einer „kosmischen Perspektive" trifft den Aspekt der Aufhebung egoistisch-egozentrischer Sichtverkürzungen wohl genauer. In ähnlichem Sinne spricht Austin (2006) von einer Auflösung von *I-my-mine*-Abgrenzungen; in dieses Bild passen auch Befunde, wonach ältere Menschen weniger häufig selbstbezügliche Pronomina verwenden (Pennebaker & Stone, 2003).

In seiner Diskussion von Befunden der *Harvard Study of Adult Development* und der sich daraus für ihn ergebenden *guideposts for a happier life* kommt George Vaillant (2002) zu Folgerungen, die zum Teil mit den hier dargestellten – allerdings weniger poetisch gefassten – Überlegungen konvergieren:

> „…if growing older does not inevitably lead to spiritual development, growing older does alter the conditions of life in ways which are conducive to spirituality… Aging compels us to contemplate death and to familiarize ourselves with ceasing to be a special and ‚terminally unique' wave. Aging focuses us toward becoming one with the ultimate ground of all being. Aging allows us to feel part of the ocean" (S. 278).

Insbesondere in ihren stärker spirituellen Formen können Prozesse der finalen Dezentrierung in die Nähe zu mystischem Erleben geraten, worin vielfach eine besondere Dimension von „Weisheit" gesehen wird (s. etwa Moody, 1995): Das „Sichlösen vom voluntativen Haften" (Tugendhat, 2003, S. 117), die Sicht der Welt *sub specie aeterni* als begrenztes Ganzes (Wittgenstein, 1947), die Sensibilisierung für umfassende, zeitlose Sinnzusammenhänge sind Aspekte, die sich in vielen Definitionen von Mystik, insbesondere auch in Weisheitslehren des Ostens finden; meditative Praktiken z. B. des Zen-Buddhismus zielen darauf ab, entsprechende Bewusstseinszustände durch beständiges Üben zu habitualisieren (z. B. Takahashi, 2000). Zunehmend finden die durch meditative Übung herbeigeführten Bewusstseinslagen auch das Interesse der hirnphysiologischen Forschung; so z. B. wird vermutet, dass hierbei Prozesse der Synchronisation bzw. neuronalen Bindung der Aktivität in verschiedenen Hirnregionen eine Rolle spielen (s. etwa Singer & Ricard, 2008). Im Hinblick auf Zusammenhänge mit der Altersvariable liegt hier auch die Frage nahe, ob Hirnalterungsprozesse und deren kognitive Begleiterscheinungen wie z. B. Defizite in selektiver Aufmerksamkeit und in der Inhibierung aufgabenirrelevanter Aktivierungen, reduzierte und weniger fokussierte Aktivierung kortikaler Regionen (s. z. B. Raz & Nagel, 2007) neben ihren leistungsmindernden Effekten möglicherweise auch Auswirkungen im Sinne einer Ausweitung von „Ich-Grenzen" haben; diese Frage ist noch ungeklärt. Eine überzeugende neurobiologische Geschichte zu diesen Themen wartet jedenfalls darauf, noch geschrieben zu werden; ob sie überhaupt jemals verfasst werden wird, steht angesichts der systematischen Probleme, die sich mit einer Reduktion von psychologischen auf physiologische Erklärungsebenen verbinden, in Frage. Vielleicht äußert sich Weisheit in diesem besonderen Zusammenhang auch darin, die Verschiedenheit und zugleich Komplementarität der Erklärungsebenen einer *intentional stance* und einer *physical stance* (Dennett, 1984) zu erkennen bzw. anzuerkennen.

Wie gesagt sind Moralität, Spiritualität und Weisheit keineswegs natürliche Resultate des Älterwerdens, von mystischen Entgrenzungserlebnissen ganz zu schweigen. Die vorhergehenden Überlegungen können gleichwohl zur Erklärung von Entwicklungstendenzen beitragen, die – zumal bei Annäherung an das Lebensende und in Wechselwirkung mit prädisponierenden Persönlichkeitsmerkmalen – die Entstehung von existentiellen Einstellungen begünstigen, die wir mit dem Begriff der „finalen Dezentrierung" angesprochen haben. Diese Einflüsse haben kaum durchweg Weisheit als idealtypisches Ergebnis; sie manifestieren sich vielleicht zunächst in einem gesteigerten Interesse an der Frage, was das Wesentliche im Leben sei. Auch wenn diese Frage keine letztgültig wahre und allgemeingültige Antwort hat, kann die Beschäftigung mit ihr im glücklichen Falle zu persönlich befriedigenden, lebenspraktisch relevanten Antworten führen.

Literatur

Abramson, L.Y., Alloy, L.B. & Metalsky, G.I. (1990). Hopelessness depression: An empirical search for a theory-based subtype. In R.E. Ingram (Ed.), *Contemporary psychological approaches to depression* (pp. 37-58). New York: Plenum.

Abramson, L.Y., Seligman, M.E.P. & Teasdale, E.J.D. (1978). Learned helplessness in humans: Critique and reformulation. *Journal of Abnormal Psychology, 87*, 49-74.

Acker, M.A. (1997). Tempered regrets under total ignorance. *Theory and Decision, 42*, 207-213.

Adler, A. (1931). *What life should mean to you.* Boston: Little.

Affleck, G. & Tennen, H. (1996). Construing benefits from adversity: Adaptational significance and dispositional underpinnings. *Journal of Personality, 64*, 899-922.

Alloy, L.B. & Abramson, L.Y. (1988). Depressive realism: Four theoretical perspectives. In L.B. Alloy (Ed.), *Cognitive processes in depression* (pp. 223-265). New York: Guilford Press.

Allport, A. (1987). Selection for action: Some behavioral and neuophysiological considerations of attention and action. In H. Heuer & A.F. Sanders (Eds.), *Perspectives on perception and action* (pp. 395-419). Hillsdale, NJ: Erlbaum.

Allport, G. & Ross, J.M. (1967). Personal religious orientation and prejudice. *Journal of Personality and Social Psychology, 5*, 432–443.

American Psychological Association (2010). *The road to resilience.* Verfügbar unter: http://www.apa.org/helpcenter/road-resilience.aspx# [14.09.2010].

Anderson, J.R. (1983). *The architecture of cognition.* Cambridge, MA: Harvard University Press.

Anscombe, G.E.M. (1959). *Intention.* Oxford: Blackwell.

Ardelt, M. (2003). Empirical assessment of a three-dimensional wisdom scale. *Research on Aging, 25*, 275-324.

Argyle, M. (1999). Causes and correlates of happiness. In D. Kahneman, E. Diener & N. Schwarz (Eds.), *Well-being: The foundations of hedonic psychology* (pp. 353-373). New York: Russell Sage Foundation.

Arkes, H.R. & Ayton, P. (1999). The sunk cost and Concorde effects: Are humans less rational than lower animals? *Psychological Bulletin, 125*, 591-600.

Arlin, P.K. (1990). Wisdom: The art of problem finding. In R.J. Sternberg (Ed.), *Wisdom: Its nature, origins, and development* (pp. 230-243). New York: Cambridge University Press.

Arnett, J.J. (2004). *Emerging adulthood: The winding road from the late teens through the twenties.* New York: Oxford University Press.

Asendorpf. J.B. (2007). Entwicklungsgenetik. In J. Brandtstädter & U. Lindenberger (Hrsg.). *Entwicklungspsychologie der Lebensspanne. Ein Lehrbuch* (S. 162-193). Stuttgart: Kohlhammer.

Asendorpf, J.B., Warkentin, V. & Baudonnière, P.-M. (1996). Self-awareness and other-awareness II: Mirror self-recognition, social contingency awareness, and synchronic imitation. *Developmental Psychology, 32*, 313-321.

Ashby, F.G., Isen, A.M. & Turken, A.U. (1999). A neuropsychological theory of positive affect and its influence on cognition. *Psychological Review, 106*, 529-550.

Astington, J. W. & Jenkins, J. M. (1999). A longitudinal study of the relation between language and theory of mind development. *Developmental Psychology, 35,* 1311-1320.

Austin, J.H. (2006). *Zen-brain reflections.* Cambridge, MA: MIT Press.

Averill, J.A. (1980). A constructivistic view of emotion. In R. Plutchik & H. Kellerman (Eds.), *Emotion. Theory, research and experience. Vol. 1: Theories of emotion* (pp. 305-339). New York: Academic Press.

Bäckman, L. & Dixon, R.A. (1992). Psychological compensation: A theoretical framework. *Psychological Bulletin, 112,* 259-283.

Bailey, D.B., Jr., Bruer, J.T., Symons, F.J. & Lichtman, J.W. (Eds.). (2001). *Critical thinking about critical periods.* Baltimore, MD: Brookes.

Baltes, P.B. (1997). The incomplete architecture of human ontogeny: Selection, optimization, and compensation as foundation of developmental theory. *American Psychologist, 52,* 366-380.

Baltes, P.B. (2008). Positionspapier: Entwurf einer Lebensspannen-Psychologie der Sehnsucht. Utopie eines vollkommenen und perfekten Lebens. *Psychologische Rundschau, 59,* 77-86.

Baltes, P.B. & Baltes, M.M. (1990). Psychological perspectives on successful aging: The model of selective optimization with compensation. In P.B. Baltes & M.M. Baltes (Eds.), *Successful aging: Perspectives from the behavioral sciences* (pp. 1-34). New York: Cambridge University Press.

Baltes, P.B., Glück, J. & Kunzmann, U. (2002). Wisdom: Its structure and function in regulating successful life span development. In C.R. Snyder & S.J. Lopez (Eds.), *Handbook of positive psychology* (pp. 327-347). New York: Oxford University Press.

Baltes, P.B. & Kunzmann, U. (2004). The two faces of wisdom: Wisdom as a general theory of knowledge and judgment about excellence in mind and virtue vs. wisdom as everyday realization in people and products. *Human Development, 47,* 290-299.

Baltes, P.B., Lindenberger, U. & Staudinger, U.M. (2006). Life span theory in developmental psychology. In R.M. Lerner (Ed.), *Theoretical models of human development* (Handbook of child psychology, Vol. 1, 6th ed., pp. 569-664). New York: Wiley.

Baltes, P.B. & Smith, J. (1990a). Toward a psychology of wisdom and its ontogenesis. In R.J. Sternberg (Ed.), *Wisdom: Its nature, origin, and development* (pp. 87-120). New York: Cambridge University Press.

Baltes, P.B. & Smith, J. (1990b). Weisheit und Weisheitsentwicklung: Prolegomena zu einer psychologischen Weisheitstheorie. *Zeitschrift für Entwicklungspsychologie und Pädagogische Psychologie, 22,* 95-135.

Baltes, P.B. & Staudinger, U.M. (2000). Wisdom: A metaheuristic (pragmatic) to orchestrate mind and virtue toward excellence. *American Psychologist, 55,* 122-136.

Baltes, P.B., Staudinger, U.M. & Lindenberger, U. (1999). Lifespan psychology: Theory and application to intellectual functioning. *Annual Review of Psychology, 50,* 471-507.

Bandura, A. (1977). Self-efficacy: Toward a unifying theory of behavioral change. *Psychological Review, 84,* 191-215.

Bandura, A. (1989). Self-regulation of motivation and action through internal standards and goal systems. In L.A. Pervin (Ed.), *Goal concepts in personality and social psychology* (pp. 19-85). Hillsdale, NJ: Erlbaum.

Bandura, A. (Ed.). (1995). *Self-efficacy in changing societies.* New York: Cambridge University Press.

Bandura, A. (2000). Self-efficacy: The foundation of agency. In W. Perrig & A. Grob (Eds.), *Control of human behavior, mental processes, and consciousness* (pp. 17-34). Mahwah, NJ: Erlbaum.

Bandura, A. (2001). The changing face of psychology at the dawning of a globalization era. *Canadian Psychology, 42,* 12-24.

Bandura, A. & Schunk, D.H. (1981). Cultivating competence, self-efficacy and intrinsic interest through proximal self-motivation. *Journal of Personality and Social Psychology, 41,* 586-598.

Bargh, J.A. (1990). Auto-motives: Pre-conscious determinants of social interaction. In E.T. Higgins & R.M. Sorrentino (Eds.), *Handbook of motivation and cognition* (Vol. 2, pp. 93-130). New York: Guilford Press.

Bargh, J.A. & Chartrand, T.L. (1999). The unbearable automaticity of being. *American Psychologist, 54*, 462-479.
Bargh, J.A. & Ferguson, M.J. (2000). Beyond behaviorism: On the automaticity of higher mental processes. *Psychological Bulletin, 126*, 925-945.
Bartley, W.W. (1973). *Wittgenstein*. Philadelphia, PA: Lippincott.
Bauer, J.J., McAdams, D.P. & Sakeda, A.R. (2005). Interpreting the good life: Growth memories in the lives of mature, happy people. *Journal of Personality and Social Psychology, 88*, 203-217.
Baumeister, R.F. (1986). *Identity. Cultural change and the struggle for self*. New York: Oxford University Press.
Baumeister, R.F., Bratslavsky, E., Muraven, M. & Tice, D.M. (1998). Ego depletion: Is the active self a limited resource? *Journal of Personality and Social Psychology, 74*, 1252-1265.
Baumeister, R.F., Heatherton, T.F. & Tice, D.M. (1994). *Losing control: How and why people fail at self-regulation*. San Diego, CA: Academic Press.
Baumeister, R.F., Smart, L. & Boden, J.M. (1996). Relation of threatened egotism to violence and aggression: The dark side of high self-esteem. *Psychological Review, 103*, 5-33.
Baumeister, R.F. & Vohs, K.D. (2002). The pursuit of meaningfulness in life. In C.R. Snyder & S.J. Lopez (Eds.), *Handbook of positive psychology* (pp. 608-618). New York: Oxford University Press.
Baumeister, R.F. & Vohs, K.D. (Eds.). (2004). *Handbook of self-regulation: Research, theory, and applications*. New York: Guilford.
Becker, L.C. (1992). Good lives. Prolegomena. *Social Philosophy and Policy, 9*, 15-37.
Becker, P. (1982). *Psychologie der seelischen Gesundheit. Band 1: Theorien, Modelle, Diagnostik*. Göttingen: Hogrefe.
Becker, P. (1995). *Seelische Gesundheit und Verhaltenskontrolle*. Göttingen: Hogrefe.
Becker, P. (2006). *Gesundheit durch Bedürfnisbefriedigung*. Göttingen: Hogrefe.
Beckermann, A. (1999). *Analytische Einführung in die Philosophie des Geistes*. Berlin: de Gruyter.
Beike, D.R. & Niedenthal, P.M. (1998). The process of temporal self-comparison in self-evaluation and life satisfaction. In P.T.P. Wong & P.S. Fry (Eds.), *The human quest for meaning: A handbook of research and clinical applications* (pp. 71-89). Mahwah, NJ: Erlbaum.
Benson, P.L. & Leffert, N. (2001). Developmental assets in childhood and adolescence. In N.J. Smelser & P.B. Baltes (Eds.), *International encyclopedia of the social and behavioral sciences* (Vol. 3, pp. 1690-1697). Amsterdam: Elsevier.
Benson, P.L., Scales, P.C., Hamilton, S.F. & Sesma, A., Jr. (2006). Positive youth development: Theory, research, and applications. In R.M. Lerner (Ed.), *Theoretical models of human development* (Handbook of child psychology, Vol. 1, 6th ed., pp. 894-941). New York: Wiley.
Berger, P.L., Berger, B. & Kellner, J. (1987). *Das Unbehagen in der Modernität*. Frankfurt/M.: Campus.
Berlin, H.A., Rolls, E.T. & Kischka, U. (2004). Impulsivity, time perception, emotion and reinforcement sensitivity in patients with orbitofrontal cortex lesions. *Brain, 127*, 1108-1126.
Birnbacher, D. (1984). Spinoza und die Reue. *Zeitschrift für philosophische Forschung, 38*, 219-240.
Birren, J.E. & Fisher, L.M. (1990). Conceptualizing wisdom: The primacy of affect-cognition relations. In R.J. Sternberg (Ed.), *Wisdom: Its nature, origins, and development* (pp. 317-332). New York: Cambridge University Press.
Birren, J.E. & Schaie, K.W. (Eds.). (2006). *Handbook of the psychology of aging* (6th ed.). Amsterdam: Elsevier.
Bischof-Köhler, D. (2000). *Kinder auf Zeitreise. Theory of Mind, Zeitverständnis und Handlungsorganisation*. Bern: Huber.
Blazer, D. (1989). Depression in late life: An update. *Annual Review of Gerontology and Geriatrics, 9*, 197-215.
Bless, H., Bohner, G., Schwarz, N. & Strack, F. (1990). Mood and persuasion: A cognitive response analysis. *Personality and Social Psychology Bulletin, 16*, 331-345.

Bloch, E. (1969). *Philosophische Aufsätze zur objektiven Phantasie* (Gesamtausgabe, Band 10). Frankfurt/M.: Suhrkamp.
Bloch, E. (1985). *Das Prinzip Hoffnung* (Werkausgabe, Bd. 5). Frankfurt/M.: Suhrkamp.
Block, J.H. & Block, J. (1980). The role of ego-control and ego-resiliency in the organization of behavior. In W.A. Collins (Ed.), *Development of cognition, affect, and social relation (The Minnesota Symposia on Child Psychology*, Vol. 13, pp. 39-101). Hillsdale, NJ: Erlbaum.
Boerner, K. (2004). Adaptation to disability among middle-aged and older adults: The role of assimilative and accommodative coping. *Journal of Gerontology: Psychological Sciences, 59B*, P35-P42.
Boerner, K. & Heckhausen, J. (2003). To have and have not: Adaptive bereavement by transforming mental ties to the deceased. *Death Studies, 27*, 199-226.
Boesch, E.E. (1998). *Sehnsucht. Von der Suche nach Glück und Sinn.* Bern: Huber.
Boll, T. (1998). *Analyse kognitiver und motivationaler Aspekte spezifischer Emotionen am Beispiel von Schuldgefühlen und Empörung nach Führerscheinentzug.* Hamburg: Verlag Dr. Kovac.
Bolte, A., Goschke, T. & Kuhl, J. (2003). Emotion and intuition: Effects of positive and negative mood on implicit judgments of semantic coherence. *Psychological Science, 14*, 416-421.
Bonanno, G.A. (2004). Loss, trauma, and human resilience: Have we underestimated the human capacity to thrive after extremely aversive events? *American Psychologist, 59*, 20-28.
Bönsch, M. (1995). *Differenzierung in Schule und Unterricht.* München: Ehrenwirth.
Bornstein, M.H. (1989). Sensitive periods in development: Structural characteristics and causal interpretations. *Psychological Bulletin, 105*, 179-197.
Botvin, G.J. (1996). Substance abuse prevention through Life Skills Training. In R. DeV. Peters & R.J. McMahon (Eds.), *Preventing childhood disorders, substance abuse, and delinquency* (pp. 215-240). Newbury Park: Sage.
Bowden, E.M. & Beeman, M.J. (1998). Getting the right idea: Semantic activation in the right hemisphere may help solve insight problems. *Psychological Science, 9*, 435-440.
Bower, G.H. (1981). Mood and memory. *American Psychologist, 36*, 129-148.
Bowlby, J. (1984). *Bindung.* Frankfurt/M.: Fischer (Original erschienen 1969).
Brandtstädter, J. (1980). Gedanken zu einem psychologischen Modell optimaler Entwicklung. *Zeitschrift für Klinische Psychologie und Psychotherapie, 28*, 209-222.
Brandtstädter, J. (1982). Prävention von Lern- und Entwicklungsproblemen im schulischen Bereich. In J. Brandtstädter & A. von Eye (Hrsg.). *Psychologische Prävention. Grundlagen, Programme, Methoden* (S. 275-302). Bern: Huber.
Brandtstädter, J. (1984). Personal and social control over development: Some implications of an action perspective in life-span developmental psychology. In P.B. Baltes & O.G. Brim, Jr. (Eds.), *Life-span development and behavior* (Vol. 6, pp. 1-32). New York: Academic Press.
Brandtstädter, J. (1985). Entwicklungsprobleme des Jugendalters als Probleme des Aufbaus von Handlungsorientierungen. In D. Liepmann & A. Stiksrud (Hrsg.), *Entwicklungsaufgaben und Bewältigungsprobleme der Adoleszenz* (S. 5-12). Göttingen: Hogrefe.
Brandtstädter, J. (1989). Personal self-regulation of development: Cross-sequential analyses of development-related control beliefs and emotions. *Developmental Psychology, 25*, 96-108.
Brandtstädter, J. (1992). Personal control over development: Some developmental implications of self-efficacy. In R. Schwarzer (Ed.), *Self-efficacy: Thought control of action* (pp. 127-145). New York: Hemisphere.
Brandtstädter, J. (1999). The self in action and development: Cultural, biosocial, and ontogenetic bases of intentional self-development. In J. Brandtstädter & R.M. Lerner (Eds.), *Action and self-development: Theory and research through the life span* (pp. 37-65). Thousand Oaks, CA: Sage.
Brandtstädter, J. (2000). Emotion, cognition, and control: Limits of intentionality. In W.J. Perrig & A. Grob (Eds.), *Control of human behavior, mental processes, and consciousness* (pp. 3-16). Mahwah, NJ: Erlbaum.
Brandtstädter, J. (2001). *Entwicklung - Intentionalität - Handeln.* Stuttgart: Kohlhammer.

Brandtstädter, J. (2006a). Action perspectives on human development. In R.M. Lerner (Ed.), *Theoretical models of human development* (Handbook of child psychology, Vol. 1, 6th ed., pp. 516-568). New York: Wiley.
Brandtstädter, J. (2006b). Adaptive resources in later life: Tenacious goal pursuit and flexible goal adjustment. In M. Csikszentmihalyi & I.S. Csikszentmihalyi (Eds.), *A life worth living: Contributions to positive psychology* (pp. 143-164). New York: Oxford University Press.
Brandtstädter, J. (2007a). Causality, intentionality, and the causation of intentions: The problematic boundary. In M.G. Ash & T. Sturm (Eds.), *Psychology's territories: Historical and contemporary perspectives from different disciplines* (pp. 51-66). Mahwah, NJ: Erlbaum.
Brandtstädter, J. (2007b). *Das flexible Selbst: Selbstentwicklung zwischen Zielbindung und Ablösung.* Heidelberg: Elsevier/Spektrum Akademischer Verlag.
Brandtstädter, J. (2007c). Hartnäckige Zielverfolgung und flexible Zielanpassung als Entwicklungsressourcen: Das Modell assimilativer und akkommodativer Prozesse. In J. Brandtstädter und U. Lindenberger (Hrsg.), *Entwicklungspsychologie der Lebensspanne. Ein Lehrbuch* (S. 423-445). Stuttgart: Kohlhammer.
Brandtstädter, J. (2009). Goal pursuit and goal adjustment: Self-regulation and intentional self-development in changing developmental contexts. *Advances in Life Course Research, 14,* 52-62.
Brandtstädter, J. (2010). Life management in developmental settings of modernity: Challenges to the adaptive self. In R.K. Silbereisen & X. Chen (Eds.), *Social change and human development: Concepts and results* (pp. 50-72). London: Sage.
Brandtstädter, J. & Baltes-Götz, B. (1990). Personal control over development and quality of life perspectives in adulthood. In P.B. Baltes & M.M. Baltes (Eds.), *Successful aging. Perspectives from the behavioral sciences* (pp. 197-224). New York: Cambridge University Press.
Brandtstädter, J., Baltes-Götz, B., Kirschbaum, C. & Hellhammer, D. (1991). Developmental and personality correlates of adrenocortical activity as indexed by salivary cortisol: Observations in the age range of 35 to 65 years. *Journal of Psychosomatic Research, 35,* 173-185.
Brandtstädter, J. & Felser, G. (2003). *Entwicklung in Partnerschaften: Risiken und Ressourcen.* Bern: Huber.
Brandtstädter, J., Gräser, H. & Mazomeit, A. (1990). *Expressive Valenz und Selbstbildkonsistenz von Handlungen: Untersuchungen im Altersbereich von 7-11 Jahren* (Berichte aus der Arbeitsgruppe „Entwicklung und Handeln" Nr. 32). Trier: Universität Trier.
Brandtstädter, J. & Greve, W. (1992). Das Selbst im Alter: adaptive und protektive Mechanismen. *Zeitschrift für Entwicklungspsychologie und Pädagogische Psychologie, 14,* 269-297.
Brandtstädter, J. & Greve, W. (1994a). Entwicklung im Lebenslauf als Kulturprodukt und Handlungsergebnis: Aspekte der Konstruktion und Kritik. In K.A. Schneewind (Hrsg.), *Enzyklopädie der Psychologie, Bd. 1: Psychologie der Erziehung und Sozialisation. Pädagogische Psychologie* (S. 41-71). Göttingen: Hogrefe.
Brandtstädter, J. & Greve, W. (1994b). The aging self: Stabilizing and protective processes. *Developmental Review, 14,* 52-80.
Brandtstädter, J. & Greve, W. (1999). Intentionale und nichtintentionale Aspekte des Handelns. In J. Straub & H. Werbik (Hrsg.), *Handlungstheorie. Begriff und Erklärung des Handelns im interdisziplinären Diskurs* (S. 185-212). Frankfurt/M.: Campus.
Brandtstädter, J., Krampen, G. & Greve, W. (1987). Personal control over development: Effects on the perception and emotional evaluation of personal development in adulthood. *International Journal of Behavioral Development, 10,* 99-120.
Brandtstädter, J. & Lerner, R.M. (Eds.). (1999). *Action and self-development: Theory and research through the life span.* Thousand Oaks, CA: Sage.
Brandtstädter, J., Meiniger, C. & Gräser, H. (2003). Handlungs- und Sinnressourcen: Entwicklungsmuster und protektive Effekte. *Zeitschrift für Entwicklungspsychologie und Pädagogische Psychologie, 35,* 49-58.

Brandtstädter, J. & Montada, L. (1980). Normative Implikationen der Erziehungsstilforschung. In K.A. Schneewind & T. Herrmann (Hrsg.), *Erziehungsstilforschung: Theorien, Methoden und Anwendung der Psychologie elterlichen Erziehungsverhaltens* (S. 33-56). Bern: Huber.
Brandtstädter, J. & Renner, G. (1990). Tenacious goal pursuit and flexible goal adjustment: Explication and age-related analysis of assimilative and accommodative strategies of coping. *Psychology and Aging, 5*, 58-67.
Brandtstädter, J. & Renner, G. (1992). Coping with discrepancies between aspirations and achievements in adult development: A dual-process model. In L. Montada, S.-H. Filipp & R.M. Lerner (Eds.), *Life crises and experiences of loss in adulthood* (pp. 301-319). Hillsdale, NJ: Erlbaum.
Brandtstädter, J. & Rothermund, K. (1994). Self-percepts of control in middle and later adulthood: Buffering losses by rescaling goals. *Psychology and Aging, 9*, 265-273.
Brandtstädter, J. & Rothermund, K. (2002a). Intentional self-development: Exploring the interfaces between development, intentionality, and the self. In L.J. Crockett (Ed.), *Agency, motivation, and the life course* (Nebraska Symposium on Motivation, Vol. 48, pp. 31-75). Lincoln, NE: University of Nebraska Press.
Brandtstädter, J. & Rothermund, K. (2002b). The life-course dynamics of goal pursuit and goal adjustment: A two-process framework. *Developmental Review, 22*, 117-150.
Brandtstädter, J. & Rothermund, K. (2003). Intentionality and time in human development and aging: Compensation and goal adjustment in changing developmental contexts. In U.M. Staudinger & U. Lindenberger (Eds.), *Understanding human development: Dialogues with lifespan psychology* (pp. 105-124). Boston: Kluwer Academic Publishers.
Brandtstädter, J., Rothermund, K., Kranz, D. & Kühn, W. (2010). Final decentrations: Personal goals, rationality perspectives, and the awareness of life's finitude. *European Psychologist, 15*, 152-163.
Brandtstädter, J., Rothermund, K. & Schmitz, U. (1997). Coping resources in later life. *European Review of Applied Psychology, 47*, 107-114.
Brandtstädter, J. & Sturm, T. (2004). Apriorität, Erfahrung und das Projekt der Psychologie. *Zeitschrift für Sozialpsychologie, 35*, 15-32.
Brandtstädter, J., Voß, A. & Rothermund, K. (2004). Perception of danger signals: The role of control. *Experimental Psychology, 51*, 24-32.
Brandtstädter, J. & Wentura, D. (1994). Veränderungen der Zeit- und Zukunftsperspektive im Übergang zum höheren Erwachsenenalter: Entwicklungspsychologische und differentielle Aspekte. *Zeitschrift für Entwicklungspsychologie und Pädagogische Psychologie, 26*, 2-21.
Brandtstädter, J. & Wentura, D. (1995). Adjustment to shifting possibility frontiers in later life: Complementary adaptive modes. In R.A. Dixon & L. Bäckman (Eds.), *Compensating for psychological deficits and declines: Managing losses and promoting gains* (pp. 83-106). Mahwah, NJ: Erlbaum.
Brandtstädter, J., Wentura, D. & Greve, W. (1993). Adaptive resources of the aging self: Outlines of an emergent perspective. *International Journal of Behavioral Development, 16*, 323-349.
Bratman, M.E. (1987). *Intentions, plans, and practical reason*. Stanford, CA: Stanford University Press.
Brickman, P. & Campbell, D. (1971). Hedonic relativism and planning the good society. In M.H. Appley (Ed.), *Adaptation-level theory: A symposium* (pp. 287-302). New York: Academic Press.
Brickman, P., Coates, D. & Janoff-Bulman, R. (1978). Lottery winners and accident victims: Is happiness relative? *Journal of Personality and Social Psychology, 36*, 917-927.
Brim, O.G., Jr. & Kagan, J. (1980). Constancy and change: A view of the issues. In O.G. Brim, Jr. & J. Kagan (Eds.), *Constancy and change in human development* (pp. 1-25). Cambridge, MA: Harvard University Press.
Brockner, J. (1992). The escalation of commitment to a failing course of action: Toward theoretical progress. *Academy of Management Review, 17*, 39-61.
Brockner, J. & Rubin, J.Z. (1985). *Entrapment in escalating conflicts: A social psychological analysis*. New York: Springer.

Browning, M. & Crossley, T.F. (2001). The life-cycle model of consumption and saving. *Journal of Economic Perspectives, 15*, 3-22.
Bruner, J.S. (1990a). *Acts of meaning.* Cambridge, MA: Harvard University Press.
Bruner, J.S. (1990b). Culture and human development: A new look. *Human Development, 33*, 344-355.
Brunstein, J.C., Maier, G.W. & Dargel, A. (2007). Persönliche Ziele und Lebenspläne: Subjektives Wohlbefinden und proaktive Entwicklung im Lebenslauf. In J. Brandtstädter & U. Lindenberger (Hrsg.), *Entwicklungspsychologie der Lebensspanne. Ein Lehrbuch* (S. 270-304). Stuttgart: Kohlhammer.
Buchwald, P., Schwarzer, C. & Hobfoll, S.E. (2004). *Stress gemeinsam bewältigen - Ressourcenmanagement und multiaxiales Coping.* Göttingen: Hogrefe.
Buck, A. (Hrsg.). (1990). *Giovanni Pico della Mirandola. De hominis dignitate – über die Würde des Menschen* (Übersetzung: N. Baumgarten). Hamburg: Meiner.
Buffon, G.L.L. (1777). *De l'homme, des probabilités de la durée de vie: Suppléments à l'histoire naturelle, Vol. 4* (zit. nach Svagelski, J., 1981. *L'idée de compensation en France, 1750-1850.* Lyon: Editions l'Hermès).
Bühler, C. (1933). *Der menschliche Lebenslauf als psychologisches Problem.* Leipzig: Hirzel.
Bühler, C. (1971). Basic theoretical concepts of humanistic psychology. *American Psychologist, 26*, 378-386.
Bühler, K. (1918). *Die geistige Entwicklung des Kindes.* Jena: Fischer.
Bundschuh, A. (1990). *Die Bedeutung von „gelassen" und die Bedeutung der Gelassenheit in den deutschen Werken Meister Eckharts unter Berücksichtigung der lateinischen Schriften.* Frankfurt/M.: Peter Lang Verlagsgruppe.
Burger, J.M. (1984). Desire for control, locus of control, and proneness to depression. *Journal of Personality, 52*, 71-89.
Burger, J.M. (1989). Negative reactions to increases in perceived control. *Journal of Personality and Social Psychology, 56*, 246-256.
Burisch, M. (2006). *Das Burnout-Syndrom. Theorie der inneren Erschöpfung* (2. Aufl.). Berlin: Springer.
Burnstein, E., Crandall, C. & Kitayama, S. (1994). Some neo-Darwinian decision rules for altruism: Weighing cues for inclusive fitness as a function of the biological importance of the decision. *Journal of Personality and Social Psychology, 67*, 773-789.
Burton, R. (1621). *The anatomy of melancholy.* Oxford: Cripps (Neudruck 1977, New York: Vintage Books).
Buss, D.M. (2004). *Evolutionäre Psychologie* (2., aktualisierte Aufl.). München: Pearson Studium.
Butterworth, G. (1990). Self-perception in infancy. In D. Cicchetti & M. Beeghly (Eds.), *The self in transition: Infancy to childhood* (pp. 119-137). Chicago: University of Chicago Press.
Cacioppo, J.T. & Berntson, G.G. (1999). The affect system: Architecture and operating characteristics. *Current Directions in Psychological Science, 8*, 133-137.
Cadoret, R.J., Cain, C.A. & Crowe, R.R. (1983). Evidence for gene-environment interaction in the development of adolescent antisocial behavior. *Behavior Genetics, 13*, 301-310.
Cadoret, R.J., Yates, W.R., Troughton, E., Woodworth, G. & Stewart, M.A.S. (1995). Genetic-environmental interaction in the genesis of aggressivity and conduct disorders. *Archives of General Psychiatry, 52*, 916-924.
Campbell, A., Converse, P.E. & Rodgers, W.R. (1976). *The quality of American life.* New York: Russel Sage.
Camus, A. (1971). *Der Mythos von Sisyphos. Ein Versuch über das Absurde* (156.-167. Tsd.). Hamburg: Rowohlt (Original erschienen 1959).
Cantor, N. & Fleeson, W. (1991). Life tasks and self-regulatory processes. In M.L. Maehr & P.R. Pintrich (Eds.), *Advances in motivation and achievement* (Vol. 7, pp. 327-369). Greenwich, CT: JAI Press.
Cantor, N. & Kihlstrom, J. (1987). *Personality and social intelligence.* Englewood Cliffs, NJ: Prentice Hall.

Caplan, R.D. (1987). Person-environment fit theory and organizations: Commensurate dimensions, time perspectives, and mechanisms. *Journal of Vocational Behavior, 31*, 248-267.
Carlsmith, K.M., Wilson, T.D. & Gilbert, D.T. (2008). The paradoxical consequences of revenge. *Journal of Personality and Social Psychology, 95*, 1316-1324.
Carstensen, L.L. (1992). Social and emotional patterns in adulthood: Support for socioemotional selectivity theory. *Psychology and Aging, 7*, 331-338.
Carstensen, L.L., Isaacowitz, D.M. & Charles, S.T. (1999). Taking time seriously: A theory of socioemotional selectivity. *American Psychologist, 54*, 165-181.
Carstensen, L.L. & Lang, F.R. (2007). Sozioemotionale Selektivität über die Lebensspanne: Grundlagen und empirische Befunde. In J. Brandtstädter & U. Lindenberger (Hrsg.), *Entwicklungspsychologie der Lebensspanne. Ein Lehrbuch* (S. 389-412). Stuttgart: Kohlhammer.
Carstensen, L.L. & Mikels, J.A. (2005). At the intersection of emotion and cognition: Aging and the positivity effect. *Current Directions in Psychological Science, 14*, 117-121.
Carstensen, L.L., Pasupathi, M., Mayr, U. & Nesselroade, J.R. (2000). Emotional experience in everyday life across the adult life span. *Journal of Personality and Social Psychology, 79*, 644-655.
Carver, C.S. & Scheier, M.F. (1990). Origins and foundations of positive and negative affect: A control-process view. *Psychological Review, 97*, 19-25.
Carver, C.S. & Scheier, M.F. (1998). *On the self-regulation of behavior.* New York: Cambridge University Press.
Carver, C.S. & Scheier, M.F. (2003). Three human strengths. In L.G. Aspinwall & U.M. Staudinger (Eds.), *A psychology of human strengths: Fundamental questions and future directions for a positive psychology* (pp. 87-102). Washington, DC: American Psychological Association.
Caspi, A. (1998). Personality development across the life course. In N. Eisenberg (Ed.), *Social, emotional, and personality development* (Handbook of child psychology, Vol. 3, 5th ed., pp. 311-388). New York: Wiley.
Caspi, A., McClay, J., Moffitt, T.E., Mill, J., Martin, J., Craig, I.W., Taylor, A. & Poulton, R. (2002). Role of genotype in the cycle of violence in maltreated children. *Science, 297*, 851-854.
Caspi, A. & Moffitt, T.E. (1993). When do individual differences matter? A paradoxical theory of personality coherence. *Psychological Inquiry, 4*, 247–271.
Cheng, S.-T. (2004). Age and subjective well-being revisited: A discrepancy perspective. *Psychology and Aging, 19*, 409-415.
Cheng, S.-T., Fung, H.H. & Chan, A.C.M. (2007). Maintaining self-rated health through social comparison in old age. *Journals of Gerontology, Series B: Psychological Sciences and Social Sciences, 62*, P227-P285.
Cicchetti, D. & Cohen, D.J. (Eds.) (2006). *Developmental psychopathology. Vol. 3: Risk, disorder, and adaptation.* Hoboken, NJ: Wiley.
Cicchetti, D. & Toth, S.L. (2006). Developmental psychopathology and preventive intervention. In K.A. Renninger & I.E. Sigel (Eds.), *Child psychology in practice* (Handbook of child psychology, Vol. 4, 6th ed., pp. 497-547). New York: Wiley.
Clausen, J.S. (1991). Adolescent competence and the shaping of the life course. *American Journal of Sociology, 96*, 805-842.
Clayton, U. (1982). Wisdom and intelligence: The nature and function of knowledge in the later years. *International Journal of Aging and Development, 15*, 315-323.
Clayton, V.P. & Birren, J.E. (1980). The development of wisdom across the life-span: A reexamination of an ancient topic. In P.B. Baltes & O.G. Brim, Jr. (Eds.), *Life-span development and behavior* (Vol. 3, pp. 103-135). New York: Academic Press.
Colby, A. & Kohlberg, L. (1987). *The measurement of moral judgment (Vol. I).* Cambridge: Cambridge University Press.
Colcombe, S. & Kramer, A.F. (2003). Fitness effects on the cognitive function of older adults: A meta-analytic study. *Psychological Science, 14*, 125-130.
Coleman, P.G. (1986). *Aging and reminiscence processes: Social and clinical implicatoins.* New York: Wiley.

Colvin, C.R. & Block, J. (1994). Do positive illusions foster mental health? An examination of the Taylor and Brown formulation. *Psychological Bulletin, 116*, 3-20.
Cooley, C.H. (1902). *Human nature and social order.* New York: Scribner.
Costa, P.T. & McCrae, R.R. (1992). *Revised NEO Personality Inventory (NEOPI-R) and Five Factor Inventory (NEO-FFI) professional manual.* Odessa, FL: Psychological Assessment Resources.
Counts, R.M. & Sacks, A. (1986). Personality characteristics of divorce prone individuals. *Contemporary Family Therapy, 8*, 111-123.
Coward, D.D. (1990). The lived experience of self-transcendence in women with advanced breast cancer. *Nursing Science Quarterly, 3*, 162-169.
Coyne, J.C. (1992). Cognition in depression: A paradigm in crisis. *Psychological Inquiry, 3*, 232-234.
Coyne, J.C., Aldwin, C. & Lazarus, R.S. (1981). Depression and coping in stressful episodes. *Journal of Abnormal Psychology, 90*, 439-447.
Crockett, L.J. & Silbereisen, R.K. (Eds.). (2000). *Negotiating adolescence in times of social change.* New York: Cambridge University Press.
Cross, S. & Markus, H. (1991). Possible selves across the life span. *Human Development, 34*, 230-255.
Csikszentmihalyi, M. (1987). *Das Flow-Erlebnis. Jenseits von Angst und Langeweile: im Tun aufgehen* (2. Aufl.). Stuttgart: Klett-Cotta.
Csikszentmihalyi, M. (1990). *Flow: The psychology of optimal experience.* New York: Harper & Row.
Csikszentmihalyi, M. & Rathunde, K. (1998). The development of the person: An experiential perspective on the ontogenesis of psychological complexity. In R.M. Lerner (Ed.), *Theoretical models of human development* (Handbook of child psychology, Vol. 1, 5th ed., pp. 635-684). New York: Wiley.
Damasio, A. (1999). *The feeling of what happens: Body, emotion, and the making of consciousness.* London: Heinemann.
Damon, W. & Hart, D. (1988). *Self-understanding in childhood and adolescence.* Cambridge: Cambridge University Press.
Danish, S.J. & D'Augelli, A.R. (1983). *Helping skills II: Life development intervention.* New York: Human Sciences Press.
Darlington, A.-S.E., Dippel, D.W.J., Ribbers, G.M., van Balen, R., Passchier, J. & Busschbach, J.J.V. (2007). Coping strategies as determinants of quality of life in stroke patients: A longitudinal study. *Cerebrovascular Diseases, 23*, 201-407.
Darwin, C. (1859). *On the origin of species by means of natural selection, or the preservation of favoured races in the struggle for life.* London: John Murray.
Davidson, R.J. (1994). On emotion, mood, and related affective constructs. In P. Ekman & R.J. Davidson (Eds.), *The nature of emotion* (pp. 51-55). New York: Oxford University Press.
Davies, M., Stankov, L. & Roberts, R.D. (1998). Emotional intelligence: In search of an elusive construct. *Journal of Personality and Social Psychology, 75*, 989-1015.
Dennett, D.C. (1984). *Elbow room. The varieties of free will worth wanting.* Oxford: Clarendon.
Dennett, D.C. (1990). *The origins of selves* (Research Group on "Mind and Brain", Center for Interdisciplinary Research, Report No. 14). Bielefeld: University of Bielefeld.
Derryberry, D. & Reed, M.A. (1994). Temperament and attention: Orienting toward and away from positive and negative signals. *Journal of Personality and Social Psychology, 66*, 1128-1139.
Dewey, J. (1934). *A common faith.* New Haven: Yale University Press.
Diener, E., Diener, M. & Diener, C. (1995). Factors predicting the subjective well-being of nations. *Journal of Personality and Social Psychology, 69*, 851-864.
Diener, E. & Fujita, F. (1995). Resources, personal strivings, and subjective well-being: A nomothetic and idiographic approach. *Journal of Personality and Social Psychology, 68*, 926-935.
Diener, E., Sandvik, E., Seidlitz, L. & Diener, M. (1993). The relationship between income and subjective well-being: Relative or absolute? *Social Indicators Research, 28*, 195-223.
Diener, E. & Seligman, M.E.P. (2002). Very happy people. *Psychological Science, 13*, 81-84.

Diener, E. & Suh, E.M. (1998). Subjective well-being and age: An international analysis. In K.W. Schaie, M.P. Lawton & M. Powell (Eds.), *Annual review of gerontology and geriatrics: Focus on emotion and adult development* (Vol. 17, pp. 304-324). New York: Springer.

Diener, E., Suh, E.M., Lucas, R.E. & Smith, H.L. (1999). Subjective well-being: Three decades of progress. *Psychological Bulletin, 125*, 276-302.

Dijksterhuis, A. (2004). Think different: The merits of unconscious thought in preference development and decision making. *Journal of Personality Social Psychology, 87*, 586-598.

Dittmann-Kohli, F. (1995). *Das persönliche Sinnsystem: Ein Vergleich zwischen frühem und spätem Erwachsenenalter*. Göttingen: Hogrefe.

Dixon, R.A. & Bäckman, L. (Eds.). (1995). *Compensating for psychological deficits and declines: Managing losses and promoting gains*. Mahwah, NJ: Erlbaum.

Dodge, K.A. (2006). Translational science in action: Hostile attributional style und the development of aggressive behavior problems. *Development and Psychopathology, 18*, 791-814.

Dreisbach, G. & Goschke, T. (2004). How positive affect modulates cognitive control: Reduced perseveration at the cost of increased distractibility. *Journal of Experimental Psychology: Learning, Memory, and Cognition, 30*, 343-353.

Driver, J. (2001). *Uneasy virtue*. Cambridge, UK: Cambridge University Press.

Dubé, M., Lapierre, L. & Bouffard, M.A. (2007). Impact of a personal goals management program on the subjective well-being of young retirees. *European Review of Applied Psychology, 57*, 183-192.

Duckworth, A.L. & Seligman, M.E.P. (2006). Self-discipline outdoes IQ in predicting academic performance of adolescents. *Psychological Science, 16*, 939-944.

Duncker, W. (1935). *Zur Psychologie des produktiven Denkens*. Berlin: Julius Springer.

Edler, A. (1982). *Robert Schumann und seine Zeit*. Laaber: Laaber-Verlag.

Eibl-Eibesfeldt, I. (1973). The expressive behavior of the deaf- and blind-born. In M. von Cranach & I. Vine (Eds.), *Nonverbal behavior and expressive movements* (pp. 163-194). New York: Academic Press.

Eisenberg, N. & Fabes, R.A. (1990). Empathy: Conceptualization, measurement, and relation to prosocial behavior. *Motivation and Emotion, 14*, 131-149.

Ekman, P. (1984). Expression and the nature of emotion. In K.R. Scherer & P. Ekman (Eds.), *Approaches to emotion* (pp. 319-343). Hillsdale, NJ: Erlbaum.

Elder, G.H., Jr. (1974). *Children of the great depression*. Chicago, IL: University of Chicago Press.

Elder, G.H., Jr. & Caspi, A. (1990). Persönliche Entwicklung und sozialer Wandel. In K.U. Mayer (Hrsg.), Lebensverläufe und sozialer Wandel. *Kölner Zeitschrift für Soziologie und Sozialpsychologie* (Sonderheft), *31*, 22-57.

Elster, J. (1989). *Nuts and bolts for the social sciences*. New York: Cambridge University Press.

Emmons, R.A. (1986). Personal strivings: An approach to personality and subjective well-being. *Journal of Personality and Social Psychology, 51*, 1058-1068.

Emmons, R.A. (1999). *The psychology of ultimate concerns: Motivation and spirituality in personality*. New York: Guilford.

Emmons, R.A. (2005). Striving for the sacred: Personal goals, life meaning, and religion. *Journal of Social Issues, 61*, 731-745.

Emmons, R.A. & Kaiser, H.A. (1996). Goal orientation and emotional well-being: Linking goals and affect through the self. In L.L. Martin & A. Tesser (Eds.), *Striving and feeling: Interaction among goals, affect, and self- regulation* (pp. 79-98). Mahwah, NJ: Erlbaum.

Emmons, R.A. & McCullough, M.E. (2003). Counting blessings versus burdens: An experimental investigation of gratitude and subjective well-being in daily life. *Journal of Personality and Social Psychology, 84*, 377-389.

Enright, R.D. & Coyle, C.T. (1998). Researching the process model of forgiveness within psychological interventions. In E.L. Worthington (Ed.), *Dimensions of forgiveness: Psychological research and theological perspectives* (pp. 139-161). Philadelphia: Templeton Foundation Press.

Epstein, S. (1973). The self-concept revisited or a theory of a theory. *American Psychologist, 28*, 405-416.
Ericsson, K.A. (1990). Peak performance and age: An examination of peak performance in sports. In P.B. Baltes & M.M. Baltes (Eds.), *Successful aging: Perspectives from the behavioral sciences* (pp. 154-196). New York: Cambridge University Press.
Erikson, E.H. (1966). *Identität und Lebenszyklus.* Frankfurt/M.: Suhrkamp (Original: [1959]. *Identity and the life cycle.* New York: International University Press).
Eysenck, H.J. (1967). *The biological bases of personality.* Springfield, IL: Charles C. Thomas.
Faltner, M. (Hrsg.). (1988). *Marcus Tullius Cicero. Cato der Ältere über das Alter - Laelius über die Freundschaft.* München: Artemis.
Fantino, E. (1995). The future is uncertain: Eat dessert first. *Behavioral and Brain Sciences, 18*, 125-126.
Feather, N.T. (Ed.). (1982). *Expectations and actions. Expectancy-value models in psychology.* Hillsdale, NJ: Erlbaum.
Fehige, C., Meggle, G. & Wessels, U. (2000). *Der Sinn des Lebens.* München: Deutscher Taschenbuch Verlag.
Felser, G. (2007). Entwicklung in Partnerschaften. In J. Brandtstädter & U. Lindenberger (Hrsg.), *Entwicklungspsychologie der Lebensspanne. Ein Lehrbuch* (S. 446-482). Stuttgart: Kohlhammer.
Felser, G., Schmitz, U. & Brandtstädter, J. (1998). Stabilität und Qualität von Partnerschaften: Risiken und Ressourcen. In K. Hahlweg, D.H. Baucom, R. Bastine & H.J. Markman (Hrsg.), *Prävention von Trennung und Scheidung - Internationale Ansätze zur Prädiktion und Prävention von Beziehungsstörungen* (S. 83-103). Stuttgart: Kohlhammer.
Fenigstein, A., Scheier, M.F. & Buss, A.H. (1975). Public and private self-consciousness: Assessment and theory. *Journal of Consulting and Clinical Psychology, 43*, 522-527.
Ferring, D. & Filipp, S.-H. (1995). The structure of subjective well-being in the elderly: A test of different models by structural equation modeling. *European Journal of Psychological Assessment, 11*, 32.
Festinger, L. (1954). A theory of social comparison processes. *Human Relations, 7*, 117-140.
Festinger, L. & Walster, E. (1964). Post-decision regret and decision reversal. In L. Festinger (Ed.), *Conflict, decision, and dissonance* (100-112). Stanford, CA: Stanford University Press.
Fiedler, K. & Bless, H. (2000). The formation of beliefs at the interface of affective and cognitive processes. In N.H. Frijda, A.S.R. Manstead & S. Bem (Eds.), *Emotions and belief: How feelings influence thoughts* (pp. 144-170). New York: Cambridge University Press.
Filipp, S.-H. & Aymanns, P. (2009). *Kritische Lebensereignisse und Lebenskrisen: Vom Umgang mit den Schattenseiten des Lebens.* Stuttgart: Kohlhammer.
Fishbach, A., Friedman, R.S. & Kruglanski, A.W. (2003). Leading us not unto temptation: Momentary allurements elicit overriding goal activation. *Journal of Personality and Social Psychology, 84*, 296-309.
Fishbach, A. & Shah, J.Y. (2006). Self-control in action: Implicit dispositions toward goals and away from temptations. *Journal of Personality and Social Psychology, 90*, 820-832.
Fishburn, P.C. (1981). Subjective expected utility: A review of normative theories. *Theory and Decision, 13*, 139-199.
Fisher, M.L. & Exline, J.J. (2006). Self-forgiveness vs. excusing: The roles of remorse, effort, and acceptance of responsibility. *Self and Identity, 5*, 127-146.
Flavell, J.H. (1963). *The developmental psychology of Jean Piaget.* New York: van Nostrand.
Flavell, J.H., Speer, J.R., Green, F.L. & August, D.L. (1981). The development of comprehension monitoring and knowledge about communication. *Monographs of the Society for Research and Child Development, 46* (5, Serial No. 192).
Fletcher, G.J. & Fincham, F.D. (Eds.). (1991). *Cognition in close relationships.* Hillsdale, NJ: Erlbaum.
Foot, P. (1997). *Die Wirklichkeit des Guten.* Moralphilosophische Aufsätze. Frankfurt/M.: Fischer.
Foot, P. (2004). *Die Natur des Guten.* Frankfurt/M.: Suhrkamp.

Forgas, J.P. & Ciarrochi, J.V. (2002). On managing moods: Evidence for the role of homeostatic cognitive strategies in affect regulation. *Personality and Social Psychology Bulletin, 28*, 336-345.
Formey, S. (1759). Ébauche du système de la compensation. In Académie Royale des Sciences et Belles-Lettres à Berlin (Ed.), *Histoire de l'Académie Royale des Sciences et Belles-Lettres á Berlin* (Vol. 25, pp. 378-389). Berlin: Haude & Spener.
Foucault, M. (1986). *Sexualität und Wahrheit. Bd. 3: Die Sorge um sich.* Frankfurt/M.: Suhrkamp.
Frank, S.A. (1994). Genetics of mutualism: The evolution of altruism between species. *Journal of Theoretical Biology, 170*, 393-400.
Frankfurt, H.G. (1971). Freedom of the will and the concept of a person. *Journal of Philosophy, 68*, 5-20.
Frankfurt, H.G. (1988). *The importance of what we care about.* New York: Cambridge University Press.
Frankfurt, H.G. (1999). *Necessity, volition, and love.* Cambridge: Cambridge University Press.
Frankl, V.E. (1977). *Das Leiden am sinnlosen Leben.* Freiburg: Herder.
Frankl, V.E. (1978). *Der Wille zum Sinn* (2., überarb. u. erg. Aufl.). Bern: Huber.
Frankl, V.E. (1981). *Trotzdem Ja zum Leben sagen: Ein Psychologe erlebt das Konzentrationslager* (5. Aufl.). München: Kösel (Original erschienen 1946).
Frazier, L.D., Newman, F.L. & Jaccard, J. (2007). Psychosocial outcomes in later life: A multivariate model. *Psychology and Aging, 22*, 676-689.
Frederick, S. & Loewenstein, G. (1999). Hedonic adaptation. In D. Kahneman, E. Diener & N. Schwarz (Eds.), *Well-being: The foundations of hedonic psychology* (pp. 302-329). New York: Russell Sage Foundation.
Frederick, S., Loewenstein, G. & O'Donoghue, T. (2003). Time discounting and time preference: A critical review. In G. Loewenstein, D. Read & R.F. Baumeister (Eds.), *Time and decision: Economic and psychological perspectives on intertemporal choice* (pp. 13-86). New York: Russell Sage Foundation.
Fredrickson, B.L. (2006). The broaden-and-build theory of positive emotions. In M. Csikszentmihalyi & I.S. Csikszentmihalyi (Eds.), *A life worth living: Contributions to positive psychology* (pp. 85-103). New York: Oxford University Press.
Fredrickson, B.L. & Branigan, C. (2005). Positive emotions broaden the scope of attention and thought-action repertoires. *Cognition and Emotion, 19*, 313-332.
Fredrickson, B.L. & Kahneman, D. (1993). Duration neglect in retrospective evaluations of affective episodes. *Journal of Personality and Social Psychology, 65*, 45-55.
Freud, S. (1930). *Das Unbehagen in der Kultur* (Gesammelte Werke, Bd. 14). Frankfurt/M.: Fischer.
Freund, A.M. (2007). Selektion, Optimierung und Kompensation im Kontext persönlicher Ziele: Das SOK-Modell. In J. Brandtstädter & U. Lindenberger (Hrsg.), *Entwicklungspsychologie der Lebensspanne. Ein Lehrbuch.* Stuttgart: Kohlhammer.
Freund, A.M. & Baltes, P.B. (2002). Life-management strategies of selection, optimization, and compensation: Measurement by self-report and construct validity. *Journal of Personality and Social Psychology, 82*, 642-662.
Freund, A.M. & Ebner, N.C. (2005). The aging self: Shifting from promoting gains to balacing losses. In W. Greve, K. Rothermund & D. Wentura (Eds.), *The adaptive self: Personal continuity and intentional self-development* (pp. 185-202). Göttingen: Hogrefe & Huber.
Frey, D. & Rosch, M. (1984). Information seeking after decisions: The roles of novelty of information and decision reversibility. *Personality and Social Psychology Bulletin, 10*, 91-98.
Frey, D. & Schulz-Hardt, S. (1997). Eine Theorie der gelernten Sorglosigkeit. In H. Mandl (Hrsg.), *Bericht über den 40. Kongress der Deutschen Gesellschaft für Psychologie in München 1996* (S. 604-611). Göttingen: Hogrefe.
Fujita, F., Diener, E. & Sandvik, E. (1991). Gender differences in negative affect and well-being: The case for emotional intensity. *Journal of Personality and Social Psychology, 61*, 427-434.
Fung, H.H., Abeles, R.P. & Carstensen, L.L. (1999). Psychological control in later life: Implications for life-span development. In J. Brandtstädter & R.M. Lerner (Eds.), *Action and self-development: Theory and research through the life span* (pp. 234-372). Thousand Oaks, CA: Sage.

Gallie, W.B. (1956). Essentially contested concepts. *Proceedings of the Aristotelian Society, 56*, 167-198.
Garhammer, M. (1999). Time pressure in modern Germany. In J. Zuzanek & A.J. Veal (Eds.), *Time pressure, stress, leisure participation, and well-being: Leisure and life-style connections* (Special Issue of Society & Leisure, 21, 324-354).
Garmezy, N. & Masten, A.S. (1986). Stress, competence, and resilience: Common frontiers for therapist and psychopathologist. *Behavior Therapy, 17*, 500-521.
Garver, E. (1990). Essentially contested concepts: The ethics and tactics of argument. *Philosophy and Rhetoric, 23*, 251-270.
Geertz, C. (1973). *The interpretation of cultures. Selected essays.* New York: Basic Books.
Gehlen, A. (1956). *Urmensch und Spätkultur.* Bonn: Athenäum.
Gehlen, A. (1971). *Der Mensch. Seine Natur und seine Stellung in der Welt* (9. Aufl.). Bonn: Bouvier.
Gibson, J.J. (1977). The theory of affordances. In R. Shaw & F. Bransford (Eds.), *Perceiving, acting, and knowing* (pp. 67-82). Hillsdale, NJ: Erlbaum.
Giddens, A. (1991). *Modernity and self-identity: Self and society in the late modern age.* Cambridge, UK: Polity Press.
Gilbert, D.T. & Ebert, J.E.J. (2002). Decisions and revisions: The affective forecasting of changeable outcomes. *Journal of Personality and Social Psychology, 82*, 503-514.
Gilbert, D.T., Pinel, E.C., Wilson, T.D., Blumberg, S.J. & Wheatley, T.P. (1998). Immune neglect: A source of durability bias in affective forecasting. *Journal of Personality and Social Psychology, 75*, 617-638.
Gilbert, D.T. & Wilson, T.D. (2000). Miswanting: Some problems in the forecasting of future affective states. In J.P. Forgas (Ed.), *Feeling and thinking: The role of affect in social cognition* (pp. 178-197). Cambridge, UK: Cambridge University Press.
Gilligan, C. (1977). In a different voice: Women's conception of the self and of morality. *Harvard Educational Review, 47*, 481-517.
Gilovich, T. & Medvec, V.H. (1995). The experience of regret: What, when, and why. *Psychological Review, 102*, 379-395.
Gilovich, T., Medvec, V.H. & Kahneman, D. (1998). Varieties of regret: A debate and partial resolution. *Psychological Review, 105*, 602-605.
Gilovich, T., Medvec, V.H. & Savitsky, K. (2000). The spotlight effect in social judgment: An egocentric bias of the salience of one's own actions and appearance. *Journal of Personality and Social Psychology, 78*, 211-222.
Glantz, M.D. & Johnson, J. (Eds.). (1999). *Resilience and development: Positive life adaptations.* Dordrecht: Kluwer.
Glaser, R. (1977). *Adaptive education: Individual diversity and learning.* New York: Holt, Rinehart & Winston.
Goethe, J.W. v. (1834). *Werke. Vollständige Ausgabe letzter Hand.* Stuttgart/Tübingen: J.G. Cotta'sche Buchhandlung.
Goffman, E. (1972). *Stigma: Über Techniken der Bewältigung beschädigter Identität.* Frankfurt/M.: Suhrkamp.
Goldman, A.I. (1970). *A theory of human action.* Englewood Cliffs, NJ: Prentice-Hall.
Goleman, D. (1995). *Emotional intelligence.* New York: Bantam.
Gollwitzer, P.M., Fujita, K. & Oettingen, G. (2004). Planning and the implementation of goals. In R.F. Baumeister & K.D. Vohs (Eds.), *Handbook of self-regulation: Research, theory, and applications* (pp. 211-228). New York: Guilford.
Gollwitzer, P.M. & Moskowitz, G.B. (1996). Goal effects on action and cognition. In E.T. Higgins & A.W. Kruglanski (Eds.), *Social psychology: Handbook of basic principles* (pp. 361-399). New York: Guilford Press.
Gopnik, A. & Wellmann, H. (1994). The theory theory. In L.A. Hirschfeld & S.A. Gelman (Eds.), *Mapping the mind: Domain-specificity in cognition and culture* (pp. 257-293). New York: Cambridge University Press.

Gould, S.J. (1981). *The mismeasure of man*. New York: Norton.
Gracián, B. (1954). *Handorakel und Kunst der Weltklugheit*. Stuttgart: Reclam (Original in Spanisch, 1653).
Gräser, H. (2007). Entwicklungsberatung. In J. Brandtstädter & U. Lindenberger (Hrsg.), *Entwicklungspsychologie der Lebensspanne. Ein Lehrbuch* (S. 599-623). Stuttgart: Kohlhammer.
Gräser, H., Brandtstädter, J. & Felser, G. (2001). Zufriedenheit in Partnerbeziehungen: Analyse latenter Entwicklungsgradienten im 14-Jahres-Längsschnitt. In S. Walper & R. Pekrun (Hrsg.), *Familie und Entwicklung: Aktuelle Perspektiven der Familienpsychologie* (S. 200-216). Göttingen: Hogrefe.
Grau, I. & Bierhoff, H.W. (1998). Tatsächliche und wahrgenommene Einstellungsähnlichkeit als Prädiktoren für die Beziehungsqualität. *Zeitschrift für Sozialpsychologie, 29*, 38-50.
Gray, J.A. (1981). A critique of Eysenck's theory of personality. In H.J. Eysenck (Ed.), *A model for personality* (pp. 246-276). New York: Springer.
Greenberg, J., Pyszczynski, T., & Solomon, S., Rosenblatt, A., Veeder, M., Kirkland, S. & Lyon, D. (1990). Evidence for terror management theory II: The effects of mortality salience on reactions to those who threaten or bolster the cultural worldview. *Journal of Personality and Social Psychology, 58*, 308-318.
Greenwald, A.G. (1980). The totalitarian ego: Fabrication and revision of personal history. *American Psychologist, 35*, 603-618.
Greve, W. (1996). Erkenne dich selbst? Argumente zur Bedeutung der „Perspektive der ersten Person". *Sprache & Kognition, 15*, 104-119.
Greve, W. (1990). Stabilisierung und Modifikation des Selbstkonzeptes im Erwachsenenalter: Strategien der Immunisierung. *Sprache & Kognition, 9*, 218-230.
Greve, W. (2000). Das erwachsene Selbst. In W. Greve (Hrsg.), *Psychologie des Selbst* (S. 96-114). Weinheim: Psychologie Verlags Union.
Greve, W. (2001). Successful human development: Psychological conceptions. In N.J. Smelser & P.B. Baltes (Eds.-in-Chief), *International encyclopedia of the social and behavioral sciences* (Vol. 10, pp. 6970-6974). Oxford, UK: Elsevier Science.
Greve, W. (2007). Selbst und Identität im Lebenslauf. In J. Brandtstädter & U. Lindenberger (Hrsg.), *Entwicklungspsychologie der Lebensspanne. Ein Lehrbuch* (S. 305-336). Stuttgart: Kohlhammer.
Greve, W. & Bjorklund, D.F. (2009). The Nestor effect: Extending evolutionary developmental psychology to a lifespan perspective. *Developmental Review, 29*, 163-179.
Greve, W. & Brandtstädter, J. (1994). *Selbstbild und Selbstbewertung im Erwachsenenalter: stabilisierende Dynamiken* (Berichte aus der Arbeitsgruppe „Entwicklung und Handeln", Nr. 49). Trier: Universität Trier.
Greve, W. & Enzmann, D. (2003). Self-esteem maintenance among incarcerated young males: Stabilisation through accommodative processes. *International Journal of Behavioral Development, 27*, 12-20.
Greve, W. & Staudinger, U.M. (2006). Resilience in later adulthood and old age: Resources and potentials for successful aging. In D. Cicchetti & D.J. Cohen (Eds.), *Developmental psychopathology. Vol. 3: Risk, disorder, and adaptation* (2nd ed., pp. 796-840). Hoboken, NJ: Wiley.
Grewal, D.D. & Salovey, P. (2006). Benefits of emotional intelligence. In M. Csikszentmihalyi & I.S. Csikszentmihalyi (Eds.), *A life worth living: Contributions to positive psychology* (pp. 104-119). New York: Oxford University Press.
Griffin, D. & Tversky, A. (1992). The weighing of evidence and the determinants of confidence. *Cognitive Psychology, 24*, 411-435.
Grimm, J. & Grimm, W. (1854-1871/1984). *Deutsches Wörterbuch Bd. 1-33. Nachdruck der Ausgabe Leipzig 1854-1871*. München: Deutscher Taschenbuchverlag.
Grossberg, S. (1987). Competitive learning: From interactive activation to adaptive resonance. *Cognitive Science, 11*, 23-63.

Grühn, D., Smith, J. & Baltes, P.B. (2005). No aging bias favoring memory for positive material: Evidence from a heterogeneity-homogeneity list paradigm using emotionally toned words. *Psychology and Aging, 20*, 579-588.
Grusec, J.E. (1983). The internalization of altruistic dispositions: A cognitive analysis. In E.T. Higgins, D.N. Ruble & W.W. Hartup (Eds.), *Social cognition and social development: A sociocultural perspective* (pp. 275-293). New York: Cambridge University Press.
Guttentag, R. & Ferrell, J. (2004). Reality compared with its alternatives: Age differences in judgments of regret and relief. *Developmental Psychology, 40*, 764-775.
Habermas, J. (1981). *Theorie des kommunikativen Handelns. Bd. 1: Handlungsrationalität und gesellschaftliche Rationalisierung.* Frankfurt/M.: Suhrkamp.
Habermas, J. (2008). Vorwort. In M.J. Sandel, *Plädoyer gegen die Perfektion. Ethik im Zeitalter der genetischen Technik* (S. 7-14). Berlin: Berlin University Press.
Häfner, H. (1992). Psychiatrie des höheren Lebensalters. In P.B. Baltes & J. Mittelstraß (Hrsg.), *Zukunft des Alterns und gesellschaftliche Entwicklung* (S. 151-179). Berlin: de Gruyter.
Hagestad, G.O. (1991). Trends and dilemmas in life course research: An international perspective. In W.R. Heinz (Ed.), *Theoretical advances in life course research* (pp. 23-57). Weinheim: Deutscher Studien Verlag.
Hahn, A. (1982). Zur Soziologie der Beichte und anderer Formen institutionalisierter Bekenntnisse: Selbstthematisierung und Zivilisationsprozess. *Kölner Zeitschrift für Soziologie und Sozialpsychologie, 34*, 407-434.
Hahn, A. (2002). Tod und Sterben in soziologischer Sicht. In J. Assmann & R. Trauzettel (Hrsg.), *Tod, Jenseits und Identität. Perspektiven einer kulturwissenschaftlichen Thanatologie* (S. 55-89). Freiburg: Alber.
Hall, J.H. & Fincham, F.D. (2008). The temporal course of self-forgiveness. *Journal of Social and Clinical Psychology, 27*, 174-202.
Hamilton, W.D. (1964). The genetical evolution of social behavior, Part I and II. *Journal of Theoretical Biology, 7*, 1-52.
Harter, S. (1998). The development of self-representations. In N. Eisenberg (Ed.), *Social, emotional, and personality development* (Handbook of child psychology, Vol. 3, 5th ed., pp. 553-618). New York: Wiley.
Hartshorne, H. & May, M.A. (1928-1930). *Studies in the nature of character. Vol. 1: Studies in deceit. Vol. 2: Studies in self-control. Vol. 3: Studies in the organization of character.* New York: Macmillan.
Hattiangadi, N., Medvec, V.H. & Gilovich, T. (1995). Failing to act: Regrets of Terman's geniuses. *International Journal of Aging and Human Development, 40*, 175-185.
Hauser, S.T. (1999). Understanding resilient outcomes: Adolescent lives across time and generations. *Journal of Research of Adolescence, 9*, 1-24.
Hauser, S.T. & Allen, J.P. (2006). Overcoming adversity in adolescence: Narratives of resilience. *Psychoanalytic Inquiry, 26*, 549-576.
Havighurst, R.J. (1953). *Human development and education.* New York: Longmans & Green.
Hayes-Roth, B. & Hayes-Roth, F. (1979). A cognitive model of planning. *Cognitive Science, 3*, 275-310.
Heckhausen, H. & Gollwitzer, P.M. (1986). Information processing before and after the formation of an intent. In F. Klix & H. Hagendorf (Eds.), *In memoriam Hermann Ebbinghaus: Symposium on the structure and function of human memory* (pp. 1071-1082). Amsterdam: Elsevier/North Holland.
Heckhausen, H. & Gollwitzer, P.M. (1987). Thought contents and cognitive functioning in motivational vs. volitional states of mind. *Motivation and Emotion, 11 (2)*, 101-120.
Heckhausen, J. (1999). *Developmental regulation in adulthood: Age-normative and sociostructural constraints as adaptive challenges.* New York: Cambridge University Press.
Heckhausen, J. & Baltes, P.B. (1991). Perceived controllability of expected psychological change across adulthood and old age. *Journal of Gerontology: Psychological Sciences, 46*, 165-173.

Heckhausen, J., Dixon, R.A. & Baltes, P.B. (1989). Gains and losses in development throughout adulthood as perceived by different adult age groups. *Developmental Psychology, 25*, 109-121.
Heckhausen, J. & Schulz, R. (1995). A life-span theory of control. *Psychological Review, 102*, 284-304.
Heckhausen, J., Wrosch, C. & Fleeson, W. (2001). Developmental regulation before and after a developmental deadline: The sample case of „biological clock" for child-bearing. *Psychology and Aging, 16*, 400-413.
Heidegger, M. (1959). *Gelassenheit*. Pfullingen: Neske.
Henderson, A.S., Jorm, A.F., Korten, A.E., Jacomb, P., Christensen, H. & Rodgers, B. (1998). Symptoms of depression and anxiety during adult life: Evidence for a decline in prevalence with age. *Psychological Medicine, 28*, 1321-1328.
Heuninckx, S., Wenderoth, N. & Swinnen, S.P. (2008). Systems neuroplasticity in the aging brain: Recruiting additional neural resources for successful motor performance in elderly persons. *The Journal of Neuroscience, 28*, 91-99.
Heyl, V., Wahl, H.-W. & Mollenkopf, H. (2007). Affective well-being in old age: The role of tenacious goal pursuit and flexible goal adjustment. *European Psychologist, 12*, 119-129.
Higgins, E.T. (1988). Development of self-regulatory and self-evaluative processes: Costs, benefits, and trade-offs. In M.R. Gunnar & L.A. Sroufe (Eds.), *Self processes in development: Minnesota Symposium on Child Psychology* (Vol. 23, pp. 125-165). Minneapolis: University of Minnesota Press.
Higgins, E.T. (1996a). Ideals, oughts, and regulatory focus: Affect and motivation form distinct pains and pleasures. In P.M. Gollwitzer & J.A. Bargh (Eds.), *The psychology of action: Linking cognition and motivation to behavior* (pp. 91-114). New York: Guilford Press.
Higgins, E.T. (1996b). Knowledge activation: Accessibility, applicability, and salience. In E.T. Higgins & A.W. Kruglanski (Eds.), *Social psychology: Handbook of basic principles* (pp. 133-168). New York: Guilford Press.
Higgins, E.T. (1997). Beyond pleasure and pain. *American Psychologist, 52*, 1280-1300.
Hinske, N. (1986). *Lebenserfahrung und Philosophie*. Stuttgart-Bad Cannstatt: Frommann-Holzboog.
Hobfoll, S.E. (1989). Conservation of resources: A new attempt at conceptualizing stress. *American Psychologist, 44*, 513-524.
Hobfoll, S.E., Freedy, J.R., Green, B.L. & Solomon, S.D. (1996). Coping in reaction to extreme stress: The roles of resource loss and resource availability. In M. Zeidner & N. S. Endler (Eds.), *Handbook of coping: Theory, research, applications* (pp. 322-349). New York: Wiley.
Hodge, K. & Danish, S. (1999). Promoting life skills for adolescent males through sport. In A.M. Horne & M.S. Kiselica (Eds.), *Handbook of counseling boys and adolescent males: A practioner's guide* (pp. 55-71). Thousand Oaks, CA: Sage.
Hodson, G. & Olson, J.M. (2005). Testing the generality of the name letter effect: Name initials and everyday attitudes. *Psychological Bulletin, 31*, 1099-1111.
Höffe, O. (Hrsg.). (1997). *Lexikon der Ethik*. München: Beck.
Höffe, O. (2007). *Lebenskunst und Moral oder: Macht Tugend glücklich?* München: Beck.
Hoffman, M.L. (1970). Moral development. In P.H. Mussen (Ed.), *Carmichael's manual of child psychology* (Vol. 2, pp. 261-359). New York: Wiley.
Hoffman, M.L. (1991). Empathy, social cognition, and moral action. In W.M. Kurtines & J.L. Gewirtz (Eds.), *Handbook of moral behavior and development. Vol. 1: Theory* (pp. 275-301). Hillsdale, NJ: Erlbaum.
Hofstätter, P.R. (1986). *Bedingungen der Zufriedenheit*. Zürich: Interfrom.
Husserl, E. (1966). „Für all das fehlen uns die Namen" – Zeit und absolutes Bewußtsein. In R. Boehm (Hrsg.), *Edmund Husserl: Gesammelte Werke. Zur Phänomenologie des inneren Zeitbewußtseins* (Husserliana, Bd. X, S. 368-382). Den Haag: Martinus Nijhoff.
Inglehart, R. (1990). *Culture shift in advanced industrial society*. Princeton, NJ: Princeton University Press.
Irle, M. (2009). *Älterwerden für Anfänger*. Reinbek: Rowohlt.

Irwin, R.R. (1991). Reconceptualizing the nature of dialectical postformal operational thinking: The effects of affectively mediated social experiences. In J.D. Sinnott & J.C. Cavanaugh (Eds.), *Bridging paradigms: Positive development in adulthood and cognitive aging* (pp. 59-72). New York: Praeger.

Irwin, T.H. (1986). Stoic and Aristotelian conceptions of happiness. In M. Schofield & G. Striker (Eds.), *The norms of nature: Studies in Hellenistic ethics* (pp. 205-244). New York: Cambridge University Press.

Isen, A.M. (1999). Positive affect. In T. Dalgleish & M.J. Power (Eds.), *Handbook of cognition and emotion* (pp. 521-539). Chichester, UK: Wiley.

Isen, A.M., Johnson, M., Mertz, E. & Robinson, G. (1985). Positive affect and the uniqueness of word association. *Journal of Personality and Social Psychology, 48*, 1413-1426.

James, W. (1890). *The principles of psychology*. New York: Holt.

James, W. (1892). *Psychology: Briefer course*. New York: Holt.

Janoff-Bulman, R. (1992). *Shattered assumptions: Towards a new psychology of trauma*. New York: Free Press.

John, O.P. & Gross, J.J. (2007). Individual differences in emotion regulation strategies. In J.J. Gross (Ed.), *Handbook of emotion regulation* (pp. 351-372). New York: Guilford Press.

Johnson, M.K. & Sherman, S.J. (1990). Constructing and deconstructing the past and the future in the present. In E.T. Higgins & R.M. Sorrentino (Eds.), *Handbook of motivation and cognition: Foundations of social behavior* (Vol. 2, pp. 482-526). New York: Guilford.

Jokisaari, M. (2004). Regrets and subjective well-being: A life course approach, *Journal of Adult Development, 11*, 281-288.

Jones, E.E. & McGillis, D. (1976). Correspondent inferences and the attribution cube: A comparative reappraisal. In J.H. Harvey, W.J. Ickes & R.F. Kidd (Eds.), *New directions in attribution research* (Vol. 1, pp. 389-420). Hillsdale, NJ: Erlbaum.

Jordan, J. (2005). The quest for wisdom in adulthood. In R.J. Sternberg & J. Jordan (Eds.), *A handbook of wisdom: Psychological perspectives* (pp. 160-188). New York: Cambridge University Press.

Jung, C.G. (1971). *Psychologische Typen* (Gesammelte Werke, Bd. 8). Olten: Walter.

Kagan, J. (1965). Individual differences in the resolution of response uncertainty. *Journal of Personality and Social Psychology, 2*, 154-160.

Kagan, J. (1966). Reflection-impulsivity: The generality and dynamics of conceptual tempo. *Journal of Abnormal Psychology, 71*, 17-24.

Kagan, J. (1984). *The nature of the child*. New York: Basic Books.

Kagan, J. & Moss, H.A. (1962). *Birth to maturity*. New York: Wiley.

Kahana, E. (1982). A congruence model of person-environment transactions. In M.P. Lawton, B.G. Windley & T.O. Byerts (Eds.), *Aging and the environment: Theoretical approaches* (pp. 97-120). New York: Garland.

Kahneman, D. (1999). Objective happiness. In D. Kahneman, E. Diener & N. Schwarz (Eds.), *Well-being: The foundations of hedonic psychology* (pp. 3-25). New York: Russell-Sage.

Kahneman, D. (2000). Experienced utility and objective happiness: A moment-based approach. In D. Kahneman & A. Tversky (Eds.), *Choices, values, and frames* (pp. 673-692). New York: Russell Sage Foundation/Cambridge University Press.

Kahneman, D., Diener, E. & Schwarz, N. (Eds.). (1999). *Well-being: The foundations of hedonic psychology*. New York: Russell Sage Foundation.

Kahneman, D., Krueger, A.B., Schkade, D., Schwarz, N. & Stone, A.A. (2006). Would you be happier if you were richer? A focusing illusion. *Science, 312*, 1908-1910.

Kahneman, D. & Miller, D.T. (1986). Norm theory: Comparing reality to its alternatives. *Psychological Review, 93*, 136-153.

Kahneman, D. & Tversky, A. (1979). Prospect theory: An analysis of decision under risk. *Econometrica, 47*, 263-291.

Kahneman, D. & Tversky, A. (1982). The psychology of preferences. *Scientific American, 246*, 160-173.

Kahneman, D. & Tversky, A. (1984). Choices, values, and frames. *American Psychologist, 39*, 341-350.
Kalicki, B. (1996). *Lebensverläufe und Selbstbilder: Die Normalbiographie als psychologisches Regulativ.* Opladen: Leske & Budrich.
Kambartel, F. (2008). Gelassenheit. In J. Mittelstraß (Hrsg.), *Enzyklopädie Philosophie und Wissenschaftstheorie* (2., neubearb. u. wesentl. erg. Aufl., Bd. 3, S. 59-60). Stuttgart: Metzler.
Kamlah, W. (1973). *Philosophische Anthropologie. Sprachkritische Grundlegung und Ethik.* Mannheim: BI Taschenbücher.
Kanfer, F.H. & Gaelick-Buys, L. (1991). Self management methods. In F.H. Kanfer & A.P. Goldstein (Eds.), *Helping people change* (4th ed., pp. 305-360). New York: Pergamon Press.
Kant, I. (1785). *Kritik der praktischen Vernunft. Grundlegung zur Metaphysik der Sitten.* Riga: Hartknoch.
Karney, B.R. & Bradbury, T.N. (1995). The longitudinal course of marital quality and stability: A review of theory, method, and research. *Psychological Bulletin, 118*, 3-34.
Kasser, T. & Ryan, R.M. (1996). Further examining the American dream: Differential correlates of intrinsic and extrinsic goals. *Personality and Social Psychology Bulletin, 22*, 280-287.
Kekes, J. (1983). Wisdom. *American Philosophical Quarterly, 20*, 277-286.
Kette, G. (1991). *Haft: eine sozialpsychologische Analyse.* Göttingen: Hogrefe.
Kihlstrom, J.F. & Cantor, N. (1984). Mental representations of the self. In L. Berkowitz (Ed.), *Advances in experimental social psychology* (Vol. 17, pp. 1-47). New York: Academic Press.
Kim, Y-H., Chiu, C-y. & Zou, Z. (2010). Know thyself: Misperceptions of actual performance undermine achievement motivation, future performance, and subjective well-being. *Journal of Personality and Social Psychology, 99*, 395-409.
Kim-Cohen, J. & Gold, A.L. (2009). Measured gene-environment interactions and mechanisms promoting resilient development. *Current Directions in Psychological Science, 18* (3), 138-142.
King, L.A. & Hicks, J.A. (2007). Whatever happened to "What might have been"? Regrets, happiness, and maturity. *American Psychologist, 62*, 625-636.
King, L.A., Hicks, J.A., Krull, J.L. & Del Gaiso, A.K. (2006). Positive affect and the experience of meaning in life. *Journal of Personality and Social Psychology, 90*, 179-196.
Kischka, U., Kammer, T., Weisbrod, M., Maier, S., Thimm, M. & Spitzer, M. (1996). Dopaminergic modulation of semantic network activation. *Neuropsychologica, 34*, 1107-1113.
Kitchener, K.S. & Brenner, H. (1990). Wisdom and reflective judgment: Knowing in the face of uncertainty. In R. Sternberg (Ed.), *Wisdom: Its nature, origins, and development* (pp. 212-229). New York: Cambridge University Press.
Kliegl, R. & Baltes, P.B. (1987). Theory-guided analysis of development and aging mechanisms through testing-the-limits and research on expertise. In K. Schooler & K.W. Schaie (Eds.), *Cognitive functioning and social structure over the life course* (pp. 95-119). Norwood, NJ: Ablex.
Klinger, E. (1987). Current concerns and disengagement from incentives. In F. Halisch & J. Kuhl (Eds.), *Motivation, intention, and volition* (pp. 337-347). Berlin: Springer.
Kocka, J. & Staudinger, U.M. (Hrsg.). (2009). *Gewonnene Jahre: Empfehlungen der Akademiegruppe Altern in Deutschland* (Altern in Deutschland, Bd. 9 - *Nova Acta Leopoldina, Neue Folge*, Nr. 371, Bd. 107).
Kohlberg, L. (1964). Development of moral character and ideology. In M.L. Hoffmann & L.W. Hoffmann (Eds.), *Review of child development research* (Vol. 1, pp. 383-432). New York: Russell Sage Foundation.
Kohlberg, L. (1971). From is to ought: How to commit the naturalistic fallacy and get away with it in the study of moral development. In T. Mischel (Ed.), *Cognitive development and epistemology* (pp. 151-266). New York: Academic Press.
Kohlberg, L. (1976). Moral stages and moralization. The cognitive-developmental approach. In T. Lickona (Ed.), *Moral development and behavior. Theory, research and social issues* (pp. 31-53). New York: Holt, Rinehart & Winston.
Kohlberg, L. (1979). Zusammenhänge zwischen der Moralentwicklung in der Kindheit und im Erwachsenenalter – neu interpretiert. In P.B. Baltes (Hrsg., unter Mitarbeit von L.H. Eckensberger), *Entwicklungspsychologie der Lebensspanne* (S. 379-407). Stuttgart: Klett-Cotta.

Kohlberg, L. (1984). *Essays on moral development: The psychology of moral development.* San Francisco: Harper & Row.
Kohlberg, L., LaCrosse, J. & Ricks, D. (1972). The predictability of adult mental health from childhood behavior. In B. Wolman (Ed.), *Manual of child psychopathology* (pp. 1217-1284). New York: McGraw-Hill.
Kohlberg, L. & Mayer, R. (1972). Development as the aim of education. *Harvard Educational Review, 42,* 449-496.
Kopp, C.B. (1989). Regulation of distress and negative emotions: A developmental view. *Developmental Psychology, 25,* 343-354.
Korsgaard, C.M. (1997). The normativity of instrumental reason. In G. Cullity & B. Gaut (Eds.), *Ethics and practical reason* (pp. 215-254). Oxford: Clarendon Press.
Kourabas, E.R. (2010). *Satisficing und Akkommodation.* Universität Trier: Diplomarbeit
Krampe, R.T. (2007). Wissenserwerb und Expertise. In J. Brandtstädter & U. Lindenberger (Hrsg.), *Entwicklungspsychologie der Lebensspanne. Ein Lehrbuch* (S. 221-244). Stuttgart: Kohlhammer.
Krampen, G. (1987). Entwicklung von Kontrollüberzeugungen: Thesen zu Forschungsstand und Perspektiven. *Zeitschrift für Entwicklungspsychologie und Pädagogische Psychologie, 19,* 195-227.
Krampen, G. (2000). *Handlungstheoretische Persönlichkeitspsychologie* (2. Aufl.). Hogrefe: Göttingen.
Kranz, D. (2005). *Was nicht mehr zu ändern ist. Eine bewältigungstheoretische Untersuchung zum Gefühl der Reue.* Berlin: Wissenschaftlicher Verlag Berlin.
Kranz, D., Bollinger, A. & Nilges, P. (2010). Chronic pain acceptance and affective well-being: A coping perspective. *European Journal of Pain, 14,* 1021-1025.
Kray, L.J., George, L.G., Liljenquist, K.A., Galinsky, A.D., Tetlock, P.E. & Roese, N.J. (2010). From what *might* have been to what *must* have been: Counterfactual thinking creates meaning. *Journal of Personality and Social Psychology, 98,* 106-118.
Kruglanski, A.W. (1996). Goals as knowledge structures. In P.M. Gollwitzer & J.A. Bargh (Eds.), *The psychology of action: Linking cognition and motivation to behavior* (pp. 599-618). New York: Guilford Press.
Kruglanski, A.W., Shah, J.Y., Fishbach, A., Friedman, R., Chun, W. & Sleeth-Keppler, D. (2002). A theory of goal systems. In M.P. Zanna (Ed.), *Advances in experimental social psychology* (Vol. 34, pp. 331-378). San Diego, CA: Academic Press.
Kruse, A. (2007). Präventions- und Trainingsansätze im höheren Alter. In J. Brandtstädter & U. Lindenberger (Hrsg.), *Entwicklungspsychologie der Lebensspanne. Ein Lehrbuch* (S. 634-655). Stuttgart: Kohlhammer.
Kubovy, M. (1999). On the pleasures of the mind. In D. Kahneman, E. Diener & N. Schwarz (Eds.), *Well-being: The foundations of hedonic psychology* (pp. 134-154). New York: Russell Sage Foundation.
Kühn, W. (2008). *Entscheidungsabhängige Bewertungen als Funktion akkommodativer Flexibilität.* Unveröffentlichte Dissertation. Trier: Universität Trier (verfügbar unter http://ubt.opus.hbz-nrw.de/volltexte/2008/472/).
Kumpfer, K.L. (1999). Factors and processes contributing to resilience: The resilience framework. In M.D. Glantz & J.L. Johnson (Eds.). (1999). *Resilience and development: Positive life adaptations* (pp. 179-224). New York: Kluwer/Plenum.
Kunda, Z. (1990). The case for motivated reasoning. *Psychological Bulletin, 108,* 480-498.
Kurdek, L.A. (1993). Predicting marital dissolution: A five-year prospective longitudinal study of newlywed couples. *Journal of Personality and Social Psychology, 64,* 221-242.
Kusch, M. (1999). *Psychological knowledge: A social history and philosophy.* London: Routledge.
Labouvie-Vief, G. (1990). Wisdom as integrated thought: Historical and developmental perspectives. In R.J. Sternberg (Ed.), *Wisdom: Its nature, origins, and development* (pp. 52-86). New York: Cambridge University Press.
Labouvie-Vief, G. & Medler, M. (2002). Affect optimization and affect complexity: Modes and styles of regulation in adulthood. *Psychology and Aging, 17,* 571-588.

Lachman, M.E. (1986). Locus of control in aging research. *Psychology and Aging, 1*, 34-40.
Lakatos, I. (1970). Falsification and the methodology of scientific research programmes. In I. Lakatos & A. Musgrave (Eds.), *Criticism and the growth of knowledge* (pp. 91-196). Cambridge: Cambridge University Press.
Landman, J. (1993). *Regret: The persistence of the possible.* New York: Oxford University Press.
Lapierre, S., Bouffard, L. & Bastin, E. (1997). Personal goals and subjective well-being in later life. *International Journal of Aging and Human Development, 45*, 287-303.
Larsen, R.J. & Prizmic, Z. (2004). Affect regulation. In R.F. Baumeister & K.D. Vohs (Eds.), *Handbook of self-regulation: Research, theory and applications* (pp. 40-61). New York: Guilford.
Lavie, N. & Fox, E. (2000). The role of perceptual load in negative priming. *Journal of Experimental Psychology: Human Perception and Performance, 26*, 1038-1052.
Lazarus, R.S. & Folkman, S. (1984). *Stress, appraisal and coping.* New York: Springer.
Lazarus, R.S. & Smith, C.A. (1988). Knowledge and appraisal in the cognition-emotion relationship. *Cognition and Emotion, 2*, 281-300.
Lecci, L., Okun, M.A. & Karoly, P. (1994). Life regrets and current goals as predictors of psychological adjustment. *Journal of Personality and Social Psychology, 66*, 731-741.
Lee, R.K. & Maier, S.F. (1988). Inescapable shock and attention to internal versus external cues in a water discrimination escape task. *Journal of Experimental Psychology: Animal Behavior Processes, 14*, 302-310.
Leffert, N., Benson, P.L., Scales, P.C., Sharma, A.R., Drake, D.R. & Blyth, D.A. (1998). Developmental assets: Measurement and prediction of risk behaviors among adolescents. *Applied Developmental Science, 2*, 209-230.
Leibniz, G.W. (1710). *Essais de Théodicée sur la bonté de Dieu, la liberté de l'homme et l'origine du mal.* Amsterdam: Mortier.
Lennon, R. & Eisenberg, N. (1987). Gender and age differences in empathy and sympathy. In N. Eisenberg & J. Strayer (Eds.), *Empathy and its development* (pp. 195-217). New York: Cambridge University Press.
Lerner, M.J. (1980). *The belief in a just world: A fundamental delusion.* New York: Plenum Press.
Lerner, R.M. (1984). *On the nature of human plasticity.* New York: Cambridge University Press.
Lerner, R.M. & Benson, P.L. (Eds.). (2003). *Developmental assets and asset-building communities: Implications for research, policy, and practice.* New York: Kluwer/Plenum.
Lerner, R.M, Roeser, R.W. & Phelps, E. (2008). Positive development, spirituality, and generositiy in youth: An introduction to the issues. In R.M. Lerner, R.W. Roeser & E. Phelps (Eds.), *Positive youth development and spirituality: From theory to research* (pp. 3-22). West Conshohocken, PA: Templeton Foundation Press.
Levenson, M.R. & Crumpler, C.A. (1996). Three models of adult development. *Human Development, 39*, 135-149.
Levinson, D.J. (1978). *The seasons of a man's life.* New York: Knopf.
Levy, B., Slade, M., Kunkel, S. & Kasl, S. (2002). Longitudinal benefit of positive self-perceptions of aging on functioning health. *Journal of Gerontology: Psychological Science, 57B*, P409-P417.
Lewis, C. & Mitchell, P. (Eds.). (1994). *Children's early understanding of mind: Origins and development.* Howe, UK: Erlbaum.
Lewis, M. (1990). The development of intentionality and the role of consciousness. *Psychological Inquiry, 1*, 231-247.
Lewis, M. & Brooks-Gunn, J. (1979). *Social cognition and the acquisition of self.* New York: Plenum.
Lewis, M., Sullivan, M. & Brooks-Gunn, J. (1985). Emotional behavior during the learning of contingency in early childhood. *British Journal of Developmental Psychology, 3*, 307-316.
Li, K.Z.H., Krampe, R.T. & Bondar, A. (2005). An ecological approach to studying aging and dual-task performance. In R.W. Engle, G. Sedek, U. von Hecker & D.N. McIntosh (Eds.), *Cognitive limitations in aging and psychopathology* (pp. 190-218). New York: Cambridge University Press.

Liberman, N. & Trope, Y. (1998). The role of feasibility and desirability considerations in near and distant future decisions: A test of temporal construal theory. *Journal of Personality and Social Psychology, 75*, 5-18.
Lindblom, C.E. (1965). *The intelligence of democracy*. New York: Free Press.
Lindenberger, U. (2002). Erwachsenenalter und Alter. In R. Oerter & L. Montada (Hrsg.), *Entwicklungspsychologie: Ein Lehrbuch* (5., vollst. überarb. Aufl., S. 350-391). Weinheim: Psychologie Verlags Union.
Lindenberger, U. (2007). Historische Grundlagen. In J. Brandtstädter & U. Lindenberger (Hrsg.), *Entwicklungspsychologie der Lebensspanne. Ein Lehrbuch* (S. 9-33). Stuttgart: Kohlhammer.
Lindenberger, U. & Baltes, P.B. (1994). Sensory functioning and intelligence in old age: A powerful connection. *Psychology and Aging, 9*, 339-355.
Lindenberger, U., Marsiske, M. & Baltes, P.B. (2000). Memorizing while walking: Increase in dual-task costs from young adulthood to old age. *Psychology and Aging, 15*, 417-436.
Lindenberger, U., Nehmer, J., Steinhagen-Thiessen, E., Delius, J.A.M. & Schellenbach, M. (Hrsg.). (2009). Altern und Technik (Altern in Deutschland, Bd. 6). *Nova Acta Leopoldina: Neue Folge, 104* (Nr. 368).
Linville, P.W. (1985). Self-complexity and affective extremity: Don't put all your eggs in one cognitive basket. *Social Cognition, 3*, 94-120.
Linville, P.W. (1987). Self-complexity as a cognitive buffer against stress-related illness and depression. *Journal of Personality and Social Psychology, 52*, 663-676.
Little, B.R. (1983). Personal projects. A rationale and method for investigation. *Environment and Behavior, 15*, 273-309.
Little, B.R. (1989). Personal projects analyses: Trivial pursuits, magnificent obsessions and the search for coherence. In D.M. Buss & N. Cantor (Eds.), *Personality psychology: Recent trends and emerging directions* (pp. 15-31). New York: Springer.
Lösel, F. & Bender, D. (2008). Von generellen Schutzfaktoren zu spezifischen protektiven Prozessen: Konzeptuelle Grundlagen und Ergebnisse der Resilienzforschung. In G. Opp & M. Fingerle (Hrsg.), *Was Kinder stärkt: Erziehung zwischen Risiko und Resilienz* (3. Aufl., S. 57-78). München: Reinhardt.
Loewenstein, G.F. & Prelec, D. (1993). Preferences for sequences of outcomes. *Psychological Review, 100*, 91-108.
Luhmann, N. (1984). *Soziale Systeme: Grundriß einer allgemeinen Theorie*. Frankfurt/M.: Suhrkamp.
Luszczynska, A. & Schwarzer, R. (2005). The role of self-efficacy in health regulation. In W. Greve, K. Rothermund & D. Wentura (Eds.), *The adaptive self: Personal continuity and intentional self-development* (pp. 137-154). Göttingen: Hogrefe & Huber.
Luthar, S.S. (2006). Resilience in development: A synthesis of research across five decades. In D. Cicchetti & D.J. Cohen (Eds.), *Developmental psychopathology. Vol. 3: Risk, disorder, and adaptation* (2nd ed., pp. 739-795). Hoboken, NJ: Wiley.
Lykins, E.L.B., Segerstrom, S.C., Averill, A.J., Evans, D.R. & Kemeny, M.E. (2007). Goal shifts following reminders of mortality: Reconciling posttraumatic growth and terror management theory. *Personality and Social Psychology Bulletin, 33* (8), 1088-1099.
Lykken, D. & Tellegen, A. (1996). Happiness is a stochastic phenomenon. *Psychological Science, 7*, 186-189.
Lynn, P. & Smith, J.D. (1991). *Voluntary action research*. London: Volunteer Centre.
Lyubomirsky, S. (2008). *The how of happiness. A scientific approach to getting the life you want*. New York: Penguin Press.
Lyubomirsky, S., King, L. & Diener, E. (2005). The benefits of frequent positive affect: Does happiness lead to success? *Psychological Bulletin, 131*, 803-855.
Lyubomirsky, S. & Nolen-Hoeksema, S. (1993). Self-perpetuating properties of dysphoric rumination. *Journal of Personality and Social Psychology, 65*, 339-349.

Lyubomirsky, S. & Ross, L. (1999). Changes in attractiveness of elected, rejected, and precluded alternatives: A comparison of happy and unhappy individuals. *Journal of Personality and Social Psychology, 76*, 988-1007.
Lyubomirsky, S., Sheldon, K.M. & Schkade, D. (2005). Pursuing happiness: The architecture of sustainable change. *Review of General Psychology, 9*, 111-131.
Maasen, S. (2007). Governing by will: The shaping of the will in self-help manuals. In M.G. Ash & T. Sturm (Eds.), *Psychology's territories: Historical and contemporary perspectives from different disciplines* (pp. 111-128). Mahwah, NJ: Erlbaum.
MacIntyre, A. (1987). *Der Verlust der Tugend. Zur moralischen Krise der Gegenwart.* Frankfurt/M.: Campus.
Magnus, K., Diener, E., Fujita, F. & Pavot, W. (1993). Extraversion and neuroticism as predictors of objective life events: A longitudinal analysis. *Journal of Personality and Social Psychology, 65*, 1046-1054.
Markus, H.R. & Kitayama, S. (1991). Culture and the self: Implications for cognition, emotion, and motivation. *Psychological Review, 98*, 224-253.
Markus, H.R. & Wurf, E. (1987). The dynamic self-concept: A social psychological perspective. *Annual Review of Psychology, 38*, 299-337.
Marquard, O. (1984). Entlastungen. Theodizeemotive in der neuzeitlichen Philosophie. In P. Wapnewski (Hrsg.), *Wissenschaftskolleg. Jahrbuch 1982/83* (S. 245-258). Berlin: Siedler.
Marquard, O. (1985). *Abschied vom Prinzipiellen.* Stuttgart: Reclam.
Marsh, J.L., Caputo, J.D. & Westphal, M. (Eds.). (1992). *Modernity and its discontents.* New York: Fordham University Press.
Martin, L.L., Campbell, W.K. & Henry, C.D. (2004). The roar of awakening: Mortality acknowledgement as a call to authentic living. In J. Greenberg, S.L. Koole & T. Pyszczynski, T. (Eds.), *Handbook of experimental existential psychology* (pp. 431-448). New York: Guilford.
Martin, L.L. & Tesser, A. (1996). Some ruminative thoughts. In R.S. Wyer, Jr. (Ed.), *Ruminative thoughts* (Advances in social cognition, Vol. 9, pp. 1-47). Mahwah, NJ: Erlbaum.
Maslow, A.H. (1954). *Motivation and personality.* New York: Harper.
Maslow, A.H. (1967). A theory of metamotivation. *Journal of Humanistic Psychology, 7*, 93-127.
Maslow, A.H. (1981). *Motivation und Persönlichkeit.* Reinbek: Rowohlt.
Masten, A.S. (1999). Resilience comes of age: Reflections on the past and outlook for the next generation of research. In M.D. Glantz & J. Johnson (Eds.), *Resilience and development: Positive life adaptations* (pp. 281-296). Dordrecht: Kluwer.
Masten, A.S. (2001). Resilienz in der Entwicklung. Wunder des Alltags. In G. Röper, C. v. Hagen & G. Noam (Hrsg.), *Entwicklung und Risiko. Perspektiven einer klinischen Entwicklungspsychologie* (S. 192-219). Stuttgart: Kohlhammer.
Masten, A.S. (2007). Resilience in developing systems: Progress and promise as the fourth wave rises. *Development and Psychopathology, 19*, 921-930.
Mather, M. & Carstensen, L.L. (2003). Aging and attentional biases for emotional faces. *Psychological Science, 14*, 409-415.
Maturana, H. & Varela, F. (1980). *Autopoiesis and cognition: The realization of the living.* Boston, MA: D. Riedel.
Mayer, J.D. & Salovey, P. (1993). The intelligence of emotional intelligence. *Intelligence, 17*, 433-442.
Mayer, K.U. & Diewald, M. (2007). Die Institutionalisierung von Lebensverläufen. In J. Brandtstädter & U. Lindenberger (Hrsg.), *Entwicklungspsychologie der Lebensspanne. Ein Lehrbuch* (S. 510-539). Stuttgart: Kohlhammer.
Mayser, S., Scheibe, S. & Riediger, M. (2008). (Un)reachable? An empirical differentiation of goals and life longings. *European Psychologist, 13*, 126-140.
McCabe, L.A., Cunnington, M. & Brooks-Gunn, J. (2004). The development of self-regulation in young children: Individual characteristics and environmental contexts. In R.F. Baumeister &

K.D. Vohs (Eds.), *Handbook of self-regulation: Research, theory, and applications* (pp. 340-356). New York: Guilford.

McCrae, R.R. & Costa, P.T. (1988). Age, personality, and the spontaneous self-concept. *Journals of Gerontology: Social Sciences, 43*, 177-185.

McCrae, R.R. & Costa, P.T. (1996). Toward a new generation of personality theories: Theoretical contexts for the five-factor model. In S.J. Wiggins (Ed.), *The five-factor model of personality: Theoretical perspectives* (pp. 51-87). New York: Guilford Press.

McCullough, M.E., Bono, G. & Root, L.M. (2007). Rumination, emotion, and forgiveness: Three longitudinal studies. *Journal of Personality and Social Psychology, 92*, 490-505.

McCullough, M.E., Tsang, J. & Emmons, R.A. (2004). Gratitude in intermediate affective terrain: Links of grateful moods to individual differences and daily emotional experience. *Journal of Personality and Social Psychology, 96*, 295-309.

McCullough, M.E. & Willoughby, B.L.B. (2009). Religion, self-regulation, and self-control: Associations, explanations, and implications. *Psychological Bulletin, 135*, 69-93.

McGuire, W.J., McGuire, C.V. & Winton, W. (1979). Effects of household sex composition on the salience of one's gender in the spontaneous self-concept. *Journal of Experimental Social Psychology, 15*, 77-90.

McIntosh, W.D. & Martin, L.L. (1992). The cybernetics of happiness: The relation between goal attainment, rumination, and affect. In M.S. Clark (Ed.), *Review of personality and social psychology* (Vol. 14, pp. 222-246). Newbury Park, CA: Sage.

McKee, P. & Barber, C. (1999). On defining wisdom. *International Journal of Aging and Human Development, 49*, 149-164.

Meacham, J.A. (1990). The loss of wisdom. In R.J. Sternberg (Ed.), *Wisdom: Its nature, origins, and development* (pp. 181-211). New York: Cambridge University Press.

Mead, M. (1970). *Culture and commitment: A study of the generation gap*. Garden City, NY: Natural History Press/Doubleday.

Mele, A.R. (1987). Recent work on self-deception. *American Philosophical Quarterly, 24*, 1-17.

Melges, F.T. & Bowlby, J. (1969). Types of hopelessness in psychopathological processes. *Archives of General Psychiatry, 20*, 690-699.

Merton, R.K. (1968). Sozialstruktur und Anomie. In F. Sack & R. König (Hrsg.), *Kriminalsoziologie* (S. 283-313). Frankfurt/M.: Akademische Verlagsgesellschaft.

Meyer, J.S. & Rebok, G.W. (1985). Planning-in-action across the life span. In T.M. Shlechter & M.P. Toglia (Eds.), *New directions in cognitive sciences* (pp. 47-68). Norwood, NJ: Ablex.

Michalos, A.C. (1985). Multiple discrepancies theory (MDT). *Social Indicators Research, 16*, 347-413.

Mikulincer, M., Florian, V. & Hirschberger, G. (2003). The existential function of close relationships: Introducing death into the science of love. *Personality and Social Psychology Review, 7*, 20-40.

Miller, S.M. (1996). Monitoring and blunting of threatening information: Cognitive interference and facilitation in the coping process. In I.G. Sarason, G.R. Pierce & B.R. Sarason (Eds.), *Cognitive interference: Theories, methods, and findings* (pp. 175-190). Hillsdale, NJ: Erlbaum.

Mischel, W. (1974). Processes in delay of gratification. In L. Berkowitz (Ed.), *Advances in experimental social psychology* (Vol. 7, pp. 249-292). New York: Academic Press.

Mischel, W., Cantor, N. & Feldman, S. (1996). Principles of self-regulation: The nature of willpower and self- control. In E.T. Higgins & A.W. Kruglanski (Eds.), *Social psychology: Handbook of basic principles* (pp. 329-360). New York: Guilford.

Mittelstraß, J. (1992a). *Leonardo-Welt. Über Wissenschaft, Forschung und Verantwortung*. Frankfurt/M.: Suhrkamp.

Mittelstraß, J. (1992b). Zeitformen des Lebens: Philosophische Unterscheidungen. In P.B. Baltes & J. Mittelstraß (Hrsg.), *Zukunft des Alterns und gesellschaftliche Entwicklung* (S. 386-407). Berlin: de Gruyter.

Mohiyeddini, C. (1998). Sensibilität für widerfahrende Ungerechtigkeit als Persönlichkeitseigenschaft. In B. Reichle & M. Schmitt (Hrsg.), *Verantwortung, Gerechtigkeit und Moral* (S. 201-212). Weinheim: Juventa.
Mohiyeddini, C. (2005). *Persönlichkeit, Emotionsregulation und Psychopathologie* (Habilitationsschrift). Tübingen: Universität Tübingen.
Montada, L. (2002). Moralische Entwicklung und moralische Sozialisation. In R. Oerter & L. Montada (Hrsg.), *Entwicklungspsychologie. Ein Lehrbuch* (5., vollst. überarb. Aufl., S. 619-647). München: Psychologie Verlags Union.
Montada, L. (2009). Gerechtigkeitsforschung: Themen, Erkenntnisse und ihre Relevanz. In G. Krampen (Hrsg.), *Psychologie - Experten als Zeitzeugen* (S. 275-288). Göttingen: Hogrefe.
Montada, L. & Lerner, M.J. (Eds.). (1998). *Responses to victimization and belief in a just world*. New York: Plenum.
Moody, H.R. (1995). Mysticism. In M.A. Kimble, S.H. McFadden, J.W. Ellor & J.J. Seeber (Eds.), *Aging, spirituality, and religion: A handbook* (pp. 87-101). Minneapolis, MN: Fortress Press.
Moore, G.E. (1903). *Principia ethica*. Cambridge: Cambridge University Press.
Mroczek, D.K. & Kolarz, C.M. (1998). The effect of age on positive and negative affect: A developmental perspective on happiness. *Journal of Personality and Social Psychology, 75*, 1333-1349.
Müller, A. (1982). *Praktisches Folgern und Selbstgestaltung nach Aristoteles*. Freiburg: Alber.
Münsterberg, H. (1919). *Psychologie und Wirtschaftsleben. Ein Beitrag zu angewandten Experimental-Psychologie* (4., unveränd. Aufl.). Leipzig: Barth.
Myers, D.G. (1999). Close relationships and quality of life. In D. Kahneman, E. Diener & N. Schwarz (Eds.), *Well-being: The foundations of hedonic psychology* (pp. 374-391). New York: Russell Sage Foundation.
Myers, J.K., Weissman, M.M., Tischler, G.L., Holzer, L.E., Leaf, A.J., Orvaschel, H., Anthony, J.L., Boyd, J.H., Burke, J.D., Kramer, M. & Stoltzman, R. (1984). Six-month-prevalence of psychiatric disorders in three communities: 1980 to 1982. *Archives of General Psychiatry, 41*, 959-967.
Nagel, T. (1986). *The view from nowhere*. New York: Oxford University Press.
Neimeyer, R.A. & Stewart, A.E. (2000). Constructivist and narrative psychotherapies. In C.R. Snyder & R.E. Ingram (Eds.), *Handbook of psychological change: Psychotherapy processes and practices for the 21st century* (pp. 337-357). New York: Wiley.
Nesse, R.M. (2000). Is depression an adaptation? *Archives of General Psychiatry, 57*, 14-20.
Neumann, O. (1987). Zur Funktion der selektiven Aufmerksamkeit für die Handlungssteuerung. *Sprache & Kognition, 6*, 107-125.
Newmann, J.P., Engel, R.J. & Jensen, J. (1991). Changes in depressive-symptom experiences among older women. *Psychology and Aging, 6*, 212-222.
Niessen, C., Heinrichs, N. & Dorr, S. (2009). Pursuit and adjustment of goals during unemployment: The role of age. *International Journal of Stress Management, 16*, 102-123.
Nietzsche, F. (1880). *Der Wanderer und sein Schatten*. Chemnitz: E. Schmeitzner.
Nietzsche, F. (1886). *Jenseits von Gut und Böse. Vorspiel einer Philosophie der Zukunft*. Leipzig: C.G. Naumann.
Nolen-Hoeksema, S. (1996). Chewing the cud and other ruminations. In R.S. Wyer, Jr. (Ed.), *Ruminative thoughts* (Advances in social cognition, Vol. 9, pp. 135-144). Mahwah, NJ: Erlbaum.
Nolen-Hoeksema, S. (2001). Ruminative coping and adjustment to bereavement. In M.S. Stroebe, R.O. Hansson, W. Stroebe & H. Schut (Eds.), *Handbook of bereavement research: Consequences, coping, and care* (pp. 545-562). Washington, DC: American Psychological Association.
Nolen-Hoeksema, S. & Rusting, C.L. (1999). Gender differences in well-being. In D. Kahneman, E. Diener & N. Schwarz (Eds.), *Well-being: The foundations of hedonic psychology* (pp. 331-350). New York: Russell Sage Foundation.
Nozick, R. (1991). *Vom richtigen, guten und glücklichen Leben*. München: Hanser (Original: [1989]. *The examined life: Philosophical meditations*. New York: Simon & Schuster).

Nozick, R. (2000). Philosophie und der Sinn des Lebens. In C. Fehige, G. Meggle & U. Wessels (Hrsg.), *Der Sinn des Lebens* (S. 377-407). München: Deutscher Taschenbuch Verlag.
Nunner-Winkler, G. (1993). Die Entwicklung moralischer Motivationen. In W. Edelstein, G. Nunner-Winkler & G. Noam (Hrsg.), *Moral und Person* (S. 278-303). Frankfurt/M.: Suhrkamp.
Nurmi, J.E. (1992). Age differences in adult life goals, concerns, and their temporal extension: A life course approach to future-oriented motivation. *International Journal of Behavioral Development, 15*, 487-508.
Nurmi, J.E., Pulliainen, H. & Salmela-Aro, K. (1992). Age differences in adults' control beliefs related to life goals and concerns. *Psychology and Aging, 7*, 194-196.
O'Connor, T.G., Caspi, A., DeFries, J.C. & Plomin, R. (2003). Genotype-environment interaction in children's adjustment to parental separation. *Journal of Child Psychology and Psychiatry, 44*, 849-856.
Oelmüller, W. (Hrsg.). (1989). *Philosophie und Weisheit*. Paderborn: Schöningh.
Oerter, R. (1991). Self-object relation as a basis of human development. In L. Oppenheimer & J. Valsiner (Eds.), *The origins of action. Interdisciplinary and international perspectives* (pp. 65-100). New York: Springer.
Oerter, R., v. Hagen, C., Röper, G. & Noam, G. (Hrsg.). (1999). *Klinische Entwicklungspsychologie: Ein Lehrbuch*. Weinheim: Psychologie Verlags Union.
Oettingen, G. (1999). Free fantasies about the future and the emergence of developmental goals. In J. Brandtstädter & R.M. Lerner (Eds.), *Action and self-development: Theory and research through the life span* (pp. 315-242). Thousand Oaks, CA: Sage.
Okin, S.M. (1996). Feminism, moral development, and the virtues. In Crisp, R. (Ed.), *How should one live? Essays on the virtues* (pp. 211-229). Oxford: Oxford University Press.
Orwoll, L. & Perlmutter, M. (1990). The study of wise persons: Integrating a personality perspective. In R.J. Sternberg (Ed.), *Wisdom: Its nature, origins, and development* (pp. 160-177). New York: Cambridge University Press.
Oxman, T.E., Freeman, D.H. & Manheimer, E.D. (1995). Lack of social participation or religious strength and comfort as risk factors for death after cardiac surgery in the elderly. *Psychosomatic Medicine, 57*, 5-15.
Papoušek, M. & Papoušek, H. (1989). Stimmliche Kommunikation im frühen Säuglingsalter als Wegbereiter der Sprachenwicklung. In H. Keller (Hrsg.), *Handbuch der Kleinkindforschung* (S. 465-489). Berlin: Springer.
Parfit, D. (1984). *Reasons and persons*. Oxford, UK: Oxford University Press.
Pargament, K.I. (1997). *The psychology of religion and coping: Theory, research, practice*. New York: Guilford.
Park, J. & Banaji, M.R. (2000). Mood and heuristics: The influence of happy and sad states on sensitivity and bias in stereotyping. *Journal of Personality and Social Psychology, 78*, 1005-1023.
Pascal, B. (1670). *Pensées de M. Pascal sur la religion et sur quelques autres sujets*. Paris: Guillaume Desprez.
Pennebaker, J.W. & Seagal, J.D. (1999). Forming a story: The health benefits of narrative. *Journal of Clinical Psychology, 55*, 1243-1254.
Pennebaker, J.W. & Stone, L.D. (2003). Words of wisdom: Language use over the life span. *Journal of Personality and Social Psychology, 85*, 291-301.
Perner, J. (1991). *Understanding the representational theory of mind*. Cambridge, MA: MIT Press.
Peterson, C. (1999). Personal control and well-being. In D. Kahneman, E. Diener & N. Schwarz (Eds.), *Well-being: The foundations of hedonic psychology* (pp. 288-301). New York: Russell Sage Foundation.
Peterson, C. (2006). The Values in Action (VIA) classification of strengths. In M. Csikszentmihalyi & I.S. Csikszentmihalyi (Eds.), *A life worth living: Contributions to positive psychology* (pp. 29-48). New York: Oxford University Press.
Peterson, C., Maier, S.F. & Seligman, M.E.P. (1993). *Learned helplessness: A theory for the age of personal control*. New York: Oxford University Press.

Peterson, C. & Seligman, M.E.P. (2003). *The VIA classification of strengths and virtues*. Washington, DC: American Psychological Association Press.
Piaget, J. (1932). *The moral judgment of the child*. New York: Harcourt & Brace.
Piaget, J. (1936). *La naissance de l'intelligence chez l'infant*. Neuchâtel: Delachaux & Niestlé.
Piaget, J. (1947). *Psychologie der Intelligenz*. Zürich: Rascher.
Piaget, J. (1965). *Etudes Sociologiques*. Genf: Droz.
Piaget, J. (1970). Piaget's theory. In P.H. Mussen (Ed.), *Carmichael's manual of child psychology* (Vol. 1, pp. 703-732). New York: Wiley.
Pinquart, M. & Silbereisen, R.K. (2007). Familienentwicklung. In J. Brandtstädter & U. Lindenberger (Hrsg.), *Entwicklungspsychologie der Lebensspanne. Ein Lehrbuch* (S. 483-509). Stuttgart: Kohlhammer.
Plath, D.W. (1980). Contours of consociation: Lessons from a Japanese narrative. In P.B. Baltes & O.G. Brim, Jr. (Eds.), *Life-span development and behavior* (Vol. 3, pp. 287-305). New York: Academic Press.
Plessner, H. (1928). *Die Stufen des Organischen und der Mensch. Einleitung in die philosophische Anthropologie*. Berlin: de Gruyter.
Plomin, R. & Caspi, A. (1999). Behavioral genetics and personality. In L.A. Pervin & O. John (Eds.), *Handbook of personality: Theory and research* (2nd ed., pp. 251-276). New York: Guilford Press.
Polanyi, M. (1976). Tacit knowledge. In M. Marx & F. Goodson (Eds.), *Theories in contemporary psychology* (pp. 330-344). New York: Macmillan.
Pooya, N. (2009). *Persönliche Stärken, Lebensorientierungen und Bewältigung*. Universität Trier: Diplomarbeit.
Popper, K. (1945). *The open society and its enemies* (Vol. 2). London: Routledge & Kegan Paul.
Post, S. (2005). Altruism, happiness, and health. *International Journal of Behavioral Medicine, 22*, 66-77.
Pratto, F. & John, O.P. (1991). Automatic vigilance: The attention-grabbing power of negative social information. *Journal of Personality and Social Psychology, 61*, 380-391.
Prior, H., Schwarz, A. & Güntürkün, O. (2008). Mirror-induced behavior of the magpie (Pica pica): Evidence of self-recognition. *PLoS Biology, 6*, e202. doi: 10.1371/ljournal.pbio.0060202.
Putnam, H. (1979). Analyticity and apriority: Beyond Wittgenstein and Quine. In P.A. French, Uehlin & H.K. Wettstein (Eds.), *Midwest Studies in Philosophy. Vol. 4: Studies in metaphysics* (pp. 423-441). Minneapolis: University of Minnesota Press.
Putnam, H. (1985). Is logic empirical? In S. Cohen & M.W. Wartofsky (Eds.), *A portrait of twenty-five years. Boston colloquium for the philosophy of science 1960-1985* (pp. 75-100). Dordrecht: Reidel.
Putnam, H. (1993). Objectivity and the science-ethics distinction. In M. Nussbaum & A. Sen (Eds.), *The quality of life* (pp. 143-157). Oxford: Clarendon Press.
Pyszczynski, T. & Greenberg, J. (1985). Depression and preference for self-focusing stimuli following success and failure. *Journal of Personality and Social Psychology, 49*, 1066-1075.
Pyszczynski, T. & Greenberg, J. (1992). *Hanging on and letting go: Understanding the onset, progression, and remission of depression*. New York: Springer.
Quine, W.V.O. (1951). Two dogmas of empiricism. *Philosophical Review, 60*, 2-43.
Rakoczy, H. & Tomasello, M. (2007). The ontogeny of social ontology: Steps to shared intentionality and status functions. In S.L. Tsohatzidis (Ed.), *Intentional acts and institutional facts: Essays on John Searle's social ontology* (pp. 113-137). Berlin: Springer.
Rakoczy, H. & Tomasello, M. (2008). Kollektive Intentionalität und kulturelles Lernen. *Deutsche Zeitschrift für Philosophie, 56*, 401-410.
Rappaport, J. (1981). In praise of paradox: A social policy of empowerment over prevention. *American Journal of Community Psychology, 9*, 1-25.
Raschke, H.J. (1987). Divorce. In M.B. Sussmann & S.K. Steinmetz (Eds.), *Handbook of marriage and the family* (pp. 597-624). New York: Plenum.
Rawls, J. (1971). *A theory of justice*. Cambridge, MA: Belknap Press of Harvard University Press.
Rawls, J. (1979). *Eine Theorie der Gerechtigkeit*. Frankfurt/M.: Suhrkamp.

Raynor, J.O. (1982). A theory of personality functioning and change. In J.O. Raynor & E.E. Entin (Eds.), *Motivation, career striving, and aging* (pp. 249-302). Washington: Hemisphere.
Raz, N. & Nagel, I.E. (2007). Der Einfluss des Hirnalterungsprozesses auf die Kognition: Eine Integration struktureller und funktioneller Forschungsergebnisse. In J Brandtstädter & U. Lindenberger (Hrsg.), *Entwicklungspsychologie der Lebensspanne. Ein Lehrbuch* (S. 97-129). Stuttgart: Kohlhammer.
Recki, B. (2008). Kant: Vernunftgewirkte Gefühle. In H. Landweer & U. Renz (Hrsg.), *Klassische Emotionstheorien. Von Platon bis Wittgenstein* (S. 457-478). Berlin: de Gruyter.
Reed, P.G. (1991). Self-transcendence and mental health in oldest-old adults. *Nursing Research, 40*, 5-11.
Regan, P.C. (1998). What if you can't get what you want? Willingness to compromise ideal mate selection standards as a function of sex, mate value, and relationship context. *Personality and Social Psychology Bulletin, 24*, 1294-1303.
Reinecker, H. (2000). Selbstmanagement. In J. Margraf (Hrsg.). *Lehrbuch der Verhaltenstherapie* (S. 525-540). Berlin: Springer.
Reinert, G. (1979). Prolegomena to a history of life-span developmental psychology. In P.B. Baltes & O.G. Brim, Jr. (Eds.), *Life-span development and behavior* (Vol. 2, pp. 205-254). New York: Academic Press.
Reker, G.T., Peacock, E.J. & Wong, P.T. (1987). Meaning and purpose in life and well-being: A life-span perspective. *Journal of Gerontology, 42*, 44-49.
Reuter-Lorenz, P.A. & Mikels, J. (2006). The aging brain: Implications of enduring plasticity for behavioral and cultural change. In: P.B. Baltes, P.A. Reuter-Lorenz & F. Roesler (Eds.)., *Lifespan development and the brain: The perspective of biocultural co-constructivism* (pp. 255-276). Cambridge, UK: Cambridge University Press.
Rodd, Z.A., Rosellini, R.A., Stock, H.S. & Gallup, G.G.,Jr. (1997). Learned helplessness in chickens (Gallus gallus): Evidence for attentional bias. *Learning and Motivation, 28*, 43-55.
Röper, G., v. Hagen, C. & Noam, G. (Eds.). (2001). *Entwicklung und Risiko: Perspektiven einer klinischen Entwicklungspsychologie.* Stuttgart: Kohlhammer.
Roese, N.J. (1997). Counterfactual thinking. *Psychological Bulletin, 121*, 133-148.
Rosenberg, M. & Rosenberg, F. (1981). The occupational self: A developmental study. In M.D. Lynch, A.A. Norem-Hebeisen & K. Gergen (Eds.), *Self-concept: Advances in theory and research* (pp. 173-189). Cambridge, MA: Ballinger.
Rosenblatt, A., Greenberg, J., Solomon, S., Pyszczynski, T. & Lyon, D. (1989). Evidence for terror management theory: I. The effects of mortality salience on reactions to those who violate or uphold cultural values. *Journal of Personality and Social Psychology, 62*, 681-690.
Rothbaum, F., Weisz, J.R. & Snyder, S.S. (1982). Changing the world and changing the self. A two-process model of perceived control. *Journal of Personality and Social Psychology, 42*, 5-37.
Rothermund, K. & Brandtstädter, J. (1998). Auswirkungen von Belastungen und Verlusten auf die Lebensqualität: alters- und lebenszeitgebundene Moderationseffekte. *Zeitschrift für Klinische Psychologie, 27*, 86-92.
Rothermund, K. & Brandtstädter, J. (2003a). Age stereotypes and self-views in later life: Evaluating rival assumptions: *International Journal of Behavioral Development, 27*, 549-554.
Rothermund, K. & Brandtstädter, J. (2003b). Depression in later life: Cross-sequential patterns and possible determinants. *Psychology & Aging, 18*, 80-90.
Rothermund, K., Dillmann, U. & Brandtstädter, J. (1994). Belastende Lebenssituationen im mittleren und höheren Erwachsenenalter: zur differentiellen Wirksamkeit assimilativer und akkommodativer Bewältigung. *Zeitschrift für Gesundheitspsychologie, 2*, 245-268.
Rothermund, K. & Mayer, A.-K. (2009). *Altersdiskriminierung: Erscheinungsformen, Erklärungen und Interventionsansätze.* Stuttgart: Kohlhammer.
Rothermund, K. & Meininger, C. (2004). Stress-buffering effects of self-complexity: Reduced affective spillover or self-regulatory processes? *Self and Identity, 3*, 263-281.

Rothermund, K., Wentura, D. & Bak, P.M. (2001). Automatic attention to stimuli signalling chances and dangers: Moderating effects of positive and negative goal and action contexts. *Cognition and Emotion, 15*, 231-248.
Rothermund, K., Wentura, D. & Brandtstädter, J. (1995). Selbstwertschützende Verschiebungen in der Semantik des Begriffs „alt" im höheren Erwachsenenalter. *Sprache & Kognition, 14*, 52-63.
Rothlin, P. & Werder, P.R. (2009). *Die Boreout-Falle: Wie Unternehmen Langeweile und Leerlauf vermeiden.* München: Redline.
Rotter, J.B. (1966). Generalized expectancies for internal versus external control of reinforcement. *Psychological Monographs, 80 (1)*, 1-28.
Russell, B. (1982). *Die Eroberung des Glücks.* Frankfurt/M.: Suhrkamp.
Rusting, C.L. & DeHart, T. (2000). Retrieving positive memories to regulate negative mood: Consequences for mood-congruent memory. *Journal of Personality and Social Psychology, 78*, 737-752.
Rutter, M. (1984). Continuities and discontinuities in socioemotional development: Empirical and conceptual perspectives. In R.N. Emde & R.J. Harmon (Eds.), *Continuities and discontinuities in development* (pp. 41-68). New York: Plenum.
Rutter, M. & Quinton, D. (1987). Parental mental illness as a risk factor for psychiatric disorders in childhood. In D. Magnusson & A. Ohman (Eds.), *Psychopathology: An interactional perspective* (pp. 199-219). Orlando: Academic Press.
Ryan, R.M. & Deci, E.L. (2001). On happiness and human potentials: A review of research on hedonic and eudaimonic well-being. *Annual Review of Psychology, 52*, 141-166.
Ryan, R.M., Sheldon, K.M., Kasser, T. & Deci, E.L. (1996). All goals are not created equal: An organismic perspective on the nature of goals and their regulation. In P.M. Gollwitzer & J.A. Bargh (Eds.), *The psychology of action: Linking cognition and motivation to behavior* (pp. 7-26). New York: Guilford Press.
Ryff, C.D. & Singer, B. (1998). The contours of positive human health. *Psychological Inquiry, 9*, 1-28.
Saarni, C., Mumme, D.L. & Campos, J.J. (1998). Emotional development: Action, communication, and understanding. In W. Damon (Ed.-in-Chief) & N. Eisenberg (Ed.), *Handbook of child psychology. Vol. 3: Social, emotional, and personality development* (5th ed., pp. 237-310). New York: Wiley.
Salmela-Aro, K., Nurmi, J-E., Saisto, T. & Halmesmäki, E. (2001). Goal reconstruction and depressive symptoms during the transition to motherhood: Evidence from two cross-lagged longitudinal studies. *Journal of Personality and Social Psychology, 81*, 1144-1159.
Salovey, P., Hsee, C.K. & Mayer, J.D. (1993). Emotional intelligence and the self-regulation of affect. In D.M. Wegner & J.W. Pennebaker (Eds.), *Handbook of mental control* (pp. 258-277). Englewood Cliffs, NJ: Prentice Hall.
Salthouse, T.A. (1984). Effects of age and skill in typing. *Journal of Experimental Psychology: General, 113*, 343-371.
Samuelson, P.A. & Nordhaus, W.D. (1985). *Economics* (12th ed.). New York: McGraw-Hill.
Sandel, M.J. (2008). *Plädoyer gegen die Perfektion. Ethik im Zeitalter der genetischen Technik.* Berlin: Berlin University Press.
Saudino, K.J., Pedersen, N.L., Lichtenstein, P., McClearn, G.E. & Plomin, R. (1997). Can personality explain genetic influences on life events? *Journal of Personality and Social Psychology, 72*, 196-206.
Sauermann, H. & Selten, R. (1962). Anspruchsanpassungstheorie der Unternehmung. *Zeitschrift für die gesamte Staatswissenschaft, 118*, 577-596.
Savitsky, K., Medvec, V.H. & Gilovich, T. (1997). Remembering and regretting: The Zeigarnik effect and the cognitive availability of regrettable action and inactions. *Personality and Social Psychology Bulletin, 23*, 248-257.
Scarr, S. & McCartney, K. (1983). How people make their own environments. A theory of genotype- environment effects. *Child Development, 54*, 424-435.
Schaefer, S., Huxhold, O. & Lindenberger, U. (2006). Healthy mind in healthy body? A review of sensorimotor-cognitive interdependencies in old age. *European Review of Aging and Physical Activity, 3*, 45-54.

Schank, R. & Abelson, R.P. (1977). *Scripts, plans, goals and understanding: An inquiry into human knowledge structures.* Hillsdale, NJ: Erlbaum.
Schattka, S. (2003). *Gedanken zum Grübeln. Eine explorative Studie über Rumination* (Diplomarbeit). Trier: Universität Trier.
Scheibe, S., Freund, A.M. & Baltes, P.B. (2007). Toward a developmental psychology of Sehnsucht (Life-Longings): The optimal (utopian) life. *Developmental Psychology, 43,* 778-195.
Scheier, M.F. & Carver, C.S. (1992). Effects of optimism on psychological and physical well-being: Theoretical overview and empirical update. *Cognitive Therapy and Research, 16,* 201-228.
Scheler, M. (1928). *Die Stellung des Menschen im Kosmos.* Darmstadt: Otto Reichl.
Scheler, M. (1968). *Vom Ewigen im Menschen* (Gesammelte Werke, Bd. 5, 5. Aufl.). Bern: Francke (Original erschienen 1921).
Scheuch, S.E. (1971). Vorstellungen vom Glück in unterschiedlichen Sozialschichten. In H. Kundler (Hrsg.), *Anatomie des Glücks* (S. 71-85). Köln: Kiepenheuer & Witsch.
Schkade, D.A. & Kahneman, D. (1997). Does living in California make people happy?: A focusing illusion in judgments of life satisfaction. *Psychological Science, 9,* 340-346.
Schmid, H.H. (1966). *Wesen und Geschichte der Weisheit.* Berlin: Alfred Töpfelmann.
Schmid, W. (1998). *Philosophie der Lebenskunst. Eine Grundlegung.* Frankfurt/M.: Suhrkamp.
Schmid, W. (2000). *Auf der Suche nach einer neuen Lebenskunst.* Frankfurt/M.: Suhrkamp.
Schmitt, M., Gollwitzer, M., Maes, J. & Arbach, D. (2005). Justice sensitivity: Assessment and location in the personality space. *European Journal of Psychological Assessment, 21,* 202-211.
Schmitt, M., Neumann, R. & Montada, L. (1995). Dispositional sensitivity to befallen injustice. *Social Justice Research, 8,* 385-407.
Schmitz, U. (1998). *Entwicklungserleben älterer Menschen. Eine Interviewstudie zur Wahrnehmung und Bewältigung von Entwicklungsproblemen im höheren Alter.* Regensburg: Roderer.
Schmitz, U., Rothermund, K. & Brandtstädter, J. (1999). Persönlichkeit und Lebensereignisse: Prädiktive Beziehungen. *Zeitschrift für Entwicklungspsychologie und Pädagogische Psychologie, 31,* 147-156.
Schmitz, U., Saile, H. & Nilges, P. (1996). Coping with chronic pain: Flexible goal adjustment as an interactive buffer against pain-related distress. *Pain, 67,* 41-51.
Schneewind, K.A. & Schmidt, M. (1999). Familiendiagnostik im Kontext der Klinischen Entwicklungspsychologie. In R. Oerter, C. v. Hagen, G. Röper & G. Noam (Hrsg.), *Klinische Entwicklungspsychologie. Ein Lehrbuch* (S. 270-298). Weinheim: Psychologie Verlags Union.
Schopenhauer, A. (1874). *Parerga und Paralipomena. Kleine philosophische Schriften* (Bd. 1, 3. Aufl.). Leipzig: Brockhaus.
Schulze, R. & Roberts, R.D. (Eds.). (2005). *Emotional intelligence.* Göttingen: Hogrefe.
Schunk, D. (1991). Goal-setting and self-evaluation: A social-cognitive perspective on self-regulation. In M.L. Maehr & P.R. Pintrich (Eds.), *Advances in motivation and achievement* (Vol. 7, pp. 85-113). Greenwich, CT: JAI Press.
Schwartz, B. (2000). Self determination: The tyranny of freedom. *American Psychologist, 55,* 79-88.
Schwartz, B. (2004). *The paradox of choice: Why more is less.* New York: Harper Collins.
Schwarz, N., Kahneman, D. & Xu, J. (2009). Global and episodic reports of hedonic experience. In R.F. Belli, F.P. Stafford & D.F. Alwin (Eds.), *Calendar and time diary methods in life course research* (pp. 157-174). Thousand Oaks, CA: Sage.
Schwarz, N. & Strack, F. (1991). Evaluating one's life: A judgment model of subjective well-being. In F. Strack, M. Argyle & N. Schwarz (Eds.), *Subjective well-being. An interdisciplinary perspective* (pp. 22-47). Oxford, UK: Pergamon Press.
Schwarz, N. & Strack, F. (1999). Reports of subjective well-being: Judgmental processes and their methodological implications. In D. Kahneman, E. Diener & N. Schwarz (Eds.), *Well-being: The foundations of hedonic psychology* (pp. 61-84). New York: Russell Sage Foundation.
Schwarz, N., Strack, F. & Mai, H.P. (1991). Assimilation and contrast effects in part-whole question sequences: A conversational logic analysis. *Public Opinion Quarterly, 55,* 3-23.

Seeman, M.V. (Ed.). (1995). *Gender and psychopathology*. Washington, D.C.: American Psychiatric Association.
Seligman, M.E.P. (1975). *Helplessness: On depression, development and death*. San Francisco: Freeman.
Seligman, M.E.P. (1990). Why is there so much depression today? The waxing of the individual and the waning of the commons. In R.E. Ingram (Ed.), *Contemporary psychological approaches to depression: Theory, research, and treatment* (pp. 1-9). New York: Plenum.
Seligman, M.E.P. (1991). *Learned optimism*. New York: Knopf.
Seligman, M.E.P. (1994). *What you can change and what you can't: The ultimate guide to self-improvement*. New York: Knopf.
Seligman, M.E.P. (2002). *Authentic happiness: Using the new positive psychology to realize your potential for lasting fulfillment*. New York: Free Press.
Seligman, M.E.P. & Csikszentmihalyi, M. (2000). Positive psychology: An introduction. *American Psychologist, 55*, 5-14.
Seligman, M.E.P., Steen, T.A., Park, N. & Peterson, C. (2005). Positive psychology progress: Empirical validation of interventions. *American Psychologist, 60*, 410-421.
Selman, R. & Damon, W. (1975). The necessity (but insufficiency) of social perspective taking for conceptions of justice at three early levels. In D.J. DePalma & J.M. Foley (Eds.), *Moral development: Current theory and research* (pp. 57-74). Hillsdale, NJ: Erlbaum.
Selman, R.L. & Dray, A.J. (2006). Risk and prevention. In K.A. Renninger & I.E. Sigel (Eds.). *Child psychology in practice* (Handbook of child psychology, Vol. 4, 6th ed., pp. 378-419). New York: Wiley.
Seltzer, M.M., Greenberg, J.S., Floyd, F.J. & Hong, J. (2004). Accommodative coping and well-being of midlife parents of children with mental health problems or developmental disabilities. *American Journal of Orthopsychiatry, 74*, 187-195.
Sen, A. (1970). *Collective choice and social welfare*. San Francisco, CA: Holden Day.
Sennett, R. (1998). *The corrosion of character*. New York: Norton.
Settersten, R.A., Jr. & Mayer, K.U. (1997). The measurement of age, age structuring, and the life course. *Annual Review of Sociology, 23*, 233-261.
Shah, J.Y., Friedman, R. & Kruglanski, A.W. (2002). Forgetting all else: On the antecedents and consequences of goal shielding. *Journal of Personality and Social Psychology, 83*, 1261-1280.
Shanahan, M.J. & Elder, G.H., Jr. (2002). History, agency, and the life course. In L.J. Crockett (Ed.), *Motivation, agency, and the life course* (Nebraska Symposium on Motivation, Vol. 48, pp. 145-186). Lincoln, NE: University of Nebraska Press.
Shanahan, M.J. & Hood, K.E. (2000). Adolescents in changing social structures: Bounded agency in life course perspective. In L.J. Crockett & R.K. Silbereisen (Eds.), *Negotiating adolescence in times of social change* (pp. 123-134). New York: Cambridge University Press.
Sheldon, K.M. & Elliot, A.J. (1999). Goal striving, need-satisfaction, and longitudinal well-being: The Self-Concordance-Model. *Journal of Personality and Social Psychology, 76*, 482-497.
Siegrist, J. (2002). Effort-reward imbalance at work and health. In P. Perrewé & D. Ganster (Eds.), *Historical and current perspectives on stress and health* (Research in occupational stress and well-being, Vol. 2, pp. 261-291). Bingley, UK: Emerald.
Silbereisen, R.K. & Schmitt-Rodermund, E. (1999). Prognostische Bedeutung von Unterschieden im Entwicklungstempo während der Pubertät. In R. Oerter, C. v. Hagen, G. Röper & G. Noam (Hrsg.), *Klinische Entwicklungspsychologie* (S. 218-239). Weinheim: Psychologie Verlags Union.
Simon, H.A. (1983). *Reason in human affairs*. Oxford: Basil Blackwell.
Simonson, I. (1992). The influence of anticipating regret and responsibility on purchase decisions. *Journal of Consumer Research, 19*, 105-118.
Singer, W. & Ricard, M. (2008). *Hirnforschung und Meditation*. Ein Dialog. Frankfurt/M.: Suhrkamp.
Skinner, B.F. & Vaughn, M.E. (1983). *Mit 66 Jahren... Lebensfreude kennt kein Alter*. München: Mosaik.
Skinner, B.F. (1953). *Science and human behavior*. New York: Macmillan.

Skinner, B.F. (1983). Intellectual self-management in old age. *American Psychologist, 38*, 239-244.
Skinner, E.A. (1999). Action regulation, coping, and development. In J. Brandtstädter & R.M. Lerner (Eds.), *Action and self-development: Theory and research through the life span* (pp. 465-503). Thousand Oaks, CA: Sage.
Skinner, E.A., Chapman, M. & Baltes, P.B. (1988). Control, mean-ends, and agency beliefs: A new conceptualization and its measurement during childhood. *Journal of Personality and Social Psychology, 54*, 117-133.
Sloterdijk, P. (2005). *Optimierung des Menschen?* [Video]. Tübingen: Zentrum für Datenverarbeitung (ZDV) der Universität Tübingen.
Smith, J. (1999). Life planning: Anticipating future life goals and managing personal development. In J. Brandtstädter & R.M. Lerner (Eds.), *Action and self-development: Theory and research through the life span* (pp. 223-255). Thousand Oaks, CA: Sage.
Smith, J. & Baltes, P.B. (1990). Wisdom-related knowledge: Age/cohort differences in response to life-planning problems. *Developmental Psychology, 26*, 494-505.
Smith, J. & Baltes, P.B. (1993). Differential psychological aging: Profiles of the old and very old. *Ageing and Society, 13*, 551-587.
Smith, R.H. & Kim, S.H. (2007). Comprehending envy. *Psychological Bulletin, 133*, 46-64.
Smith, T.B., McCullough, M.E. & Poll, J. (2003). Religiousness and depression: Evidence for a main effect and the moderating influence of stressful life events. *Psychological Bulletin, 129*, 614-636.
Snyder, C.R. & Higgins, R.L. (1988). Excuses: Their effective role in the negotiation of reality. *Psychological Bulletin, 104*, 23-35.
Snyder, M. (1979). Self-monitoring processes. In L. Berkowitz (Ed.), *Advances in experimental social psychology* (Vol. 12, pp. 85-128). New York: Academic Press.
Sodian, B. (2005). Theory of mind. The case for conceptual development. In W. Schneider, R. Schumann-Hengsteler & B. Sodian (Eds.), *Young children's cognitive development: Inter-relationships among executive functioning, working memory, verbal ability, and theory of mind* (pp. 95-130). Hillsdale, NJ: Erlbaum.
Solomon, S., Greenberg, J. & Pyszczynski, T. (2004). The cultural animal: Twenty years of terror management theory and research. In J. Greenberg, S.L. Koole & T. Pyszczynski (Eds.) *Handbook of experimental existential psychology* (pp.13-34). New York: Guilford.
Sowarka, D. (1989). Weisheit und weise Personen: Common-Sense-Konzepte älterer Menschen. *Zeitschrift für Entwicklungspsychologie und Pädagogische Psychologie, 21*, 87-109.
Spaemann, R. (1982). *Moralische Grundbegriffe*. München: Beck.
Spaemann, R. (1989). *Glück und Wohlwollen. Versuch über Ethik*. Stuttgart: Klett-Cotta.
Spranger, E. (1922). *Lebensformen. Geisteswissenschaftliche Psychologie und Ethik der Persönlichkeit* (3., verb. Aufl.). Halle/Saale: Niemeyer.
Spranger, E. (1949). *Lebenserfahrung*. Tübingen/Stuttgart: Rainer Wunderlich Verlag Hermann Leins.
Staudinger, U.M. & Dittmann-Kohli, F. (1992). Lebenserfahrung und Lebenssinn. In P.B. Baltes & J. Mittelstraß (Hrsg.), *Zukunft des Alterns und gesellschaftliche Entwicklung* (S. 408-436). Berlin: de Gruyter.
Staudinger, U.M. & Dörner, J. (2007). Weisheit, Einsicht und Persönlichkeit. In J. Brandtstädter & U. Lindenberger (Hrsg.), *Entwicklungspsychologie der Lebensspanne. Ein Lehrbuch* (S. 656-680). Stuttgart: Kohlhammer.
Staudinger, U.M., Marsiske, M. & Baltes, P.B. (1995). Resilience and reserve capacity in later adulthood: Potentials and limits of development across the life span. In D. Cicchetti & D.J. Cohen (Eds.), *Developmental psychopathology. Vol. 2: Risk, disorder, and adaptation* (pp. 801-847). New York: Wiley.
Staw, B.M. (1997). The escalation of commitment: An update and appraisal. In Z. Shapira (Ed.), *Organizational decision making* (pp. 191-215). Cambridge: Cambridge University Press.

Staw, B.M. & Ross, J. (1987). Behavior in escalation situations: Antecedents, prototypes, and solutions. In B.M. Staw (Ed.), *Research in organizational behavior* (Vol. 9, pp. 39-78). Greenwich, CT: JAI Press.

Steele, C.M. (1988). The psychology of self-affirmation: Sustaining the integrity of the self. In L. Berkowitz (Ed.), *Advances in experimental social psychology. Vol. 21: Social psychological studies of the self: Perspectives and programs* (pp. 261-302). New York: Academic Press.

Steele, C.M., Spencer, S.J. & Lynch, M. (1993). Self-image resilience and dissonance: The role of affirmational resources. *Journal of Personality and Social Psychology, 64*, 885-896.

Stern, S.L. & Mendels, J. (1980). Affective disorders. In A.E. Kazdin, A.S. Bellack & M. Hersen (Eds.), *New perspectives in abnormal psychology* (pp. 204-226). New York: Oxford University Press.

Sternberg, R.J. (Ed.). (1990). *Wisdom: Its nature, origins, and development*. New York: Cambridge University Press.

Sternberg, R.J. (1998). A balance theory of wisdom. *Review of General Psychology, 2*, 347-365.

Sternberg, R.J. & Jordan, J. (Eds.). (2005). *A handbook of wisdom: Psychological perspectives*. New York: Cambridge University Press.

Sternberg, R.J. & Spear-Swerling, L. (1998). Personal navigation. In M. Ferrari & R.J. Sternberg (Eds.), *Self-awareness: Its nature and development* (pp. 219-245). New York: Guilford Press.

Sternberg, R.J., Wagner, R.K. & Okagaki, L. (1993). Practical intelligence: The nature and role of tacit knowledge in work and at school. In H. Reese & J. Puckett (Eds.), *Advances in lifespan development* (pp. 205-227). Hillsdale, NJ: Erlbaum.

Stock, W.A., Okun, M.A., Haring, M.J. & Witter, R.A. (1983). Age and subjective well-being: A meta-analysis. In R.J. Light (Ed.), *Evaluation studies: Review annual* (Vol. 8, pp. 279-302). Beverly Hills, CA: Sage.

Storch, M. & Krause, F. (2005). *Selbstmanagement - ressourcenorientiert. Grundlagen und Trainingsmanual für die Arbeit mit dem Züricher Ressourcen Modell* (3. Aufl.). Bern: Huber.

Strack, F., Martin, L.L. & Stepper, S. (1988). Inhibiting and facilitating conditions of the human smile: A nonobtrusive test of the facial feedback hypothesis. *Journal of Personality and Social Psychology, 54*, 768-777.

Strack, F., Schwarz, N. & Gschneidinger, E. (1985). Happiness and reminiscing: The role of time perspective, affect, and mode of thinking. *Journal of Personality and Social Psychology, 49*, 1460-1469.

Suh, E.M., Diener, E., Oishi, S. & Triandis, H.C. (1998). The shifting basis of life satisfaction judgments across cultures: Emotions versus norms. *Journal of Personality and Social Psychology, 74*, 482-493.

Suzuki, D.T. (Ed.). (1982). *Manual of Zen Buddhism* (17th ed.). New York: Grove.

Svagelski, J. (1981). *L'idée de compensation en France 1750-1850*. Lyon: Editions l'Hermès.

Swann, W.B., Jr. (1996). *Self-traps*. New York: Freeman.

Sykes, G. & Matza, D. (1957). Techniques of neutralization: A theory of delinquency. *American Sociological Review, 22*, 664-670.

Sylvan, R. & Griffin, N. (2000). „Dem" Sinn des Lebens auf der Spur? In C. Fehige, G. Meggle & U. Wessels (Hrsg.), *Der Sinn des Lebens* (S. 445-480). München: Deutscher Taschenbuch Verlag.

Takahashi, M. (2000). Toward a culturally inclusive understanding of wisdom: Historical roots in the east and west. *International Journal of Aging and Human Development, 51*, 217-230.

Tangney, J.P., Baumeister, R.F. & Boone, A.L. (2004). High self-control predicts good adjustment, less pathology, better grades, and interpersonal success. *Journal of Personality, 72*, 271-322.

Tatarkiewicz, W. (1976). *Analysis of happiness*. The Hague, Netherlands: Martinus Nijhoff.

Taylor, C. & Schneider, S.K. (1989). Coping and the simulation of events. *Social Cognition, 7*, 174-194.

Taylor, R. (1970). *Good and evil: A new direction*. New York: Macmillan.

Taylor, S.E. (1989). *Positive illusions: Creative self-deception and the healthy mind*. New York: Basic Books.

Taylor, S.E. & Brown, J.D. (1988). Illusion and well-being: A social psychological perspective on mental health. *Psychological Bulletin, 95*, 193-210.
Taylor, S.E. & Gollwitzer, P.M. (1995). Effects of mindset on positive illusions. *Journal of Personality and Social Psychology, 69*, 213-226.
Taylor, S.E., Pham, L.B., Rivkin, I.D. & Armor, D.A. (1998). Harnessing the imagination: Mental stimulation, self-regulation, and coping. *American Psychologist, 53*, 429-439.
Tedeschi, R.G., Park, C.L. & Calhoun, L.G. (Eds.). (1998). *Posttraumatic growth: Positive changes in the aftermath of crisis*. Mahwah, NJ: Erlbaum.
Telfer, E. (1980). *Happiness*. London: Macmillan.
Tesser, A., Martin, L.L. & Cornell, D.P. (1996). On the substitutability of self-protective mechanisms. In P.M. Gollwitzer & J.A. Bargh (Eds.), *The psychology of action: Linking cognition and motivation to behavior* (pp. 48-68). New York: Guilford Press.
Testa, M. & Major, B. (1990). The impact of social comparisons after failure: The moderating effects of perceived control. *Basic and Applied Social Psychology, 11*, 205-218.
Tetens, J. (1777). *Philosophische Versuche über die menschliche Natur und ihre Entwicklung* (2 Bde.). Leipzig: M.G. Weidmanns Erben und Reich.
Tews, H.P. (1996). Produktivität des Alters. In M.M. Baltes & L. Montada (Hrsg.), *Produktives Leben im Alter* (S. 184-210). Frankfurt/M.: Campus.
Thayer, R.E. (2001). *Calm energy: How people regulate mood with food and exercise*. London: Oxford University Press.
Thompson, S.C., Cheek, P.R. & Graham, M.A. (1988). The other side of perceived control: Disadvantages and negative effects. In S. Spacapan & S. Oskamp (Eds.), *The social psychology of health* (pp. 69-93). Newbury Park: Sage.
Tice, D.M. & Baumeister, R.F. (1993). Controlling anger: Self-induced emotion change. In D.M. Wegner & J.W. Pennebaker (Eds.), *Handbook of mental control* (pp. 393-409). Upper Saddle River, NJ: Prentice-Hall.
Tobin, S.J. & Raymundo, M.M. (2010). Causal uncertainty and psychological well-being: The moderating role of accommodation (secondary control). *Personality and Social Psychology Bulletin, 36*, 371-383.
Tooby, J. & Cosmides, L. (1992). The psychological foundations of culture. In J.H. Barkow, L. Cosmides & J. Tooby (Eds.), *The adapted mind: Evolutionary psychology and the generation of culture* (pp. 19-136). New York: Oxford University Press.
Tornstam, L. (1997). Gerotranscendence: The contemplative dimension of aging. *Journal of Aging Studies, 11*, 143-154.
Torregrossa, M.M., Quinn, J.J. & Taylor, J.R. (2008). Impulsivity, compulsivity, and habit: The role of orbitofrontal cortex revisited. *Biological Psychiatry, 63*, 253-255.
Trautner, M. (1991). *Lehrbuch der Entwicklungspsychologie. Band 1: Theorien und Befunde*. Göttingen: Hogrefe.
Trudewind, C., Unzner, L. & Schneider, K. (1989). Die Entwicklung der Leistungsmotivation. In H. Keller (Hrsg.), *Handbuch der Kleinkindforschung* (S. 491-524). Berlin: Springer.
Tugade, M.M. & Fredrickson, B.L. (2004). Resilient individuals use positive emotions to bounce back from negative emotional experiences. *Journal of Personality and Social Psychology, 86*, 320-333).
Tugendhat, E. (2003). *Egozentrizität und Mystik. Eine anthropologische Studie*. München: Beck.
Tugendhat, E. (2007). *Anthropologie statt Metaphysik*. München: Beck.
Turiel, E. (2006). The development of morality. In Eisenberg, N. (Ed.), *Social, emotional, and personality development* (Handbook of child psychology, Vol. 3, 6th ed., pp. 789-857). New York: Wiley.
Turk-Charles, S. & Carstensen, L.L. (1999). The role of time in the setting of social goals across the life span. In T.M. Hess & F. Blanchard-Fields (Eds.), *Social cognition and aging* (pp. 319-339). San Diego, CA: Academic Press.

Tykocinski, O.E. & Pittman, T.S. (1998). The consequences of doing nothing: Inaction inertia as a avoidance of anticipated counterfactual regret. *Journal of Personality and Social Psychology, 75*, 607-616.

Uttal, D.H. & Perlmutter, M. (1989). Toward a broader conceptualization of development: The role of gains and losses across the life span. *Developmental Review, 9*, 101-132.

Vaillant, G.E. (2002). *Aging well: Surprising guideposts to a happier life from the landmark Harvard study of adult development*. Boston: Little, Brown & Company.

Vallacher, R.R. & Wegner, D.M. (1987). What do people think they're doing? Action identification and human behavior. *Psychological Review, 94*, 3-15.

Valsiner, J. (1987). *Culture and the development of children's action*. New York: Wiley.

van Selm, M. & Dittmann-Kohli, F. (1998). Meaninglessness in the second half of life: The development of a construct. *International Journal of Aging and Human Development, 47*, 81-104.

Veenhoven, R. & coworkers (1994). *World database of happiness: Correlates of happiness*. Rotterdam: Erasmus University.

Vellemann, J.D. (1991). Well-being and time. *Pacific Philosophical Quarterly, 72*, 48-77.

Vernon, D. (2009). *Human potential. Exploring techniques used to enhance human performance*. Hove, UK: Psychology Press.

Vitaliano, P.P., DeWolfe, D.J., Maiuro, R.D., Russo, J. & Katon, W. (1990). Appraised changeability of a stressor as a modifier of the relationship between coping and depression: A test of the hypothesis of fit. *Journal of Personality and Social Psychology, 59*, 582-592.

Vohs, K.D., Baumeister, R.F., Schmeichel, B.J., Twenge, J.M., Nelson, N.M. & Tice, D.M. (2008). Making choices impairs subsequent self-control: A limited-resource account of decision making, self-regulation, and active initiative. *Journal of Personality and Social Psychology, 94*, 883-898.

Voigt, D. & Meck, S. (2005). *Gelassenheit*. Darmstadt: Primus.

Vygotsky, L.S. (1978). *Mind in society: The development of higher mental processes*. Cambridge, MA: Harvard University Press.

Vygotsky, L.S. (1979). The instrumental method in psychology. In J.V. Wertsch (Ed.), *The concept of activity in Soviet psychology* (pp. 134-143). Armonk, NY: Sharpe (Original in Russisch, 1960).

Wacker, J. (2005). *Dopamin, Handlungssteuerung und Spontan-EEG: Bausteine einer psychobiologischen Extraversionstheorie*. Berlin: Logos.

Wahl, H.-W. & Heyl, V. (2007). Sensorik und Sensumotorik. In J. Brandtstädter & U. Lindenberger (Eds.), *Entwicklungspsychologie der Lebensspanne. Ein Lehrbuch* (S. 130-161). Stuttgart: Kohlhammer.

Walker, I. & Smith, H.J. (Eds.). (2002). *Relative deprivation: Specification, development, and integration*. Cambridge, UK: Cambridge University Press.

Watson, D. (2002). Positive affectivity: The disposition to experience pleasurable emotional states. In C.R. Snyder & S.J. Lopez (Eds.), *Handbook of positive psychology* (pp. 106-119). Oxford: Oxford University Press.

Watson, D. & Clark, L.A. (1984). Negative affectivity: The disposition to experience negative affective states. *Psychological Bulletin, 96*, 465-490.

Watson, D. & Clark, L.A. (1997). Extraversion and its positive emotional core. In R. Hogan, J. Johnson & S. Briggs (Eds.), *Handbook of personality psychology* (pp. 767-793). San Diego, CA: Academic Press.

Watson, D., Clark, L.A. & Tellegen, A. (1988). Development and validation of brief measures of positive and negative affect: The PANAS scale. *Journal of Personality and Social Psychology, 54*, 1063-1070.

Weber, M. (1972). *Wirtschaft und Gesellschaft. Grundriß der verstehenden Soziologie* (5. Aufl.). Tübingen: Mohr.

Wegner, D.M. (1994). Ironic processes of mental control. *Psychological Review, 101*, 34-52.

Wegner, D.M. & Pennebaker, J.W. (Eds.). (1993). *Handbook of mental control*. Upper Saddle River, NJ: Prentice-Hall.

Weiss, A., Bates, T.C. & Luciano, M. (2008). Happiness is a personal(ity) thing: The genetics of personality and well-being in a representative sample. *Psychological Science, 19*, 205-210.

Weissberg, R.P. & Greenberg, M.T. (1998). School and community competence-enhancement and prevention programs. In I.E. Sigel & K.A. Renninger (Eds.), *Child psychology in practice* (Handbook of child psychology, Vol. 4, 5th ed., pp. 877-954). New York: Wiley.

Wentura, D. (1995). *Verfügbarkeit entlastender Kognitionen. Zur Verarbeitung negativer Lebenssituationen.* Weinheim: Psychologie Verlags Union.

Wentura, D. & Rothermund, K. (2009). Aufmerksamkeit und Gedächtnis. In G. Stemmler (Hrsg.), *Psychologie der Emotion* (Enzyklopädie der Psychologie, Bd. C/IV/3, S. 205-245). Göttingen: Hogrefe.

Wentura, D., Rothermund, K. & Brandtstädter, J. (1995). Experimentelle Analysen zur Verarbeitung belastender Informationen: differential- und alternspsychologische Aspekte. *Zeitschrift für Experimentelle Psychologie, 42*, 152-175.

Werner, E.E. (2008). Entwicklung zwischen Risiko und Resilienz. In G. Opp & M. Fingerle (Hrsg.), *Was Kinder stärkt: Erziehung zwischen Risiko und Resilienz* (3. Aufl., S. 20-31). München: Reinhardt.

White, L.K. (1990). Determinants of divorce. *Journal of Marriage and the Family, 52*, 904-912.

Wicklund, R.A. & Gollwitzer, P.M. (1982). *Symbolic self-completion.* Hillsdale, NJ: Erlbaum.

Wiese, B.S. (2007). Work-Life-Balance. In K. Moser (Hrsg.), *Lehrbuch der Wirtschaftspsychologie* (S. 245-263). Göttingen: Hogrefe.

Williams, B. (1981). *Moral luck.* Cambridge: Cambridge University Press.

Wills, T.A. (1981). Downward comparison principles in social psychology. *Psychological Bulletin, 90*, 245-271.

Wills, T.A. (1991). Similarity and self-esteem in downward comparison. In J. Suls & T.A. Wills (Eds.), *Social comparison: Contemporary theory and research* (pp. 51-78). Hillsdale, NJ: Erlbaum.

Wilson, W. (1967). Correlates of avowed happiness. *Psychological Bulletin, 67*, 294-306.

Wimmer, H. & Perner, J. (1983). Beliefs about beliefs: Representation and constraining function of wrong beliefs in young children's understanding of deception. *Cognition, 13*, 103-128.

Wink, P. & Helson, R. (1997). Practical and transcendent wisdom: Their nature and some longitudinal findings. *Journal of Adult Development, 4*, 1-15.

Wirtz, D., Kruger, J., Scollon, C.N. & Diener, E. (2003). What to do on spring break? The role of predicted, on-line, and remembered experience in future choice. *Psychological Science, 14*, 520-524.

Wittgenstein, L. (1947). *Tractatus logico-philosophicus.* London: Paul, Trench & Trubner (Original erschienen 1921).

Wolf, U. (Hrsg./Übers.). (2008). *Aristoteles: Nikomachische Ethik.* Reinbek: Rowohlt.

Wolk, S. (1976). Situational constraint as a moderator of the locus of control-adjustment relationship. *Journal of Consulting and Clinical Psychology, 44*, 420-427.

Wong, P.T.P. (1998). Implicit theories of meaningful life and the development of the personal meaning profile. In P.T.P. Wong & P.S. Fry (Eds.), *The human quest for meaning: A handbook of research and clinical applications* (pp. 111-140). Mahwah, NJ: Erlbaum.

Wood, J.V. (1989). Contemporary social comparison theory. *Psychological Bulletin, 106*, 231-248.

Wright, R. (1994). *The moral animal: The new science of evolutionary psychology.* New York: Pantheon.

Wright, R.A. & Brehm, J.W. (1989). Energization and goal attractiveness. In L.A. Pervin (Ed.), *Goal concepts in personality and social psychology* (pp. 169-210). Hillsdale, NJ: Erlbaum.

Wrosch, C. & Heckhausen, J. (1996). Adaptivität sozialer Vergleiche: Entwicklungsregulation durch primäre und sekundäre Kontrolle. *Zeitschrift für Entwicklungspsychologie und Pädagogische Psychologie, 28*, 126-147.

Wrosch, C. & Heckhausen, J. (1999). Control processes before and after passing a developmental deadline: Activation and deactivation of intimate relationship goals. *Journal of Personality and Social Psychology, 77*, 415-427.

Wrosch, C. & Heckhausen, J. (2002). Perceived control of life regrets: Good for young and bad for old adults. *Psychology and Aging, 17*, 340-350.

Wundt, M. (1940). *Die Sachlichkeit der Wissenschaft; Wissenschaft und Weisheit: Zwei Aufsätze zur Wissenschaftslehre.* Tübingen: Mohr.
Wurf, E. & Markus, H. (1991). Possible selves and the psychology of personal growth. In D.J. Ozer, J.M. Healey, Jr. & A.J. Stewart (Eds.), *Perspectives in personality. Vol. 3, Part A: Self and emotion* (pp. 39-62). London: Kingsley.
Yang, Y. (2008). Social inequalities in happiness in the United States, 1972 to 2004: An age-period-cohort analysis. *American Sociological Review, 73*, 204-226.
Zacks, R.T., Hasher, L. & Li, K.Z.H. (2000). Human memonry. In F.I.M. Craik & T.A. Salthouse (Eds.), *The handbook of aging and cognition* (2nd. ed., pp. 293-357). Mahwah, NJ: Erlbaum.
Zahn-Waxler, C., Robinson, J.L. & Emde, R.N. (1992). The development of empathy in twins. *Developmental Psychology, 28*, 1038-1047.
Zeelenberg, M. (1999). The use of crying over spilled milk: A note on the rationality and functionality of regret. *Philosophical Psychology, 12*, 325-340.
Zeelenberg, M., van den Bos, K., van Dijk, E. & Pieters, R. (2002). The inaction effect in the psychology of regret. *Journal of Personality and Social Psychology, 82*, 314-327.
Zeigarnik, B. (1927). Das Behalten erledigter und unerledigter Handlungen. *Psychologische Forschung, 9*, 1-85.
Zivin, G.E. (1979). *The development of self-regulation through private speech.* New York: Wiley.
Zubek, J. (Ed.). (1969). *Sensory deprivation: Fifteen years of research.* New York: Appleton Century Crofts.

Autorenregister

A

Abeles, R.P. 51
Abelson, R.P. 62
Abramson, L.Y. 34, 120, 122
Acker, M.A. 194
Adler, A. 76
Affleck, G. 111, 117, 225
Aldwin, C. 121
Allen, J.P. 58
Alloy, L.B. 34, 122
Allport, A. 81
Allport, G. 250
Anderson, J.R. 80, 112
Anscombe, G.E.M. 192
Arbach, D. 238
Ardelt, M. 255
Argyle, M. 29f, 32
Arkes, H.R. 214
Arlin, P.K. 255f
Armor, D.A. 143
Arnett, J.J. 149, 191
Asendorpf, J.B. 8, 91
Ashby, F.G. 114, 174, 220
Astington, J.W. 235
August, D.L. 96
Austin, J.H. 262
Averill, A.J. 253
Averill, J.A. 173
Aymanns, P. 58, 69
Ayton, P. 214

B

Bäckman, L. 129, 131, 137
Bailey, D.B., Jr. 54
Bak, P.M. 117
Baltes, M.M. 12, 51, 64, 79, 119, 129
Baltes, P.B. 9, 47–49, 51–53, 64, 79, 87, 119, 127, 129, 132, 135–137, 149, 162, 203, 205, 208–210, 247, 254, 256–258

Baltes-Götz, B. 17, 30, 51, 101, 121
Banaji, M.R. 175
Bandura, A. 38, 51, 78, 85, 121, 182, 221
Barber, C. 259, 261
Bargh, J.A. 11, 114, 160, 226, 260
Bartley, W.W. 159
Bastin, E. 31
Bates, T.C. 40
Baudonnière, P.-M. 91
Bauer, J.J. 251
Baumeister, R.F. 58, 70, 160, 162, 178–182, 184, 194, 224
Becker, L.C. 15
Becker, P. 28, 37f, 59, 118
Beckermann, A. 89
Beeman, M.J. 174
Beike, D.R. 18
Bender, D. 53
Benson, P.L. 4, 61f
Berger, B. 7
Berger, P.L. 7
Berlin, H.A. 178
Berntson, G.G. 171
Bierhoff, H.W. 45
Birnbacher, D. 194, 196
Birren, J.E. 64, 255f
Bischof-Köhler, D. 145
Bjorklund, D.F. 132, 154
Blazer, D. 50
Bless, H. 123, 175
Bloch, E. 204, 223, 227, 254
Block, J. 58, 71
Block, J.H. 58
Blumberg, S.J. 178
Boden, J.M. 58
Boerner, K. 110, 120, 214
Boesch, E.E. 158, 205, 209, 211, 213, 217
Bohner, G. 123
Boll, T. 177
Bollinger, A. 120

Bolte, A. 174
Bonanno, G.A. 53
Bondar, A. 136
Bono, G. 243
Bönsch, M. 55
Boone, A.L. 180
Bornstein, M.H. 54
Botwin, G.J. 61
Bouffard, L. 31
Bouffard, M.A. 152
Bowden, E.M. 174
Bower, G.H. 17, 174
Bowlby, J. 121, 222
Bradbury, T.N. 43, 45
Brandtstädter, J. 3, 5, 8, 11f, 17, 22f, 25, 30, 34f, 38f, 43–46, 48, 50–53, 55–57, 61, 64, 75, 78f, 82f, 86, 88f, 92, 95, 98f, 101f, 104–107, 110, 113, 116–118, 120f, 124, 134, 136, 147, 150, 152f, 164, 169, 173f, 176, 187, 192, 214, 222, 224, 226, 228, 230, 247, 250–252, 260f
Branigan, C. 175
Bratman, M.E. 20, 178
Bratslavsky, E. 181
Brehm, J.W. 108, 112
Brenner, H. 255
Brickman, P. 29, 32
Brim, O.G., Jr. 78
Brockner, J. 115, 214
Brooks-Gunn, J. 84, 89, 91
Brown, J.D. 71
Browning, M. 248
Bruer, J.T. 54
Bruner, J.S. 6, 10, 128
Brunstein, J.C. 17, 79, 141, 153, 168, 248
Buchwald, P. 63
Buck, A. 5
Buffon, G.L.L. 127
Bühler, C. 3, 66, 69, 76, 141, 155
Bühler, K. 90
Burger, J.M. 39, 58, 221
Burisch, M. 107
Burnstein, E. 241
Burton, R., 103
Buss, A.H. 80
Buss, D.M. 7
Butterworth, G. 88

C

Cacioppo, J.T. 171
Cadoret, R.J. 17, 79, 141, 153, 168, 248

Cain, C.A. 240
Calhoun, L.G. 117
Campbell, A. 28
Campbell, D. 32
Campbell, W.K. 253
Campos, J.J. 34
Camus, A. 165
Cantor, N. 78, 92, 96, 98
Caplan, R.D. 55
Caputo, J.D. 151
Carlsmith, K.M. 71, 180, 243
Carstensen, L.L. 49, 51f, 64, 153, 200
Carver, C.S. 38, 83, 109, 113, 121, 123, 167
Caspi, A. 18, 54f, 78, 107, 148, 240
Chan, A.C.M. 86
Chapman, M. 87
Charles, S.T. 200
Chartrand, T.L. 11
Cheek, P.R. 115
Cheng, S.-T. 86, 101
Chiu, C.-y. 71
Ciarrochi, J.V. 174
Cicchetti, D. 54, 57
Clark, L.A. 38, 171
Clausen, J.S. 30, 147
Clayton, U. 258
Clayton, V.P. 255
Coates, D. 29
Cohen, D.J. 57
Colby, A. 237
Colcombe, S. 67, 131
Coleman, P.G. 169
Colvin, C.R. 71
Converse, P.E. 28
Cooley, C.H. 91
Cornell, D.P. 130
Cosmides, L. 7, 240
Costa, P.T. 37, 93, 180, 258
Counts, R.M. 45
Coward, D.D. 253
Coyle, C.T. 243
Coyne, J.C. 39, 115, 121
Crandall, C. 241
Crockett, L.J. 148
Cross, S. 134
Crossley, T.F. 248
Crowe, R.R. 240
Crumpler, C.A. 261
Csikszentmihalyi, M. 28, 68, 173f, 241
Cunnington, M. 84

D

Damasio, A. 175
Damon, W. 145, 230
Danish, S.J. 61
Dargel, A. 17
Darlington, A.S. 120
Darwin, C. 127
D'Augelli, A.R. 61
Davidson, R.J. 171
Davies, M. 50
Deci, E.L. 141, 248
DeFries, J.C. 54
Del Gaiso, A.K. 69
DeHart, T. 122
Delius, J.A.M. 133
Dennett, D.C. 259, 263
Derryberry, D. 37
Dewey, J. 98, 103
DeWolfe, D.J. 39
Diener, C. 31
Diener, E. 4, 19, 22, 28, 31, 33, 35, 38f, 42, 49, 52, 58
Diener, M. 31
Diewald, M. 98
Dijksterhuis, A. 198
Dillmann, U. 39
Dittmann-Kohli, F. 22, 48, 164, 169
Dixon, R.A. 64, 129, 131, 137
Dodge, K.A. 240
Dörner, J. 153, 255, 257
Dorr, S. 63
Dray, A.J. 60
Dreisbach, G. 174
Driver, J. 239
Dubé, M. 152
Duckworth, A.L. 180
Duncker, W. 90

E

Ebert, J.E.J. 195
Ebner, N.C. 64
Edler, A. 207
Eibl-Eibesfeldt, I. 185
Eisenberg, N. 237
Ekman, P. 185
Elder, G.H., Jr. 18, 147f
Elliot, A.J. 141, 174
Elster, J. 182, 224
Emde, R.N. 34
Emmons, R.A. 68, 70, 78, 173, 243, 250
Engel, R.J. 50

Enright, R.D. 243
Enzmann, D. 42
Epstein, S. 92
Ericsson, K.A. 131
Erikson, E.H. 3, 12, 76, 211, 222, 238, 259
Evans, D.R. 253
Exline, J.J. 196
Eysenck, H.J. 37

F

Fabes, R.A. 237
Faltner, M. 48
Fantino, E. 150
Feather, N.T. 114, 246
Fehige, N.T. 155
Feldman, S. 96
Felser, G. 43–46, 56, 98, 107, 120, 147
Fenigstein, A. 80
Ferguson, M.J. 114, 226, 260
Ferrell, J. 199
Ferring, D. 49
Festinger, L. 124, 202
Fiedler, K. 175
Filipp, S.-H. 49, 58, 69
Fincham, F.D. 45, 196
Fishbach, A. 81, 181
Fishburn, P.C. 114
Fisher, M.L. 196
Fisher, L.M. 256
Flavell, J.H. 88, 96, 199
Fleeson, W. 83, 98
Fletcher, G.J. 45
Florian, V. 252
Floyd, F.J. 120
Folkman, S. 70, 171, 184
Foot, P. 229f, 232
Forgas, J.P. 174
Formey, S. 127
Foucault, M. 55, 161
Fox, E. 112
Frank, S.A. 241
Frankfurt, H.G. 96, 160, 162, 186
Frankl, V. 155, 162, 164, 167, 204, 213
Frazier, L.D. 118
Frederick, S. 67, 181
Fredrickson, B.L. 16, 20, 175, 195
Freedy, J.R. 62
Freeman, D.H. 67
Freud, S. 207, 262
Freund, A.M. 51, 64, 79, 119, 129, 205
Frey, D. 115, 195

Friedman, R.S. 96, 181
Fujita, F. 33, 38, 58
Fujita, K. 43
Fung, H.H. 51, 86

G
Gaelick-Buys, L. 182
Gallie, W.B. 255
Gallup, G.G, Jr. 113
Garhammer, M. 149
Garmezy, N. 53
Garver, E. 255
Geertz, C. 8
Gehlen, A. 8, 206
Gibson, J.J. 90
Giddens, A. 23
Gilbert, D.T. 69, 71, 114, 142, 178, 195, 204, 243
Gilligan, C. 231, 237
Gilovich, T. 85f, 190, 197, 200, 207
Glantz, M.D. 29
Glaser, R. 134
Glück, J. 162
Goethe, J.W. v. 127
Goffman, E. 177
Gold, A.L. 54
Goldman, A.I. 157
Goleman, D. 175
Gollwitzer, M. 180
Gollwitzer, P.M. 112, 114, 142f, 177, 182, 194, 238
Gopnik, A. 235
Goschke, T. 174
Gould, S.J. 8
Gracián, B. 185
Graham, M.A. 115
Gräser, H. 35, 44, 60f, 95, 133, 146
Grau, I. 45
Gray, J.A. 37
Green, B.L. 62
Green, F.L. 96
Greenberg, J. 81, 123, 252
Greenberg, J.S. 120
Greenberg, M.T. 60
Greenwald, A.G. 92
Greve, W. 3, 12, 25, 39, 42, 48, 52f, 56, 78, 82f, 85, 92, 99, 109, 117f, 132, 154, 250, 258, 260
Grewal, D.D. 40
Griffin, D. 254
Griffin, N. 166

Grimm, J. 203
Grimm, W. 203
Gross, J.J. 182
Grossberg, S. 105
Grühn, D. 52
Grusec, J.E. 95
Gschneidinger, E. 18
Güntürkün, O. 91
Guttentag, R. 199

H
Habermas, J. 34, 36, 135, 157, 223, 232
Häfner, H. 47, 50
Hagen, C. v. 57, 60
Hagestad, G.O. 10
Hahn, A. 196, 252
Hall, J.H. 196
Halmesmäki, E. 121
Hamilton, S.F. 62
Hamilton, W.D. 241
Haring, M.J. 49
Hart, D. 145
Harter, S. 91
Hartshorne, M. 241
Hasher, L. 47
Hattiangadi, N. 197
Hauser, S.T. 53, 58
Havighurst, R.J. 3, 77
Hayes-Roth, B. 140
Hayes-Roth, F. 140
Heatherton, T.F. 179
Heckhausen, H. 112, 142, 180
Heckhausen, J. 64, 83, 109f, 123, 125, 135, 142, 199, 201, 214
Heidegger, M. 219, 225
Heinrichs, N. 63
Hellhammer, D. 30
Helson, R. 261
Henderson, A.S. 50
Henry, C.D. 253
Heuninckx, S. 130
Heyl, V. 64, 110
Hicks, J.A. 69, 202
Higgins, E.T. 17, 83, 95, 97, 130, 179
Higgins, R.L. 82
Hinske, N. 163
Hirschberger, G. 252
Hobfoll, S.E. 62f, 153
Hodge, K. 61
Hodson, G. 45
Höffe, O. 212f, 229f

Hoffmann, M.L. 237
Hofstätter, P.R. 32
Hong, J. 120
Hood, K.E. 147
Hsee, C.K. 175
Husserl, E. 209
Huxhold, O. 131

I

Inglehart, R. 28, 31
Irle, M. 152
Irwin, R.R. 256
Irwin, T.H. 27
Isaacowitz, D.M. 200
Isen, A.M. 114, 122, 174

J

Jaccard, J. 118
James, W. 32, 92, 103
Janoff-Bulman, R. 29, 164, 246
Jenkins, J.M. 235
Jensen, J. 50
John, O.P. 81, 182, 183
Johnson, J. 29
Johnson, M. 174
Johnson, M.K. 194
Jokisaari, M. 200
Jones, E.E. 233
Jordan, J. 255, 257
Jung, C.G. 76

K

Kagan, J. 56, 78, 84, 95, 180
Kahana, E. 55
Kahneman, D. 4, 16, 18f, 20, 85, 139, 173, 191, 195, 197, 201, 226
Kaiser, H.A. 173
Kalicki, B. 83
Kambartel, F. 137, 192
Kamlah, W. 216, 220, 228
Kanfer, F.H. 182
Kant, I. 1, 21, 190
Karney, B.R. 43, 45
Karoly, P. 189
Kasl, S. 172
Kasser, T. 141, 249f
Katon, W. 39
Kekes, J. 258
Kellner, J. 7
Kemeny, M.E. 253
Kette, G. 41

Kihlstrom, J.F. 79, 92
Kim, S.H. 125
Kim, Y.-H. 71
Kim-Cohen, J. 54
King, L.A. 42, 69, 202
Kirschbaum, C. 30
Kischka, U. 114, 178
Kitayama, S. 22, 241
Kitchener, K.S. 255
Kliegl, R. 9
Klinger, E. 81
Kocka, J. 133
Kohlberg, L. 56, 87, 163, 233, 236–238, 240
Kopp, C.B. 96
Kolarz, C.M. 49
Korsgaard, C.M. 23
Kourabas, E.R. 135
Kramer, A.F. 67, 131
Krampe, R.T. 132, 136
Krampen, G. 17, 38f, 51
Kranz, D. 35, 120, 126, 194, 197, 200, 202, 228
Krause, F. 63
Kray, L.J. 126
Krueger, A.B. 19
Kruger, J. 19
Kruglanski, A.W. 96, 109, 136, 181
Krull, J.L. 69
Kruse, A. 67, 133
Kubovy, M. 21, 67, 187
Kuhl, J. 174
Kühn, W. 35, 202, 216
Kumpfer, K.L. 53, 56, 60
Kunda, Z. 117
Kunkel, S. 172
Kunzmann, U. 162
Kurdek, L.A. 45
Kusch, M. 77

L

Labouvie-Vief, G. 177, 256
Lachman, M.E. 124
LaCrosse, J. 56
Lakatos, I. 117
Landman, J. 190
Lang, F.R. 52, 64, 153, 200
Lapierre, L. 31, 63, 152
Larsen, R.J. 180
Lavie, N. 112
Lazarus, R.S. 70, 85, 121, 171, 184
Lecci, L. 189

Lee, R.K. 113
Leffert, N. 61f
Leibniz, G.W. 127, 224
Lennon, R. 237
Lerner, M.J. 229
Lerner, R.M. 4, 7, 59, 61, 78f
Levenson, M.R. 261
Levinson, D.J. 211
Levy, B. 172
Lewis, C. 94
Lewis, M. 89, 91
Li, K.Z.H. 47, 136
Liberman, N. 18, 139, 206
Lichtenstein, P. 41
Lichtman, J.W. 54
Lindblom, C.E. 28, 140
Lindenberger, U. 12, 47f, 76, 119, 131, 133, 136
Linville, P.W. 116, 125, 142, 164, 215
Little, B.R. 78, 116
Lösel, F. 53
Loewenstein, G. 67, 150, 181
Lucas, R.E. 28
Luciano, M. 40
Luhmann, N. 3
Luszczynska, A. 55, 67
Luthar, S.S. 59
Lykins, E.L.B. 253
Lykken, D. 40
Lynch, M. 116
Lynn, P. 36
Lyon, D. 252
Lyubomirsky, S. 42, 72, 122, 144, 167, 195, 202, 216, 243

M

Maasen, S. 128
MacIntyre, A. 232, 244
Maes, J. 238
Magnus, K. 38, 107
Mai, H.P. 17
Maier, G.W. 17
Maier, S.F. 113, 193
Maiuro, R.D. 39
Major, B. 125
Manheimer, E.D. 67
Markus, H. 22, 82, 87, 98, 134
Marquard, O. 8, 127, 129, 224
Marsh, J.L. 151
Marsiske, M. 53, 136
Martin, L.L. 122, 130, 132, 164, 185, 215, 253

Maslow, A.H. 59, 155, 211
Masten, A.S. 53, 55
Mather, M. 52
Maturana, H. 3
Matza, D. 184
May, M.A. 241
Mayer, A.-K. 47
Mayer, J.D. 40
Mayer, K.U. 10, 98
Mayer, R. 240
Mayr, U. 49
Mayser, S. 212f, 216
Mazomeit, A. 95
McAdams, D.P. 251
McCabe, L.A. 84
McCartney, K. 41
McClearn, G.E. 41
McCrae, R.R. 37, 93, 180, 258
McCullough, M.E. 35, 68, 70, 185, 243
McGillis, D. 233
McGuire, C.V. 93
McGuire, W.J. 93
McIntosh, W.D. 132, 164, 215
McKee, P. 259, 261
Meacham, J.A. 256
Mead, M. 149
Meck, S. 220
Medler, M. 177
Medvec, V.H. 85f, 190, 197, 200, 207
Meggle, G. 155
Meiniger, C. 35, 125
Mele, A.R. 85
Melges, F.T. 121
Mendels, J. 121
Merton, R.K. 60
Mertz, E. 174
Metalsky, G.I. 34
Meyer, J.S. 140
Michalos, A.C. 32
Mikels, J. 52, 130
Mikulincer, M. 252
Miller, D.T. 85, 191
Miller, S.M. 113
Mischel, W. 96, 145, 180, 239
Mitchell, P. 94
Mittelstraß, J. 203, 210
Moffitt, T.E. 148
Mohiyeddini, C. 32, 171
Mollenkopf, H. 119
Montada, L. 23, 32, 229, 235, 238
Moody, H.R. 262

Moore, G.E. 22
Moss, H.A. 56
Moskowitz, G.B. 112
Mroczek, D.K. 49
Müller, A. 76
Mumme, D.L. 34
Münsterberg, H. 165
Muraven, M. 181
Myers, D.G. 43f
Myers, J.K. 50

N

Nagel, I.E. 263
Nagel, T. 260
Nehmer, J. 133
Neimeyer, R.A. 167
Nesse, R.M. 115, 122, 187
Nesselroade, J.R. 49
Neumann, O. 112
Neumann, R. 32
Newman, F.L. 118
Newmann, J.P. 50, 118
Niedenthal, P.M. 18
Niessen, C. 63
Nietzsche, F. 7, 189
Nilges, P. 120
Noam, G. 57, 60
Nolen-Hoeksema, S. 33f, 122, 174, 184
Nordhaus, W.D. 135
Nozick, R. 126, 139, 216, 250
Nunner-Winkler, G. 235
Nurmi, J.E. 51, 121, 153, 168

O

O'Connor, T.G. 54
O'Donoghue, T. 181
Oelmüller, W. 254
Oerter, R. 57, 60, 90
Oettingen, G. 87, 143
Oishi, S. 22
Okagaki, L. 256
Okin, S.M. 237
Okun, M.A. 189
Olson, J.M. 45
Orwoll, L. 257
Oxman, T.E. 67

P

Papoušek, H. 89
Papoušek, M. 89
Parfit, D. 226

Pargament, K.I. 69
Park, C.L. 117
Park, J. 175
Park, N. 242
Pascal, B. 34
Pasupathi, M. 49
Pavot, W. 38
Peacock, E.J. 48
Pedersen, N.L. 41
Pennebaker, J.W. 69, 178, 262
Perlmutter, M. 48, 257
Perner, J. 94, 235
Peterson, C. 17, 39, 193, 241f, 253
Pham, L.B. 143
Phelps, E. 59
Piaget, J. 75, 90, 102, 210, 233f, 261
Pieters, R. 198
Pinel, E.C. 178
Pinquart, M. 56
Pittman, T.S. 197
Plath, D.W. 98
Plessner, H. 7
Plomin, R. 41, 54, 78, 240
Polanyi, M. 256
Poll, J. 35
Pooya, N. 242
Popper, K. 28
Post, S. 35
Pratto, F. 81, 183
Prelec, D. 150
Prior, H. 91
Prizmic, Z. 180
Pulliainen, H. 51
Putnam, H. 22, 77, 230
Pyszczynski, T. 81, 123, 252

Q

Quine, W.V.O. 82
Quinn, J.J. 178
Quinton, D. 54

R

Rakoczy, H. 94, 235
Rappaport, J. 61
Raschke, H.J. 43
Rathunde, K. 174
Rawls, J. 24, 144, 147, 236
Raymundo, M.M. 150
Raynor, J.O. 70, 169
Raz, N. 263
Rebok, G.W. 140

Recki, B. 187
Reed, M.A. 37
Reed, P.G. 253
Regan, P.C. 111
Reinecker, H. 183
Reinert, G. 76
Reker, G.T. 48, 168
Renner, G. 99, 101f, 113, 118
Reuter-Lorenz, P.A. 130
Ricard, M. 262
Ricks, D. 56
Riediger, M. 212
Rivkin, I.D. 143
Roberts, R.D. 40
Robinson, J.L. 34
Rodd, Z.A. 113
Rodgers, W.R. 28
Roese, N.J. 189
Roeser, R.W. 59
Rolls, E.T. 178
Root, L.M. 243
Röper, G. 57, 60
Rosch, M. 195
Rosellini, R.A. 113
Rosenberg, F. 145
Rosenberg, M. 145
Rosenblatt, A. 252
Ross, J. 115, 216, 250
Ross, L. 167, 195, 202
Rothbaum, F. 34, 123
Rothermund, K. 35, 38f, 47, 50, 52, 55, 86, 101, 105, 109, 113, 116f, 120, 124f, 136, 174, 222
Rothlin, P. 107
Rotter, J.B. 38
Rubin, J.Z. 214
Russell, B. 104, 215
Russo, J. 39
Rusting, C.L. 33f, 122
Rutter, M. 54, 56
Ryan, R.M. 141, 248–250
Ryff, C.D. 15

S

Saarni, C. 34
Sacks, A. 45
Saile, H. 120
Saisto, T. 121
Sakeda, A.R. 251
Salmela-Aro, K. 51, 121
Salovey, P. 40, 175

Salthouse, T.A. 132
Samuelson, P.A. 135
Sandel, M.J. 9, 135
Sandvik, E. 31, 33
Saudino, K.J. 41
Sauermann, H. 136
Savitsky, K. 86, 200
Scales, P.C. 62
Scarr, S. 41
Schaefer, S. 131
Schaie, K.W. 64
Schank, R. 62
Schattka, S. 123
Scheibe, S. 205, 212, 216
Scheier, M.F. 38, 80, 83, 109, 113, 121, 123, 167
Scheler, M. 7, 190, 193
Schellenbach, M. 133
Scheuch, S.E., 30
Schkade, D. 19, 144
Schmid, H.H. 248
Schmid, W. 55, 161, 167
Schmidt, M. 56
Schmitt, M. 32, 238
Schmitt-Rodermund, E. 60
Schmitz, U. 38, 41, 45, 48, 107, 120, 228, 250
Schneewind, K.A. 56
Schneider, K. 91
Schneider, S.K. 184
Schopenhauer, A. 15, 136
Schulz, R. 109, 123
Schulze, R. 40
Schulz-Hardt, S. 115
Schunk, D. 81, 182
Schwartz, B. 72, 111, 151, 197, 215, 242
Schwarz, A. 91
Schwarz, N. 4, 17–19, 29, 123, 184
Schwarzer, C. 63
Schwarzer, R. 55, 67
Scollon, C.N. 19
Seagal, J.D. 69
Seeman, M.V. 33
Segerstrom, S.C. 253
Seidlitz, L. 31
Seligman, M.E.P. 28, 34f, 51, 71, 120, 150, 167, 172, 180, 184, 193, 222, 232, 241–243, 253
Selman, R. 230
Selman, R.L. 60
Selten, R. 136
Seltzer, M.M. 120

Sen, A. 127
Sennett, R. 151
Sesma, A., Jr. 62
Settersten, R.A., Jr. 10
Shah, J.Y. 81, 96, 143
Shanahan, M.J. 147f
Sheldon, K.M. 141, 144, 174
Sherman, S.J. 194
Siegrist, J. 58
Silbereisen, R.K. 56, 60, 148
Simon, H.A. 11
Simonson, I. 195
Singer, B. 15
Singer, W. 262
Skinner, B.F. 77, 133, 152
Skinner, E.A. 79, 87, 183
Slade, M. 172
Sloterdijk, P. 128
Smart, L. 58
Smith, C.A. 85
Smith, H.J. 32
Smith, H.L. 28
Smith, J. 49, 52, 79, 146, 152f, 256f
Smith, J.D. 36
Smith, R.H. 125
Smith, T.B. 35
Snyder, C.R. 82
Snyder, M. 80, 150
Snyder, S.S. 34
Sodian, B. 94, 235
Solomon, S. 252
Solomon, S.D. 62
Sowarka, D. 257
Spaemann, R. 3, 22, 27, 187, 224
Spear-Swerling, L. 140, 148
Speer, J.R. 96
Spencer, S.J. 116
Spranger, E. 76, 155, 163, 257
Stankov, L. 40
Staudinger, U.M. 12, 53, 56, 99, 119, 133, 153, 169, 255–257
Staw, B.M. 115, 214
Steele, C.M. 116, 130
Steen, T.A. 242
Steinhagen-Thiessen, E. 133
Stepper, S. 185
Stern, S.L. 121
Sternberg, R.J. 65, 140, 148, 153, 162, 255f, 258
Stewart, M.A.S. 167, 240
Stock, H.S. 113

Stock, W.A. 49
Stone, A.A. 19
Stone, L.D. 262
Storch, M. 63
Strack, F. 17f, 29, 123, 184f
Sturm, T. 8, 176, 230
Suh, E.M. 22, 28, 49
Sullivan, M. 89
Suzuki, D.T. 227
Svagelski, J. 127
Swann, W.B., Jr. 82
Swinnen, S.P. 130
Sykes, G. 184
Sylvan, R. 166
Symons, F.J. 54

T

Takahashi, M. 262
Tangney, J.P. 180
Tatarkiewicz, W. 33, 103
Taylor, C. 184
Taylor, J.R. 178
Taylor, R. 165
Taylor, S.E. 71, 83, 114, 143
Teasdale, E.J.D. 120
Tedeschi, R.G. 117
Telfer, E. 27
Tellegen, A. 40, 171
Tennen, H. 111, 117, 225
Tesser, A. 122, 130, 215
Testa, M. 125
Tetens, J. 76, 80, 187, 206, 231
Tews, H.P. 36
Thayer, R.E., 183
Thompson, S.C. 115
Tice, D.M. 70, 179, 181, 184
Tobin, S.J. 150
Tomasello, M. 94, 235
Tooby, J. 7, 240
Tornstam, L. 250, 261
Torregrossa, M.M. 178
Toth, S.L. 54
Trautner, M. 94
Triandis, H.C. 22
Trope, Y. 18, 139, 206
Troughton, E. 240
Trudewind, C. 91
Tsang, J. 68
Tugade, M.M. 175
Tugendhat, E. 97, 192, 220, 247, 262
Turiel, E. 87

Turk-Charles, S. 49
Turken, A.U. 114
Tversky, A. 18, 139, 173, 197, 254
Tykocinski, O.E. 197

U
Unzner, L. 91
Uttal, D.H. 48

V
Vaillant, G.E. 262
Vallacher, R.R. 157
Valsiner, J. 90
van den Bos, K. 198
van Dijk, E. 198
van Selm, M. 48
Varela, F. 3
Vaughn, M.E. 152
Veenhoven, R. 28f, 31
Vellemann, J.D. 20
Vohs, K.D. 181
Vernon, D. 133
Vitaliano, P.P. 39
Vohs, K.D. 162, 178, 182, 194
Voigt, D. 220
Voß, A. 113
Vygotsky, L.S. 75, 90, 129

W
Wacker, J. 37
Wagner, R.K. 256
Wahl, H.-W. 64, 119
Walker, I. 32
Walster, E. 202
Warkentin, V. 91
Watson, D. 38, 171
Weber, M. 249
Wegner, D.M. 157, 178, 183
Weiss, A. 40
Weissberg, R.P. 60
Weisz, J.R. 34
Wellmann, H. 235
Wenderoth, N. 130
Wentura, D. 53, 117f, 120, 136, 152, 169, 228, 247

Werder, P.R. 107
Werner, E.E. 59
Wessels, U. 155
Westphal, M. 151
Wheatley, T.P. 178
White, L.K. 43
Wicklund, R.A. 177, 194
Wiese, B.S. 149
Williams, B. 239
Willoughby, B.L.B. 185
Wills, T.A. 85, 125
Wilson, T.D. 69, 71, 114, 142, 178, 204, 243
Wilson, W. 28
Wimmer, H. 235
Wink, P. 261
Winton, W. 93
Wirtz, D. 19
Witter, R.A. 49
Wittgenstein, L. 262
Wolf, U. 230
Wolk, S. 41
Wong, P.T. 48, 168
Wood, J.V. 125
Woodworth, G. 240
Wright, R. 240
Wright, R.A. 108, 112
Wrosch, C. 83, 125, 199, 201
Wundt, M. 259
Wurf, E. 82, 87, 98

X
Xu, J. 19

Y
Yang, Y. 29, 50
Yates, W.R. 240

Z
Zacks, R.T. 47
Zahn-Waxler, C. 34
Zeelenberg, M. 194, 198
Zeigarnik, B. 209
Zivin, G.E. 95
Zou, Z. 71
Zubek, J. 212

Sachregister

A

Affekt 33f, 38, 49, 89, 96, 171, 175
   Affektbalance 118, 171, 243
   s. auch Emotionen
akkommodative Prozesse 104–118
   und entlastende Kognitionen 111, 117f, 228
   und Informationsverarbeitung 112f
akkommodative Flexibilität 82, 105, 117–119, 201
   und Gelassenheit 217f
   und Reue 201f
   s. auch flexible Zielanpassung
Altruismus 160, 238, 241, 252f
   und Alter 250f
   und Wohlbefinden 250
Anspruchsanpassung 109–111, 125, 206
„Aristotelisches Prinzip" 24, 30
assimilative Persistenz 105, 117–119
   und Sehnsucht 208f
assimilative Prozesse 104–118
   und Informationsverarbeitung 112f
Aufmerksamkeit 52, 95f, 112f, 136, 142, 174f, 262
   Aufmerksamkeitsregulation 174, 183
   Selbstaufmerksamkeit 80f

B

benefit finding 69, 111, 122, 225
Big Five 37f, 180, 239
bounded rationality 11
Broaden-and-Build-Theorie 175
Burnout 107

C

Caring 69, 160
Charakterstärken 238–244
   und flexible Zielanpassung 242
   und hartnäckige Zielverfolgung 242

D

Dankbarkeit 68, 187, 213, 242f, 253
Day Reconstruction Method 19
Depression 33f, 48, 116, 120, 187, 193, 208
   und Alter 50f, 169, 246
   depressiver Realismus 122
developmental assets 4, 60–63
durability bias 114, 195, 204
duration neglect 20

E

ego depletion 181
Egozentrismus 233, 261
emotionale Labilität 37f
Emotionen 1, 8, 17, 33f, 36, 40, 66, 83–85, 95, 114, 118f, 171–188, 189, 195, 225, 235, 260
   adaptive Funktionen 172–174
   Emotionsregulation 51, 70, 108, 171, 182–185
   und Handlungsbereitschaften 177f
   kognitive Gehalte 175f
   moralische Emotionen 238
   s. auch Affekt
Empathie 34, 45, 65, 125, 232, 234, 237, 243, 260
empowerment 61, 65
endowment-Effekt 18
entrapment 214
   s. auch eskalierende Zielbindung
Entwicklung 1–13, 15–17, 62–65, 28f, 198f, 209f, 233f
   als Aufgabe 3, 76f
   Entwicklungsressourcen 53–74
   und Handeln 6f, 75f, 97f, 179
   intentionale Selbstentwicklung 10f, 41, 55, 75–100, 139, 193, 216
   und Kultur 6–14, 78f, 90, 98, 127f, 135, 185, 240

moralische Entwicklung 233–237
Offenheit und Plastizität 7f, 78
personale und soziale Steuerung 10f
als „reflexives Projekt" 23
und Selbstkultivierung 12, 70f, 79, 186f
sensible Phasen 54
Spielräume, Grenzen 5f
s. auch positive Entwicklung
Entwicklungsberatung 60
eskalierende Zielbindung 115, 146, 195, 214, 222
s. auch entrapment
essentially contested concepts 255
Eudämonie 24, 27
eudämonische Kompetenzen 66–74
Extraversion 35, 37f, 40f, 49, 71, 133, 171

F

flexible Zielanpassung 101f, 117f, 135, 150, 228, 242, 258
und Gelassenheit 72, 217, 223f, 228
und Reue 201f, 228
s. auch akkommodative Flexibilität
finale Dezentrierung 259–264
„*Five Cs*" 59
future meaning 168

G

Gefühle 21, 38, 68, 70f, 171f
gemischte Gefühle 84, 176
und Handlungstendenzen 175f
moralische Gefühle 187, 235, 238
s. auch Emotion, Affekt
Gelassenheit 24, 48f, 72, 103, 177, 192, 211, 216f, 219–228, 260
und Akzeptieren des Unabänderlichen 223f
Gelassenheitsressourcen 221–226
und Ich-Transzendenz 225f
und Indifferenz 223
und flexible Zielanpassung 217
und Positivierung des Negativen 224f
und Selbstwirksamkeit 221f
und Vertrauen 222f
gelingendes Leben 1f, 13, 22, 28, 103, 172
subjektive Vorstellungen 108, 114, 209f
Genom-Umwelt-Interaktion 54, 240
Genom-Umwelt-Kovariation 41, 78
Gesundheitsverhalten 67f
Glück 1f, 13, 15f, 22f, 27f, 35, 40, 58, 66f, 103f, 126, 142f, 207
„Abkürzungen" zum Glück 150

Glückskonzeptionen 27, 33, 103
und Moral 229f
s. auch Wohlbefinden, Zufriedenheit
Gratifikationsaufschub 23, 95, 180, 226, 239, 248
Gratifikationskrise 57

H

Handeln, Handlung 11f, 17, 68f, 89f, 94f, 107f, 175f, 191f, 205f
und Entwicklung 6f, 75f, 97f, 179
kompensatorisches Handeln 64, 127f, 247
s. auch Handlungsregulation, intentionale Selbstentwicklung
Handlungsregulation 17, 81, 96, 105, 180f, 193
und Reue 193f
und Sehnsucht 205f
hartnäckige Zielverfolgung 101f, 117f, 135, 208, 242, 258
s. auch assimilative Persistenz
Harvard Study of Adult Development 262
„hedonische Tretmühle" 32, 142, 204
Hintergrunderfüllung 206

I

Ich-Stärke 58
Identität 69, 82, 88, 92f, 98, 150
inaction inertia 197
inclusive fitness 241
Individuums-Umwelt-Koordinierung 55, 107, 173
Intelligenz 39f, 47, 54, 65, 147, 180, 255
emotionale Intelligenz 40, 175
praktische Intelligenz 256
und Wohlbefinden 39f
intentionale Selbstentwicklung 10f, 41, 55, 75–100, 139, 216
und Alter 99
Entwicklungsaspekte 88f
prozessuale Aspekte 80f
und Selbsteffizienz 79, 183
und Selbstkultivierung 79, 96, 128, 179, 193, 232
s. auch Selbstregulation

K

Kompensation, kompensatorisches Handeln 6, 8, 25, 51, 63f, 127–138
und Akkommodation 106, 137
und Alter 136

dispositionelle Bedingungen 133
Grenzen der Kompensation 134f
und Handlungsressourcen 132
prothetische Formen 132f
und Substitution 132
Kontrollüberzeugungen 17, 39, 41, 51f, 58, 71f, 111, 115f, 201, 214, 221f
Kultur 3, 6f, 10, 90, 127, 167, 185
individualistische vs. kollektivistische Kulturen 22
präfigurative Kultur 149

L

Lebenskunst 5, 25, 55, 161, 188, 212, 220
Lebenslauf 10f, 62, 78, 139f, 168
Institutionalisierung 10, 77, 145
kulturelles Skript des Lebenslaufs 10
Sinnquellen im Lebenslauf 168f
Lebensplanung, Lebensmanagement 22f, 63, 79, 95f, 105, 139–154
Funktionen, Zielsetzungen 140f
und Lebenszeitreserven 151f
und Moderne 148f
und Selbstmanagement 146, 181, 186
Life Development Skills 61
Life Skills Training 61
Linking 215

M

maximizing vs. satisficing 72, 197, 215
Meditation 219, 226
memento mori 251
miswanting 142, 204
mood congruency 17, 174
mood repair 122, 174
Moral, Moralität 229–244, 245f
moralische Entwicklung 233f
moralische Gefühle 187, 235
moralisches Urteilen 229f
s. auch Tugenden
Mystik 220, 262

N

naturalistic fallacy 22
Nestor-Effekt 154

O

Oakland Growth Study 18
Optimismus 15, 37f, 58, 71, 133, 167, 221f, 224
overconfidence bias 254

P

Pareto-Optimalität 127
Perfektion, Selbstperfektion 6, 9, 76, 135, 177, 208
person-environment fit 55
Persönlichkeit 12, 28, 36f, 133, 180
und Tugendkonzepte 238f
Perspektivenübernahme 234f
planful competence 30, 147f
s. auch Lebensplanung
planning in action 140
planning fallacy 139
Positive Entwicklung 1f
bedürfnistheoretische Aspekte 4, 15, 21f, 27, 59
emotionstheoretische Aspekte 171f, 175, 216f
und Glück 15f
Kriterien 15f, 23f
normative Aspekte 21f
offene Modelle 22, 57
und psychische Gesundheit 28
soziomoralische Aspekte 229f
als Verlaufsgestalt 19–26
und Wohlbefinden 1f, 15f, 27f
und Ziele 141f, 153, 180, 187f, 249
und Zufriedenheit 15f, 28f, 40f
Positive Psychology 241
prevention focus 17, 130
promotion focus 17, 130
prosoziale Aktivitäten 68
psychische Gesundheit 28f, 40

R

Rationalität 249, 257
begrenzte Rationalität 11
Zweckrationalität vs. Wertrationalität 248f
Religion, Religiosität 34–36, 69, 117, 155, 204, 250
und Emotionsregulation 181, 185
und Wohlbefinden 34f, 185
Resilienz 53f, 56f, 64–66, 99
Ressourcen 4, 24, 46f, 56–65, 115f, 131f, 166f, 221f
Handlungsressourcen 115, 118, 137, 153
und Lebensqualität 58f
Sinnressourcen 35, 57, 65, 68f, 167
Reue 184, 189–202, 207f, 260
und akkommodative Flexibilität 201f, 228
antizipierte Reue 177, 195
Entwicklungsund Zeitdynamiken 198f

Formen von Reue 190f
Funktionen, dysfunktionale Aspekte 190, 193f
nach Handlungen und Unterlassungen 196f
und Handlungsregulation 193f
und kontrafaktische Kognitionen 84f, 189
im Lebensrückblick 198f
moralisch motivierte Reue 190f
und Vergebung 196
Ruminieren 119, 122f, 184, 195, 209, 215

S

second order volitions 186f, 233
Sehnsucht 9, 88, 137, 203–218
   und akkommodative Flexibilität 212
   und assimilative Persistenz 72
   Entwicklungsaspekte 209f
   handlungstheoretische Aspekte 205–208
   und Persönlichkeitsmerkmale 213
Selbst, Selbstbild 58, 86, 91–94, 259
   Selbstkomplexität 116, 125, 142, 214
   Selbst-protektive Prozesse 82f, 93, 99, 117
   Selbsttranszendenz 227, 246, 253, 261f
Selbstkultivierung 5, 8f, 12, 76, 79, 84, 96f, 186f, 193, 221, 232
   und Emotionsregulation 70f
   s. auch intentionale Selbstentwicklung
Selbstregulation 95f, 171–188
   Selbstbeobachtung, Selbstaufmerksamkeit 80f
   Selbstbewertung 83f, 95, 124, 186
   selbstkorrektive Tendenzen 83, 85
   selbstregulatorische Kompetenzen 23, 61f, 95f, 248
   und Tugenden 239
Selbstwirksamkeit 38f, 51, 58, 65, 72, 82, 90, 111, 115, 123f, 147, 214, 221f
   s. auch Kontrollüberzeugungen
self-guides 95, 179
Sinn, Sinnfindung 155–170
   abgeleiteter und intrinsischer Sinn 159f
   und akkommodative Flexibilität 166f, 228
   Bedürfnis nach Sinn 162f
   als Ressource 57, 59, 166f
   Sinnkrisen 161, 164, 167f, 238
   Sinn des Lebens 12, 155f, 160, 248, 254
   im Lebenslauf 168f, 247f
   Über-Sinn 204
   und Vergeblichkeit 164f, 260
   und Weisheit 254f, 259
   und Werte 159

SOK-Modell 119
   s. auch Kompensation
Spiritualität 58, 69, 169, 211f, 238, 262f
   und Alter 35, 253, 262
   s. auch Religiosität
spreading-Effekt 202, 216

T

Terror Management-Theorie 242
Theory of Mind 94, 235
time discounting 150, 181
   s. auch Zeit
Tugenden 27, 35, 179, 229–245, 253f
   differentielle Aspekte 238–241
   und Selbstüberwindung 233, 239
   und Wohlbefinden 35, 68, 243f
   s. auch Moral

V

Values in Action Classification of Strengths 241
Vergleichsprozesse, soziale Vergleiche 85f, 119, 124–126
Versuchung 84, 177f, 181f, 239
Vertrauen 58f, 65, 222f
Verzeihen 35, 242f
View from Nowhere 260
Vulnerabilität 53f

W

Weisheit 13, 27, 103f, 154, 162, 169, 177, 202, 251–258
   und Alter 149, 257, 263
   Balance Theory of Wisdom 256
   Berliner Weisheitsparadigma 256f
   und Endlichkeit 253–259
   Persönlichkeitsmerkmale 255
   s. auch Gelassenheit
Werte, Werthaltungen 15, 23, 109, 160f, 192, 232f, 248f, 257
   ichtranszendente Werte 211
Wissen 22, 47, 61, 96, 146f, 204, 256f
   implizites 256
   lebenspraktisches 47f, 256f
Wohlbefinden, subjektive Lebensqualität 4, 17, 27–52, 137, 147, 151
   und Alter 46f
   Einfluss von Erinnerungen und Erwartungen 17f
   genetische Einflüsse 40f, 54
   Geschlechtsunterschiede 33f
   hedonische Aspekte 20, 172

und Kontrasteffekte 18f, 50
momentbasierte Erfassung 18f
und Partnerschaftsqualität 42f
und Persönlichkeitsmerkmale 36f
und Religiosität 34f
und soziodemographische Merkmale 29–35
subjektive Urteile 16f
und Tugenden 35, 68, 243f
s. auch Zufriedenheit
work-life-balance 149

Z

Zeigarnik-Effekt 209
Zeit, Lebenszeit 21, 35, 47f, 54, 63, 72, 99, 104, 116, 120, 128, 136, 151–154, 245f, 198f
  als Handlungs und Sinnressource 152, 245
  und Sinnperspektiven 168f, 253f, 259
Ziele 4f, 22f, 45, 62f, 72, 79, 86f, 97–100, 109f, 114f, 124, 130f, 140f, 146f, 156f, 160, 168, 180f, 206f, 230, 246–250

chronische Ziele 69f, 238
extrinsische vs. intrinsische Ziele 67f, 141, 150f, 159f, 246, 249, 250f
Harmonisierung von Zielen 72f, 144
ich-transzendente Ziele 247f
investitive vs. konsumtive Ziele 248f
Substituierbarkeit 115f, 214
Zielpersistenz 63, 105, 117f, 146, 151, 242f
  s. auch hartnäckige Zielverfolgung
Zen-Buddhismus 227, 262
Zufriedenheit, Lebenszufriedenheit 1f, 16–18, 20f, 32f, 35, 40f, 46f, 118, 126, 141, 152, 171, 215, 251
  im subjektiven Urteil 16f
Zufriedenheitsparadoxien 29, 42, 99, 101, 229
  in Partnerschaften 42f, 44f, 107
  s. auch Wohlbefinden
Zwei-Prozess-Modell 101–126, 134f, 195, 201, 214, 228, 252, 258
  s. auch assimilative Prozesse, akkommodative Prozesse

Lernlust statt Schulfrust!

www.spektrum-verlag.de

- Denk- und Diskussionsstoff zur Bildungsreform
- Für alle, die mit Kindergarten, Schule und Bildung zu tun haben
- Spannender Beitrag des Bestseller-Autors

1. Aufl. 2010, 276 S., 56 Abb., geb. mit SU
€ [D] 19,95 / € [A] 20,51 / CHF 27,-
ISBN 978-3-8274-2677-2

»Ein gleichermaßen interessantes wie provozierendes Buch, das die Verantwortlichen in der Politik und im Bildungswesen trotz allem Reformeifer beachten sollten.«
Westdeutsche Allgemeinen Zeitung

Manfred Spitzer
Medizin für die Bildung
Ein Weg aus der Krise

Was kann die Bildung von der Medizin lernen? – Sehr viel! So die überraschende Antwort dieses Buchs. Denn es gibt für die Bildung ebenso einen Weg aus der Krise wie für den entzündeten Blinddarm: indem man die richtigen Diagnosen stellt und die richtigen Therapien sorgfältig erforscht. Damit unsere Kinder gut durch die Schule kommen, sollten wir nicht auf politische Reformen hoffen, sondern auf das Wissen über Lernen und Lernerfolg setzen. In diesem provozierenden und zugleich ermutigenden Buch geht es um nichts weniger als eine neue Sicht von Bildung. Nicht Leistungsziele und Wissenskanons sind gefragt, sondern die Förderung von Neugier und der Lust am Lernen, die auch die Kraft zum nachhaltigen Üben stiftet. An ganz konkreten Beispielen wird aufgezeigt, wie Bildung – von Geburt an – funktioniert. Vielfach fehlt es nicht am Wissen, sondern an dessen Umsetzung. Und wo Wissen fehlt, sollte klar werden, was man tun kann, um es zu erlangen.

Spektrum AKADEMISCHER VERLAG

- Ausführliche Informationen unter www.spektrum-verlag.de

Spektrum-Sachbücher:
Bildungsfutter und Lesespaß in einem!

www.spektrum-verlag.de

Die € [D]-Preise enthalten 7 % MwSt (Bücher) bzw. 19 % MwSt. (elektronische Produkte). Der € [A]-Preis ist uns vom dortigen Importeur als Mindestpreis genannt worden. Irrtümer und Preisänderungen vorbehalten. Stand Februar 2010. 20100210

1. Aufl. 2009
350 S., geb. mit SU
€ [D] 26,95 / € [A] 27,71 / CHF 42,-
ISBN 978-3-8274-2122-7

Maryanne Wolf
Das lesende Gehirn

Wie hat die Menschheit das Lesen gelernt? Und wie lernen Kinder lesen? Wie werden aus den kleinen schwarzen Schnörkeln in unseren Köpfen Bilder, Vorstellungen, Gefühle und fremde Welten? Was geschieht in unseren Gehirnen, wenn wir uns diese Kulturtechnik aneignen?

„Wir sind nicht zum Lesen geboren. Es gibt keine Gene, die je die Entwicklung des Lesens befohlen hätten. Der Mensch erfand das Lesen erst vor wenigen tausend Jahren. Und mit dieser Erfindung veränderten wir unmittelbar die Organisation unseres Gehirns – was uns wiederum zuvor ungekannte Denkweisen eröffnete und damit die geistige Evolution unserer Art in neue Bahnen lenkte."
Maryanne Wolf

1. Aufl. 2004
400 S., kart.
€ [D] 14,95 / € [A] 15,37 / CHF 22,-
ISBN 978-3-8274-2085-5

Wolfgang Seidel
Emotionale Kompetenz

Emotionale Kompetenz ist die Fähigkeit, im Leben mit seinen Gefühlen und Erfahrungen klug umzugehen. Emotionale Intelligenz und die Lebenskunst im Umgang mit sich selbst und anderen sind das Thema dieses Buches. Es bietet - mehr als 200 Jahre nach Adolph Knigges Lebensregeln „Über den Umgang mit Menschen" überraschende wissenschaftliche Einsichten in zwischenmenschliches Verhalten in unserer modernen Welt.

Auf einem interessanten und lehrreichen Weg durch die Welt der Emotionen zeigt der Autor, dass dem Verhalten der Menschen Mechanismen zugrunde liegen, die einerseits durch die Gene vorgegeben sind, andererseits einem steten Wandel unterliegen, einem ständigen Dazulernen.

Spektrum AKADEMISCHER VERLAG

▶ Ausführliche Informationen unter www.spektrum-verlag.de